Pratiques juridiques indiennes au Chiapas (Mexique)

Les voies tzotzil

Recherches Amériques latines

Collection dirigée par Denis Rolland et Joëlle Chassin

La collection *Recherches Amériques latines* publie des travaux de recherche de toutes disciplines scientifiques sur cet espace qui s'étend du Mexique et des Caraïbes à l'Argentine et au Chili.

Dernières parutions

Beyla Esther FELLOUS, *La nature juridique des accords entre l'Union européenne, le Chili et le Mexique*, 2015.
Arnaud MARTIN, *La laïcité en Amérique latine*, 2015.
Bernard GRUNBERG, *A la recherche du Caraïbe perdu. Les populations amérindiennes des Petites Antilles de l'époque précolombienne à la période coloniale*, 2015.
Bruno MUXAGATO, *Le leadership du Brésil en Amérique du Sud. De la contestation à l'émergence d'une hégémonie consensuelle*, 2015.
Françoise et Roland LABARRE, *De la Castille médiévale à l'Amérique latine contemporaine. Seize études d'histoire et de littérature*, 2015.
Christophe BELAUBRE, *Eglise et Lumières au Guatemala. La dimension atlantique (1779-1808)*, 2015.
Bruno MUXAGATO, *La politique étrangère du Brésil au XXIe siècle. L'action autonomiste et universaliste d'une puissance mondialisée*, 2015.
Simon LANGELIER, *Le démantèlement du budget participatif de Porto Alegre. Démocratie participative et communauté politique*, 2015.
Javier PEREZ SILLER et Jean-Marie LASSUS, *Les Français au Mexique, XVIIe-XXIe siècle (vol. 1), Migration et absences*, 2015.
Javier PEREZ SILLER et Jean-Marie LASSUS, *Les Français au Mexique, XVIIe-XXIe siècle (vol. 2), Savoirs, réseaux et représentations*, 2015.
Angelica MONTES-MONTOYA, *La représentation du sujet noir dans l'historiographie colombienne. Le cas de Carthagène des Indes (1811-1815)*, 2015.
Hélène FINET et Francis DESVOIS, *Chili 1973-2013. Mémoires ouvertes*, 2014.

La liste complète des parutions, avec une courte présentation du contenu des ouvrages, peut être consultée sur le site www.harmattan.fr

Akuavi ADONON

Pratiques juridiques indiennes au Chiapas (Mexique)

Les voies tzotzil

Préface d'Etienne Le Roy

L'Harmattan

5-7, rue de l'École-Polytechnique ; 75005 Paris

http://www.harmattan.fr
diffusion.harmattan@wanadoo.fr
harmattan1@wanadoo.fr

ISBN : 978-2-343-07094-0
EAN : 9782343070940

à Cintra
à Fabien

SOMMAIRE

États Unis
Golfe du Mexique
Cuba
Océan Pacifique
Belice
Guatemala
Honduras
El Salvador
Nicaragua
0 300 600 1,200 Km
Le Chiapas et ses régions
Maya
Norte
Tulija
Mezcapala
De los Bosques
Selva Lacandona
Altos
Valles Zoque
Metropolitana
De los Llanos
Meseta Comiteca
Maya
Frailesca
Sierra Mariscal
Istmo
Soconusco
0 55 110 220 Km
last
Casa abierta al tiempo
Fecha de elaboración: Febrero, 2015
Elaboró: Laura Elisa Quiroz Rosas

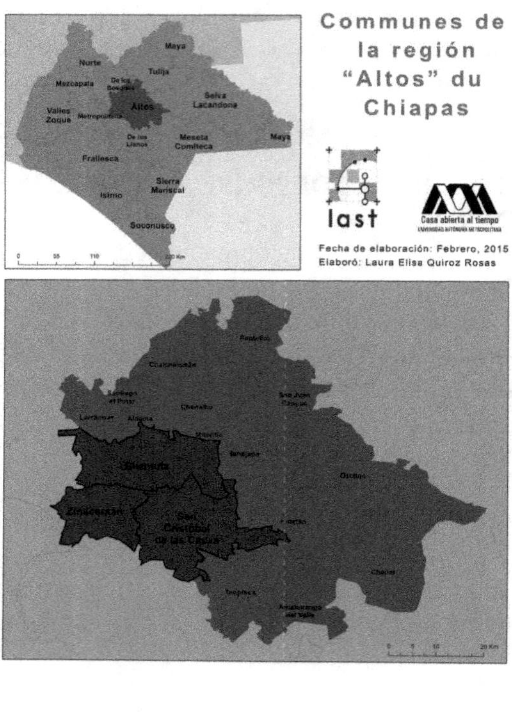

Communes de la región "Altos" du Chiapas
Maya
Norte
Tulija
Mezcapala
De los Bosques
Selva Lacandona
Altos
Valles Zoque
Metropolitana
De los Llanos
Meseta Comiteca
Maya
Frailesca
Sierra Mariscal
Istmo
Soconusco
0 55 110 220 Km
last
Casa abierta al tiempo
Fecha de elaboración: Febrero, 2015
Elaboró: Laura Elisa Quiroz Rosas
San Cristóbal de las Casas
0 5 10 20 Km

PREFACE

UN DROIT A L'AGE DE LA COMPLEXITE

Une aventure anthropologique d'aujourd'hui

L'observation et l'analyse de la vie juridique de ces sociétés qui ont été qualifiées alternativement d'indigènes, d'autochtones, d'aborigènes, de peuples « premiers », ou simplement « d'Indiens » ou de « Noirs » sont emplies de pièges et de difficultés qui n'ont pas tous été maîtrisés malgré les avancées réalisées ces cinquante dernières années. Il s'agit en effet tant de restituer l'originalité des identités collectives que, dans ce cas, de réhabiliter la pertinence de leur vie juridique.

Pour ce qui concerne cet effort de réhabilitation, nous avons compris, à la fin des années 1970 et dans le cadre de l'UNESCO, que la philosophie spontanée des juristes, de nature idéaliste, avait une forte part dans le « voile d'ignorance » jeté sur les modes non occidentaux de régulation. Puis nous avons relevé que l'idéologie moderne avait contribué à façonner un mode caricatural de penser le « droit des autres » en exploitant le principe du contraire selon une logique d'englobement dont a remarquablement traité Louis Dumont dans ses *Essais sur l'individualisme* (1983). Nous avons également, en participant à la fondation de *Commission on Contemporary Folk Law de l'Union internationale des sciences anthropologiques et ethnologiques* à Bellagio en 1981 (Allot et Woodman, 1984), commencé à identifier dans l'unitarisme et la monologie l'obstacle épistémologique majeur à la reconnaissance et au juste traitement des phénomènes multiples. Éviter ces présupposés ethnocentriques est la première épreuve mais elle ne sera pas la seule pour le chercheur qui s'attache à rendre compte de ce qui tient lieu de droit pour des collectifs qui n'ont expérimenté qu'à travers des rapports de force, essentiellement coloniaux, l'expérience qu'ont développée puis exportée à l'échelle mondiale les sociétés occidentales modernes sous la dénomination de droit positif. L'idée que notre conception de la régulation juridique ne soit ni universelle ni universalisable est très difficile à faire accepter et le plus souvent les chercheurs utilisent des formulations plus ou moins hasardeuses telles que « droit indigène » ou « droit coutumier » ou des conventions d'écriture (entre Droit, en tant que mode de régulation, et droit, comme système particulier de normes) dont on a pu se contenter, vaille que vaille, durant le XXe siècle. Il n'en est plus de même maintenant.

C'est précisément au tournant du XXIe siècle qu'Akuavi Adonon Viveros a initié ses premières recherches de terrain à un moment où il ne paraissait plus possible pour des chercheurs du Laboratoire d'anthropologie juridique de Paris (Université Panthéon-Sorbonne, Paris 1) de maintenir les anciennes illusions et qu'un « *coming out* » sémantique s'imposait, ne retenant le terme droit que pour caractériser l'expérience des Occidentaux. On convenait alors d'utiliser un terme générique plus large, la juridicité, pour dénoter ce qui a précédé puis accompagné parallèlement la mondialisation du droit occidental et continue à proposer des réponses plus ou moins originales, moins alternatives d'ailleurs qu'influencées par ce processus de porosité juridique qui est un des principaux apports du présent travail.

Si, cependant, Akuavi Adonon Viveros a pu alors manifester ses qualités de chercheuse au plus haut niveau, c'est qu'elle y était préparée non seulement par sa culture mexicaine et son expérience du métissage, par une solide formation juridique et anthropologique mais aussi parce qu'elle a partagé avec d'autres jeunes chercheurs la démarche de théorisation d'une nouvelle anthropologie dynamique en phase avec les processus de mondialisation et ouvrant à un paradigme de la complexité sur lequel nous travaillons depuis *Le jeu des lois* (1999).

Dans les études portant sur le droit du développement depuis un demi-siècle, il est d'usage de relever que le paradigme du remplacement des droits locaux par un droit national et moderne qu'imposait la Banque mondiale dans ses interventions dans les pays du tiers-monde a été progressivement modifié sans disparaître totalement dans les années 1980. Alors se sont développées, en particulier pour les droits fonciers, des tentatives d'adaptations de ces droits locaux en recourant en particulier à des procédures de formalisation ou de rédaction des droits coutumiers, ce nouveau paradigme se déployant jusqu'à ce que la révolution néo-libérale liée aux conséquences planétaires de la chute du mur de Berlin en 1989 n'ouvre une nouvelle période marquée par des mondialisations originales. Celles-ci affectent les équilibres stratégiques, le marché capitaliste mais aussi les communications (internet), les valeurs de consommation et bien d'autres phénomènes qui ont pour point commun d'introduire de la complexité là où on croyait, bien superficiellement, que régnaient la simplicité et l'efficacité des modèles clef en main. En introduisant le principe d'incertitude, le paradigme de la complexité oblige à repenser non seulement les techniques de la sécurité juridique mais le sens même de la juridicité, ce sentiment d'une obligation qui s'impose parce qu'elle est sanctionnée, avec de nombreuses implications que je ne puis ici développer. L'auteure nous y introduit ainsi dans sa préface.

> « L'enjeu des sociétés contemporaines n'est plus celui de choisir entre la construction d'une société multiculturelle et l'édification d'une société culturellement homogène. Les sociétés se trouvent plutôt face au défi d'envisager une interculturalité adaptée à leur histoire et à leur population afin de concilier la diversité culturelle et identitaire d'une part, et la cohésion sociale et politique d'autre part. »

Le récit d'une réinvention d'un vivre-ensemble

Pour organiser une démarche scientifique dans des contextes aussi ouverts, la désignation de la position d'observation, le « topos », est déterminante car dans un contexte où on est amené à supposer que chaque sujet relève d'une pluralité de mondes dans lesquels il peut trouver un statut, des régulations opportunes et des légitimités concurrentes, la seule stabilité est offerte par l'observateur au moment où il enregistre l'ensemble des facteurs en interaction, en particulier les interrelations multiples entre acteurs. Elles permettront de relever trois défis d'une anthropologie dynamique : expliquer comment se rencontrent les positions des acteurs (diatopisme), puis analyser les discours et logiques qu'ils développent (dialogisme) et les représentations du monde qui donnent sens et cohérence (diamuthisme).

> « L'exigence diatopique, nous dit ainsi l'auteure, implique la prise en considération des particularités de chaque site culturel et en particulier de celui d'où nous observons ainsi que la mise en relation (dia) des sites culturels (topoi) appartenant à des traditions qui ne sont pas habituées à communiquer. »

Mais il y a plus, et mieux pourrait-on dire, dans la mesure où non seulement les mondes ainsi appariés sont multiples mais où, aussi, leurs ajustements sont constamment changeants, une des consignes anthropologiques tenant à ce précepte qui appartiendrait à la philosophie *zen* : tout change et la seule chose qui ne change pas c'est que tout change. Akuavi Adonon Viveros écrit ainsi :

> « Les manifestations de la juridicité ne restent pas figées dans leur contexte d'émergence, comme les acteurs eux-mêmes ne restent pas ancrés dans un seul référent socioculturel. Les représentations, les logiques, les stratégies des acteurs, se croisent, s'enchevêtrent, s'imbriquent, se confondent et nous voilà aux portes de la complexité qui résulte du mouvement permanent et des multiples combinaisons des référents. La singularité du phénomène juridique évoqué par les voies tzotzil nous intéresse dans la mesure où il se projette dans un contexte global. »

Pour en rendre compte, l'auteure décompose son propos en trois temps qui sont en fait ceux d'une démarche globale allant de l'ethnographie (description) à l'analyse des régularités (ethnologie) pour enfin déboucher sur des propositions générales, valables pour tout le développement humain selon une formulation de Claude Lévi-Strauss pour caractériser l'anthropologie. Après « la singularité d'une pratique », en première partie, le lecteur va approcher les « horizons juridiques de la multiculturalité » où Akuavi Adonon Viveros approfondit les diatopismes et diachronismes à l'œuvre. Puis, dans une troisième partie, la chercheuse nous introduit à une compréhension de la « dynamique endogène de prise en charge des différends », pleine de découvertes pour le lecteur.

Par cet approfondissement progressif des jeux d'acteurs, nous entrons dans ces petits miracles ou mystères d'humanité, quand le singulier de ces communautés tzotzil du Chiapas se conjugue avec le pluriel des transformations et enjeux affectant les autres communautés du même État puis les autres États fédérés du Mexique et de proche en proche ouvre à des enseignements qui ne concernent plus seulement des sociétés marginalisées ou dominées mais interpellent bien l'ensemble planétaire des communautés humaines. Alors, ces collectivités exploitées accèdent à des enseignements proprement universels, où les « damnés de la terre », les « parias de l'histoire » ne sont plus seulement réhabilités dans leurs historicités particulières mais aussi témoignent de trésors de sociabilité.

Divers enseignements en découlent

- Le premier de ces enseignements tient à ce que l'auteur qualifie de « polycentricité qui ne relève pas d'une logique hiérarchique mais d'une circulation plus ou moins aléatoire » des forces et des énergies. La pratique des réseaux nous a déjà préparés à une remise en perspective de nos formes de spatialisation et de la fin des situations de centralité et de monopole. Il s'agit là, en fait, de l'application d'une des représentations d'espaces qui a été redécouvertes ces dernières années : le topocentrisme, où à chaque fonction reconnue à l'échelle de la société peuvent correspondre des figures d'autorité et des maîtrises territoriales qui sont complémentaires et superposables dès lors qu'elles sont de nature différente. Dans le domaine des politiques territoriales de néo-urbanisation, Akuavi Adonon Viveros en a donné des exemples parlants dans le contexte du congrès de Turin de 2011 (Adonon Viveros, 2013).

- Le deuxième principe est celui de la complémentarité des différences, à la base de la philosophie du pluralisme juridique et normatif où « tout est pensé comme multiple, spécialisé et interdépendant » et dont on trouve un exemple dans le montage des juridictions.

> « Des lieux, tant judiciaires qu'extrajudiciaires, officiels et officieux, coexistent et servent de scénario du règlement des différends soumis par les habitants des hautes terres du Chiapas [...], chacun répondant à des principes proceduraux et à des conceptions de la justice bien distincts. »

- Un troisième principe à portée générale peut être trouvé dans la signification de ces mobilisations de droit et de justice dans des instances où sont impliquées des figures d'autorités. Qu'il s'agisse d'une médiation ou d'un procès, dès lors que l'ordre social a été troublé, nous sommes en face d'une cérémonie de reconstitution du lien social où la dimension rituelle ou procédurale est plus ou moins critique, le « droit des formes » l'emportant souvent sur le droit des normes. L'auteure souligne ainsi la place « d'une rythmique formelle ayant pour fin d'aboutir à la décision de justice » dont on trouve des équivalents dans la justice des mineurs en France ou dans les palabres africaines.

- Un quatrième enseignement est sans doute extrapolé de mon expérience africaine et a trait au rapport de ces communautés locales avec l'État, ce Léviathan, cette machinerie qui a pris figure humaine dans le langage de Hobbes et qui est de plus en plus contourné ou détourné, tout en restant une référence principale. Notre anthropologue constate en conclusion « une longue marche vers la construction d'un État inclusif, pour le moment inachevé ». Elle ajoute :

> « Mais la reconnaissance juridique précaire du statut des peuples indigènes, la domination et l'imposition, d'une part, n'impliquent pas nécessairement soumission et inaction de l'autre. La richesse des réinventions comme axes des revendications identitaires et de l'organisation sociale l'ont témoigné clairement. »

Toutefois, il faut, ici aussi relever « la complexité des relations État - Indiens, relations qui ne riment pas exclusivement avec le binôme domination – soumission ».

Les reprises d'initiative historique autour de la grande geste du sous-commandant Marcos dans le Chiapas n'en sont qu'un exemple emblématique. Pourtant, de même que l'arbre ne saurait cacher la forêt, de même l'acte révolutionnaire ne doit pas masquer les multiples formes de réinscriptions des acteurs supposés marginalisés dans les rapports de pouvoir et d'autorité dans le quotidien de la vie nationale. Ils sont là, présents et actifs, ces « Indiens » supposés « sans âme », donc des choses au moment de la conquête espagnole.

- Considérons enfin l'affirmation conclusive de notre auteure dont la « réflexion contribue à éclairer une partie immergée de la juridicité et révéler l'articulation d'une tridimensionnalité [culturelle, formelle et pratique] comme axe d'analyse fécond pour l'aborder dans sa complexité, son interculturalité et dans sa dynamique contemporaines ». Plus loin elle ajoute que ses observations de terrain « apportent une illustration sur la coexistence d'archétypes juridiques, et l'articulation de référents normatifs et institutionnels tout en mettant en cause les prétentions universalistes des conceptions occidentales du droit et le monopole de la prise en charge de la régulation sociale par l'État ».

Elle illustre bien une autre formule que je partage avec Michel Alliot : non seulement penser l'autre mais le penser autrement, un autrement ici superbement illustré.

Dois-je ajouter que j'adhère à une perspective de recherche qui ne se contente pas de désigner puis de détailler les facteurs en cause mais qui apprécie aussi leur portée politique et leurs incidences institutionnelles, bref une démarche qui pratique une authentique anthropologie politique de la juridicité. En ces temps de frilosité intellectuelle, de conservatismes et de blocages théoriques, l'ampleur dont fait preuve la démarche de notre chercheuse, son volontarisme et son acuité épistémique sont autant d'atouts que le lecteur va découvrir et dont il fera, je le suppose, tout son miel tant ces propos sont justes et équilibrés, simples dans leur formulation, pénétrants dans leurs implications.

Ce fut un honneur pour moi d'accompagner l'éclosion d'une grande carrière de chercheur et c'est un plaisir de témoigner ici de sa fécondité à venir.

Étienne Le Roy
Professeur émérite d'anthropologie
Laboratoire d'anthropologie juridique de Paris
Université Panthéon-Sorbonne, Paris 1

Références citées

Adonon Viveros Akuavi, 2013, « Urbaniser le village. Territoires, représentations de l'espace et appropriations au sud-est du Mexique », *in* Étienne Le Roy, *La terre et l'homme, espaces et ressources convoités entre le local et le global,* Paris, Karthala, p. 135-155.

Allot Antony and Woodman Gordon, 1984, *People Laws and State Law. The Bellagio Papers,* Utrech, Foris.

Dumont Louis, 1983, *Essais sur l'individualisme*, Paris, Seuil.

LISTE DES ABREVIATIONS

CCRI : Comité clandestino revolucionario indígena, Comité clandestin révolutionnaire indigène.
CEDH : Comisión estatal de derechos humanos, Commission étatique des droits de l'homme.
CEMCA : Centro francés de estudios mexicanos y centroamericanos, Centre français d'études mexicaines et centraméricaines.
CIESAS : Centro de investigaciones y estudios superiores en antropología social, Centre de recherches et d'études supérieures en anthropologie sociale.
COCOPA : Comisión de concordia y pacificación, Commission de concorde et de pacification.
CONACULTA : Consejo nacional para la cultura y las artes, Conseil national pour la culture et les arts.
CDI : Comisión nacional para el desarrollo de los pueblos indígenas, Commission nationale pour le développement des peuples indigènes.
CONAI : Comisión nacional de intermediación, Commission nationale d'intermédiation.
CNDH : Comisión nacional de derechos humanos, Commission nationale des droits de l'homme.
EZLN : Ejército zapatista de liberación nacional, Armée zapatiste de libération nationale.
IIJ : Instituto de investigaciones jurídicas, Institut de recherches juridiques.
INI : Instituto nacional indigenista, Institut national indigéniste.
LAJP : Laboratoire d'anthropologie juridique de Paris.
LGDJ : Librairie générale de droit et de jurisprudence.
MARZ : Municipios autónomos rebeldes zapatistas, Communes autonomes rebelles zapatistes.
OIT : Organisation Internationale du travail.
PAN : Partido acción nacional, Parti d'action nationale.
PRD : Partido de la revolución democrática, Parti de la révolution démocratique.
PRI : Partido revolucionario institucional, Parti de la révolution institutionnelle.
PROIMMSE : Programa de investigaciones multidisciplinarias sobre Mesoamérica y el sureste. Programme de recherches multidisciplinaires sur la Méso-Amérique et le sud-est.
PUF : Presses universitaires de France.
SEPI : Secretaría de pueblos indios, Secrétariat des peuples indiens.
UACH : Universidad autónoma de Chiapas, Université autonome du Chiapas.
UNAM : Universidad nacional autónoma de México, Université nationale autonome du Mexique.
UNICACH : Universidad de ciencias y artes del Estado de Chiapas, Université des sciences et arts de l'État du Chiapas.

INTRODUCTION

Pratiques juridiques indiennes au Chiapas (Mexique). Les voies tzotzil présente les résultats d'une enquête ethnographique d'anthropologie juridique sur le règlement des différends familiaux dans les villages de San Juan Chamula et de Zinacantán au Chiapas[1]. La régulation sociale et juridique d'un grand nombre de peuples ou de « minorités ethniques » qui évolue dans le cadre d'une structure étatique dominante, met en évidence une problématique au cœur de l'État, du droit et du multiculturalisme et convoque les cadres conceptuels ouverts par les théories du pluralisme juridique. La dynamique et la complexité du phénomène observé exigent cependant d'aller plus loin dans la réflexion et d'explorer la « porosité juridique ». Un outil qui dévoile l'entre-deux des référents et des logiques juridiques dans la pratique des acteurs, et la dilution de catégories étanches telles que « droit étatique » et « droit indigène. »

Les notions de départ sont le « droit » et la « culture ». Deux termes qu'on se plaît à utiliser tout en renonçant souvent au difficile exercice de les définir, l'exercice étant d'autant plus éprouvant qu'un véritable flou sémantique les entoure et que derrière la notion de droit comme celle de culture existent, de manière sous-jacente, différents héritages conceptuels. Nous ne tentons pas une définition arrêtée de ces deux termes. D'ailleurs il n'existe pas une, mais plusieurs définitions, ainsi que divers approches et points de vue. En revanche, nous esquissons les contours de la réflexion qui se construit au carrefour de ces deux termes.

Commençons premièrement par établir une distinction entre le « Droit » au sens large ou la « juridicité », qui relève des multiples expériences possibles du phénomène de la régulation sociale, et le « droit » au sens strict, qui se réfère au droit positif, droit de l'État. Le droit positif traduit la pensée juridique de la modernité occidentale, très répandue, y compris dans les sociétés non-occidentales. Du fait que cette conception semble s'imposer irrésistiblement, toute autre représentation ou pratique du Droit est abordée à partir d'une connotation péjorative. Ce présupposé se dévoile derrière des formules telles que « pratiques alternatives de droit », « droit coutumier », « droit traditionnel », « us et coutumes », « droit indigène », etc. À notre sens, ces expressions ne sont pas neutres et opposent un droit considéré comme supérieur à d'autres situations perçues, au mieux, comme des droits inférieurs. Cette approche évacue la réflexion de fond sur « d'autres » manifestations possibles du phénomène juridique. Notre étude tente précisément dévoiler différentes manifestations de la juridicité, de parler de « l'autre droit » ou du droit de « l'autre » sans retomber dans les présupposés

[1] Le travail de terrain réalisé entre 2000 et 2006 reste toujours d'actualité.

qui mènent à survaloriser une et unique pensée juridique. L'altérité en général, et plus particulièrement l'altérité juridique se trouvent donc également au centre de notre réflexion. Qui est « l'autre » ? Qu'est-ce que « l'autre droit » ? Selon Mondher Kilani, l'expérience de l'altérité se traduit par une « sensation du divers » qui réside dans la différence entre soi et l'autre, si minime soit-elle. C'est la notion du différent qui nous fait prendre conscience et nous donne la possibilité de concevoir l'autre, et cette reconfiguration de l'autre ne se fait pas à partir du même mais à partir de la reconnaissance de sa distance[1]. L'autre ne se définit autre qu'en rapport au moi. Attirons donc l'attention sur l'aspect subjectif que l'altérité suppose en tant que sensation, expérience et reconfiguration.

Sur le plan de la culture, les contours sont également flous car la culture n'est pas une entité indépendante de ceux qui se la représentent, ni une force autonome qui s'exerce sur les esprits des individus. La conception réifiée de la culture comme une réalité surplombant les acteurs sociaux et guidant leurs actions est dénoncée de plus en plus face aux propositions de penser la culture comme force agie, et non pas seulement comme force agissante[2]. Elle n'apparaît donc pas comme une force monolithique qui s'impose mais comme un espace de négociations et même de fissures. Il faut considérer la culture et l'identité culturelle comme des lieux de négociation en effervescence continue, comme des espaces inscrits aussi bien dans l'histoire des acteurs sociaux que dans la temporalité qui lie l'observateur à ce qu'il enregistre[3]. La notion de culture, émancipée de l'enfermement et de l'immobilisme caractéristiques d'une approche culturaliste, se présente comme un axe fécond d'analyse des phénomènes sociaux contemporains. La perte de centralité des catégories sociales d'une part et l'importance que prend la dimension culturelle d'autre part expliquent l'installation d'un paradigme culturel qui met au premier plan la revendication de droits culturels. Droits qui « s'expriment toujours par la défense d'attributs particuliers », mais qui, paradoxalement, « confèrent à cette défense un sens universel[4] ». En ce qui concerne le domaine du juridique, Sally Falk Moore accorde à l'argument culturel un attribut de légitimation et d'explication de la différence juridique[5]. Les discours sur la différence culturelle, le multiculturalisme et l'interculturalité constituent des enjeux politiques de taille et les acteurs sociaux les instrumentalisent aussi consciemment.

---

[1] Mondher Kilani, 2000, *L'invention de l'autre. Essais sur le discours anthropologique*, Dijon-Quetigny, Édition Payot Lausanne, p. 12.

[2] *Idem*, pp. 23-25. Voir aussi, Francis Affergan, 1991, *Critiques anthropologiques*, Paris, Presses de la fondation nationale des sciences politiques, pp. 145 et ss.

[3] *Idem*, pp. 23-24.

[4] Alain Touraine, 2005, *Un nouveau paradigme pour comprendre le monde d'aujourd'hui*, Paris, Fayard, p. 337.

[5] Sally Falk Moore, 2001, « Certainties undone : fifty turbulent years of legal anthropology, 1949-1999 », *The Journal of the Royal Anthropological Institute*, vol. 7, nº 1, p. 96.

Le champ d'investigation de cet ouvrage porte donc sur le Droit, le regard anthropologique l'accompagne afin d'approcher la complexité des logiques qui sous-tendent certaines situations juridiques. La particularité de la réflexion se fonde sur la reprise des voies déjà tracées par l'anthropologie sociale anglo-américaine vouée à l'étude du droit et l'application/confrontation de modèles élaborés par l'anthropologie juridique francophone à de nouveaux horizons géographiques.

Une des exigences de l'anthropologie juridique, liée à l'anthropologie, une de ses « disciplines mères », est d'aller à la rencontre des populations, d'interroger les pratiques des acteurs. C'est à partir des pratiques que s'oriente la réflexion et éventuellement se dégagent des solutions. La science juridique, l'autre « discipline mère » de l'anthropologie juridique, ne s'est pas complètement désintéressée du domaine empirique comme le montrent les écoles du réalisme juridique en général[1], et celle du réalisme juridique américain en particulier, qui a exercé une influence essentielle sur le développement de la réflexion juridique américaine. Karl Llewellyn, un des principaux auteurs du réalisme juridique américain, définit le droit comme ce que « font » les autorités (juges, shérifs, responsables de prison, avocats...). Il distingue les règles effectivement appliquées, des règles écrites, souvent laissées lettre morte. En insistant sur la prise de conscience du processus d'élaboration du devoir-être juridique, Llewellyn associe les gouvernés, eux-mêmes, au schéma explicatif de ce processus, considérant que leurs réactions ont une influence sur la création de ce qu'il appelle «*feel of the law* ». En collaboration avec l'anthropologue Adamson Hoebel, il publie en 1941 une étude qui lui permet de construire un modèle concernant le règlement des conflits juridiques chez les Cheyenne, *The Cheyenne Way*[2]. Le lecteur aura compris d'où nous vient l'inspiration du titre : « Voies tzotzil ».

---

[1] Dans un sens large, le réalisme juridique est une expression utilisée pour qualifier les approches qui s'opposent à toute considération abstraite et morale dans la définition du droit ou dans la description de son contenu. Dans un sens strict, il désigne deux courants de pensée dans le domaine de la théorie du droit, le réalisme juridique scandinave et le réalisme juridique américain. Les deux courants s'accordent sur la volonté de partir d'une description empirique des faits juridiques observables (le droit existant réellement) qui les conduit à privilégier la décision de justice et le contexte social de sa production. Tandis que le réalisme scandinave, plus philosophique, s'intéresse à la recherche théorique et dirige sa critique vers la déconstruction de concepts juridiques tels que propriété, droits subjectifs, État, considérés comme vides de signification ; le réalisme juridique américain,plus pragmatique, centre son attention sur le travail qui se fait concrètement dans les tribunaux, le rôle du juge et le processus de décision judiciaire. Voir *Dictionnaire de la culture juridique*, 2003, sous la direction de Denis Alland et Stéphane Rials, Paris, PUF-Lamy, coll. Quadrige, entrées : « États-Unis (Grands courants de la pensée juridique américaine contemporaine) », pp. 663-664 ; « réalisme », pp.1297-1299. *Dictionnaire encyclopédique de théorie et de sociologie du droit*, 1993, deuxième édition corrigée et augmentée sous la direction d'André-Jean Arnaud, Paris, LGDJ, entrée : « réalisme », pp. 507-513.

[2] Dans la présentation de la traduction française de l'ouvrage parue en 1999, Louis Assier-Andrieu s'exprime de la manière suivante : « En 1941 paraît donc *The Cheyenne Way*, un

Le travail de terrain a ainsi un intérêt scientifique difficilement contournable, dans notre approche. Mais il a également, et nous tenons à le relever dès à présent, un aspect « initiatique ». Comment qualifier autrement la confrontation à la complexité de la réalité ? Au-delà des considérations intellectuelles brodées avant le travail de terrain, l'expérience de penser l'altérité n'appartient pas au même registre de celle d'y être confronté, interrogé interpelé. La sensibilisation du travail de terrain constitue de notre point de vue « l'initiation » à l'anthropologie juridique.

Une partie des écrits et des études que nous lègue l'anthropologie juridique sont des outils favorisant une approche interculturelle du Droit, une approche qui tient compte de la vision particulière du monde qui se trouve à la base des manifestations juridiques. Car le Droit n'est pas indépendant ni du contexte culturel ni des rapports sociaux dans lesquels il se trouve enchâssé. Le Droit n'est pas une entité en soi, un noumène. Le point de départ d'une démarche visant à comprendre la manifestation de la juridicité ne peut donc être autre que l'élucidation du *topos*, du contexte social qui lui donne sens. La compréhension des phénomènes juridiques pose un certain nombre de difficultés au chercheur qui doit bien être conscient de ses limites face à l'étude d'une manifestation de la réalité qui n'est que la partie émergée de l'iceberg. Le premier pas vers la compréhension d'une telle manifestation est celui d'essayer de rendre visible la partie immergée tout en se gardant de faire des analyses ethnocentriques ou de comparer hâtivement, et même de manière abusive, des situations difficilement comparables[1]. L'exigence diatopique implique la prise en considération des particularités de chaque site culturel et en particulier de celui d'où nous observons ainsi que la mise en relation (*dia*) des sites culturels (*topoi*) appartenant à des traditions qui ne sont pas habituées à communiquer. Il s'agit donc de comprendre la constitution du maillage relationnel entre les différentes traditions[2]. Quant au dialogisme, d'après une formule d'Étienne Le Roy à laquelle nous adhérons,

> « il implique un renoncement à un discours de vérité, une sensibilité aux formes induites ou implicites de domination, une connaissance de l'autre

---

monument commun de la littérature juridique et de la littérature anthropologique, salué comme tel à sa sortie aussi bien par Cairns, Timasheff et Pound que par Lowie, Redfield, Lévi-Strauss et bien sûr par Malinowski ». Karl N. Llewellyn et E. Adamson Hoebel, 1999, *La voie Cheyenne. Conflit et jurisprudence dans la science primitive du droit*, présentation, traduction et notes par Louis Assier-Andrieu, titre original, *The Cheyenne Way. Conflict and case law in primitive jurisprudence* (1941), Paris, Bruylant – LGDJ, p. IX.

[1] Voir Étienne Le Roy, 1994, « Comparaison n'est pas raison : Anthropologie et droit comparé face aux traditions non européennes », *Scritti in onore di Rodolfo Sacco - La comparazione giuridica alle soglie del 3° millenio*, Paolo Cendon (éd.), Milano, Milano Dott. A. Giuffrè Editore, pp. 675-692.

[2] Étienne Le Roy, 1999, *Le jeu des lois. Une anthropologie 'dynamique' du Droit*, Paris, LGDJ, coll. Droit et société, p. 326.

dans son altérité plurielle, ce qui condense des contraintes que peut-être seuls les sages peuvent maîtriser[1] ».

En effet, découvrir les différentes logiques qui sous-tendent les phénomènes juridiques passe, avant tout, par la mise en perspective de notre propre logique juridique.

Comment expliquer les phénomènes de rencontre de diverses cultures juridiques, tout en échappant à la survalorisation du référent étatique ? Les manifestations de la juridicité ne restent pas figées dans leur contexte d'émergence, comme les acteurs eux-mêmes ne restent pas ancrés dans un seul référent socioculturel. Les représentations, les logiques, les stratégies des acteurs, se croisent, s'enchevêtrent, s'imbriquent, se confondent et nous voilà aux portes de la complexité qui résulte du mouvement permanent et des multiples combinaisons des référents. La singularité du phénomène juridique évoqué par les voies tzotzil nous intéresse dans la mesure où il se projette dans un contexte global. La formation d'un droit étatique mexicain, son imposition, les résistances qu'il provoque et les adaptations qu'il subit sont des éléments qui orientent une compréhension plus en profondeur du phénomène juridique en tant que tel. Les configurations socioculturelles, la recherche de leurs logiques, leurs interactions dépassent le domaine purement local et s'inscrivent dans une problématique globale.

La question du choix du milieu à étudier a été tranchée par la promulgation des premières lois en matière de droits et de culture des peuples indigènes[2] dans les États du Oaxaca (1998) et du Chiapas (1999). Ces lois, inaugurant le multiculturalisme législatif traduit par la tentative « d'institutionnalisation de la justice indigène » au Mexique, présentaient un grand intérêt pour la démarche.

L'ordonnancement normatif de chacun des États apparaissait dans un contexte différent[3]. L'État du Oaxaca compte une population indigène[4] qui représente plus d'un tiers de sa population totale. L'État a toujours connu une forte présence des traditions indigènes dans la vie quotidienne et même

---

[1] *Idem*, pp. 102-103.

[2] Nous utilisons les termes Indigène et Indien comme équivalents. Le terme indigène est une traduction littérale du terme espagnol « *indígena* » qui, dans le contexte mexicain, est plus utilisé actuellement que le terme « *indio* » considéré, lui, comme plus péjoratif.

[3] L'État de Quintana Roo a également promulgué en 1998 une loi en matière de droits, culture et organisation indigène, *Ley de derechos, cultura y organización indígena del Estado de Quintana Roo*, Chetumal, periódico oficial del Gobierno del Estado de Quintana Roo, tomo II, n° 14 bis, 5ª época, 31 de julio de 1998. Plusieurs raisons, principalement de budget et de temps, nous ont fait abandonner l'idée d'effectuer une enquête de terrain dans cet État.

[4] Les peuples indigènes de l'État du Oaxaca sont les Amuzgo, Chantino, Chinanteco, Chocho, Cuicateco, Huave, Ixcateco, Mazateco, Mixe, Mixteco, Tacuate, Chontal, Triqui, Zapoteco, Zoque.

dans l'organisation politique des communes[1] qui le composent. Plus de la moitié des cinq cents communes du Oaxaca élisent le conseil municipal suivant des procédures « traditionnelles ». La loi des droits des peuples et communautés indigènes de l'État du Oaxaca, *Ley de derechos de los pueblos y comunidades indígenas del Estado de Oaxaca,* promulguée en août 1998, reconnaissait officiellement la validité des « systèmes normatifs internes » des indigènes et autorisait les autorités traditionnelles des villages indigènes à appliquer le « droit indigène » tout en tenant compte d'un certain nombre de formalités prévues par la législation étatique. De son côté, l'État du Chiapas compte une population indigène qui représente un quart de sa population totale[2], mais la situation des indigènes de l'État était alors au cœur du débat politique du pays, débat qui se poursuit depuis la rébellion zapatiste de 1994. La législation, *Ley de Derechos y Cultura Indígenas del Estado de Chiapas*, promulguée le 29 juillet 1999, mettait en place une juridiction indigène faisant partie du rouage judiciaire de l'État. Dans les Tribunaux de Paix et de Conciliation Indigène prévus pour les villages indigènes, les autorités traditionnelles « qui ont appliqué les us, coutumes et traditions de leurs communautés de manière ancestrale dans la solution de conflits internes[3] » devaient jouer le rôle d'auxiliaires dans l'administration de la justice étatique.

Les lois « d'institutionnalisation de la justice indigène » semblaient pourtant répondre à une volonté de contrôle d'un domaine juridique qui échappait à l'État et de sa mise en forme selon le modèle juridique étatique. À notre sens, les formalités imposées par cette officialisation dénaturaient une éventuelle conception de la justice et devaient poser indubitablement un certain nombre de problèmes dans la pratique. L'intention de départ était donc de faire l'enquête de terrain dans ces deux États du Mexique, pour ainsi approcher la diversité du phénomène de la rencontre entre le « droit étatique » et le « droit indigène[4] ». Premièrement, l'enquête devait permettre de vérifier la mise en application des lois, pour le cas du Chiapas, par exemple, la création ou pas des nouvelles instances judiciaires prévues, leur fonctionnement et, éventuellement, les cas présentés devant cette instance. Dans un deuxième temps, il s'agissait de chercher à identifier les mécanismes de règlement des conflits et leur fonctionnement, répertorier les différentes « instances indigènes », les autorités intervenantes, etc. Pour terminer, c'est autour de l'identification des oppositions et points de

---

[1] Précisons que les communes au Mexique, surtout en milieu rural, regroupent un certain nombre de hameaux dispersés, *parajes*, *rancherías*, un de ces hameaux est le chef-lieu municipal, *cabecera municipal*.

[2] Il s'agit d'environ dix peuples indigènes : Chol, Chuj, Jacalteco, Lacandón, Mam, Motozintleca, Tojolabal, Tzeltal, Tzotzil, Zoque.

[3] Exposition de motifs de la loi.

[4] Nous étions persuadée de l'existence d'un droit indigène clairement identifiable et délimité qui évoluait de manière indépendante du droit étatique.

rencontre entre l'ordre juridique étatique et les traditions indigènes que l'enquête devait se situer. Le travail de terrain a été effectué en trois temps entre 2001 et 2003 : un premier terrain de « découverte », un deuxième de confrontation des hypothèses principales, un troisième d'approfondissement sur la dynamique endogène du règlement des conflits.

Le lieu retenu pour faire l'enquête à Oaxaca a été « la *Mixteca Alta* », la région *Mixteca* des hauts plateaux du Oaxaca. Le travail de terrain a été effectué en mai-juin 2001[1], dans trois communes (Chalcatongo, San Pablo Tijaltepec, Santiago Yosundúa). Dans la région du Oaxaca qui a été visitée, le sentiment d'appartenance à un peuple indigène ne s'est pas révélé très palpable. La revendication d'une identité nationale, métisse, est plus présente que la récupération d'une spécificité culturelle, du moins à l'époque de notre investigation. Le règlement des petits conflits dans les locaux du tribunal de la commune se faisait de manière simple, sans grandes formalités, en privilégiant toujours une solution à l'amiable prévue par la législation de l'État.

En ce qui concerne l'État du Chiapas, un pré-terrain a été effectué en janvier 2001 pour évaluer la viabilité d'effectuer une enquête dans la région des hautes terres, zone militarisée. La région présentait un intérêt en raison de l'identité indigène revendiquée par la population et la présence de traditions concernant l'organisation politique et religieuse, la langue, les obligations communautaires, certains aspects de la médecine traditionnelle, les pratiques vestimentaires... La mise en place des structures judiciaires prévues par la législation dans les communes de la région rendait plus intéressant le travail de terrain. Ainsi, le premier terrain proprement dit (juillet-août 2001) a permis de fixer le choix sur deux villages compte tenu de la facilité d'accès d'une part et de la possibilité d'établir des contacts d'autre part[2].

Les trouvailles du premier travail de terrain ont été significatives pour le recentrage de la recherche. La diversité du phénomène ne se déclinait pas uniquement entre un État fédéré et un autre mais à l'intérieur d'un même État et d'une même région de l'État, la diversité se manifestait entre villages limitrophes. L'inexistence d'une structure de règlement des différends, parallèle et différenciée de celle de l'État, rendait difficile une nette différenciation entre ce qui devait être considéré comme « droit étatique » et ce qui relèverait du « droit indigène ». Cependant, ayant identifié un certain

---

[1] Nos interlocuteurs ont été principalement des instituteurs d'écoles primaires bilingues (espagnol/mixteco), deux prêtres, des membres des conseils municipaux et des juges.

[2] San Cristóbal de Las Casas, la ville où nous séjournions et chef-lieu du district judiciaire, accueille également un grand nombre d'organisations gouvernementales et non gouvernementales d'aide aux indigènes, de défense des droits de l'homme et des centres de recherche, l'enquête a donc été menée également autour de ces structures. L'observation des conduites au quotidien, la réalisation d'entretiens et la consultation des archives des tribunaux ainsi que le journal de terrain ont été les préoccupations de l'enquête de terrain.

nombre d'instances judiciaires et extra judiciaires de règlement des conflits, nous devions convenir à une rencontre plus subtile des différents univers juridiques.

L'expression de la diversité se manifestait dans une sphère régionale, dans le domaine de villages indigènes proches. Cette situation ainsi que la revendication d'une identité indigène davantage perceptible dans la région des hautes terres du Chiapas expliquent l'orientation de notre choix. La nouvelle phase du travail de terrain cherchait à explorer des hypothèses de recherche comme le *forum shopping*[1], ou encore celle du multijuridisme[2].

Le déroulement des audiences a suscité un intérêt particulier et nous a conduite à une observation plus systématique des audiences conciliatoires. Une faible maîtrise de la langue tzotzil, parlée dans la région, limitait notre compréhension des argumentations des uns et des autres lors des audiences, mais paradoxalement, cette sujétion nous a permis d'assister à tout type d'audience, notre présence n'étant pas perçue comme compromettante. Le Tribunal de Paix et de Conciliation Indigène s'est révélé donc le lieu privilégié d'observation.

Lors du troisième et dernier travail de terrain (Chiapas : février-avril 2003*)*, nous avons privilégié l'argumentation juridique du discours conciliatoire des uns et des autres au cours des audiences dans l'enceinte des Tribunaux de Paix et de Conciliation Indigène. Pour cette phase du travail de terrain, nous nous sommes basée sur l'enregistrement, la traduction et la transcription d'audiences et sur l'élaboration de guides d'entretiens afin de compléter et de systématiser les informations reçues à l'occasion des précédents entretiens. Ainsi se délimita le champ d'études autour des Tribunaux de Paix et de Conciliation Indigène de San Juan Chamula et de Zinacantán, deux villages des hautes terres du Chiapas parlant la langue tzotzil.

Rappelons que le but de l'enquête de terrain n'était pas d'établir une ethnographie des populations tzotzil de San Juan Chamula et de Zinacantán ; l'altérité, objet de notre étude, est bien *l'altérité juridique* des villages étudiés, cette nuance, qui implique une grande différence méthodologique, doit être retenue d'emblée. L'analyse de l'altérité juridique ne répond pas à un désir de folklorisation qui mettrait l'accent sur la séparation mais à un désir d'identification des composantes du phénomène juridique contemporain.

---

[1] C'est le choix apparent qui se présente au justiciable de saisir une instance de règlement et non une autre.

[2] Cette notion fait référence aux multiples appartenances mobilisées par les acteurs et stratégiquement mise en œuvre dans le jeu juridique. Voir Étienne Le Roy, 1998, « L'hypothèse du multijuridisme dans un contexte de sortie de modernité », *Théories et émergences du droit : pluralisme, surdétermination et effectivité*, Lajoie A., Macdonald R. A., Janda R., Rocher G. (éd.), Bruxelles, Bruylant/Thémis, pp. 29-43.

Notre étude porte sur la « prise en charge des différends ». Le processus du règlement des conflits[1] offre, à notre sens, un champ de rencontre avec le Droit car « le règlement de quelque trouble que ce soit mettra l'intérêt de chacun à la hauteur de la destinée du groupe[2] ». C'est l'intérêt de la méthode anglo-américaine du *dispute-processing*[3]. Le différend en tant qu'unité d'analyse est considéré comme un « atome juridique » permettant de lire la totalité du génie juridique d'un groupe social. Le différend abordé singulièrement ancre le juridique dans sa plus petite expression sociologique et désolidarise l'observation du juridique du rapport à un système de droit particulier. Aborder le règlement des conflits nous a permis de dépasser les catégories de droit indigène, us et coutumes, systèmes normatifs indigènes, expressions assez vagues, confuses et surtout asymétriques par rapport à la catégorie de « droit étatique[4] ».

L'étude se circonscrit à une juridiction précise : le Tribunal de Paix et Conciliation indigène, un « espace » à l'interface de différentes représentations de la justice et de la solution des conflits. Dans cet espace où se croisent divers référents du social et du juridique, les acteurs produisent une normativité tout en appliquant une notion de justice qui reste teintée du contexte dans laquelle elle apparaît, autrement dit, elle reste très endogène. Il ne s'agit en aucun cas de réduire la notion de justice dans les communes

---

[1] Au cours du travail nous utilisons indistinctement les termes de conflits et de différends. Cependant, précisons que le terme « conflit », *conflicto*, posait un certain nombre de problèmes à nos interlocuteurs de terrain : quand nous leur demandions quels types de conflits se présentaient le plus fréquemment, ils répondaient sans hésiter qu'il n'y avait pas de conflits chez eux. Ne s'agissant pas de luttes, guerres, conflits régionaux ou intra-communautaires, le terme de différend semble plus approprié pour faire référence aux situations de désaccords familiaux.

[2] Louis Assier-Andrieu, 1999, « La genèse réaliste de l'anthropologie du droit. Étude sur *La voie Cheyenne* », *La voie Cheyenne. Conflit et jurisprudence dans la science primitive du droit*, *op. cit.*, p. XI.

[3] À la fin des années 1960 et au début des années 1970, l'anthropologie du droit américaine oriente l'analyse vers l'étude des processus au détriment de celui des normes et l'étude du comportement des acteurs individuels au lieu de celui des structures juridiques. L'intérêt n'était plus d'analyser comment les juges ou les tierces personnes arrivaient à une décision de justice, mais plutôt d'étudier comment la population percevait et s'impliquait dans les conflits de la vie quotidienne. Certains anthropologues ont fait appel à l'anthropologie politique pour explorer les facteurs sociopolitiques qui influencent les décisions des parties en conflit et des tierces personnes lors du règlement. Laura Nader, Sally Falk Moore et Jane Collier s'inscrivent dans cette démarche. Quelques années plus tard, John Comaroff et Simon Roberts argumentent que les disputes devaient être analysées en ce qu'elles apportent à la compréhension des relations entre actions individuelles et structures sociales, et non pas pour y déceler les facteurs qui déterminent la solution des différends. Ils affirmaient l'existence universelle d'institutions juridiques ou leur équivalent pour régler les différends et orientaient donc l'analyse vers l'exploration de comment se produisent les préceptes et accords normatifs du conflit ainsi que la place de l'intérêt individuel à l'intérieur de systèmes socioculturels englobants. Jane Collier, 1995, *El derecho zinacanteco. Procesos de disputar en un pueblo indígena de Chiapas*, México, UNICACH-CIESAS, pp. 9-11.

[4] Il s'agit d'expressions couramment utilisées par les populations indigènes elles-mêmes.

indigènes à la dynamique observée dans le Tribunal, mais d'approcher certaines de ses manifestations à travers cette fenêtre privilégiée pour l'observation.

Vers la fin du premier travail de terrain (janvier, mai-août 2001), nous nous sommes intéressée plus particulièrement aux conflits conjugaux. Lors des enquêtes de terrain postérieures le choix s'est révélé d'autant plus pertinent que les juges de paix et conciliation et les secrétaires-greffiers s'accordaient à dire que les affaires familiales étaient les plus fréquentes. D'après les données de 2001 du Tribunal suprême de Justice de l'État du Chiapas, les affaires familiales représentent environ 58% des litiges portés devant le Tribunal de Paix et de Conciliation indigène de Zinacantán, et 30% des controverses connues par celui de San Juan Chamula, à la même période.

L'État, la multiculturalité et le Droit sont donc les éléments qui se trouvent au cœur de notre problématique. Le Mexique, comme beaucoup d'États contemporains, est un pays multiculturel. Les imaginaires historiques autour de cette multiculturalité, qui en réalité est davantage sociale qu'ethnique, sont le Mexique « métis », d'une part, et les populations indigènes, d'autre part[1]. Le Mexique « métis » est celui de la structure étatique et institutionnelle, d'une société occidentalisée qui représente selon les chiffres officiels quatre-vingt-dix pour cent de la population ; il constitue le référent dominant du pays. Les populations indigènes, elles, construisent et réinventent une identité ethnique et culturelle. Elles réaffirment de nos jours, avec vigueur, leur droit à la différence, le respect et leur juste place à l'intérieur du cadre étatique. Ces populations ne peuvent et ne veulent plus être écartées d'un véritable projet de « nation[2] ». Elles réclament un projet qui les inclut sans les diluer dans une identité homogène, c'est-à-dire, reconnaissant et tenant compte de leur diversité culturelle, sans avoir comme ultime objectif l'assimilation. Face à la valorisation de l'individu et de la loi utilisée contre les pluralismes statutaires et coutumiers, les peuples, de leur propre voix, revendiquent la reconnaissance de leur différence culturelle et une influence croissante dans la vie sociale et juridique des États. L'enjeu des sociétés contemporaines n'est plus celui de choisir entre la construction

[1] L'ensemble de la population mexicaine est biologiquement métis, ceci s'applique aux populations dites indigènes et à celles identifiées comme non indigènes. Les populations méso-américaines, les populations en provenance de la péninsule ibérique – conquistadors, missionnaires, administrateurs, population en générale - et celles de l'Afrique noire - arrivées sur le continent par la traite négrière – sont à l'origine de ce métissage. Cependant, différentes appartenances identitaires, ethniques et sociales sont véhiculées et se construisent à partir des catégories de *métis* et d'*indigène* au Mexique.

[2] « Le monde que nous voulons est un monde qui doit pouvoir contenir plusieurs mondes. La patrie que nous construisons est une patrie où doivent pouvoir entrer tous les peuples, avec leurs langues, afin que tous y marchent et y rient dessus, afin que tous contribuent à ce que cette patrie se lève. » Sous commandant Marcos, janvier 1996, « Quatrième déclaration de la jungle Lacandone », cité par Manuel Vázquez Montalbán, 2003, *Marcos, le maître des miroirs*, traduit de l'espagnol par Gabriel Cayo, Paris, Mille et une nuits, p. 343.

d'une société multiculturelle et l'édification d'une société culturellement homogène. Les sociétés se trouvent plutôt face au défi d'envisager une interculturalité adaptée à leur histoire et à leur population afin de concilier la diversité culturelle et identitaire d'une part, et la cohésion sociale et politique d'autre part.

Nous vivons également la mise en cause des mythes juridiques modernes qui assimilent le Droit à l'État et qui n'envisagent le Droit que comme un droit étatique. Le monopole de l'État dans la mise en forme de la régulation sociale n'est plus perçu comme une réalité. D'autres manifestations existent au-delà de l'aspect folklorique ou exotique qu'elles inspirent aux juristes positivistes. On ne souligne pas assez la permanence de conceptions particulières de la justice en dépit des multiples ruptures historiques que les populations indigènes du Mexique ont vécues. Un rappel historique et l'examen des pratiques contemporaines révèlent, néanmoins, le fil conducteur d'une pensée juridique, une continuité qui rime avec influences, mouvement et devenir, aussi paradoxal que cela puisse paraître.

Du point de vue juridique, cette problématique se cristallise au Mexique principalement autour de deux positions : être pour ou être contre la reconnaissance constitutionnelle des droits des peuples indigènes. Ceux qui sont pour une telle reconnaissance discutent des modalités ou des limites qu'elle doit revêtir. Ceux qui s'y opposent dénoncent l'aberration juridique que cela implique, le retour au passé, etc. Très peu nombreux sont les juristes qui saisissent l'occasion d'interroger les fondements théoriques et philosophiques de la pensée juridique dominante et d'y porter un regard critique[1]. Notre réflexion s'inscrit dans cette perspective.

La question principale que pose cette étude est d'élucider comment se produit la rencontre de différents ordres juridiques dans la pratique des acteurs[2]. D'après notre hypothèse de départ, la rencontre ne se traduit pas par une opposition ou une confrontation des référents mais par leur interaction. L'hypothèse s'est confirmée : cette interaction – qui n'est pas fusion ou mélange indifférencié des référents dans la création d'une nouvelle manifestation de la juridicité – s'apparente davantage à l'articulation, à la complémentarité. Notre thèse consiste donc à montrer le processus d'interaction d'ordres juridiques distincts comme une « porosité » où les référents juridiques mis en mouvement par les acteurs se rencontrent, se croisent, se décroisent, se recroisent, dans la perméabilité du phénomène, tout en restituant une vision particulière et endogène de la justice.

---

[1] D'ailleurs, le culte du droit et de la loi au Mexique comme des entités désincarnées surplombant la société est de plus en plus présent dans le discours des juristes et des non-juristes. L'argument de légalité semble s'ériger par-dessus ceux de justice, justice sociale ou de légitimité.

[2] Derrière cette question d'autres se dissimulent : comment se lient le droit et la culture ? Comment se manifestent les conceptions de la justice ? Nous aborderons ces questions au cours de nos développements.

L'argumentation se décline en trois parties. Nous commençons par la restitution de l'observation de terrain, car c'est bien à partir de ces observations que nous bâtissons la réflexion ; nous avons donc fait le choix délibéré de plonger le lecteur d'emblée dans ce phénomène juridique. Cette présentation exige la patience de ne trouver que postérieurement certains éléments explicatifs.

La première partie, *La singularité d'une pratique juridique*, restitue l'observation de terrain. Le règlement des conflits est examiné dans la sphère interne des villages et dans la sphère externe, celle de la ville de San Crislóbal de Las Casas, très en relation avec les populations villageoises. Nous nous arrêtons ensuite sur l'analyse du rituel juridique d'un des lieux privilégiés pour l'observation : le Tribunal de Paix et de Conciliation indigène.

La deuxième partie, *Horizons juridiques de la multiculturalité : lecture diatopique et diachronique*, représente une prise de distance spatiale et temporelle afin de mieux saisir le contexte dans lequel s'inscrivent les manifestations de la justice dans les villages de San Juan Chamula et de Zinacantán. La prise de distance temporelle nous aidera à situer différentes représentations sur la justice à l'aide de la théorie des archétypes juridiques de Michel Alliot. Cet angle de vue est schématique parce qu'il survole des siècles d'histoire et sépare des univers de représentations « indiens » et « occidentaux ». Cette caractérisation aidera cependant à mettre en lumière les imaginaires qui circulent dans la gestion juridique contemporaine de la différence culturelle au Mexique.

La troisième partie, *Dynamique endogène de prise en charge des différends*, opère un nouveau changement d'échelle ; nous rejoignons la sphère locale. L'exercice d'élucider l'originalité du phénomène juridique exige de s'écarter, dans la mesure du possible, des référents dominants de la pensée juridique afin de découvrir la logique du fonctionnement du règlement des conflits. L'oralité juridique comme une théorie du Droit[1] méritera d'être testée dans le contexte des villages indiens. C'est le moment du décryptage, de la configuration du croisement des référents socioculturels et juridiques par le biais de l'analyse de l'argumentation juridique : la mise en évidence des techniques orales formellement organisées et l'identification d'une série de modèles de conduite et de comportements constituent la base à partir de laquelle se cristallise la décision de justice.

---

[1] Voir Étienne Le Roy, 1974, « Justice africaine et oralité juridique. Une réinterprétation de l'organisation judiciaire 'traditionnelle' à la lumière d'une théorie générale du droit oral d'Afrique Noire », *Bulletin de l'IFAN*, série B, n°3, T. XXXVI, pp. 559-591.

PREMIERE PARTIE

LA SINGULARITE D'UNE PRATIQUE JURIDIQUE

Tel le voyage initiatique du chercheur qui découvre le terrain pour la première fois, les chapitres de cette première partie invitent à une sorte d'initiation au phénomène du règlement des conflits dans les villages de San Juan Chamula et de Zinacantán. Nous avons d'ores et déjà affiché en introduction l'orientation descriptive de cette partie, compte tenu des particularités d'un phénomène dont les caractéristiques échappent à une lecture classique du droit. Du seul point de vue du droit étatique, la complexité serait aisément traduite en chaos ou en désordre susceptibles d'être enrayés par une action législative plus stricte ou par la mobilisation de moyens d'envergure pour la formation des fonctionnaires judiciaires. Cependant, la lecture ici proposée ne considère pas les pratiques au-delà du droit étatique comme des débordements mais comme du Droit en lui-même. Cette précision quant à l'approche annonce la tonalité de toute notre démarche. Si l'étude porte sur les villages de San Juan Chamula et de Zinacantán, nous observons néanmoins que le phénomène ne se réduit pas uniquement au domaine de ces deux villages. Certains différends sont en effet résolus au sein d'institutions ou instances diverses de la ville de San Cristóbal de Las Casas, par exemple. Dans le premier chapitre, nous tenterons de dresser un répertoire des instances de prise en charge des différends, qu'elles soient internes ou externes aux villages et qu'elles soient judiciaires ou extrajudiciaires. Le deuxième chapitre sera consacré à l'instance du Tribunal de Paix et de Conciliation Indigène, afin d'analyser plus en détail ce qui peut être identifié comme un double enracinement institutionnel.

CHAPITRE 1

LES LIEUX D'UNE « POLYCENTRICITE » JURIDIQUE

Il semble important de commencer par préciser la terminologie utilisée dans le titre du chapitre : « les lieux d'une polycentricité juridique », afin de mieux cerner l'orientation de l'argumentation. Selon les termes d'André-Jean Arnaud, la notion de polycentricité se réfère à une

> « [...] multiplicité d'organes de régulation, au nombre desquels ceux de la traditionnelle régulation juridique ne sont pas toujours - ni forcément - prédominants. Par opposition à l'image traditionnelle d'un droit issu d'un seul centre, l'État-nation, la polycentricité désigne la multiplicité de centres de décision juridique dans un système donné, ce qui exclut la structure pyramidale du droit dessinée par Kelsen [...][1]. »

Dans le milieu qui retient notre attention, cette polycentricité se traduit par l'existence de différents lieux de règlement des conflits. Le lieu, ou forum, est abordé comme un espace qui se distingue de l'instance judiciaire proprement dite, du fait qu'il n'est pas nécessairement lié ni à la hiérarchie ni aux procédures judiciaires du droit étatique. Les lieux de la polycentricité en question seront abordés comme les endroits ou les institutions où les conflits sont réglés.

Cette diversité qui s'érige institutionnellement ou spontanément comme lieux de justice sera abordée en deux sections. La première traitera du domaine interne des villages indigènes étudiés, et la seconde, des forums extérieurs, néanmoins en relation avec la population des villages.

Dans la sphère du village

Le domaine de l'organisation interne de certains villages indigènes évolue de manière assez indépendante de l'organisation sociale et même politique du reste de la population. Les logiques et conceptions qui fondent certains phénomènes ont souvent une particularité « indigène » et surtout endogène. La relation entre la notion d'autorité et la fonction de rendre la justice en est une illustration. Nous nous intéresserons donc, dans un premier temps, aux particularités de cette relation entre autorité et justice dans le cadre des villages de San Juan Chamula et de Zinacantán. Dans un deuxième temps, nous présenterons les différents forums contemporains de règlements des conflits.

---

[1] André-Jean Arnaud et Maria José Fariñas Dulce, 1998, *Introduction à l'analyse sociologique des systèmes juridiques*, Bruxelles, Bruylant, p. 313.

Les Autorités « traditionnelles » et la justice

Les villages indigènes de la région des hautes terres du Chiapas sont gouvernés par un système d'« Autorités » assez complexe et qui diffère d'un village à un autre. Les « Autorités[1] », *Autoridades*, comme les appellent les Indiens, configurent la structure gouvernementale. Les villageois leur doivent respect et reconnaissance mais à leur tour, ils exigent de ces Autorités un comportement honorable en fonction de « la dignité » dont ils sont investis.

Dans la tradition tzotzil, l'homme et la femme doivent servir leur peuple et les divinités. Si l'homme travaille pour le bien-être de sa famille, il doit aussi contribuer au travail collectif et consacrer une partie de son temps, de son travail et de sa personne au bénéfice de son peuple. Tout homme vivant en couple a l'obligation de servir sa collectivité en exerçant une fonction politique ou religieuse. Cette responsabilité n'est pas exclusive à l'homme ; la femme en est investie au même titre que son compagnon. Elle participe également aux cérémonies les plus importantes. C'est à partir du service rendu au village et du cumul des responsabilités assumées que le statut et le prestige sont déterminés dans la société[2]. Le système d'Autorités des villages étudiés - qui d'ailleurs empiète sur le gouvernement municipal[3] - est intimement lié à la fonction de rendre la justice, la notion d'Autorité y étant directement associée. Les lignes qui suivent présenteront les particularités de cette association Autorité/Justice, pour ouvrir ensuite la réflexion sur l'évolution du système d'Autorités dans chacun des villages, système d'Autorités qui subsiste, malgré les influences externes.

Le système d'Autorités dans les villages de San Juan Chamula et de Zinacantán se présente, par certaines de ses caractéristiques, comme un vestige de l'organisation coloniale. Les frontières entre les fonctions

---

[1] C'est pour bien différencier le sens particulier accordé à l'Autorité dans le milieu indigène du sens courant d'autorité, que nous préférons utiliser le A majuscule.

[2] Frank Cancian, 1989, *Economía y prestigio en una comunidad maya. El sistema religioso de cargos en Zinacantán*, México, Dirección General de Publicaciones del Consejo Nacional para la Cultura y las Artes – Instituto Nacional Indigenista, p. 45.

[3] L'utilisation du terme « gouvernement » s'agissant du domaine de la commune ne doit pas surprendre. Le Mexique, en tant que République fédérale, a trois niveaux de gouvernement : le gouvernement fédéral, les gouvernements des 31 États fédérés (considérés comme Libres et Souverains) et le gouvernement municipal. La Constitution fédérale de 1917, comme un des résultats de la lutte révolutionnaire initiée en 1910, adopte la notion de *Municipio libre*. L'article 115 prévoit l'adoption du gouvernement républicain, représentatif et populaire, comme régime interne des États fédérés, et prévoit comme base de leur division territoriale et de leur organisation politique et administrative le *municipio libre*. Avec le qualificatif de « libre » et, compte tenu du contexte post-révolutionnaire au Mexique, les rédacteurs de la Constitution ont accordé une autonomie à l'organisation de la commune. Selon le premier alinéa de l'article 115, chaque commune doit être gouvernée par un conseil municipal élu au suffrage universel direct, composé d'un maire, *presidente municipal*, et du nombre d'adjoints que chacun des États fédérés détermine.

exécutives et les fonctions judiciaires du gouvernement ne sont pas nettes ; de la même manière, les fonctions de l'autorité civile ne se distinguent pas non plus des fonctions de l'autorité religieuse. L'obligation de rendre la justice, thème qui se trouve au cœur de notre réflexion, concerne plusieurs de ces catégories de fonction sans qu'elle soit uniquement associée à la fonction judiciaire. Ces considérations s'appliquent aux deux villages, même si la configuration du système d'Autorités à San Juan Chamula ne se présente pas de la même manière qu'à Zinacantán.

San Juan Chamula se caractérise par une multiplicité d'Autorités et une fonction judiciaire partagée. Le *abtel patan*, travail-contribution en tzotzil, représente un service communautaire. Dans la vision chamula, quiconque assume une responsabilité vis-à-vis de la communauté est considéré comme un dignitaire, une Autorité du village[1]. Le « travail-contribution » assuré par les Autorités comprend le *j'abtel patan* et le *nichimal abtel.*

Le *nichimal abtel* est le travail réservé aux Autorités religieuses qui sont chargées du rituel des offrandes, de l'entretien des statuettes des saints de l'église et des fêtes religieuses[2]. Les villageois intéressés par ce type de responsabilité, de dignité, s'adressent aux Autorités en fonction pour avoir la charge de leur préférence. Les Autorités n'ont pas de mal à trouver les nouveaux dignitaires religieux, il y a même des listes d'attente de dix à vingt ans pour occuper certaines fonctions.

Les *j'abtel patan* sont les Autorités qui assurent le fonctionnement du gouvernement civil de la commune de San Juan Chamula. Elles peuvent être « constitutionnelles » ou « traditionnelles ».

Les Autorités dites « constitutionnelles » correspondent à la structure administrative du conseil municipal prévue à la fois par la Constitution mexicaine (d'où l'expression d'Autorités constitutionnelles) et par la législation de l'État du Chiapas. Le conseil municipal se compose d'un maire, d'un syndic titulaire, d'un syndic suppléant et d'un nombre variable d'adjoints au maire selon l'importance démographique de la commune, dans le cas de San Juan Chamula, six adjoints au maire titulaires et trois suppléants[3]. Le trésorier, le secrétaire et le juge de paix et de conciliation

---

[1] Nous traduisons l'expression espagnole *llevar un cargo* et le sens accordé à cette expression, dans les villages indigènes, par celle de « porter une dignité ». Toutes les personnes qui sont investies d'une dignité font donc partie des Autorités du village.

[2] Les fêtes religieuses les plus importantes à San Juan Chamula sont la fête du Carnaval, la fête de Saint-Jean - patron du village -, et la fête de la Toussaint.

[3] Loi organique municipale de l'État du Chiapas. Article 20 : « Les conseils municipaux seront composés : … »
D'un maire, un syndic titulaire et un syndic suppléant, six adjoints au maire titulaires, trois adjoints au maire suppléants élus par majorité relative, dans les communes où la population est supérieure à 7 500 habitants et inférieure à 100 000 habitants. » Notre traduction du texte suivant : « Artículo 20: Los ayuntamientos estarán integrados por: […]

indigène ainsi que le juge suppléant sont également considérés par les villageois comme des Autorités du village.

En 1962, à la suite de la réforme visant l'unification de l'administration municipale, les conseils municipaux sont élus désormais pour trois ans, et ce dans toutes les communes des États de la République mexicaine. À San Juan Chamula, comme à Zinacantán et dans grand nombre de villages indigènes, l'élection se fait plutôt en assemblée populaire et à main levée bien que la Constitution mexicaine prévoie l'élection directe au suffrage universel par scrutin secret (Article 116.IV.a). Dans les villages indigènes des hautes terres du Chiapas, une assemblée populaire précède l'élection officielle et c'est lors de cette assemblée que les fonctionnaires sont élus. Chaque hameau appartenant à la commune présente ses candidats et les groupes de soutien se forment et se rassemblent autour de ces candidats. Le jour de l'assemblée populaire, qui se déroule généralement à la place principale du chef-lieu municipal, chaque candidat se présente devant le public. Celui qui compte le plus grand nombre d'adhésions sera désigné pour le poste de maire et les autres membres du conseil municipal seront désignés en fonction du nombre d'adhésions qu'ils auront réunies. Moindre sera le nombre de voix, moins important sera son poste dans la hiérarchie administrative. En principe, la plupart des membres du gouvernement municipal y sont élus. Les postes subalternes sont pourvus par des personnes désignées par ces élus.

Jusqu'en 2000, année où le parti de droite Parti Action nationale (PAN) a gagné les élections, les personnes élues en assemblée se présentaient à l'élection officielle sous les sigles du Parti de la Révolution institutionnelle (PRI), parti hégémonique qui est resté 70ans à la tête du gouvernement fédéral. Le jour de l'élection, les candidats précédemment désignés en assemblée étaient confirmés comme officiellement élus. À l'heure actuelle, cette procédure d'élection perdure mais cause de plus en plus de conflits et le mécanisme commence à s'effriter avec la transition politique[1] et l'influence du système de partis dans la sphère des villages. L'élection en assemblée populaire n'est plus une élection définitive et tend à se transformer davantage en une sélection de candidats.

Les Autorités constitutionnelles sont perçues comme le lien avec l'extérieur, le lien politique et de communication avec le gouvernement de

---

Un presidente, un síndico propietario y un suplente, seis regidores propietarios, tres suplentes de mayoría relativa en aquellos municipios cuya población sea de más de 7,500 habitantes y no exceda de 100,000 habitantes [...]. »

La population totale de la commune de San Juan Chamula est d'environ 50 000 habitants pour une surface de 393,65 km^2. Zinacantán compte une population d'environ 25 000 habitants et sa surface est de 171 km^2, la commune se trouve dans le même cas de figure concernant l'intégration du conseil municipal.

[1] Après 12 ans, correspondant à deux mandats de gouvernements de droite du PAN, le PRI a été réélu lors de la présidentielle en 2012.

l'État fédéral ou de l'État du Chiapas. Les Autorités dites « traditionnelles[1] », elles, jouent un rôle quelque peu différent.

Les Autorités « traditionnelles » trouvent historiquement leur origine dans l'organisation coloniale. La commune de San Juan Chamula est historiquement composée de trois grands quartiers : le quartier de Saint-Jean, le quartier de Saint-Pierre et le quartier de Saint-Sébastien, moins important en surface et en nombre d'habitants que les deux autres. Chaque quartier a un nombre spécifique d'Autorités. Au moment de l'enquête, les quartiers de Saint-Jean et de Saint-Pierre avaient chacun six maires traditionnels (*alcaldes*), quatre adjoints aux maires (*mal kaviltoetik*), quatre gouverneurs, deux syndics, six « agents de police » (*mayoletik*) et six greffiers (*escribanos*), trois d'entre eux travaillaient avec les maires et les adjoints et les trois autres avec les gouverneurs et les syndics. Le quartier de Saint-Sébastien avait moins d'Autorités : quatre maires traditionnels, deux adjoints aux maires, deux gouverneurs, un syndic, quatre agents de police traditionnels et six greffiers. Chaque Autorité a un conseiller, *yajotikil*, choisi parmi ceux qui ont déjà occupé la dignité en question, afin de garantir la bonne conduite des cérémonies et des prières, et d'assurer un « bon raisonnement », selon leur propre expression, qui puisse aider le nouveau dignitaire en fonction[2]. Pour les habitants de San Juan Chamula, les Autorités traditionnelles constituent la base de la tradition du point de vue de l'organisation sociale et de la justice. Les Autorités du gouvernement traditionnel sont renouvelées tous les ans, les Autorités traditionnelles en fonction étant celles qui désignent leurs successeurs. Actuellement, il y a beaucoup plus de réticence à vouloir assumer une fonction traditionnelle honoraire que des fonctions constitutionnelles rémunérées qui sont beaucoup plus convoitées. Le salaire et un plus long mandat (trois ans) semblent être des raisons déterminantes. Les Autorités traditionnelles doivent déménager avec leur famille et s'installer dans le chef-lieu de la commune durant l'année de leurs fonctions, avec les inconvénients que cela implique. Les paysans continuaient difficilement à labourer leurs parcelles, les commerçants délaissaient leur commerce et les salariés leur travail. La situation était si « peu bénéfique » du point de vue économique qu'une rémunération de ces fonctions a dû être établie. Le caractère honoraire de ces fonctions les rendait moins attrayantes que la fonction administrative des Autorités constitutionnelles.

Les Autorités dites constitutionnelles aussi bien que celles dites traditionnelles sont impliquées dans la garantie de la justice. Enrique Pérez,

---

[1] La « tradition » n'est pas liée à ce qui était intrinsèquement indigène ; il s'agit en effet du résultat d'une accumulation de référents précoloniaux, coloniaux et du Mexique indépendant dans le contexte contemporain des villages indigènes. Cependant la structure des Autorités « traditionnelles » est largement héritière de l'organisation coloniale de la Nouvelle-Espagne.

[2] Frank Cancian, 1989, *Economía y prestigio en una comunidad maya. El sistema religioso de cargos en Zinacantán*, *op. cit.*, pp. 147-148.

auteur d'un intéressant ouvrage sur la vie quotidienne à San Juan Chamula, insiste sur le fait qu'

> « être autorité ne signifie pas selon le dicton populaire 'aller simplement chauffer les bancs du conseil municipal', il faut bien connaître la dignité qui est assumée et respecter les bâtons sacrés de commandement qui sont, pour les gens et pour les Autorités, comme les rayons et les représentants du Christ-soleil qui confère le sens de la justice et de l'entente parmi les hommes[1]. »

Le maire, plus que le reste des Autorités dites constitutionnelles, est celui qui joue le plus sur les deux volets de l'Autorité : le volet constitutionnel et le volet traditionnel. Ainsi, le maire représente la commune, la hiérarchie administrative et en même temps il doit garantir la sauvegarde des « traditions » du village. De nos jours, ce n'est plus indispensable de passer par une responsabilité religieuse ou traditionnelle pour pouvoir être élu comme maire, ou fonctionnaire du conseil municipal. Ceci ne justifie pas la méconnaissance des rituels, des prières et un comportement peu conforme à la tradition ; d'où l'importance du *yajotikil*, conseiller qui doit veiller à ce que la bonne gestion des offices soit assurée. Un comportement de la part du maire qui ne serait pas en accord avec les traditions pendant les fêtes, par exemple, peut lui coûter une sanction, y compris celle d'être enfermé en prison pendant quelques heures.

Les trois types d'Autorités identifiées à savoir, religieuses, constitutionnelles et traditionnelles forment un tout ancré dans la tradition qui en même temps fait face et se nourrit des influences environnantes, en l'occurrence, celles du reste de la population au style de vie plus occidentalisé. Chaque type d'Autorité a des fonctions spécifiques dans la vie quotidienne du village ; cependant, pour les moments-clefs comme les fêtes et certaines cérémonies, toutes les fonctions se confondent sous le même signe de l'Autorité. Les commentaires d'Enrique Pérez concernant les Autorités illustrent bien cet aspect : « les hommes et femmes de San Juan Chamula servent leur peuple dans le but de sauvegarder, maintenir et assurer l'ordre social, honorer les Saints qui accordent les bénédictions et le pardon à ses enfants afin qu'ils puissent continuer à vivre sur la mère-terre sacrée[2]. »

Ricardo Pozas, anthropologue mexicain, soutenait que la structure de base de l'organisation politique de San Juan Chamula était en quelque sorte

---

[1] « El ser autoridad no sólo es llegar a calentar las bancas de la presidencia, cómo dice esta gente, sino que se debe conocer bien el cargo que se porta y respetar los sagrados bastones de poder, que son, para la gente y autoridades como rayos y representantes de Cristo-Sol que imparte justicia y entendimiento entre los hombres. » Enrique Pérez López, 1997, *Chamula, un pueblo tzotzil*, San Cristóbal de Las Casas, Gobierno del Estado de Chiapas – CONACULTA – CELALI, p. 147. Tous les extraits en espagnol ont été traduits par nous-même pour faciliter la lecture et la compréhension.

[2] *Idem*, p. 232.

similaire à celle des premières années de la colonie[1]. L'organisation du pouvoir reproduisait des traits plus « indigènes » que coloniaux. La fonction principale du gouvernement colonial était d'assurer la justice, de veiller au maintien de l'ordre et au bien-être du peuple. Ces fonctions, liées à une pratique syncrétique du catholicisme, ont produit des structures religieuses et politiques concentrées en un seul corps gouvernemental. Parmi les fonctions des Autorités traditionnelles relevées par Ricardo Pozas dans les années 1940, se trouvaient celles d'assurer la justice et celles de collecter les fonds destinés au financement des services publics. Les problèmes relevant de la vie de famille, les réconciliations de toutes sortes, la solution des conflits fonciers, etc. constituaient la plus grande partie des affaires traitées par les Autorités traditionnelles. Ces Autorités s'installaient à côté du parvis de l'église, sur la place centrale ou sous les arcades de la mairie à différentes heures de la journée. Elles écoutaient attentivement les plaintes des habitants et discutaient longuement chacune d'entre elles. Ce lien entre l'Autorité et la fonction d'assurer la justice peut toujours être observé à San Juan Chamula. Les choses sont sensiblement différentes à Zinacantán.

L'anthropologue américain Frank Cancian[2], fondateur du projet Harvard Chiapas[3], insiste sur le fait que, contrairement au système d'Autorités de San Juan Chamula, le village de Zinacantán présente une claire distinction entre les fonctions des Autorités religieuses et celles du gouvernement civil. Dans les années 1960 à 1962, époque à laquelle il fit ses recherches, les conseillers municipaux s'occupaient principalement des travaux publics, de rendre la justice et des relations avec l'extérieur, tandis que les Autorités religieuses garantissaient la bonne conduite des rituels liés au culte catholique : les fêtes, l'entretien des églises et des saints. Les fonctionnaires du conseil municipal étaient des hommes relativement jeunes dont la qualité principale était celle de pouvoir communiquer en espagnol car l'intérêt du gouvernement « constitutionnel » était celui d'établir le lien entre le village indigène et la structure gouvernementale étatique. Contrairement aux charges religieuses, les fonctions civiles du conseil municipal n'accordaient pas de prestige à ceux qui les exerçaient. Les villageois percevaient l'expérience comme une

---

[1] Ricardo Pozas Arciniega, 1959, *Chamula, un pueblo indio de los Altos de Chiapas*, col. Memorias del Instituto Nacional Indigenista, México, Ediciones del Instituto Nacional Indigenista, pp. 144-145.

[2] Frank Cancian, 1992, « Algunos aspectos de la organización social y religiosa de una sociedad maya », *Los Zinacantecos. Un pueblo tzotzil de los Altos de Chiapas*, Evon Z. Vogt (ed.), primera edición 1966, col. Presencias, n° 56, México, Dirección General de Publicaciones del Consejo nacional para la Cultura y las Artes – Instituto Nacional Indigenista, pp. 317-318.

[3] Le *Harvard Chiapas Project* était un programme de recherche du *Laboratory of Social Relations* et le *Peabody Museum of American Archaeology and Ethnology* de l'Université de Harvard en partenariat avec l'Institut national indigéniste du Mexique. Dirigé par l'anthropologue Evon Z. Vogt, il débute en 1957 et accueille un certain nombre d'anthropologues voulant travailler dans la région des hautes terres du Chiapas.

perte de temps qui retardait l'accès aux responsabilités importantes de la hiérarchie religieuse. Suite à l'uniformisation de l'organisation gouvernementale de 1962 déjà mentionnée, la différence des Autorités et de leurs fonctions est devenue encore plus nette. Le double système d'Autorités, civiles ou constitutionnelles d'un côté et religieuses de l'autre, s'est consolidé. D'après notre propre observation de terrain, nous pouvons préciser qu'il y a effectivement une distinction des fonctions et que dans la gestion quotidienne des affaires civiles, les Autorités religieuses ne jouent pas de rôle prédominant, contrairement à ce qui se passe à San Juan Chamula. Cependant, les fonctionnaires du conseil municipal sont investis de cette notion d'Autorité et ils participent activement aux cérémonies importantes du village, y compris toutes les fêtes religieuses.

S'agissant de la justice, Jane F. Collier, membre du projet Harvard Chiapas, dans sa thèse doctorale publiée en 1973, *Law and social change in Zinacantán*[1], fondée sur un travail de terrain mené dans les années 1960, identifie trois types d'Autorités liées à la fonction de rendre la justice : le guérisseur (*ilol*), l'homme sage, et le maire.

Les guérisseurs ont joué un rôle important dans le règlement de certains conflits. Les habitants de Zinacantán établissaient traditionnellement un lien entre les maladies et les châtiments que les ancêtres infligeaient à ceux qui ne respectaient pas les normes de convivialité familiale. Ainsi, la cérémonie de guérison, *pertonal* en tzotzil, littéralement de « pardon », a lieu quand les membres d'une famille sont en conflit. Afin de guérir la maladie, ils demandent pardon aux ancêtres (*totilme'iletik*, littéralement pères-mères) pour faire oublier leur mauvaise conduite[2]. La cérémonie de guérison a pour but de rétablir les liens avec la divinité offensée afin que la maladie des « victimes de la colère des ancêtres » disparaisse. Ce type de cérémonie était effectué pour régler les conflits entre parents proches par le biais d'une réconciliation rituelle.

Dans les hameaux de la commune de Zinacantán, la médiation de l'homme sage était également une forme de règlement des conflits, Jane Collier en fait état dans son étude. Les hommes d'un certain âge, connus pour leur sagesse, leur prestige, étaient sollicités pour écouter les positions des parties en conflit et pour leur proposer des voies de solution afin de dépasser la dégradation des relations interpersonnelles. Ils pouvaient intervenir dans le règlement de n'importe quelle affaire, du moment que leur autorité était reconnue par les personnes impliquées dans le conflit.

---

[1] Étude publiée plus tard en espagnol, Jane F. Collier, 1995, *El derecho zinacanteco. Procesos de disputar en un pueblo indígena de Chiapas*, México, CIESAS – Universidad de Ciencias y Artes del Estado de Chiapas.

[2] Evon Z. Vogt, 1992, « Los H'iloletik : Organización y funciones del chamanismo en Zinacantán », *Los Zinacantecos. Un pueblo tzotzil de los Altos de Chiapas*, *op. cit.*, p. 123.

Le maire, quant à lui, était décrit par Jane Collier comme l'homme sage le plus respecté en matière de règlement des conflits. Il se trouvait à la tête de ce que l'auteur appelle dans son étude, le « Tribunal suprême de Zinacantán ». C'était effectivement devant la mairie que les disputes de toute la commune se présentaient. D'après les habitants de Zinacantán, un conflit qui n'était pas résolu chez le maire était un conflit insoluble. Ainsi, le maire, toujours accompagné d'autres conseillers municipaux, passait le plus clair de son temps à régler les conflits qui lui étaient soumis. Les villageois élisaient quatre juges, deux d'entre eux travaillaient pendant deux semaines et les deux autres prenaient le relais pour les deux semaines suivantes[1]. Le rôle des juges était plutôt celui de signer les documents officiels. S'agissant d'un crime, c'étaient eux qui devaient accompagner le prisonnier à San Cristóbal de Las Casas. Ce n'était qu'exceptionnellement, en absence du maire et d'un fonctionnaire plus haut gradé, comme le syndic par exemple, que le juge pouvait présider une audience de règlement de conflit. La personne qui voulait régler un conflit le soumettait au maire. Après une demande rituelle d'une des parties, le maire fixait l'heure et le jour de l'audience et envoyait un *mayol*, agent de police, pour informer l'autre partie. L'audience se tenait devant le portail de la mairie en présence d'autres fonctionnaires, le maire assis sur un banc interrogeait les parties et proposait des solutions. La solution devait nécessairement passer par la réconciliation[2].

La fonction de rendre la justice a toujours été collégiale mais, avant la création des Tribunaux de Paix et de Conciliation indigène, le maire était le personnage principal. Actuellement, les deux juges, le juge titulaire et le juge suppléant, concentrent autour d'eux la fonction du règlement des conflits, bien qu'accompagnés des conseillers municipaux[3].

Nous pouvons constater que les différents types d'Autorités, principalement celles identifiées comme constitutionnelles et religieuses, ne sont pas pour autant totalement indépendantes les unes des autres. À Zinacantán, comme à San Juan Chamula, ces Autorités n'en font qu'une au village et, par conséquent, les Autorités qui gèrent le gouvernement civil en tant que fonctionnaires municipaux agissent également conformément aux traditions et assurent leur maintien. Cet enchevêtrement de systèmes et de fonctions mérite une réflexion pour souligner sa complexité.

Entre le système d'organisation prévu par la législation mexicaine et les vestiges de l'organisation coloniale et même préhispanique toujours observables, le système d'Autorités des villages indigènes est en évolution permanente. Plus que la disparition du système le plus ancien au bénéfice du

---

[1] Frank Cancian, 1989, *Economía y prestigio en una comunidad maya…*, *op. cit.*, p. 35.

[2] Jane F. Collier, 1995, *El Derecho Zinacanteco. Procesos de disputar en un pueblo indígena de Chiapas*, *op. cit.*, pp. 56-57.

[3] Informations obtenues lors de notre enquête de terrain menée à plusieurs reprises entre 2000 et 2003.

plus nouveau, l'évolution du système d'Autorités semble traduire une accumulation des systèmes et des fonctions.

Ricardo Pozas écrivait en 1959, dans son ouvrage *Chamula. Un pueblo indio de los Altos de Chiapas*, qu'il y avait à San Juan Chamula un chevauchement des Autorités constitutionnelles et des Autorités traditionnelles. Une telle situation, disait-il, ne pouvait que tendre vers la disparition des Autorités traditionnelles et la consolidation du gouvernement constitutionnel. L'élimination totale ou partielle de l'organisation traditionnelle dépendrait de la force politique du gouvernement constitutionnel pour devenir le seul organisme de contrôle politique. Il était sûr que la structure du gouvernement étatique finirait par s'imposer.

L'auteur avait constaté que les membres du gouvernement civil avaient abandonné le port rituel du bâton de commandement, symbole du gouvernement traditionnel et de l'obéissance que le peuple doit à celui qui le porte. Ceci signifiait pour lui que les fonctionnaires se sentaient plutôt agents de l'État et non représentants des habitants de San Juan Chamula.

Fondant son analyse sur le matérialisme historique, il affirmait que le processus d'intégration des sociétés « traditionnelles » au modèle capitaliste allait permettre l'apparition d'un surplus économique suffisant pour maintenir un groupe au pouvoir, ce groupe ayant comme unique occupation celle de diriger et de contrôler les populations. Dans cette perspective de développement des classes sociales, l'ensemble des Autorités devait constituer la classe économique supérieure. D'après Ricardo Pozas, les Autorités « traditionnelles » n'avaient pas encore abouti à l'exploitation permanente pour devenir la classe économiquement supérieure, par contre les Autorités « constitutionnelles », elles, avaient élaboré dès le début un mécanisme de caciquisme autorisant les subordonnés à gouverner. Ainsi, les Autorités constitutionnelles étaient appelées à faire du gouvernement leur occupation permanente et à constituer la classe supérieure à l'intérieur du groupe[1].

Selon l'auteur, l'organisation politique de la commune de San Juan Chamula était l'exemple du processus de changement des institutions. Aucune institution créée ou imposée ne peut se substituer à une autre déjà existante ou la déplacer immédiatement. Si la deuxième « prend greffe » parce qu'elle répond à un nouveau besoin, elle se superpose à la première qui conservera ses fonctions. Au début, elles survivent avec une séparation des fonctions ; plus tard, les contradictions inévitables des unes avec les autres surgissent jusqu'à ce que la première soit éliminée. Le gouvernement des Autorités dites traditionnelles, continue Pozas, représente la structure de gouvernement établie par le régime colonial, structure qui a remplacé le gouvernement maya, basé autour du centre cérémoniel, destiné aux rituels.

[1] Ricardo Pozas Arciniega, 1959, *Chamula, un pueblo indio de los Altos de Chiapas*, *op. cit.*, pp. 133-134.

Le gouvernement constitutionnel, imposé comme l'institution qui maintient les nouvelles relations avec l'organisation politique de la République fédérale, devait également remplacer le gouvernement des Autorités « traditionnelles ».

Sans prétendre faire une analyse ponctuelle de l'argumentation précédente, force est de constater, plus de 50 ans après, la permanence du système d'Autorités dites traditionnelles à San Juan Chamula, et ceci malgré le fait que les villages indigènes de la région soient effectivement entrés dans le modèle capitaliste. Mieux encore, les Autorités traditionnelles semblent être bien ancrées dans la structure gouvernementale du village. En revanche, les projections de Ricardo Pozas semblent plus proches du cas de figure de Zinacantán. En effet, la structure gouvernementale de Zinacantán ne comprend actuellement que des Autorités dites constitutionnelles, même si une analyse approfondie des fonctions des conseillers municipaux peut révéler la permanence de fonctions assimilées aux Autorités « traditionnelles », comme leur rôle dans les cérémonies rituelles et les fêtes du village.

La perspective analytique développée par Étienne Le Roy dans sa théorie du droit oral d'Afrique noire quant à la conception africaine du temps juridique et celle de l'organisation de l'appareil juridique nous semble éclairante.

> « [...] Dans la valorisation du passé, les sociétés traditionnelles 'mettent leur idéal à s'écarter le moins possible de ce passé qu'elles considèrent volontiers comme un âge d'or (1)'.
>
> Dès lors, les institutions sont légitimées par référence à l'origine de la société et leur ordonnancement actuel justifié par leur plus ou moins grande adéquation à la situation première.
>
> Dans le domaine juridique, une telle conception a pour incidence de rendre impossible une modification directe des institutions originelles puisqu'il n'est pas possible de remonter le temps jusqu'à la fondation du groupe. La seule possibilité de transformation sociale réside donc dans l'adjonction aux institutions précédentes de nouvelles organisations par des actes juridiques soit dans des nouveaux domaines, soit pour les mêmes données mais dans une orientation nouvelle qui pourra tout au plus entrer en 'compétition' avec les institutions précédentes mais non les détruire.
>
> Pour ces raisons, les sources et les techniques du Droit ne peuvent que s'accumuler, des sources les plus anciennes aux sources les plus récentes[1]. »

En effet, dans l'évolution du système d'Autorités des villages de San Juan Chamula et de Zinacantán, on constate davantage une dynamique

---

[1] Étienne Le Roy, 1974, « Justice africaine et oralité juridique. Une réinterprétation de l'organisation judiciaire 'traditionnelle' à la lumière d'une théorie générale du droit oral d'Afrique noire », *Bulletin de l'IFAN*, série B, n°3, T. XXXVI, p. 572.

d'accumulation et de combinaison d'institutions, qu'une élimination ou substitution des institutions anciennes.

Les systèmes d'Autorités, base du gouvernement des villages de San Juan Chamula et de Zinacantán, sont complexes et difficiles à saisir par les multiples enchevêtrements des fonctions civiles et religieuses, par l'accumulation d'éléments provenant de l'organisation passée et contemporaine. Parler de maire ou de juge ne doit pas nous évoquer, dans ce contexte particulier, les catégories qu'on leur accorde dans le cadre de la séparation formelle des fonctions civiles et religieuses. Nous ne devons pas perdre de vue l'imbrication des fonctions civiles et religieuses des Autorités dans le milieu indigène, et le lien intrinsèque qui existe entre la représentation de la notion d'autorité et celle de la justice. Il s'agit d'une justice cosmique ou divine qui englobe également le domaine du règlement des différends de la vie quotidienne. Ceci explique la difficulté de parler d'une séparation de pouvoirs et d'attribuer aux seuls juges la responsabilité de rendre une justice aux connotations transcendantes. Les particularités que présente le système d'Autorités dans chacun des deux villages rendent compte d'une diversité dans la diversité. Les populations indigènes, même celles qui se trouvent dans une même région et parlent une même langue, ne forment pas un ensemble homogène face au reste de la population, la population majoritaire identifiée comme métisse. Les singularités dans l'organisation de la vie sociale, dans l'évolution des institutions et dans la gestion des influences ou impositions en font une évidence.

Une fois abordé le lien existant entre la représentation de l'Autorité et la fonction de rendre la justice pour les populations indigènes, la présence de différents forums de règlements de conflits, non associés à la fonction du juge ou du Tribunal, sera plus facile à envisager.

Forums contemporains de règlements des conflits

Ces développements sur les Autorités et leur lien avec le règlement des conflits nous permettent d'envisager plus clairement la polycentricité, en termes de multiplicité des lieux de « régulation juridique ». Même si la structure étatique n'a pas le monopole des lieux de régulation, elle est pourtant bien présente comme nous l'observerons par la suite.

Nous identifions comme lieux de régulation juridique « traditionnels » ceux qui sont plus proches de l'évolution historique de l'organisation des villages indigènes que de la structure étatique. Ce qui ne veut pas dire qu'il s'agisse de lieux de régulation qui n'ont pas subi d'influences multiples et qui n'ont pas évolué dans le temps. En effet, ces lieux « traditionnels » de règlement des conflits s'inscrivent parfaitement dans la situation contemporaine. Nous aborderons les lieux de décision les plus importants que nous avons identifiés dans le domaine du chef-lieu municipal, sans faire référence à d'autres qui peuvent être observés dans la sphère des divers hameaux qui composent la commune. Des endroits aussi hétéroclites que la place du marché ou la mairie ont un point commun en ce qui concerne le règlement des conflits.

Les habitudes de concentration de la population imposent un rythme d'activité au chef-lieu municipal. Le dimanche, jour de marché, est un jour de grande activité ; les personnes provenant des hameaux éloignés s'y rendent pour vendre et acheter toutes sortes de produits. Dès nos premiers entretiens avec les juges et les secrétaires-greffiers du village de San Juan Chamula, la réunion dominicale des Autorités a été mentionnée comme une instance de règlement des conflits.

À côté de la place centrale, une place plus petite est prévue pour le règlement des conflits. Les Autorités, traditionnellement vêtues et portant le bâton de commandement, sont assises sur trois bancs disposés en demi-cercle. Au milieu, le maire. Quelques *mayoletik*, agents de police de la commune, également vêtus de leur habit traditionnel sont debout non loin des Autorités. Tous sont présents, sans exception, tous les dimanches de huit heures du matin à midi. Les villageois s'adressent au maire et lui présentent leurs requêtes, le maire et les Autorités qui se trouvent à côté de lui leur posent des questions. De manière générale, la résolution de chaque conflit ne prend pas plus de vingt minutes. Le reste du temps, les Autorités discutent ou même somnolent. Si elles se lèvent, elles laissent à leur place leur chapeau, le bâton de commandement et un collier de rubans de couleurs, qu'elles remettent dès qu'elles regagnent leur place. À midi, toutes les Autorités se lèvent, se mettent en rang et font le tour de la place centrale en passant devant l'église et devant la mairie, pour se disperser quelques rues plus loin.

Cette réunion dominicale très ritualisée par l'arrivée et la disposition des Autorités, par les habits qu'elles portent, par leur présence même sur la place jusqu'à leur départ, selon des règles très précises, constitue, d'ailleurs, une des attractions pour les touristes qui visitent le village et qui observent sans pouvoir prendre de photographies car ceci est strictement interdit.

La différence entre le règlement des conflits le jour de marché et le processus devant la mairie se fonde plus sur le rituel, les affaires traitées ou le profil de ceux qui de façon générale se présentent devant cette instance étant similaires. À ce sujet, le juge suppléant signale que tout type d'affaires y est traité, des affaires familiales, de voisinage, de dettes aux petits litiges fonciers[1]. Le juge titulaire du Tribunal de Paix et de Conciliation indigène de San Juan Chamula, Salvador Gómez disait lors d'un entretien effectué le 26 octobre 2002 :

> « Chamula est un village spécial, les gens sont habitués à aller voir le président municipal [le maire] pour résoudre les conflits, qu'ils soient d'ordre

[1] Pour ce qui concerne les problèmes fonciers, il y a une juridiction spécifique : le commissariat de biens communaux.

civil ou familial, ce ne sont que les 10 ou 15 % des plaintes qui sont portés devant le Tribunal de Paix et de Conciliation Indigène, petit à petit les personnes commencent à connaître le Tribunal et à y présenter leurs plaintes mais d'habitude ils s'adressent au président municipal [maire], ce qui lui fait une grande charge de travail. »

Le conseil municipal se réunit tous les jours, du lundi au samedi, différentes affaires lui sont soumises. L'audience publique se déroule de huit heures à midi environ et l'après-midi de seize à dix-huit heures. La salle du conseil municipal, dans le bâtiment de la mairie, mesure environ quatre mètres de large sur vingt mètres de long. Tout le long des murs, des chaises et des bancs sont disposés pour les Autorités traditionnelles et les *mayoletik*, policiers de la commune. Le maire, *presidente municipal*, et ses adjoints, sont assis à une grande table qui fait pratiquement trois mètres.

Tous les matins, les *mayoletik* et quelques Autorités vont chercher le maire chez lui pour l'accompagner au palais municipal (la mairie). Les *mayoletik* ouvrent les portes de la salle, le maire et les Autorités entrent et s'installent. Derrière eux, les personnes qui veulent soumettre une affaire au conseil municipal se regroupent en face de la grande table et commencent à exposer leur requête selon l'ordre d'arrivée. Il peut s'agir d'une simple orientation sur une démarche à suivre, de la signature d'un papier, de la demande de financement d'une certaine activité, du règlement d'un conflit familial, d'un accident de la route, des affaires de dettes ou de l'organisation d'une cérémonie religieuse. Tous les problèmes sont soumis à tour de rôle. Les personnes attendent tranquillement leur tour, debout, en face de la grande table. Elles viennent souvent de très loin car la commune qui comprend 120 hameaux a une superficie de plus de 393 km^2. Une fois le problème résolu, la place est cédée à la personne suivante et ainsi de suite.

Ces forums de règlement des conflits ne sont pourtant pas les seuls existants dans le domaine interne des villages, l'institution judiciaire étatique se trouve également présente.

Le Tribunal de Paix et de Conciliation indigène est une instance juridictionnelle placée à la base de la pyramide de l'appareil juridictionnel de l'État du Chiapas. C'est un espace qui se situe entre diverses conceptions et pratiques de la justice. L'expérience du Tribunal de Paix et de Conciliation indigène en tant qu'instance exogène, imposée par le gouvernement de l'État du Chiapas, met en évidence la capacité des populations à recevoir et à se réapproprier les institutions. Les réflexions de Michel Alliot concernant l'acculturation juridique semblent, à ce sujet, particulièrement évocatrices : « Il est rare que la loi, même importée, demeure longtemps étrangère. Le droit législatif des peuples en cours d'acculturation montre rapidement son originalité[1]. »

Ainsi, l'instance du Tribunal de Paix et de Conciliation indigène sera ici abordée de façon générale, comme une partie de la diversité des forums dans le règlement des conflits des villages indigènes de San Juan Chamula et de Zinacantán. Si la création des tribunaux ne peut qu'être associée aux actions de domination et d'imposition du gouvernement étatique, non respectueuses de la volonté des populations indigènes, il n'en demeure pas moins qu'ils font déjà partie du paysage quotidien des villages. Ceci en dépit du fait que leur fonctionnement ne correspond pas complètement à leur compétence *de jure*.

En effet, le gouvernement de l'État du Chiapas a créé des tribunaux spéciaux à la suite d'un contexte marqué par des mouvements de revendication et par la rébellion de l'Armée zapatiste de libération nationale, *Ejército Zapatista de Liberación Nacional* (EZLN). Ces tribunaux devaient traduire « l'esprit de la justice indigène ». Le document préparé par la Chambre unitaire indigène[2] de la ville de San Cristóbal de Las Casas illustre bien le discours officiel. Ce document a été utilisé comme matériel de diffusion et nous en reproduisons ci-dessous les éléments essentiels :

> « Le gouvernement de l'État du Chiapas... veillant toujours au bien-être des gouvernés et voulant offrir une meilleure administration de la justice, suite à la juste réclamation de plusieurs secteurs de la population, publie dans le numéro 15 du journal officiel de l'État, le 12 mars 1998, le décret numéro 247 qui amende la Constitution politique de l'État du Chiapas en ce qui concerne la structure du Suprême Tribunal de Justice, en ajoutant à la structure judiciaire, des Tribunaux de Paix et de Conciliation. Le 25 mars de la même année, le décret numéro 248 publié dans le numéro 17 du journal officiel de l'État, dispose des réformes à la loi organique du pouvoir judiciaire de l'État parmi lesquelles se trouve l'inclusion formelle des Tribunaux de Paix et de Conciliation Indigène, nommés ainsi dans les communes à population majoritairement indigène.
>
> Précurseurs au niveau national dans l'application d'une justice *sui generis* porteuse de bénéfices pour le secteur social le plus dépourvu, ces tribunaux assurent des procédures novatrices dans l'exercice des droits et garantissent à nos indigènes l'accès à la justice dans un cadre de respect des droits de l'homme.
>
> Parmi les modalités de fonctionnement des Tribunaux de Paix et de Conciliation indigène, la participation des autorités traditionnelles desdites communes dans l'administration de justice et l'incorporation des us, coutumes, traditions et pratiques juridiques des indigènes dans le règlement

[1] Michel Alliot, 1968, « L'acculturation juridique », *Encyclopédie de la Pléiade*, Jean Poirier (éd.), vol. XXIV, Belgique, Éditions Gallimard, p. 1206.

[2] Actuelle Coordination indigène d'après les dispositions de la nouvelle Loi organique du Pouvoir judiciaire de l'État, promulguée le 27 novembre 2002 par le décret numéro 2 publié dans le journal officiel numéro 140 du même jour.

> de controverses internes avec la stricte sauvegarde des garanties individuelles et le respect absolu des droits de l'homme sont à relever, ainsi que la conciliation comme mécanisme privilégié de règlement des conflits, avant la sanction [...].
>
> Ces actions gouvernementales ont été possibles car ceci met en évidence la volonté politique de contribuer au processus de pacification et de réconciliation avec les peuples indigènes. La création des tribunaux a été le résultat des compromis acquis lors des Accords de San Andrés Larráinzar [résultat des pourparlers entre le gouvernement et l'EZLN], juste réclamation dans les forums de négociations.
>
> Dans ce contexte surgissent ces instances, reflet d'une avancée dans l'administration de la justice du Chiapas enrichie par les savoirs ancestraux de ceux qui ont su régler les controverses dans les villages indigènes, pour la plus grande joie de la population indigène. »

Les communes à population majoritairement indigène de l'État du Chiapas sont donc pourvues d'un Tribunal de Paix et de Conciliation indigène. L'objectif affiché était la reconnaissance de la justice indigène par l'État. Néanmoins, le caractère impositif de cette mesure, qui cherchait avant tout le contrôle d'un aspect échappant au droit étatique, était patent. Trois mesures semblent particulièrement éclairantes à ce sujet.

L'article 46 de la Loi organique du pouvoir judiciaire prévoit que les juges de paix et de conciliation indigène, titulaires et suppléants, sont désignés par le Tribunal suprême de l'État du Chiapas, en tenant compte des propositions des communes. La rédaction de l'article accorde le dernier mot au pouvoir judiciaire et ne le contraint pas à désigner les personnes élues par la population du village. Le terme « ratification » aurait semblé plus pertinent, car un véritable souci de respect de l'organisation interne et de l'autonomie des villages indigènes aurait pu pousser le législateur à accorder la faculté de désignation des juges aux villages indigènes, selon leurs propres modes d'élection et d'organisation politique. Ce qui en outre aurait été plus en accord avec l'article 5 de la Loi en matière de Droits et Culture indigènes de l'État du Chiapas :

> « Article 5 : Dans le domaine de compétence de l'État, le droit à la libre détermination et à l'autonomie des peuples et communautés indigènes du Chiapas est reconnu dans toute son ampleur politique, économique, sociale et culturelle, consolidant ainsi la souveraineté, la démocratie et les trois niveaux de gouvernement, dans le cadre de la Constitution politique des États-Unis mexicains[1] et de celle de l'État du Chiapas. »

Un élément qu'il semble également intéressant de souligner est le rôle secondaire attribué aux Autorités traditionnelles. Plus que la reconnaissance d'un mode de règlement des conflits déjà existant, il semble que l'objectif de

[1] Il faut rappeler que le nom officiel du Mexique est : États-Unis Mexicains.

la loi soit la création d'un nouveau mode de règlement. La Loi organique du pouvoir judiciaire accorde aux « Autorités traditionnelles des villages et des peuples indigènes » un rôle auxiliaire et accorde le rôle principal au juge.

Ces dispositions mettent en évidence la négligence du législateur vis-à-vis de l'aspect traditionnellement collégial du règlement des conflits dans les villages indigènes. La confusion du législateur face aux fondements de l'autorité, à la structure du système d'Autorités et aux fonctions des Autorités elles-mêmes, le conduit à dissocier ou séparer l'autorité du juge de celles du reste des Autorités.

Enfin, à propos du rôle du secrétaire-greffier dans le Tribunal de Paix et de Conciliation indigène, Juan Santos Cancino mentionnait que le secrétaire devait fournir au juge des éléments d'orientation concernant le droit positif et le contenu de la loi[1]. Le secrétaire-greffier nommé au Tribunal, par le Tribunal suprême de Justice de l'État du Chiapas, doit être juriste de formation et doit avoir une expérience d'au moins trois ans dans l'administration judiciaire. Ces fonctionnaires, transférés sans cesse d'un tribunal à un autre[2], ne connaissent, la plupart du temps, ni la langue, ni la coutume du village. Le secrétaire-greffier est perçu comme un agent du droit étatique qui cherche à faire rentrer la coutume dans le cadre du droit étatique et cela à coup de procédures[3].

Ainsi, la viabilité et le fonctionnement des Tribunaux de Paix et de Conciliation indigène ont été accueillis avec beaucoup de scepticisme en raison du caractère arbitraire et unilatéral qui était associé à leur création. L'origine des Tribunaux ne pouvait qu'évoquer une imposition qui était d'autant plus surprenante que la conjoncture nationale et celle de l'État du Chiapas en particulier, faisaient espérer une véritable prise en compte des acteurs indigènes dans l'élaboration de programmes gouvernementaux ou dans la création d'institutions les concernant.

Les entretiens réalisés durant l'été 2001 à San Cristóbal de Las Casas relevaient cet aspect de manière insistante. Le prêtre Raymundo Sánchez Barraza, ancien membre de la Commission nationale d'Intermédiation (CONAI)[4], notait que les Tribunaux de Paix et de Conciliation indigène ne pouvaient pas être dissociés du rôle que le gouverneur intérimaire de l'État du Chiapas, Roberto Albores Guillén (1998-2000), avait joué dans

[1] Entretien avec Juan Santos Cancino, secrétaire-greffier du Tribunal de Paix et de Conciliation indigène de Zinacantán en fonction, le 21 août 2001.

[2] Entre 2000 et 2003, il y a eu successivement quatre secrétaires-greffiers à Zinacantán et deux à San Juan Chamula.

[3] Francisco Gómez Mayorga, « Reformas legislativas y gobierno de transición », document inédit.

[4] La CONAI, créée le 13 octobre 1994 dans le but de favoriser le dialogue et la négociation entre le gouvernement fédéral et l'EZLN, est dissoute le 8 juin 1998 face à ce que les membres de la CONAI ont appelé de claires stratégies de guerre menées par le gouvernement fédéral.

l'exécution locale de la politique nationale. En effet, le gouverneur Albores Guillén avait réuni les acteurs locaux autour d'un « accord pour la paix » et, par des actions unilatérales, il avait pu imposer les Tribunaux de Paix et de Conciliation indigène. Ce processus a été réalisé, dans un premier temps, dans les villages indigènes où le gouvernement du PRI (son parti) avait un contrôle corporatiste pour ensuite être imposé dans les autres villages. Raymundo Sánchez Barraza soulignait qu'il s'agissait de tentatives pour insérer certains aspects relatifs aux droits indigènes dans le cadre d'institutions étatiques mais qui, ne venant pas d'un véritable dialogue interculturel, ne pouvaient pas être considérées comme des solutions de fond[1].

Dans le même sens de la dénonciation de l'imposition, bien que plus optimiste en ce qui concerne le fonctionnement des tribunaux dans la pratique, Francisco Gómez Mayorga, à l'époque chef du bureau des défenseurs indigènes commis d'office, expliquait que les Tribunaux étaient une façon de rompre avec la coutume des peuples indigènes. Leur création était la manifestation d'une volonté politique d'introduire le droit étatique par la force. Le problème venait de la manière dont les tribunaux avaient été créés, sans consulter la population impliquée[2].

Au-delà du « vice d'origine » des Tribunaux de Paix et de Conciliation indigène, d'un point de vue purement fonctionnel, Maître Rosa Díaz, avocate au barreau[3], rappelle que les tribunaux ont toujours existé dans les villages indigènes. Les habitants ont l'habitude d'élire les juges en assemblée populaire comme, d'ailleurs, ils le font toujours pour les juges de paix. Le Tribunal de Paix et de Conciliation indigène couvre donc les mêmes fonctions que le tribunal de la commune (*Juzgado municipal*) antérieur à la réforme de 1998. La seule différence étant que les juges, le secrétaire-greffier et la ou le dactylographe reçoivent actuellement leur salaire du pouvoir judiciaire de l'État du Chiapas[4].

Malgré les considérations politiques et même théoriques concernant l'opposition dialectique entre le droit étatique et les traditions des villages indigènes en matière de justice, les Tribunaux de Paix et de Conciliation indigène fonctionnent et, quotidiennement, des couples, des voisins et les habitants qui sont confrontés à une situation conflictuelle s'y présentent pour la résoudre, bien que cela puisse paraître paradoxal dans un contexte d'imposition.

---

[1] Entretien du 9 août 2001.

[2] Entretien du 1er août 2001 avec le responsable du bureau de défenseurs commis d'office pour les indigènes à San Cristóbal de Las Casas.

[3] Entretien avec Maître Rosa Díaz, le 8 août 2001.

[4] Tous les mois, les membres du personnel des Tribunaux de Paix et de Conciliation indigène de la région se réunissent dans les bureaux de la Coordination indigène du pouvoir judiciaire de l'État, à San Cristóbal de Las Casas, pour percevoir leur salaire.

Certes, le fonctionnement et la fonction même de l'institution ne suivent pas les dispositions de la loi et ne sont pas les mêmes dans les deux villages étudiés. À Zinacantán, la solution des conflits est pratiquement le monopole du Tribunal de Paix et de Conciliation indigène. Ce qui n'est pas le cas dans la commune de San Juan Chamula où le Tribunal de Paix et de Conciliation indigène est une instance de solution de conflits parmi d'autres. L'observation du fonctionnement des Tribunaux révèle une différence qui ne se limite pas à de simples formalités dans la rédaction des documents, tels les actes conciliatoires. Le rôle même que chaque institution joue dans la régulation sociale de la commune est différent.

Les secrétaires-greffiers de tous les Tribunaux de Paix et de Conciliation indigène doivent envoyer un rapport à la Coordination indigène. Ce « Rapport mensuel d'activités des Tribunaux de Paix et de Conciliation indigène » contient la liste des différends réglés dans les chefs-lieux de chaque commune, uniquement quand il y a eu l'élaboration d'un constat d'accord. Les données de cette liste ne correspondent donc pas, ni pour le cas de Zinacantán, ni pour le cas de San Juan Chamula, aux conflits réellement traités. Le pouvoir judiciaire de l'État, par le biais de la Coordination indigène, exerce une certaine pression vis-à-vis des fonctionnaires du tribunal pour que des actes conciliatoires soient systématiquement rédigés à la fin de chaque audience. Les cas les plus fréquents d'affaires traitées qui ne sont pas par la suite consignées sur un acte conciliatoire sont, par exemple, des cas de sorcellerie. Les fonctionnaires préfèrent omettre également la rédaction d'accords pouvant entraîner pour eux une éventuelle responsabilité juridique, en raison de la violation de certains principes ou normes constitutionnelles ou de procédure.

Malgré le fait qu'elles ne sont pas complètement représentatives de la réalité du terrain, les données du tableau ci-dessous donnent, cependant, une idée des chiffres officiels des premières années de fonctionnement des tribunaux.

Affaires conciliées dans les Tribunaux de Paix et de Conciliation indigène
De 1999 à juin 2002

Affaires	Pénales	Civiles	Commerciales	Familiales	TOTAL
S J CHAMULA					
Année 1999*	(les affaires ne sont pas distinguées par matière)				57
2000	45	4	0	10	60
2001	23	3	4	11	41
2002**	14	2	3	18	37
ZINACANTAN					
Année 1999*	(les affaires ne sont pas distinguées par matière)				140
2000	88	23	5	103	219
2001	16	12	6	73	107
2002**	10	4	7	29	50

* Année de création des Tribunaux de Paix et de Conciliation Indigène
** De janvier à juin 2002
Source : Pouvoir judiciaire de l'État du Chiapas, Chambre unitaire indigène, actuelle Coordination indigène, San Cristóbal de Las Casas.

Dans les deux villages, les tribunaux fonctionnent avec un juge titulaire et un juge suppléant, un secrétaire-greffier, juriste de formation et une ou un dactylographe. Ces « fonctionnaires » sont assistés par les commandants et les *mayoletik* (policiers), liés également au système d'Autorités de chaque village. Ces derniers ne reçoivent pas leur salaire du pouvoir judiciaire de l'État du Chiapas, ils sont pris en charge par le conseil municipal. Le règlement des conflits se fait lors d'une audience conciliatoire ; des Autorités, tels les adjoints au maire, les commandants, les *mayoletik* accompagnent le juge et rendent avec lui la justice.

Selon les rapports de Jane F. Collier, l'enceinte du tribunal impressionnait les habitants de Zinacantán par l'ampleur de l'espace. Les plaignants préféraient que l'audience se déroule dans une petite salle contiguë prévue pour le secrétariat[1]. Notre observation révèle qu'actuellement il n'y a plus d'éléments, dans le déroulement de l'audience, qui puissent être perçus comme étranges ou intimidants pour les habitants des villages. Tant pour la commune de San Juan Chamula que pour celle de Zinacantán, les parties se présentent au tribunal pour le déroulement de l'audience conciliatoire. Les parties en conflit doivent trouver la solution au problème avec l'aide et les conseils des Autorités présentes et des personnes de la famille ou les proches qui les accompagnent. Dans la pratique, les tribunaux ne suivent pas les règles de compétence que la loi leur accorde, examinons dans quelle mesure les fonctionnaires les excèdent souvent.

La compétence des Tribunaux de Paix et de Conciliation indigène en matière civile est prévue par l'article 47 de la Loi organique du pouvoir judiciaire de l'État du Chiapas et par l'article 942 du Code de procédures civiles du même État. D'après la législation, la compétence des juges est limitée :

- à la conciliation des affaires civiles, commerciales et familiales ;
- aux procès dont le montant ne dépasse pas 500 jours du salaire minimum ;
- à la séparation de corps, la demande de réincorporation d'un des époux au domicile conjugal ;
- à des attestations de concubinage et de dépendance économique ;
- à la délivrance des autorisations de mariage pour les mineurs, faute d'autorisation de ceux qui exercent l'autorité parentale.

En dehors de ces cas, la compétence revient aux tribunaux d'instance. En matière pénale, la loi prévoit que les juges sont compétents pour des conflits résultant de délits tels que les lésions, les menaces, la calomnie, la bigamie, le vol, la fraude de moins de 200 jours du salaire minimum, et les délits considérés comme « non graves ». La compétence des tribunaux comprend également la phase conciliatoire d'autres types de délits tant qu'ils ne sont pas qualifiés de « graves », c'est-à-dire des crimes, ou qu'ils « n'affectent pas substantiellement » la société. Les délits graves ou les crimes tels que l'homicide, le viol, la torture, l'enlèvement, la pornographie infantile, l'extorsion, la conspiration, l'association délictueuse ou la délinquance organisée ne se trouvent pas dans le domaine de compétence des juges de paix et de conciliation indigène. Cependant, la compétence *de facto* des Tribunaux dépasse largement leur compétence *de jure*.

Cecilio Pérez Hernández, à l'époque secrétaire-greffier du Tribunal de Paix et de Conciliation indigène de Zinacantán faisait référence, lors d'un de nos entretiens, à une affaire qui s'était présentée. Une personne était allée chez le médecin traditionnel (*ilol*). Son affection nécessitant une plante qu'il

[1] Voir Jane F. Collier, 2001, « Dos modelos de justicia indígena en Chiapas, México : una comparación de las visiones zinacanteca y del Estado », *Costumbres, Leyes y movimiento indio en Oaxaca y Chiapas*, Lourdes de León Pasquel (coord.), México, CIESAS - Miguel Ángel Porrúa, pp. 189-200.

fallait cueillir dans les environs, *l'ilol* a demandé à son fils d'aller chercher la plante. Celui-ci était parti en bicyclette et ne pouvant pas accéder aux plantes avec son vélo, il l'avait laissé pour continuer à pied. Puis il a sonné à la porte d'une maisonnette pour demander la permission de cueillir les plantes ; une femme, surprise de le voir sonner à sa porte, s'est enfuie avec ses enfants en criant. Le jour suivant, accompagnée des voisins, la femme est allée porter plainte au Tribunal de Paix et de Conciliation indigène. Elle demandait 500 pesos en dédommagement de la peur (*espanto*) que le jeune homme lui avait causée en se montrant chez elle de manière inopinée et sans s'être annoncé. Le jeune homme ne contestait pas le fait d'avoir été imprudent et les Autorités en étaient tout autant convaincues. En conséquence, la discussion ne portait pas sur le bien-fondé de la plainte, en l'occurrence avoir été effrayée, mais uniquement sur le montant de la somme à payer.

Mis à part ce type de conflits concernant des questions de maléfice comme le mauvais œil ou la sorcellerie, qui ne sont pas prévus par la législation étatique, les Tribunaux de Paix et de Conciliation indigène élargissent leur compétence à des affaires qui pourtant, selon la loi, ne relèvent pas de leur compétence.

Le 14 août 2001, la grande salle d'audience du tribunal de San Juan Chamula était pleine, il s'agissait d'un homicide. Les faits s'étaient produits le 12 août au petit matin et depuis, l'auteur du crime avait été mis en prison[1] dans une petite pièce du tribunal prévue à cet effet. Dans la matinée du deuxième jour de négociations, le 14 août, les parties sont arrivées à un accord. La famille du défunt devait recevoir une importante somme d'argent et se désister de l'action pénale. Cet accord a été consigné dans l'acte conciliatoire préparé par le secrétaire-greffier du tribunal et le document a été signé par tous les parents du défunt présents. Le document ne faisait aucune mention du Tribunal de Paix et de Conciliation indigène, ni de l'intervention d'une Autorité quelconque afin d'éviter toute responsabilité face aux institutions étatiques de la ville de San Cristóbal de Las Casas. Le dossier préparé pour le Commissariat de San Cristóbal de Las Casas a consigné l'homicide et la non-identification de l'auteur du crime. Les documents relatifs aux démarches préparatoires d'enquête – levée du corps, déclarations, etc. – ont été rédigés le 14 août même, après la signature de l'accord conciliatoire et avec la participation de tous les assistants.

Le débordement des compétences concernant les affaires criminelles et la privation de la liberté est une pratique qui s'observe couramment dans les règlements des conflits. Le gouvernement de l'État et le pouvoir judiciaire mettent en place des formations et insistent beaucoup sur le respect des garanties individuelles afin de réduire au maximum ces pratiques. C'est

[1] La législation étatique exclut la peine de privation de la liberté du domaine de compétence des Tribunaux de Paix et de Conciliation indigène.

pourquoi elles sont, de façon générale, moins fréquentes et surtout moins visibles. Le cas de San Juan Chamula reste très particulier par rapport à d'autres communes de la région, la relative cohésion interne, spontanée ou forcée, l'autonomie de fait et le recours au discours du respect des traditions forment une barrière difficile à franchir par le gouvernement étatique.

Il n'est pas question d'émettre un jugement de valeur, en effet, à ce stade de la présentation, les logiques de fonctionnement et les éléments qui entrent en jeu n'étant pas encore décelés. Nous voulions simplement montrer le décalage entre ce que la législation prévoit et le fonctionnement quotidien des Tribunaux de Paix et de Conciliation indigène quant à leur domaine de compétence. Parler de corruption, de procédures illégitimes ou de crises des institutions serait ici superficiel et évacuerait le fond d'une réflexion qui cherche à s'émanciper du modèle dominant de la justice étatique.

Si le règlement des conflits au sein même des villages est un aspect fondamental dans l'exercice de l'autorité et dans l'organisation sociale, tous les conflits concernant les indigènes ne s'y règlent pas nécessairement. En effet, pour diverses raisons un certain nombre de différends échappent au domaine interne du village pour être portés dans le cadre d'institutions extérieures.

En dehors du village

Les communes de Zinacantán et de San Juan Chamula font partie du district judiciaire de la ville de San Cristóbal de Las Casas où sont installés les Tribunaux d'Instance et Chambres régionales. La proximité de la ville a toujours été à la base d'influences de plusieurs types, à des degrés divers et dans plusieurs domaines, sociaux, économiques, culturels, etc. Le domaine juridique n'est pas l'exception. Si ce n'est pas la justice étatique qui s'impose à eux, ce sont les indigènes eux-mêmes qui s'y adressent de leur propre gré.

Héritier de la tradition civiliste, le système judiciaire mexicain est un système complexe de tribunaux, de codes fédéraux et de codes étatiques. La communication entre indigènes et autorités étatiques ou avocats entraîne souvent un certain nombre de confusions dues à la langue, aux attentes et perspectives des uns et des autres. Les différents fondements ou principes sous-jacents aux conceptions de la justice y contribuent également.

Jane F. Collier signalait déjà dans son étude des années 1960, que les indigènes étaient généralement perçus comme étant pris au piège de la justice étatique et comme étant des victimes de fonctionnaires tout-puissants qui utilisaient une langue et des concepts incompréhensibles pour eux. Cependant, elle attirait aussi l'attention sur le fait que les autorités judiciaires étaient, à leur tour, souvent manipulées par les indigènes qui les faisaient « tourner en rond » leur soumettant des requêtes irréalisables. Pour Jane F. Collier, le sentiment de vengeance était la motivation la plus fréquente pour saisir la justice étatique. Plus ils comprenaient les différentes idéologies, plus ils s'en servaient à leur profit. Ils apprenaient la langue et la phraséologie politico-juridique et ils présentaient des plaintes auprès des fonctionnaires étatiques, motivés par un intérêt personnel sans objectif réel de règlement du conflit[1]. Les procédures plus efficaces de règlement des conflits, insistait l'auteur, étaient celles qui fonctionnaient au sein même des villages ; recourir aux instances juridiques étatiques répondait souvent à une manipulation politique[2].

Les lignes qui suivent seront consacrées aux forums les plus fréquentés par la population indigène qui décide de sortir de la sphère du village, que ces forums soient extrajudiciaires ou encore judiciaires.

Les lieux extrajudiciaires

En dehors de la sphère villageoise, un certain nombre d'organisations gouvernementales ou auxiliaires du système judiciaire ont plus de « succès » que le tribunal d'Instance auprès de la population indigène, lorsqu'il s'agit de résoudre un conflit. N'importe quelle administration de San Cristóbal de Las Casas étant d'une manière ou d'une autre en contact avec la population indigène, peut potentiellement se transformer, et ce de manière tout à fait spontanée, en forum conciliatoire. Cependant, celles qui ont été identifiées comme les plus importantes d'entre elles sont l'Institut national indigéniste et le Secrétariat des peuples indiens.

L'Institut national indigéniste (INI), organisme central dans le développement de la politique indigéniste du Mexique, et qui retiendra de ce fait notre attention ultérieurement, avait élaboré un programme à l'échelle nationale en matière de justice pour les indigènes. Ce programme ainsi que toutes les fonctions de l'INI ont été repris par la Commission nationale pour le développement des peuples indigènes (CDI) à partir de mai 2003. En ce qui concerne l'État du Chiapas, la délégation *Tzotzil-Tzeltal* de l'organisme appliquait le programme dans 12 communes indigènes. Les projets étaient la mise en liberté de prisonniers indigènes, détenus à tort, et la prise en charge de leur défense ; la consultation juridique et le suivi de procès en matière civile et familiale, en matière foncière et de travail et la gestion de démarches juridiques en général. Après plus de 50 ans de présence dans la région, l'INI était pour les indigènes un point de référence et un organisme intermédiaire fiable entre eux et le reste des institutions étatiques. Selon le responsable du bureau juridique, ils s'y adressent même pour demander un

---

[1] Jane F. Collier, 1995, *El derecho zinacanteco..., op. cit.*, p. 70-71.

[2] De nos jours, la situation a quelque peu changé car en matière de pensions alimentaires par exemple, saisir la justice étatique s'avère un instrument juridique efficace et de plus en plus utilisé par les mères de famille.

peu d'argent, car c'est la vocation de service de l'institution qui, tout au long des années, a favorisé la création d'un climat de confiance[1].

Le responsable du bureau juridique lui-même ou l'un des étudiants de la faculté de droit en stage dans le service reçoivent les personnes qui arrivent parfois de villages assez éloignés. Les plaignants exposent le problème et, une fois le type de problème identifié juridiquement, les voies d'action possibles leur sont proposées. Dans ce service, les types d'affaires qui se présentent sont très différents et les affaires familiales oscillent entre 20 et 30 par an. Le bureau juridique s'occupe d'habitants qui viennent à peu près de tous les villages de la région. Néanmoins, le responsable précise qu'à l'exception de ceux qui appartiennent aux groupes d'expulsés[2], il n'y a pratiquement pas d'habitants de San Juan Chamula qui s'adressent à l'INI pour le règlement d'un conflit.

S'agissant de délits graves ou de crimes, la marge de manœuvre hors du cadre des villages indigènes est pratiquement nulle et la procédure déterminée par l'État est strictement appliquée. Dans toute autre circonstance, le responsable du bureau juridique de l'INI privilégie une solution à l'amiable. Une invitation à comparaître est adressée au « défendeur » afin de réunir les deux parties et parler conjointement avec elles. Si la personne ne se présente pas à la deuxième ou troisième invitation, elle est informée de l'initiation imminente d'une procédure judiciaire. Si le « défendeur » se présente de façon volontaire, l'objectif sera d'arriver à un accord sous la forme d'une convention qui sera signée par les parties et par le responsable du bureau juridique de l'INI, éventuellement ratifiée par la suite par le juge d'instance. De façon générale, les parties se font accompagner d'amis ou de parents plus « habiles » ou maniant mieux qu'eux l'espagnol. Les dirigeants d'organisations indigènes, de sociétés coopératives, d'organisations de travail ou politiques accompagnent aussi les plaignants. Le but recherché par le service de l'INI, selon le responsable, est celui d'éviter le procès.

Les affaires familiales les plus fréquentes sont la demande de pension alimentaire. L'homme abandonne souvent sa famille, soit parce qu'il va travailler ailleurs, soit parce qu'il rencontre une autre femme. Il y a toujours un voisin, une amie, un parent qui conseille à la femme abandonnée d'initier une demande de pension alimentaire pour ses enfants. Très souvent le service juridique de l'INI ne peut entamer une procédure civile, étant donné que le plus souvent les femmes n'ont pas d'acte de naissance des enfants ou

---

[1] Le responsable du bureau juridique de l'Institut National Indigéniste, centre Tzeltal-Tzotzil à San Cristóbal de Las Casas, lors des entretiens du 21 août 2001, 8 octobre 2002, 26 mars 2003.

[2] Ces groupes sont des indigènes convertis au protestantisme et qui ont été expulsés dans les années 1970 de San Juan Chamula qui est majoritairement catholique. Ils sont installés dans les limites de la commune de San Cristóbal de Las Casas.

d'acte de mariage[1]. Le problème de la reconnaissance de la paternité se pose également.

Concernant une obligation alimentaire, la procédure la plus fréquente implique l'envoi d'une invitation à comparaître à l'attention du débiteur alimentaire afin d'arriver à une solution. Lors de sa comparution, le débiteur alimentaire est informé de ses obligations. Habituellement, des traducteurs facilitent les échanges et les discussions quand les parties ne parlent pas l'espagnol. Si les négociations aboutissent à une solution à l'amiable, une convention sera établie et postérieurement ratifiée par le juge aux affaires familiales par la voie de la juridiction volontaire. Le responsable du bureau fait état de la bonne entente et de la collaboration entre son service, les Autorités des villages indigènes et les autres organismes s'occupant des populations indigènes. Cependant, il n'évite pas de mentionner que cette collaboration est plus difficile avec les Autorités du village de San Juan Chamula. La collaboration la plus importante se fait avec le bureau des défenseurs commis d'office qui sont, eux, directement dans l'enceinte des tribunaux. Examinons maintenant un autre organisme, cette fois dans la sphère étatique mais non fédérale, qui assure également la régulation de certains différends.

Le Secrétariat des peuples indiens (SEPI) fait partie de l'administration de l'État du Chiapas. L'importance de la question indigène autant dans le débat national et qu'au niveau de l'État du Chiapas ainsi que le besoin d'une évolution de la politique à l'égard des peuples indigènes sont à l'origine de la création de cet organisme. Le Programme de développement socio-économique des hautes terres du Chiapas, PRODESCH, un projet très ambitieux de suivi des villages et de la population indigène de l'État du Chiapas, est devenu une direction du Secrétariat d'affaires internes de l'État du Chiapas, SUBSAI, pour être finalement élevé au rang de Secrétariat. Le siège de l'actuel Secrétariat des peuples indiens se trouve à San Cristóbal de Las Casas mais le Secrétariat a différentes délégations réparties sur tout le territoire de l'État du Chiapas. La création du Secrétariat des peuples indiens, SEPI, est une réponse du gouvernement au conflit armé initié le 1er janvier 1994, avec les mêmes objectifs que le programme qui le précédait (PRODESCH).

« L'organisme en tant qu'instance de liaison n'interfère pas avec la justice dans les villages indigènes », expliquait le directeur de la concertation, de la formation et des services juridiques du SEPI lors d'un entretien le 15 août 2001. Sa direction s'occupe d'arbitrer les conflits interethniques ou ceux qui se présentent au sein d'un même village dans le domaine politique, social et religieux. En ce qui concerne les différends d'ordre privé, entre particuliers, ils sont traités sans passer outre l'instance

---

[1] Il s'agit de personnes qui le plus souvent ne sont pas mariées civilement et n'ont pas déclaré leurs enfants à l'état civil.

du Tribunal de Paix et de Conciliation indigène. D'ailleurs, si les plaignants qui s'adressent aux services juridiques du SEPI n'ont pas encore soumis le différend au Tribunal du village en question, les fonctionnaires du SEPI les y envoient avant toute autre chose. Le SEPI organise également, disait-il, des formations pour les Autorités des villages indigènes, le but principal étant de les sensibiliser et d'éviter de possibles abus dans le cadre des droits de l'homme. Un autre domaine d'action est celui de la diffusion de la nouvelle législation en matière indigène.

Selon le responsable des services juridiques du SEPI, ancien juge de paix et de conciliation indigène (entretien du 29 octobre 2002), le service commence à être connu. Les personnes qui s'adressent au Secrétariat des peuples indiens sont des personnes qui ont un revenu assez modeste, qu'ils soient indigènes ou pas, et qui ne peuvent donc pas se permettre de payer les services d'un avocat. Les différends les plus fréquents concernent des affaires de violence intrafamiliale, de reconnaissance de paternité, de demande de pension alimentaire, de divorce ou de séparation. De manière générale, les indigènes demandent une assistance gratuite pour intenter un procès devant le tribunal d'Instance. Toujours selon le responsable, les indigènes ont des difficultés pour aller jusqu'au bout de la procédure et même dans le cas où ils y arrivent, il leur est parfois impossible de faire exécuter la décision de justice, situation que nous aborderons plus loin.

Quant à la procédure, le « demandeur » doit remplir une fiche avec ses coordonnées et une synthèse de son problème. Il est ensuite reçu par l'un des avocats du service car le service juridique du SEPI fournit une assistance juridique gratuite et, éventuellement, prend en charge le procès. L'instance du Tribunal de Paix et de Conciliation indigène est reconnue comme l'instance indiquée pour résoudre les conflits qui surgissent entre indigènes et les avocats du service insistent aussi pour que le règlement du différend soit orienté vers le Tribunal de Paix et de Conciliation indigène de la commune d'origine du plaignant. Une fois cette étape franchie, une invitation à comparaître sera adressée au défendeur afin de régler l'affaire à l'amiable. Ainsi, une bonne partie des affaires sont résolues par un compromis entre parties. Pour chaque affaire, le service élabore un document avec les points d'accord, la signature des parties et le tampon du service. Ces documents peuvent être utilisés comme précédents si un procès venait à se présenter postérieurement.

D'autres instances, également liées à la population indigène mais cette fois davantage en relation avec le système administratif de la justice étatique, sont investies par la population comme forums de règlement des conflits.

Le gouvernement de l'État du Chiapas a initié une série de réformes locales dans le contexte de la rébellion indigène zapatiste. Parmi ces réformes, perçues comme le résultat d'une action unilatérale du gouvernement, faute de dialogue et de prise en compte des populations directement concernées, se trouve la création, le 26 juin 1996, du bureau des défenseurs commis d'office pour les indigènes. La création d'un ministère public pour les indigènes, le 1er avril 1995, se situe également dans le même contexte. Analysons à présent le rôle de l'un et l'autre dans le règlement des conflits.

Une nouvelle Loi organique du pouvoir judiciaire a été publiée en novembre 2002 et l'organisation du bureau des défenseurs commis d'office prévue par la loi de 1996 a été modifiée. La nouvelle législation prévoit la disparition du bureau des défenseurs commis d'office pour les indigènes, la loi supprime le bureau spécifique pour les indigènes mais l'article 71 mentionne : « s'agissant de personnes appartenant à un peuple indigène, le service sera assuré par un défenseur qui, en plus de l'espagnol, devra parler et comprendre la langue de celui qu'il représente de la même manière que ses coutumes et traditions. » Dans les faits et au moins jusqu'en 2003, le bureau des défenseurs commis d'office pour les indigènes fonctionnait toujours.

Lors d'un entretien effectué le 21 octobre 2002, le chef du bureau des défenseurs commis d'office pour les indigènes, d'origine indigène et avocat de formation, signalait qu'en moyenne 25 à 30 affaires par mois étaient portées devant les tribunaux. À l'époque, 212 procès étaient en cours en matière familiale et 160 en matière pénale. Selon lui, trente pour cent de ces affaires correspondaient à des affaires impliquant des indigènes. Même s'il s'agissait en principe d'un bureau de défenseurs pour les indigènes, la réalité était que le service était rendu, de façon générale, à la population marginalisée, indigène ou non, n'ayant pas des revenus suffisants pour payer les services d'un avocat.

Selon le chef du bureau, les affaires les plus fréquentes en matière familiale et concernant la population indigène sont les demandes de pensions alimentaires. Au bureau des défenseurs commis d'office, la réconciliation du couple est toujours recherchée, le plus souvent c'est la femme qui se présente et le bureau adresse une invitation à comparaître au compagnon. C'est le chef du bureau qui reçoit les parties. Si la réconciliation du couple n'est pas possible, l'obligation alimentaire pour les enfants mineurs est consignée dans une convention qui sera postérieurement ratifiée par le juge d'instance aux affaires familiales. De façon générale, c'est un pourcentage du salaire minimum qui est fixé mais il y a aussi des pensions en nature, comme des sacs de maïs, de haricot, l'usufruit de plantation de café, etc. De telles conciliations n'ont pas un numéro de dossier mais les documents se trouvent dans les archives du bureau. Quand les parties n'arrivent pas à un accord, le procès est engagé devant le tribunal d'Instance. D'après l'expérience du chef du bureau, souvent 15 ou 20 jours après le début du procès, les parties arrivent à un accord. Les déplacements fréquents à la ville de San Cristóbal et l'appréhension face à une ville, une langue et une procédure qui ne sont pas familières sont souvent des facteurs déterminants.

Si la personne se présente directement sans être préalablement passée par le Tribunal de Paix et de Conciliation indigène de son village, le bureau des défenseurs, « dans un souci de respect des traditions et des Autorités indigènes », informe le juge du Tribunal en question pour que l'affaire soit réglée dans le village. Selon l'appréciation du responsable, les indigènes qui s'adressent plus facilement au bureau sont souvent ceux qui n'habitent plus dans leur village d'origine, ou « les plus malins », dit-il, qui ne sont plus dans un « esprit d'obéissance et de soumission ». Les habitants des villages indigènes qui s'adressent au bureau des défenseurs commis d'office de San Cristóbal de Las Casas ont déjà tenté de régler, sans succès, le problème au village. Les Autorités elles-mêmes les y accompagnent souvent. Dans ce sens, le chef du bureau se plaint du Tribunal de Paix et de Conciliation indigène, car, dit-il, il n'assure pas ses fonctions, surtout en matière d'obligations alimentaires.

Le bureau des défenseurs commis d'office pour les indigènes est supposé entamer des demandes en justice au nom de ses représentés. Cependant, l'organisme ne fonctionne pas comme un bureau de défenseurs à proprement parler car il ne se limite pas à la défense de ses représentés, s'engageant également dans la conciliation des conflits. Ce n'est pas le seul organisme lié à l'administration de la justice étatique qui est spontanément érigé par la population indigène en forum conciliatoire.

Le programme de développement socio-économique des hautes terres du Chiapas, PRODESCH, organisme du gouvernement de l'État du Chiapas, devenu l'actuel Secrétariat des peuples indiens, avait en 1973 une agence du ministère public pour la population indigène. L'objectif était de recevoir les dénonciations d'affaires impliquant des indigènes. Cette agence spécialisée du ministère public serait l'antécédent de l'actuelle *Subprocuraduría de justicia indígena*[1]. L'organisme prétendait être plus proche des peuples indigènes, les fonctionnaires devaient parler des langues indigènes ou avoir des traducteurs à leur disposition, tenir compte des coutumes des peuples dans le déroulement des enquêtes et dans la qualification des conduites délictuelles, entre autres. L'objectif primordial de l'institution était de répondre aux besoins des populations indigènes qui devaient être traitées aimablement et sur la base de valeurs culturelles proches de celles de leurs

[1] Chaque État du Mexique a un ministère public composé de différentes agences situées dans les différentes villes de l'État ; à la tête de cette organisation se trouve le Procureur de l'État en question. Le ministère public est chargé de requérir l'application de la loi, en matière pénale, devant les tribunaux, de mener la procédure d'instruction (c'est-à-dire de chercher et de présenter les preuves de la culpabilité des personnes mises en examen), de requérir les mandats d'arrêt, ainsi que de demander l'application des peines. (Article 102 de la Constitution mexicaine). Le 1er avril 1995, un ministère public uniquement destiné à la population indigène est créé au Chiapas, cet organisme porte le nom de *Subprocuraduría de Justicia Indígena* pour le différencier de celui destiné au reste de la population *Procuraduría de Justicia.*

communautés d'origine. Mais dans toute la structure administrative de l'organisme qui, d'ailleurs, reproduit la structure du même organisme prévu pour le reste de la population mexicaine, seul le sous-procureur est d'origine indigène. Par ailleurs, le fonctionnement général de l'organisme doit s'articuler avec le reste des institutions étatiques, notamment avec les tribunaux d'Instance en matière pénale. Ceci laisse une petite marge de manœuvre pour introduire des principes différents de ceux qui animent la justice étatique. Le sous-directeur d'enquêtes, lors d'un entretien du 20 juillet 2001, signalait en effet comme seule différence le fait de fonctionner avec des traducteurs en langue tzotzil et en langue tzeltal. La *Subprocuraduría indígena* compte six bureaux, « *mesas de trámite* », un d'entre eux est destiné uniquement aux affaires indigènes de San Juan Chamula, affaires les plus nombreuses par rapport aux autres villages indigènes de la région. Ce bureau s'occupe des délits commis sur le territoire de la commune qui ne relèvent plus du domaine de compétence du Tribunal de Paix et de Conciliation indigène de San Juan Chamula. Selon le responsable du bureau, les affaires les plus nombreuses portent sur des recours administratifs dénonçant des détentions « illégales » faites par les Autorités villageoises. Les éléments pour ouvrir une enquête et donner suite à la plainte font souvent défaut. Les délits les plus fréquemment dénoncés sont les coups et blessures, le vol et l'homicide. Le responsable du bureau admettait un règlement des affaires dans le village même selon « la coutume », que les affaires soient ou non du domaine de compétence du Tribunal de Paix et de Conciliation indigène.

En ce qui concerne les problèmes familiaux, pendant le mois de juillet 2001, deux plaintes pour coups et blessures contre le mari avaient été déposées. Dans l'un des cas, la femme s'était désistée parce qu'elle ne voulait pas que son mari aille en prison. Elle cherchait une conciliation et attendait de l'institution l'exercice d'une certaine pression morale sur son mari mais pas l'emprisonnement. Quand le responsable du bureau lui a parlé de l'éventuel emprisonnement de son mari pour coups et blessures, la femme a retiré la plainte. L'autre enquête était en cours et la femme devait se présenter pour signaler les témoins ; la femme attendait aussi de l'institution une demande de comparution pour réprimander son mari et lui faire comprendre ses torts. Elle ne s'est plus présentée.

Dès que les personnes arrivent pour porter plainte, les fonctionnaires du ministère public insistent sur le fait que ce n'est pas une instance conciliatoire, mais une instance chargée d'entamer une enquête d'instruction, pour vérifier les éléments qui prouvent la possible commission d'un délit ou d'un crime. Quand l'intention du plaignant n'est clairement pas celle de dénoncer un délit, les fonctionnaires essayent d'orienter les indigènes vers d'autres instances, généralement vers les services de l'INI ou du SEPI. Ces fonctionnaires ne les orientent pas vers les instances judiciaires qui, comme nous le verrons dans les lignes suivantes, ne connaissent pas un grand succès pour le règlement des différends.

Les instances judiciaires

Les instances judiciaires que nous allons aborder dans ce paragraphe sont le Tribunal d'Instance aux affaires familiales et sa juridiction d'appel, la Chambre unitaire indigène.

Le problème de la double compétence entre le Tribunal de Paix et de Conciliation indigène et le Tribunal d'Instance aux affaires familiales a été abordé par certains interlocuteurs qui parlaient même d'une lacune juridique ayant comme résultat une compétence juridiquement partagée. Ces réflexions semblent surprenantes à la lumière de l'article 54. IX de l'ancienne Loi organique du pouvoir judiciaire de l'État du Chiapas et de l'article 35. XIV de la Loi en vigueur :

> « Article 35 : Les juges de première instance sont compétents :
> XIV : En matière d'affaires dont la compétence revient aux Tribunaux de Paix et de Conciliation indigène quand ceux-ci n'existent pas dans le district judiciaire de leur juridiction. »

La loi semble claire et, pourtant, le Tribunal d'Instance de San Cristóbal de Las Casas aux affaires familiales connaît des affaires familiales qui relèvent du domaine de compétence des Tribunaux de Paix et de Conciliation indigène.

Bien que les Tribunaux de Paix et de Conciliation indigène ne soient pas hiérarchiquement inférieurs aux Tribunaux d'Instance, ils sont perçus comme tels. Cela est probablement dû au type de règlements qu'ils sont amenés à traiter ou par ce qui pourrait être qualifié de « manque de rigueur procédurale » comparé à la procédure civiliste du pouvoir judiciaire de l'État du Chiapas. Les avocats interrogés et la juge d'Instance aux affaires familiales perçoivent les accords et décisions des Tribunaux de Paix et de Conciliation indigène sans aucune « valeur juridique ». Le Tribunal de Paix et de Conciliation indigène a l'avantage de réduire la charge de travail des Tribunaux d'Instance mais les actes conciliatoires et les décisions de justice semblent n'avoir aucune portée juridique dans le reste de l'organisation judiciaire. À ce sujet, la juge d'Instance aux affaires familiales s'exprimait de la façon suivante dans le cadre d'un entretien le 29 octobre 2002 :

> « Les décisions de justice qui figurent dans les actes des Tribunaux de Paix et de Conciliation Indigène n'ont pas de valeur probatoire dans un procès suivi devant le Tribunal d'Instance car elles relèvent d'un juge mineur [...]. Dans la pratique, le chapitre de la Loi relatif aux Tribunaux de Paix et de Conciliation indigène ne s'applique pas et l'autorité de la chose jugée n'est pas accordée aux décisions de justice émises par les juges de paix bien que la Loi la leur accorde. »

En effet, les juges de paix et de conciliation indigène rencontrent continuellement des difficultés dans la reconnaissance de leur autorité juridique au sein même du pouvoir judiciaire. Ils sont cependant très actifs dans la revendication de leur compétence *de jure* et utilisent aussi des moyens institutionnels pour faire valoir leurs revendications.

L'inertie qui consiste à considérer comme inférieure ou à négliger la justice et les institutions indigènes est toujours présente chez les avocats et chez une bonne partie des fonctionnaires judiciaires qui ne connaissent pas les modifications législatives en matière de justice indigène ou qui simplement n'en tiennent pas compte. Pour le Coordinateur général des Tribunaux de Paix et de Conciliation indigène, le système prévu par la Loi organique du pouvoir judiciaire est tout à fait innovateur. Pourtant les fonctionnaires n'ont pas encore admis la portée des changements et se considèrent toujours compétents sur des affaires réservées aux Tribunaux de Paix et de Conciliation indigène.

Les litiges qui sont le plus fréquemment soumis au tribunal d'Instance aux affaires familiales par la population indigène sont les obligations alimentaires en vue d'une pension et les divorces. Les temps et la logique processuels, les principes juridiques et le fondement des décisions de justice, de la même façon que *l'usus fori*, suivent les principes et la logique de fonctionnement du pouvoir judiciaire de l'État. Les indigènes des villages qui s'adressent à cette instance le font par l'intermédiaire d'un avocat privé ou par l'intermédiaire d'institutions comme le bureau des défenseurs commis d'office, l'Institut national indigéniste ou le Secrétariat des peuples indiens. C'est pourtant une part très réduite, marginale, de la population indigène qui utilise régulièrement les services d'avocats privés. Une situation professionnelle et financière aisée, la facilité de déplacement pour se rendre à San Cristóbal de Las Casas et un but particulier peuvent le leur permettre. De façon générale, les indigènes qui soumettent leur litige au tribunal d'Instance le font comme un dernier recours. On peut comprendre dans ce contexte que le recours à une instance d'appel soit encore plus rare.

La Loi organique du pouvoir judiciaire prévoyait qu'il y aurait au moins une Chambre indigène constituée d'un magistrat professionnel qui fonctionnerait comme juridiction d'appel des jugements rendus par les Tribunaux de Paix et de Conciliation indigène. Dans la pratique, la notion *d'appel* ne fait pas grand sens à partir du moment où les plaignants sont ceux qui négocient eux-mêmes la solution de leur conflit. En principe, l'insatisfaction ne peut venir que du non-respect des engagements pris. La Chambre indigène n'a donc pas fonctionné comme instance d'appel des Tribunaux de Paix et de Conciliation indigène. Le secrétaire-greffier général de la Chambre unitaire indigène disait, au cours d'un entretien le 24 octobre 2002, qu'en quatre ans de fonctionnement, la Chambre avait résolu un appel et 35plaintes administratives contre les juges de paix et de conciliation. La Chambre assurait plutôt une fonction d'organe de consultation et d'assistance technique en matière juridique pour les fonctionnaires des Tribunaux de Paix et de Conciliation indigène et arbitrait les conflits juridiques entre ressortissants de villages différents susceptibles de susciter des tensions entre les Autorités de leur village d'origine respectif.

La nouvelle Loi organique du pouvoir judiciaire de l'État du Chiapas (LOPJ), promulguée en novembre 2002, transforme l'ancienne Chambre unitaire indigène en Coordination des Tribunaux de Paix et de Conciliation. Cette dernière, comme son nom l'indique, a pour fonction de coordonner l'action des Tribunaux de Paix et de Conciliation (six tribunaux) et celle des Tribunaux de Paix et de Conciliation indigène (15 tribunaux), de fournir un support technique juridique et d'assurer une formation permanente des fonctionnaires de ces tribunaux. La Coordination doit être constituée d'un Coordinateur général, responsabilité assumée par l'ancien secrétaire-greffier général de la Chambre unitaire indigène, d'un coordinateur de formation et d'un coordinateur du support juridique, postes occupés par deux des anciens secrétaires-greffiers du Tribunal de Paix et de Conciliation indigène de Zinacantán, et du personnel nécessaire, dactylographes, etc., conformément au budget autorisé.

Selon le Coordinateur général[1], la Coordination reprend les mêmes fonctions que celles de la Chambre unitaire indigène, la seule différence étant que la Coordination n'est pas une instance d'appel. C'est désormais la Chambre régionale qui devra traiter des appels (Article 17 alinéa 3 de la LOPJ) et à un moment donné « la coordination pourra faire des expertises anthropologiques pour orienter les magistrats concernant les traditions et coutumes de certains villages indigènes, afin de garantir un esprit de justice dans la décision[2] ». Pour le Coordinateur, c'est un changement positif qui, loin de constituer un pas en arrière, confirme l'importance de la justice indigène. Le Coordinateur insiste aussi sur le besoin de faire en sorte que les documents des Tribunaux de Paix et de Conciliation indigène et les actes conciliatoires suivent davantage les formalités afin que de tels documents puissent avoir tous les effets juridiques qui en découlent. Les principaux axes vers lesquels le Coordinateur général veut orienter les actions sont la formation et les exercices pratiques pour que les formalités procédurales soient respectées, surtout dans la rédaction des documents.

La relation entre la Coordination et les juges de paix et de conciliation indigène est assez cordiale. Il s'agit, dans une certaine mesure, d'une instance qui joue le rôle d'intermédiaire entre le formalisme, la rigidité et les principes des procédures judiciaires propres au pouvoir judiciaire de l'État d'un côté, et les actions des Autorités des villages indigènes de l'autre. Ceci n'empêche pas que le type de formations organisées, la pression pour que tous les différends figurent sur les listes et pour rédiger systématiquement les

[1] Dans le cadre d'un entretien, le 20 février 2003.
[2] *Idem.*

actes conciliatoires à la fin des audiences, ainsi que l'insistance sur l'application de certains principes de procédure, montrent plutôt la volonté de conduire « en douceur » les procédures des Tribunaux de Paix et de Conciliation indigène afin de les rapprocher de la procédure étatique.

La Chambre unitaire indigène a été conçue par le législateur comme l'instance judiciaire d'appel devant recevoir les recours contre les décisions rendues par les juges des Tribunaux de Paix et de Conciliation indigène. Cependant, elle n'a jamais fonctionné comme telle. Le législateur a préféré transformer la vocation de l'organisme afin de faire figurer dans la nouvelle loi la fonction réellement assurée par la Chambre unitaire indigène. Ainsi, la Coordination doit assurer la concentration de l'information provenant des Tribunaux de Paix et de Conciliation indigène pour les archives et les statistiques du pouvoir judiciaire ; le support juridique technique offert aux fonctionnaires des tribunaux afin que les procédures et que la rédaction des documents soient en accord avec les principes de fonctionnement général du pouvoir judiciaire de l'État du Chiapas.

La dynamique dans la circulation entre forums nous interroge sur des aspects théoriques qui semblent être directement liés au phénomène de polycentricité : notamment, le *forum shopping* et le pluralisme judiciaire.

Le *forum shopping* ou le *magasinage de for* évoque, d'une part, la multiplicité d'instances ou de forums susceptibles de résoudre un même conflit et, de l'autre, pour celui qui veut régler un différend la possibilité d'exercer un choix, le parallélisme pouvant être fait avec le choix qui se présente au consommateur qui se décide pour un produit au lieu d'un autre, dans une grande surface, par exemple. On parle de *forum shopping* du moment où des parties en conflit ont la possibilité de soumettre leur controverse à différentes institutions et que leur choix se fonde selon l'issue espérée, sans tenir ici compte du bien-fondé de leurs attentes[1]. La profusion de forums de règlement des conflits qui ont été mentionnés, tant dans le domaine du village qu'à l'extérieur, plus précisément dans la ville de San Cristóbal de Las Casas, a orienté les premières réflexions vers cette hypothèse de *forum shopping* sans que l'observation de terrain ne la confirme pour autant.

À San Juan Chamula, le Tribunal de Paix et de Conciliation indigène peut apparaître, au premier abord, comme une instance de règlement de conflits parmi d'autres. Le juge de paix et de conciliation indigène de San Juan Chamula mentionnait la particularité du village dans le sens où ses habitants étaient habitués à régler leurs différends à la mairie. L'observation de terrain l'a effectivement confirmé : la plupart des controverses sont présentées à la

---

[1]Voir Keebet von Benda-Beckmann, 1981, « Forum Shopping and shopping forums ; Dispute processing in a Minangkaban village », reprinted in 1985, *Journal of legal pluralism and unofficial law*, n°19, p. 117.

mairie où se trouvent réunies les Autorités dites traditionnelles et constitutionnelles du village. Cependant, l'observation de terrain révèle également que la mairie est plus assimilée aux controverses d'ordre familial, civil ou commercial et à une procédure plus proche de la tradition. Contrairement aux premières informations reçues, affirmant un choix indistinct des villageois, le Tribunal de Paix et de Conciliation Indigène est, dans la pratique, une sorte d'instance spécialisée en matière pénale. Pour reprendre l'expression utilisée par le juge de Chamula, une procédure plus « *juridique* » est associée à ce tribunal. Il arrive aussi qu'en raison d'une cérémonie religieuse ou autre, les Autorités du village ne soient pas en audience publique et les personnes s'adressent alors, par défaut, au tribunal. L'autre forum de règlement de conflit qui peut être identifié à San Juan Chamula, la réunion dominicale des Autorités, n'en est pas vraiment un qui puisse être complètement différencié de celui de la mairie. Certes, l'endroit et surtout le rituel changent mais les acteurs (les figures d'autorité et le profil des personnes qui s'y rassemblent) de même que la nature des conflits traités, sont similaires. L'information que nous avons eue sur cette instance particulière ne nous permet pas d'en identifier les spécificités et les nuances.

La piste d'analyse du *forum shopping* peut donc difficilement être poursuivie ou confirmée dans le contexte particulier des instances internes de règlement des conflits à San Juan Chamula car il semble y avoir une sorte de « spécialisation par matière » selon l'instance. La fonction retenue jusqu'à présent par le Tribunal de Paix et de Conciliation indigène de San Juan Chamula est le règlement de conflits en matière pénale et la ratification ou formalisation, dans certains cas, d'accords pris devant les Autorités traditionnelles et constitutionnelles.

En ce qui concerne la commune de Zinacantán, la situation est plus claire parce que le Tribunal de Paix et de Conciliation indigène monopolise le règlement des conflits et il n'y a pas, à l'intérieur de la commune, d'autres forums de règlement qui concurrencent ce forum conciliatoire.

Par ailleurs, les litiges soumis aux tribunaux d'Instance, extérieurs à la communauté, déclenchent une certaine pression de la part des Autorités villageoises. Dès que la partie en conflit reçoit la convocation à comparaître du Tribunal d'Instance, elle s'adresse aux Autorités. Le demandeur ayant préféré porter son affaire devant le Tribunal d'Instance sera donc convoqué par le Tribunal de Paix et de Conciliation Indigène et devra s'expliquer. Les femmes qui, de façon plus fréquente, soumettent les questions de pensions alimentaires à la compétence des instances judiciaires de la ville de San Cristóbal de Las Casas, peuvent même être enfermées pour quelques heures dans les pièces de réclusion. L'acte de la femme est considéré, d'après les déclarations du secrétaire-greffier du Tribunal de Paix et de Conciliation indigène de San Juan Chamula, comme un manque de respect des traditions[1].

[1] Entretien du 20 février 2003.

En ce qui concerne le village de Zinacantán, les juges de paix et de conciliation indigène demandent souvent au tribunal d'Instance le transfert de dossiers judiciaires qu'ils considèrent de leur compétence.

Ceci n'implique pas que les indigènes ne puissent en aucun cas accéder aux instances externes. Souvent, les Autorités villageoises elles-mêmes, comme nous l'avons déjà remarqué, accompagnent l'une des parties pour consulter un avocat en ville. La situation peut être soumise à la considération de la section juridique de l'Institut national indigéniste, du Secrétariat des peuples indiens ou du bureau des défenseurs commis d'office, quand les Autorités sentent qu'elles ne contrôlent pas la situation. Néanmoins, les acteurs ne semblent pas vraiment exercer un libre choix du forum qui leur permettra de régler le conflit. Les indigènes qui habitent dans la commune sont poussés d'une manière ou d'une autre à s'adresser aux instances internes pour régler les conflits. Ce n'est qu'une infime partie de la population qui peut se soustraire de manière volontaire à la compétence du tribunal de son village, en raison de statuts particuliers et de situations économiques plus aisées qui permettent à certaines personnes d'entrer en contact avec d'autres réseaux relationnels. Pour le reste, il n'y a pas vraiment un choix qui s'offre même s'il y a une pluralité de forums ; il y a aussi une forte prescription pour aborder tel type de conflit dans tel type de forum.

La présence de différentes instances où les conflits peuvent être ventilés et résolus n'implique donc pas la confirmation d'une situation de *forum shopping* car les acteurs ne sont pas tout à fait libres de choisir l'instance. La possibilité d'autres instances s'ouvre, le plus souvent, suite à l'échec du forum auquel les personnes ont fait appel en premier lieu. Il est vrai que certains individus mettent effectivement en œuvre toutes leurs ressources personnelles et stratégiques pour s'adresser à une instance particulière, mais cela est loin d'être le modèle généralisé.

Si la piste du *forum shopping* ne semble pas être un outil théorique qui aide vraiment à expliquer la situation, la piste du pluralisme judiciaire semble être un outil plus éclairant.

En effet, si la pluralité des forums de règlement des différends qui ont été répertoriés lors du travail de terrain ne confirme pas l'existence d'un *forum shopping*, elle configure, en revanche, un véritable pluralisme judiciaire. Chaque forum est marqué par un mode propre de règlement qui peut être identifié et différencié des autres. Reprenant les termes d'Étienne Le Roy,

> « le pluralisme judiciaire repose sur l'affirmation qu'à la pluralité des 'mondes', c'est-à-dire des appartenances collectives avec leurs identités propres, correspondent non seulement des normes spécifiques mais aussi, au moins potentiellement, des modes propres de règlement des différends[1] ».

---

[1] Étienne Le Roy, 2004, *Les Africains et l'institution de la justice. Entre mimétismes et métissages*, série Regards sur la justice, Paris, Dalloz, p. 260.

Trois types différents de règlement peuvent ainsi être caractérisés selon le support qui donnera force à la décision prise : le règlement conciliatoire, le règlement judiciarisé, le règlement contractualisé.

Le règlement conciliatoire est caractéristique des instances internes de règlement des différends. Qu'il s'agisse du règlement des différends à la mairie, le dimanche de marché ou au Tribunal de Paix et de Conciliation indigène à San Juan Chamula, ou encore au Tribunal de Paix et de Conciliation indigène à Zinacantán, la conciliation entre parties est le but recherché et les rituels et procédures sont orientés dans ce sens.

L'institution judiciaire représentée ici par le tribunal d'Instance n'est qu'une des voies parmi d'autres dans la recherche de solution à un conflit, n'étant ni la voie privilégiée ni la plus efficace dans le règlement de différends entre indigènes. Ce n'est qu'en cas d'échec des forums internes au village ou de recherche d'un but bien précis, que les villageois se décident à faire appel à un règlement judiciarisé. Le recours au tribunal d'Instance reste très limité par les différents types de contraintes qu'il implique : déplacements à la ville de San Cristóbal de Las Casas, procédures peu compréhensibles et suivies en espagnol, nécessité d'être représenté par un avocat (que ses services soient gratuits ou payants). Ceux qui s'y aventurent se soumettent aux temps, aux arguments et à la procédure judiciaire ordinaire. Alors, la lenteur de l'appareil bureaucratique de l'institution judiciaire leur fait perdre intérêt et confiance. Ils abandonnent souvent le procès avant sa finalisation. Pour ceux qui arrivent au bout du processus, une dernière difficulté se pose au moment de l'exécution de la sentence. L'autonomie *de facto* de l'organisation politique et juridique des villages indigènes de la région rend l'opération quasi impossible. À ce sujet un des avocats du bureau d'assistance juridique de SEPI évoquait que les biens sont insaisissables dans les villages s'il y a opposition des Autorités villageoises[1].

Forums de conciliation spontanés, l'Institut national indigéniste, le Secrétariat des peuples indiens (SEPI) et le bureau de défenseurs commis d'office pour les indigènes jouent actuellement un rôle particulièrement important dans le règlement contractualisé des différends. Une de leurs fonctions est de prêter une assistance juridique gratuite aux indigènes : conseils par rapport aux mesures juridiques plus pertinentes à suivre dans une situation donnée, la conduite du procès, etc. L'autorité associée à ces institutions, leur contact permanent avec les populations indigènes font de l'INI, du SEPI et du bureau des défenseurs commis d'office des acteurs plus efficaces dans la dynamique du règlement de différends à l'extérieur des communes indigènes. Les responsables et avocats affectés aux services juridiques de ces organismes jouent souvent le rôle de médiateurs.

[1] Entretien du 9 août 2001.

Dans un tel milieu, les parties ont eu l'occasion d'être plus ou moins informées sur leurs droits et leurs obligations, du point de vue du droit étatique et par rapport à un éventuel litige. Ainsi, les dispositions normatives du droit étatique fournissent une partie conséquente de l'argumentation des intéressés et inspirent les possibles solutions à adopter. Hors du contexte du village, la conciliation s'éloigne du « support relationnel[1] » de l'oralité juridique et s'appuie sur la force contractuelle de la convention rédigée systématiquement à la fin de la séance conciliatoire.

Finalement, nous pouvons conclure que la circulation entre forums ne répond pas, dans le cas de notre étude, à la logique du *forum shopping*. En outre, le passage d'un forum à un autre ne répond pas à une logique hiérarchique : le fait de s'adresser à l'un ou à l'autre répond plutôt à la convergence d'éléments tels que le ou les statuts des acteurs, leurs ressources matérielles et humaines et leur stratégie. Mais le mécanisme qui met en route la circulation entre forums ne semble pas être le choix des acteurs mais la non-solution au conflit donné. Ceci nous interroge sur l'efficacité de chaque instance à faire respecter les décisions qui y sont prises. Les acteurs semblent donc être à la recherche de l'efficacité dans la solution de leur conflit. Dans cet ordre d'idées, trois types « d'efficacités » peuvent être distinguées : une qui fera appel au support relationnel pour que l'accord soit respecté (le règlement conciliatoire) ; une efficacité qui se fondra sur la force contractuelle du compromis (le règlement contractualisé) ; et une dernière efficacité qui cherchera la contrainte judiciaire (le règlement judiciarisé).

La polycentricité des instances de règlement des conflits ayant été abordée, nous consacrerons le chapitre suivant à l'analyse d'une d'entre elles, à savoir, le Tribunal de Paix et de Conciliation Indigène.

[1] Étienne Le Roy, 1974, « Justice africaine et oralité juridique. Une réinterprétation de l'organisation judiciaire traditionnelle à la lumière d'une théorie générale du droit oral africain d'Afrique Noire », *art. cit.*, p. 573.

CHAPITRE 2

LE REGLEMENT DES CONFLITS AU TRIBUNAL DE PAIX ET DE CONCILIATION INDIGENE

Ce chapitre a pour objectif de présenter la pratique du règlement des conflits dans les Tribunaux de Paix et de Conciliation indigène. Le développement du chapitre est évolutif, l'idée étant de montrer d'emblée les éléments qui nous aideront par la suite à reconstituer le puzzle du phénomène étudié. Le lecteur doit être patient car il sera confronté à la description de situations sans avoir nécessairement les outils de compréhension qui n'apparaissent qu'ultérieurement. Nous avons voulu reproduire ici notre propre cheminement qui est passé par une découverte progressive de sens.

Deux facteurs ont été les éléments clefs dans notre approche initiale : d'une part, assister aux audiences conciliatoires, observer le déroulement des audiences comme une mise en scène à laquelle on assiste/dont on est le spectateur et, d'autre part, analyser les constats d'accord[1] rédigés à la fin de chaque audience, qui sont des documents qui transitent entre l'oralité de l'audience et l'écrit du procès. C'est autour de ces deux aspects que notre observation du règlement des conflits au Tribunal de Paix et de Conciliation indigène s'articule. Ainsi, une première section sera consacrée à la description de trois audiences et à la perspective anthropologique qui tente de les rapprocher d'un univers juridique particulier, et une deuxième section sera destinée à l'étude du constat d'accord, à cheval entre le rituel juridique des conciliations indigènes et la tradition de l'écrit et du droit étatique qu'il représente. Nous faisons l'hypothèse que ce document constitue un trait d'union entre les différentes traditions juridiques ?

L'univers anthropologique de l'audience

L'audience conciliatoire au sein du Tribunal de Paix et de Conciliation indigène peut être abordée comme un fait social total suivant cette citation d'Antoine Garapon :

> « [en] recréant un monde, en réorganisant le monde, comme ils le font dans une salle d'audience, les hommes répètent l'acte inaugural de la culture. 'Ils réorganisent le chaos en lui donnant une structure, des formes et des normes[2].' Cette relation entre la forme et la norme est essentielle à

---

[1] Ces documents synthétisent les points importants du conflit et énumèrent les accords conclus.

[2] Mircea Eliade, 1965, *Le Sacré et le profane*, Paris, Gallimard, rééd. 1975, p. 22, note d'Antoine Garapon.

l'expérience de la justice. L'apprentissage de la norme vécue dans le procès commence par la vision de la salle d'audience. En organisant ainsi l'espace judiciaire, le groupe social pose un acte d'insubordination à l'égard de la fatalité de la mort[1]. »

La description de trois audiences conciliatoires dans un souci de recréation de l'ambiance sera suivie d'un exercice de contextualisation, selon une approche anthropologique, de certains éléments identifiés.

Les audiences conciliatoires

Nous avons précisé auparavant que les différends familiaux font l'objet de cette étude. Ils sont non seulement très fréquents mais aussi très riches en éléments rituels. Le but des descriptions qui vont suivre est celui de reconstituer l'ambiance générale des audiences conciliatoires, les interruptions, le mouvement des personnes dans la salle, les gestes, leur long rythme de déroulement, plus que le contenu même des litiges et les détails de leur résolution. À cet effet, nous reprenons nos notes de terrain relatives à deux audiences de réconciliation conjugale et à une audience qui se termine par la séparation définitive du couple, les trois ayant lieu à Zinacantán.

Juges et Autorités vont toujours tenter de réconcilier un couple en conflit, au point d'exercer une certaine pression pour que le demandeur accorde son pardon au défendeur, mais lorsqu'il s'agit de récidives, juges et Autorités prennent plus en compte les arguments du demandeur et sont plus fermes avec le défendeur.

Le Tribunal de Paix et de Conciliation indigène de Zinacantán est un bâtiment dont le style architectural, aux couleurs crème et terre cuite, les portes en bois massif ainsi que les matériaux et le mobilier intérieur se distinguent des constructions du chef-lieu de la municipalité, beaucoup plus austères. La pièce principale est la salle d'audience, un grand espace aux murs blancs et au plafond élevé. Le sol entièrement carrelé au ton brun reflète le mobilier en bois : sept à huit rangées de deux bancs séparés par un passage au milieu permettant la circulation, une balustrade entourant l'estrade en équerre le long des murs du fond et de gauche où s'adossent les longs bureaux destinés aux « juges de paix » et aux « Autorités traditionnelles ». Deux autres petites salles sont prévues pour le secrétariat, les archives et les permanences des juges titulaire et suppléant.

Il est midi. Ce jour-là, ce sont le juge titulaire et un adjoint au maire du conseil municipal qui président l'audience conciliatoire[2]. Le commandant[1],

[1] Antoine Garapon, 1997, *Bien juger. Essai sur le rituel judiciaire*, col. Opus, Paris, Éditions Odile Jacob, pp. 43-44.
[2] Z20. 6 août 2001, Rosa Sánchez Vázquez vs Pedro Sánchez Pérez, affaire de réconciliation conjugale.

le secrétaire-greffier et un *mayol*, policier, sont assis à la place réservée aux « Autorités traditionnelles[2] ». Treize personnes sont arrivées, six femmes et sept hommes avec un enfant d'environ six ans et deux bébés. Ils ont pris place de part et d'autre des rangées de bancs en bois. La première rangée de bancs est pleine, il y a quelques personnes qui sont debout entre cette première rangée et l'estrade. Un homme est assis à la deuxième rangée et deux femmes à la troisième. Le mari (défendeur) aligne trois bouteilles de Coca-Cola en face du juge et du fonctionnaire de la mairie. Il va ensuite vers son épouse (demanderesse) et commence à lui parler à voix basse, il s'adresse à elle en inclinant un peu la tête vers le bas. *Il lui demande pardon*[3]. La femme est assise et lui réplique à voix plus haute. *Elle ne veut pas lui pardonner.* Le juge intervient ainsi que les autres personnes présentes. La plupart des hommes fument et s'adressent aux juges, alors que le mari continue à parler à sa femme, toujours à voix basse et avec la tête vers le bas. La femme ne le regarde à aucun moment. *Elle ne veut pas lui pardonner parce qu'il la bat.* Des personnes entrent au Tribunal et d'autres sortent sans qu'il y ait pour autant une interruption de l'audience. À un moment donné, le mari s'agenouille devant sa femme et continue à lui parler de la même façon. Le juge prend la parole à maintes reprises, *il insiste sur le fait qu'il faut vivre en harmonie.* Les assistants semblent approuver ces paroles avec des gestes de tête. Le juge s'adresse à la femme qui, elle, répond de manière très ferme et le front haut. *Le juge veut lui faire remarquer l'humiliation de son mari en s'agenouillant devant tout le monde, qu'il faut qu'elle en tienne compte et ne soit pas si orgueilleuse.* La mère de la femme parle aussi au juge. *Elle soutient sa fille et accuse son gendre de la chasser du lit conjugal chaque fois qu'ils discutent.* L'homme s'approche de son beau-père et lui parle toujours à voix basse, la tête inclinée. *Il lui demande aussi pardon.* Une certaine pression sur la femme commence à se faire sentir de la part de l'audience en général et de ceux qui président l'audience en particulier. *La plupart des assistants à l'audience considèrent que la femme doit pardonner son mari.* Il semble que la femme ne cède pas. *Elle veut se séparer et s'occuper toute seule de ses enfants.* Le mari, qui

---

[1] Les « commandants » ne sont pas des militaires liés à l'armée, ils font partie du système d'Autorités des villages et sont associés comme les *mayoletik* à la garantie de l'ordre dans le village. Ils sont étroitement liés au fonctionnement du Tribunal de Paix et de Conciliation indigène.

[2] Dans la pratique, les indigènes de Zinacantán ne distinguent pas la fonction des juges (titulaire et suppléant) des autres Autorités, dans le règlement des conflits, ce qui fait que l'espace destiné aux juges par les concepteurs et architectes des tribunaux est également utilisé par le reste des Autorités qui participent à l'audience et la place prévue pour les Autorités traditionnelles est souvent occupée par des personnages secondaires comme les *mayoletik* ou les commandants.

[3] L'information référencée en italique ne découle pas de la simple observation mais de commentaires d'informants ou d'entretiens effectués suite aux audiences, compte tenu du fait que nous ne maîtrisions pas la langue tzotzil.

s'était relevé entre-temps, se rapproche de sa femme et s'agenouille à nouveau. Au fond de la salle à la dernière rangée s'entendent les ronflements d'un assistant qui s'est endormi. Soudain, la discussion monte d'un ton, pratiquement tout le monde se lève et parle en même temps. Le mari a l'air étrange, il semble très fatigué et paraît faire un gros effort pour se tenir debout. Le bureau des juges lui sert d'appui du bas de l'estrade. Le temps passe et une relative accalmie se fait sentir dans la salle, il est 14 heures 30. Soudain, une dizaine d'hommes font irruption dans la salle et se dirigent vers le juge et celui qui l'accompagne ; ce sont des hommes âgés qui, avec le dos de la main, touchent le front de ceux qui président l'audience. *Signe d'une hiérarchie sociale supérieure, c'est pourquoi ils ont pu interrompre l'audience en cours.* Ils échangent un moment et repartent aussitôt. *Il y a un incendie et ils demandent la présence sur les lieux d'un fonctionnaire du tribunal.* L'audience reprend son cours et le juge s'adresse à nouveau à la femme. *C'est la femme qui s'occupe des enfants et c'est l'homme qui doit aller travailler, dit-il, il insiste sur le fait qu'elle ne pourra pas faire les deux choses toute seule et qu'il ne faut pas qu'elle prenne une décision qu'elle va regretter quatre jours plus tard.* Le juge et certains assistants s'adressent au père de la femme. *Ils exercent une pression pour qu'il fasse entendre raison à sa fille en lui faisant comprendre qu'elle doit accepter les excuses et retourner chez son mari ; le père répond que ce sont eux seuls et le juge qui doivent trancher.* Les discussions continuent… Le juge a pris des notes depuis le début de l'audience et, à présent, il les prend plus systématiquement. Le père de la femme se lève, s'approche du juge et lui donne des factures. *Le juge fait l'addition.* Ensuite, le père prend deux bouteilles de Coca-Cola qui étaient par terre, à côté de sa fille, et les dispose à côté des trois autres bouteilles que le mari avait rangées sur la table. *Signe incontestable de la solution du conflit. En effet, la femme a fini par pardonner son mari.* Le juge donne ses notes au secrétaire-greffier qui part au bureau pour taper l'acte conciliatoire. Une des personnes assises à côté du secrétaire-greffier, le *mayol* est allé ouvrir les bouteilles qui par la suite ont été distribuées parmi les présents qui les ont bues ou en ont versé le contenu dans une bouteille vide apportée à cet effet. Une fois les bouteilles vidées, elles sont à nouveau alignées face au juge. Le mari reprend les cinq bouteilles vides et, à ce moment-là, tout le monde se lève, la plupart s'en vont, les autres attendent que le constat d'accord leur soit lu et remis.

En janvier 2002, le conseil municipal qui entrait en fonction avait été intégré sans prévoir des postes d'adjoints au maire pour les membres des partis opposants, comme il est généralement d'usage. Ceci avait créé des tensions d'autant plus que la population du chef-lieu de la municipalité soutenait un parti opposant à celui qui l'avait emporté dans l'ensemble de la municipalité. En attendant que les tensions diminuent, le siège du conseil municipal a été transféré, pour quelques mois, à Nachig. C'est un des hameaux de la commune de Zinacantán, la population y soutenait le parti du gouvernement municipal. Le Tribunal de Paix et de Conciliation indigène de Zinacantán siégeait également de manière provisoire dans les locaux de l'Agence municipale de Nachig, suite aux problèmes politiques.

Il est midi ; c'est le deuxième cas du jour[1]. D'après l'un des *mayoletik*, il s'agit d'un couple qui s'est déjà présenté à deux ou trois reprises devant les Autorités, plus particulièrement devant l'Agent municipal de leur hameau d'origine. Le problème n'ayant pas pu être définitivement réglé, ils se présentent maintenant devant le Tribunal de Paix et de Conciliation indigène, pour recevoir les conseils du juge. Une des parties dispose deux bouteilles de boissons gazeuses sur la table où se trouvent le juge suppléant et les autres Autorités qui participent à l'audience. Le juge s'adresse à un homme ; vu le ton, il semblerait qu'il le gronde. *L'homme en question est le mari fautif dans l'affaire.* Le jeune homme se lève et va parler à un homme plus âgé. *Il s'agit de son beau-père,* le jeune homme lui parle en baissant la tête et en acquiesçant aux remarques que l'homme lui fait. Il se déplace ensuite et reste en face du juge quelques minutes en l'écoutant attentivement, avant de recevoir l'indication d'aller s'asseoir. C'est le tour d'une jeune femme qui porte un bébé sur le dos ; elle se met devant la table où se trouvent le juge et les autres Autorités et elle commence à parler. *C'est la demanderesse*, elle parle en regardant vers le sol et en tripotant les rubans de ses vêtements. Le juge l'interrompt de temps en temps ainsi que le mari ou d'autres personnes. Le juge écoute avec attention la jeune femme et semble poser des questions au mari qui répond brièvement. Les Autorités réagissent aussi aux répliques de la jeune femme et de son mari. Ensuite, les parents de la fille, chacun d'eux assis à des endroits différents, se lèvent et viennent se mettre à ses côtés. La mère parle, elle est en pleurs, quelques minutes plus tard, son mari lui fait un signe et ils regagnent leur place. Une des Autorités parle assez longtemps. La jeune femme, toujours debout, commence à pleurer, elle dit quelque chose qui provoque une forte réaction de la part des Autorités qui, immédiatement, posent des questions au jeune homme. Elle retourne s'asseoir. Quelques hommes fument des cigarettes. À 13 heures 15, le mari, qui s'est absenté pour quelques minutes, revient avec quatre bouteilles de Coca-Cola de deux litres. Il pose deux des bouteilles par terre devant sa femme qui, à présent , est assise. Il lui parle et elle, elle pleure. Il pose une troisième bouteille par terre devant son beau-père et lui parle aussi avec la tête baissée pendant dix minutes environ jusqu'à ce qu'une des Autorités parle. Le ton et les expressions corporelles semblent indiquer que parfois les Autorités lui donnent des conseils et que d'autres fois ils le grondent. La jeune femme continue de pleurer dans son coin. Le mari retourne parler à sa femme après s'être adressé une fois de plus à son beau-père. Parmi les assistants, plusieurs interviennent activement dans la discussion. Il est

[1] Z22. 17 octobre 2002, Catalina López Pérez vs Manuel González Ruiz, affaire de réconciliation conjugale.

14 heures ; le mari s'adresse à nouveau à l'agent municipal, en lui parlant à voix basse et la tête vers le bas. Il s'approche ensuite de son beau-père et fait le même geste. Quelques minutes plus tard, il met le genou par terre ; il se lève et il recommence. L'agent municipal parle à la jeune femme, le jeune homme vient à côté de sa femme et rapproche d'elle encore plus les bouteilles de coca, il met le genou par terre et lui parle. Entre-temps, le père de la jeune femme se lève et discute avec l'agent municipal. Une fois que le jeune homme regagne sa place, le père va parler à sa fille et une femme âgée lui parle aussi. Le juge s'adresse à la jeune femme et à son père ; le père semble être d'accord avec ce que dit le juge. Le mari se relève et va vers sa femme, il lui parle à nouveau, elle éclate en sanglots. Il est 15 heures et un homme parle longuement. La mère de la jeune femme, qui se trouve à côté d'elle, lui parle à l'oreille. Finalement, la jeune femme se lève, prend les bouteilles de coca et les dispose sur la table devant les Autorités ; son père fait de même avec la bouteille qu'il avait. Il y a en tout six bouteilles de boisson gazeuse de deux litres. Le juge prend des notes sur un carnet. La jeune femme se dirige vers plusieurs personnes et incline la tête, on lui touche le front avec le dos de la main, ensuite elle va s'asseoir. Le juge demande le nom et l'adresse de certains assistants et récapitule les points de l'accord. *Le mari s'engage à ne plus boire, à donner le nécessaire pour sa femme, pour ses enfants et pour la maison et à changer de travail pour avoir plus de revenus*. Deux *mayoletik* servent les boissons dans deux verres en plastique qu'ils font passer à toute l'assistance. La jeune femme retrouve le sourire. L'audience a été longue et s'est terminée à une heure tardive. La secrétaire étant déjà partie, *l'acte sera rédigé et remis aux parties le lendemain. Une fois l'audience levée, le juge a expliqué que c'était la troisième fois que le problème se présentait. C'était la raison pour laquelle la jeune femme a été plus difficile à convaincre d'accepter d'accorder le pardon à son mari.*

La réconciliation du couple est fortement encouragée, mais il y a un grand nombre de cas où la séparation s'impose.

C'est le 21 février 2003, à la salle d'audience du Tribunal de Paix et de Conciliation indigène de Zinacantán. Un homme et deux enfants sont assis sur le banc de gauche de la première rangée[1]. Derrière eux, deux femmes portant chacune un bébé, une d'entre elles visiblement moins âgée, et moi-même. Tous portent le costume traditionnel de Zinacantán. Les femmes avec une longue jupe noire attachée par une ceinture large tissée de couleur violette et une chemise à manches courtes, brodée de grandes fleurs bleues, violettes et mauves. Elles sont drapées d'un châle autour du cou, brodé également de fleurs de la même couleur, avec des rubans pour le tenir fermé et sont chaussées de sandales, la plupart du temps en plastique. Les hommes

[1] Z32. 21-22 février 2003, Margarita Pérez Torrez vs Antonio Hernández Pérez, séparation conjugale.

portent un pantalon, une chemise, des chaussures ordinaires et une sorte de gilet rose avec des fleurs brodées aux couleurs vives ; par-dessus, ils portent sur le dos un mouchoir triangulaire avec des pompons en laine à chaque angle.

Les Autorités qui président l'audience sont le juge suppléant et trois adjoints au maire du conseil municipal. Le commandant et trois *mayoletik* sont assis perpendiculairement aux Autorités. Un homme assis à la première rangée des bancs de gauche, *père de la demanderesse*, commence à exposer la situation. Le juge écoute attentivement. La femme assise derrière lui, *mère de la femme*, intervient aussi à maintes reprises, mais de manière discrète. Un des adjoints au maire lui pose des questions. Aucune bouteille de boisson gazeuse ni d'eau de vie n'a été disposée devant les Autorités. Le juge pose une question à un jeune homme assis sur les bancs de droite, *le défendeur. Le jeune homme est accusé d'avoir abandonné sa femme et son enfant en bas âge.* Le jeune homme parle et un des adjoints au maire semble lui poser des questions. La mère de la jeune femme tente d'intervenir mais les Autorités lui font signe d'attendre son tour et le jeune homme continue son récit. Les Autorités parlent au jeune homme comme s'ils voulaient lui faire comprendre ou le convaincre de quelque chose. Entre-temps, le juge titulaire arrive et prend sa place. L'agent municipal qui se trouve assis du côté du jeune homme parle. À partir de ce moment, l'assistance intervient pêle-mêle, les Autorités semblent ne plus poser de questions, mais plutôt donner des conseils. Le jeune homme ne dit rien. Un des adjoints informe le juge titulaire à peine arrivé du cours que suit l'audience, pendant que les deux hommes qui accompagnent le jeune homme en profitent pour lui parler.

Une dizaine de personnes entrent dans la salle d'audience ; le juge suppléant et l'un des conseillers municipaux partent avec eux ; ne restent que le juge titulaire et l'un des adjoints au maire du conseil municipal.

Le juge titulaire pose des questions auxquelles les parents de la jeune fille répondent. Le jeune homme a la tête baissée. L'adjoint au maire fait des calculs sur une feuille de papier. *Il calcule le montant de la pension que le jeune homme doit donner à sa femme et à son enfant, en fonction du temps passé depuis qu'il les a abandonnés, plus une somme d'argent pour les frais de baptême du petit et une sorte d'indemnité à ses beaux-parents pour la dot qu'il n'a jamais versée.* Le conseiller municipal annonce le montant. Une certaine pression de la part des Autorités et d'une bonne partie de l'assistance se fait sentir sur le jeune homme. La mère et la sœur du jeune homme qui passaient par hasard devant le tribunal ont été appelées par un *mayol. La situation dans laquelle se trouvait le jeune homme leur a été exposée par les deux Autorités.* Le jeune homme qui était assis à la deuxième rangée de bancs a été déplacé pour être entouré par les *mayoletik* de l'autre côté de la balustrade qui sépare en général le public des Autorités. La mère et la sœur du jeune homme sont parties après un moment, de même que la jeune femme en conflit, sa mère et la plupart de l'audience, sauf le jeune homme qui désormais semble être arrêté. L'audience conciliatoire est vraisemblablement suspendue.

D'après la dactylographe, le jeune couple s'était séparé au départ du jeune homme qui allait à la recherche d'un emploi mieux rémunéré ; il aurait laissé sa femme, sans lui envoyer par la suite aucun moyen de subsistance. En outre, le jeune homme mettait en doute sa paternité. Attitude qui lui aurait attiré le blâme des Autorités. Ayant décidé une séparation, le jeune homme devait payer une somme d'argent à la jeune femme et à ses beaux-parents, somme que sa mère devait aller chercher, ce qui avait interrompu l'audience. Comme le jeune homme n'était pas d'accord, il a été mis sous surveillance pour l'empêcher de s'enfuir.

La mère du jeune homme est arrivée avec un autre de ses fils et ils se sont adressés directement à lui. Les personnes ont commencé à reprendre leur place ; après un long moment de va-et-vient, tout le monde finit par regagner sa place et l'audience reprend à 13 heures 15. Le jeune homme et sa mère discutent. Le père de la jeune femme a donné de l'argent à un *mayol*, et quelques minutes plus tard, le *mayol* est revenu avec une bouteille d'alcool et six bouteilles de boissons gazeuses, qui ont été toutes disposées en face des Autorités. Les *mayoletik* ont emmené le jeune homme qui s'est arrêté devant le juge pour lui donner l'argent avant de continuer. La mère du jeune homme a éclaté en sanglots.

Le juge fait signe à un *mayol* pour qu'il ouvre et distribue les boissons. Les bouteilles vides ont été disposées en face des Autorités et le père de la jeune femme les a reprises en disant au revoir aux Autorités. *Le jeune homme devait passer la nuit enfermé et devait payer le reste de la somme le lendemain pour être libéré.*

Les descriptions ci-dessus font acte de gestes, de mouvements, de paroles difficilement compréhensibles en dehors du contexte qui leur donne sens. Nous ne prétendons pas faire une analyse exhaustive mais nous tenterons de relever certains aspects qui, d'un point de vue anthropologique, semblent importants.

Le rituel juridique

D'un point de vue anthropologique, l'audience n'est autre chose qu'un rituel. Un rituel lié à des conceptions transcendantes du rôle de l'homme sur terre et un rituel composé de fragments qui ont une fonction particulière dans son orchestration générale.

Cosmogonie, rituel et Droit, abordés conjointement, forment un ensemble de significations. Afin d'éclairer cet aspect, nous aborderons d'abord la relation entre la cosmogonie et le rituel, pour ensuite glisser du rituel en tant que tel au rituel juridique.

Toute tentative de découverte de l'altérité comporte des pièges, pièges qui semblent être une sorte de barrière protectrice vis-à-vis de la remise en question de nos propres certitudes. Pour Mondher Kilani, « [d]ans le travail de codage de l'autre qui résulte de la communication entre deux systèmes culturels différents, chacun des protagonistes [...], ajuste le regard qu'il porte sur les nouvelles réalités à ses propres idées culturelles[1] ». L'observateur étranger est enclin à se tromper sur la vraie nature de ce qu'il observe car il le fait à travers les verres de sa propre vérité. L'interprétation se fait dans le cadre de son propre système de valeur. Cette façon de faire qui relève plutôt du malentendu est, d'après Jean-François Baré, caractéristique de toutes les situations de contact. Le malentendu étant une dimension nécessaire et, somme toute, banale de la communication entre les cultures. Le malentendu est productif dans le sens où il confère signification aux choses[2].

La cosmogonie en tant que théorie particulière de chaque peuple, en ce qui concerne l'explication de la formation de l'univers, permet d'aborder dans une certaine mesure la complexité des croyances, dans le cas de figure présent, celles des peuples indigènes des hautes terres du Chiapas. Johanna Broda définit la cosmogonie comme une vision structurée où se combinent de manière cohérente les notions sur le milieu naturel et sur le cosmos où la vie de l'homme se situe[3]. Le système des croyances les plus profondes des peuples se manifeste, se concrétise, dans une certaine mesure, dans différents domaines de la vie sociale.

Dans ce sens, le rituel s'avère l'élément le plus concret et visible, en première instance, pour l'observateur étranger. Le mythe en tant que tel n'est pas nécessairement connu en détail par tous les membres de la communauté alors que le rituel se caractérise par une active participation sociale, du moins des personnes associées. La cosmogonie et les croyances émergent dans le rituel, qui a la particularité de se trouver entre l'affirmation des croyances et l'action. Le rituel implique donc directement les participants dans des actions qui, de cette façon, orientent le processus complexe de la reproduction de la société. Les transformations qu'un système rituel présente peuvent être reconstruites par l'analyse des structures symboliques et la logique interne des rituels. L'identification des diverses adaptations et des éléments relativement constants à travers les époques peut également être faite. Ainsi, le rituel ne doit pas être conçu comme une structure statique, de même que, les cosmogoniess et croyances qui s'y reflètent ne constituent

---

[1] Mondher Kilani, 2000, *L'invention de l'autre. Essais sur le discours anthropologique*, Dijon-Quetigny, Édition Payot-Lausanne, p. 123.

[2] Jean-François Baré, 1985, *Le malentendu pacifique. Des premières rencontres entre Polynésiens et Anglais et de ce qui s'ensuivit avec les Français jusqu'à nos jours*, Paris, Hachette, p. 8.

[3] Johanna Broda, 2001, « La etnografía de la fiesta de la Santa Cruz: una perspectiva histórica », *Cosmovisión, ritual e identidad de los pueblos indígenas de México*, Felix Báez-Jorge (coord.), serie Historia y antropología, México, Consejo Nacional para la Cultura y las Artes – Fondo de Cultura Económica, p. 166.

pas, elles non plus, des formulations monolithiques. Compris de la sorte, le rituel nous permet donc d'établir le lien entre cosmogonie et Droit.

Pour Étienne Le Roy, « [les] rituels ne sont pas l'apanage des religions, même si celles-ci les multiplient [...] ». Il ajoute :

> « Leurs modèles peuvent être utilisés ailleurs que dans la pratique religieuse. [...] Les rituels sont des pratiques réglées qui ont une fonction et une vertu 'performatrice', entendant par là que ces pratiques ont pour objet d'obtenir ou de réaliser quelque chose. Souvent on ne retient du rituel que le mode convenu et strictement déterminé de l'acte ou du comportement. C'est oublier la part de fluidité, de souplesse, d'indétermination au moins partielle de toute situation sociale dont parlait si bien Pierre Bourdieu à propos de l'habitus et qui s'applique au règlement des conflits comme à toute autre activité [...]. Les rituels scandent toute la phase procédurale, de l'ouverture du tribunal, où s'installent le juge et ses auxiliaires jusqu'à l'introduction du plaignant, la distribution de la parole, la recherche de témoignages[1]. »

Si le rituel est abordé comme un ensemble de pratiques réglées de caractère sacré ou symbolique qui constituent une manière de faire habituelle, le processus judiciaire de l'audience conciliatoire peut être analysé en tant que rituel. Le rituel de l'audience conciliatoire constitue une intégralité composée d'un grand nombre d'éléments qui traduisent « l'*ethos* communautaire » qu'Antoine Garapon aborde dans les termes suivants :

> « Le rituel judiciaire est à la fois la mise en scène de la finitude du monde sensible dans lequel les intérêts sont antinomiques et les hommes divisés, et une anticipation de la perfection. Il restitue à un peuple ses valeurs, son passé et son droit. Il rappelle à tous – juges et parties – l'harmonie à atteindre. Sans l'aide du symbole et du rituel, le droit ne resterait qu'une idée irréelle ou illusoire : il a besoin du symbole pour être transformé en expérience concrète. Ce qu'exprime le rituel, c'est le 'tout' du droit, c'est l'état du droit avant qu'il ne s'éparpille en s'explicitant en une multitude de règles. [...] Chaque culture pourra agencer comme elle l'entend ces différents éléments, peu importe : l'essentiel n'est pas dans l'arrangement mais dans l'effort d'organisation du réel[2]. »

Il ne s'agit pas ici d'élaborer une analyse approfondie ni exhaustive du rituel des audiences conciliatoires, ceci aurait demandé une connaissance profonde qui ne s'acquiert que par des séjours prolongés, par une maîtrise de la langue et par la participation quotidienne aux activités communautaires de la part du chercheur. Le temps, les modalités et surtout la finalité de la recherche n'ont pas mis l'accent sur ces aspects. Cependant, les lectures et l'observation participante ont révélé la particularité de pratiques qui seront

[1] Étienne Le Roy, 2004, *Les Africains et l'institution de la justice. Entre mimétismes et métissages*, *op. cit.*, pp. 38-39.

[2] Antoine Garapon, 1997, *Bien juger. Essai sur le rituel judiciaire*, *op. cit.*, pp. 69-70.

abordées dans la mesure où elles permettent d'accéder à une première phase dans la compréhension des audiences conciliatoires qui nous occupent.

L'ouvrage d'Étienne Le Roy, *Les Africains et l'institution de la justice,* nous a conduite à distinguer un certain nombre d'éléments de l'audience qu'une première approche ne rendait pas évidents. Ainsi, ces éléments peuvent être recontextualisés dans un ensemble de significations plus riche. Nous commencerons par les paroles et les interactions sur la scène judiciaire, pour ensuite aborder les différents rituels qui peuvent être identifiés à l'intérieur même du rituel de l'audience.

Parmi les règles qui déterminent le rituel lors de l'audience conciliatoire, se trouvent les règles du comportement verbal. D'ailleurs, le lien entre justice et parole est consubstantiel. La justice est un « dire public » car la décision ne suffit pas à faire la justice, il faut qu'elle soit prononcée[1].

L'anthropologue Gary Gossen, qui a analysé la cosmogonie, le symbolisme et le comportement verbal des Tzotzil de San Juan Chamula, distingue trois types de *paroles*[2]. Les paroles du *langage commun,* qui ne sont soumises à aucune contrainte de style, de forme ou de structure. Les *paroles pures* correspondent au langage rituel, leur utilisation obéit à des contraintes contextuelles et formelles, étant des paroles destinées à être utilisées à des moments bien précis – chants, prières, légendes... Et finalement, les *paroles* qui appartiennent à des formes *marginales* ou *intermédiaires* qui sont comprises dans la catégorie du « langage des personnes dont le cœur est excité ou enflammé[3] ». Les paroles marginales ou intermédiaires dévoilent l'exaltation de celui qui parle, elles ne sont ni complètement « ouvertes » comme celles du *langage commun,* ni complètement « fermées » comme les *paroles pures* du langage rituel. Les paroles marginales impliquent une attitude d'excitation, d'émotion de la part de celui qui parle. C'est l'exaltation, le cœur *enflammé,* qui distingue ces paroles de celles du *langage commun.* La catégorie des paroles marginales est marquée par les redondances stylistiques que les Tzotzil associent à la montée de la chaleur spirituelle. Il s'agit d'une répétition de paroles et de phrases qui finalement se trouve également à la base des *paroles pures* mais qui, contrairement à ces dernières, ne peuvent pas être anticipées. La tournure que les paroles peuvent prendre reste inconnue.

La cosmogonie des peuples tzotzil en général, et plus particulièrement des Tzotzil de San Juan Chamula, se fonde sur la primauté de la chaleur[4]. De

---

[1] *Idem,* p. 131.

[2] Garry Gossen, 1990, *Los Chamulas en el mundo del sol,* col. Presencias, México, Dirección general de publicaciones del Consejo General para la Cultura y las Artes – Instituto Nacional Indigenista, p. 73.

[3] *Idem,* pp. 73-76.

[4] Avant l'ordre étaient la froideur, la féminité, la bassesse ; après sont venues la chaleur, la masculinité et la hauteur. Le soleil, masculin, est né du ventre de la lune, féminine, et ensuite il a été tué par les forces du mal et de l'obscurité. C'est ainsi qu'il s'est élevé jusqu'au ciel

la même manière, le langage et les aspects rituels ont une qualité de chaleur réelle ou métaphorique. Le style poétique, répétitif des phrases, les chants, les formules rituelles expriment ou reflètent la chaleur du cœur. Le tabac, l'eau de vie, l'encens, les bougies et les feux d'artifices, produisent ou émettent de la chaleur. Pour les Chamula, ce qui est chaud est, de façon générale, puissant, mûr et créateur de vie, mais cette chaleur créatrice peut devenir dangereuse lorsqu'elle est excessive ou n'est pas contrôlée. L'exemple fréquent est le comportement agressif de celui qui se trouve en état d'ivresse[1].

Pour revenir à la catégorie des *paroles* utilisées lors des audiences conciliatoires, Gary Gossen postule que les expressions verbales concernant l'ordre social suivent un schéma cyclique caractérisé par la réitération de phrases, de métaphores, de paroles et d'idées. Ainsi, l'ordre social serait assuré par la répétition de la référence à un comportement de façon à le transmettre et à le faire comprendre à travers le langage. La répétition constitue donc le trait caractéristique des genres marginaux[2]. Les paroles marginales imposent un ensemble de restrictions au comportement verbal concernant le contenu, la forme et le lieu. Les paroles appartenant aux genres marginaux s'utilisent dans des contextes d'apprentissage, de contravention ou de rectification de l'ordre social. Ainsi, Gary Gossen inclut dans cette catégorie le discours du tribunal. Au tribunal, le discours est formel, émotif et plein de redondances pour intensifier le message ; il est structuré de façon à dénigrer publiquement ceux qui troublent l'ordre. L'auteur considère que l'aspect le plus important de la « sanction » vient de l'humiliation verbale et publique[3]. La description des audiences conciliatoires qui a été faite jusqu'à présent n'a pas encore évoqué clairement cet aspect de répétition et de réitération des phrases. Cependant et de manière indirecte, la référence aux va-et-vient effectués par un mari fautif tout au long d'une audience évoque cet aspect. Il demande pardon à sa femme et à ses beaux-parents et semble s'adresser à eux par de courtes prières ou récitations[4].

Le comportement verbal influence aussi les interactions bien qu'elles ne s'y résument pas ; lors de notre enquête, nous avons identifié trois différents types d'interactions. Il s'agit d'interactions entre le public et les parties, entre les différentes Autorités et enfin entre le public et le Tribunal.

---

comme source de vie et d'ordre. Le soleil symbolise la source de chaleur de la terre et tous les autres aspects de l'ordre cosmique. Les jours, les intervalles entre les jours de fête, les saisons et les années se mesurent par cycles croissants et décroissants de chaleur. Ce qui s'oppose à l'ordre est symbolisé par la froide obscurité, règne des démons et des singes. Le cycle vital est conçu comme un cycle d'augmentation de la chaleur à partir du froid initial. L'augmentation de chaleur exprime donc la volonté divine du soleil, source d'ordre. *Idem*, pp. 59-60.

[1] *Ibidem.*

[2] *Idem*, pp. 97-98.

[3] Garry Gossen, 1990, *Los Chamulas en el mundo del sol*, *op. cit.*, pp. 59-60.

[4] On retrouvera ce style répétitif dans la transcription des extraits du récit mythique du Popol Vuh, chapitre 3, et dans la retranscription d'une audience conciliatoire, chapitre 5.

Des hiérarchies, des rôles et des statuts apparaissent dans toute juridiction[1] et notamment lorsque'il ne s'agit pas d'individus isolés qui comparaissent, mais des membres de collectifs qui sont entourés comme c'est le cas des audiences abordées. Les échanges entre le public et les parties en conflit orientent le dénouement et souvent les parents sont ceux qui jouent le rôle le plus important dans le déroulement de l'audience. Mise à part la famille, les parties en conflit peuvent aussi être accompagnées à l'audience par des amis et y être soutenues. C'est une manifestation de la prise en charge collective, donc de la régulation communautaire de la société. Il s'agit d'un accompagnement moral ou affectif mais aussi, et surtout, d'un soutien qui, par le type d'intervention, d'argumentation et de témoignage, peut être décisif dans l'issue de la solution apportée au conflit. Se présenter devant une juridiction telle que le Tribunal de Paix et de Conciliation indigène tout seul peut sans aucun doute constituer un lourd handicap.

Deux à six Autorités, juges, adjoints au maire, commandants, etc. coprésidaient les audiences auxquelles nous avons assisté. En principe, le rôle principal revient à celui qui a été désigné comme juge, mais les autres Autorités interviennent à leur gré. Elles peuvent donner une opinion, un conseil, insister sur un point, poser une question, donner un exemple ou même introduire un élément d'interprétation qui oriente ou change le déroulement de l'audience. Le juge lui-même demande leur avis pour l'interprétation des faits ou l'orientation de la décision. Les Autorités ne forment pas un bloc homogène, chacune d'entre elles a sa propre opinion, son penchant et peut l'exprimer librement au cours de l'audience. Le Tribunal fonctionne en effet, de manière collégiale. À Zinacantán, les Autorités présentes au Tribunal de Paix et de Conciliation indigène sont d'habitude le juge titulaire et le juge suppléant, certains adjoints au maire du conseil municipal et l'agent municipal du hameau d'origine ou de résidence des parties en conflit. En ce qui concerne San Juan Chamula, les Autorités présentes sont les juges titulaire et suppléant et les commandants titulaire et suppléant. Il faut ici distinguer les audiences conciliatoires qui ont lieu à la mairie de San Juan Chamula, où toutes les Autorités traditionnelles et constitutionnelles confondues se trouvent réunies, de celles qui ont lieu dans le Tribunal de paix indigène. Dans l'un et l'autre cas, le conflit a généralement déjà été présenté devant l'agent municipal qui, lui, connaît bien les personnes se trouvant sous sa juridiction. Il fournit des renseignements ou des témoignages importants pour le juge. Théoriquement, c'est le juge titulaire qui tient les fils du déroulement de l'audience et qui oriente la décision à adopter et, en l'absence du juge titulaire, c'est le juge suppléant qui prend en main la direction de l'audience. Cependant,

[1] Étienne Le Roy, 2004, *Les Africains et l'Institution de la justice. Entre mimétismes et métissages*, *op. cit.*, p. 36.

l'observation révèle que la personnalité des Autorités influe. Face à un juge suppléant plus réservé et un peu timide, un des adjoints au maire, plus extraverti, prenait en main la direction de l'audience.

En ce qui concerne les interactions entre le public et le tribunal, les voisins, la famille et les proches des parties qui assistent à l'audience sont, dans une certaine mesure, la garantie de la véracité des faits qui sont exposés ; ils assistent aussi comme tierce personne avec un intérêt particulier. Le public en général est très actif dans l'apport de témoignages, dans l'interprétation des faits et, après l'audience, il veille à ce que les accords conclus soient respectés.

Cette triple série d'interactions – entre le public et les parties en conflit, entre Autorités qui coprésident l'audience et entre le public et le tribunal – caractérise le fonctionnement de cette justice, principalement parce qu'elle met en évidence la catharsis sociale, la guérison du collectif et le dépassement du conflit. Pour rendre plus explicite ce but de dépassement du conflit, il faut aussi s'orienter vers l'analyse des gestes et rites de l'audience.

L'audience conciliatoire peut en elle-même être qualifiée de rituel conciliatoire. Des fragments qui constituent des rites à part entière, souvent indépendants les uns des autres, peuvent également être identifiés. Étant associés au règlement des conflits, ces rites scandent toute la phase procédurale de l'audience conciliatoire et s'orientent vers le but commun qui vise le rétablissement de l'ordre. S'agenouiller pour demander pardon, disposer les bouteilles de boisson en face des Autorités et les boire à la fin de l'audience, lire le constat d'accord sont autant de gestes qui structurent le rituel conciliatoire.

Le déroulement de l'audience s'articule souvent autour de la demande de pardon comme nous l'avons bien noté en début de chapitre. En tant que réconciliation rituelle, cette phase peut être clairement identifiée dans le déroulement même de l'audience. La demande de pardon, pour aboutir au règlement du conflit, s'observe principalement en matière de conflits conjugaux. Si une des parties reconnaît avoir tort, la réconciliation passera par la cérémonie de demande de pardon. La partie fautive, le plus souvent l'homme, offre à la partie offensée une bouteille d'eau de vie ou de boisson gazeuse et lui demande d'oublier l'offense. Son comportement va se caractériser par une attitude de soumission, par la récitation de phrases rituelles et par le fait de garder la tête baissée. La partie fautive va aussi accepter passivement les insultes et récriminations, plus particulièrement de la part de la partie offensée, allant jusqu'à s'agenouiller devant elle. La partie offensée, quant à elle, ayant eu la promesse d'un bon comportement futur à son égard, devra « refroidir son cœur » au fur et à mesure et accepter les excuses, sous peine d'être considérée comme hautaine et de ce fait inverser la relation fautif-offensé[1].

En effet, la personne fautive se trouve apparemment dans une position de faiblesse ; cependant, en ayant pris l'initiative de régler le conflit, elle oblige la personne offensée à discuter sur les possibles solutions et à en accepter une. La personne offensée peut difficilement refuser une solution considérée comme pertinente par le reste de l'assistance sans être perçue comme rancunière. Ceci semble être plus grave que les actes commis par la partie fautive parce qu'au fond c'est le rétablissement de la concorde qui est en cause. Quand le demandeur accepte la bouteille d'alcool ou la boisson, généralement en la disposant devant les Autorités, elle manifeste sa volonté d'oublier l'incident et de pardonner l'offense sans garder aucune rancœur. L'acceptation de la bouteille marque donc la réconciliation des parties en conflit et le rétablissement réel ou symbolique de la cordialité des relations[2].

La demande de pardon est une façon de mettre fin à n'importe quel conflit ou dispute entre personnes proches. Elle suppose que la personne qui demande pardon admette avoir commis l'offense à l'origine du conflit. Elle prend l'initiative de chercher l'arrangement, adoptant ainsi volontairement un statut particulier, celui du fautif, et accordant à l'autre celui de partie offensée. La demande de pardon place la personne offensée sous le signe de l'irréprochabilité, seul son pardon est visé et souhaité. La nature de l'offense ou de la faute, cause du conflit, peut impliquer la simple promesse d'un comportement meilleur ou l'établissement d'un accord fondé sur des droits et des obligations futurs. Quand la bouteille, originellement d'alcool fort actuellement de son substitut de boisson gazeuse, est acceptée, c'est le signe incontestable du pardon accordé. Ensuite viendra le partage de la boisson comme un élément important qui marque l'accord.

Quiconque demande de manière formelle le pardon, un prêt, un service, une jeune fille en mariage, ou quoi que ce soit, offre une bouteille d'alcool à la personne à laquelle elle le demande, c'est le rite du partage de la boisson. Accepter la bouteille équivaut à s'engager dans le sens de la demande et le partage de la boisson qui s'ensuit indique l'acceptation générale de l'engagement pris.

Le rite de partage de la boisson était traditionnellement très réglementé. L'homme le plus jeune de la réunion devait servir la boisson dans un petit verre et l'offrir à chacun, en commençant par l'homme le plus âgé et finissant par la femme la plus jeune. Chaque personne accepte le verre et le boit d'un coup, le jeune homme le remplit à nouveau et le donne à la

---

[1] Jane F. Collier, 1995, *El derecho Zinacanteco. Procesos de disputar en un pueblo indígena de Chiapas*, *op. cit.*, pp 49-51.

[2] *Ibidem.*

personne suivante et ainsi de suite[1]. Ce partage de la boisson est toujours d'actualité à Zinacantán, même en dehors du Tribunal à l'occasion de diverses cérémonies publiques ou privées, en revanche, elle semble être tombée en désuétude à San Juan Chamula.

Gary Gossen évoque certains aspects symboliques de ce rite. Le principe d'égalité, par exemple, se manifeste par le fait que chaque participant reçoit la même quantité de boisson. Le principe de hiérarchie se manifeste doublement, hiérarchie par sexe et hiérarchie par âge. La boisson est effectivement distribuée en commençant par les hommes les plus âgés ou qui ont un statut supérieur et en terminant par les femmes les moins âgées. L'alcool évoque également la chaleur, élément propice pour l'interaction des hommes entre eux et des hommes avec les divinités. Finalement, la cérémonie représente la solidarité car la boisson a été offerte et acceptée par les membres du groupe qui ont un objectif ou un intérêt commun[2].

Toute affaire traitée avec les Autorités du village doit être précédée de l'offre d'une bouteille d'alcool ou d'un de ses actuels substituts, tel le coca-cola. Le règlement des conflits n'est pas l'exception à Zinacantán, c'est pourquoi les parties disposent des bouteilles en face des Autorités, au début de l'audience conciliatoire. Avec un tel geste, les parties demandent implicitement aux Autorités d'écouter le problème et de donner des conseils en vue d'arriver à une solution. Le partage de la boisson symbolise la réconciliation des parties, la fin du conflit mais aussi la gratitude des parties envers les Autorités. Une fois que les bouteilles vides sont remises devant les Autorités, l'audience est terminée et l'affaire réglée. On remarquera que les éléments rituels ne sont pas forcément liés à ce qui peut être identifié comme « traditionnel » et que des aspects comme la lecture d'un constat d'accord peuvent aussi participer de la symbolique rituelle.

Bien que la rédaction d'un acte conciliatoire à la fin de l'audience ne soit pas systématique, quand il est rédigé, sa lecture commence à intégrer le rituel juridique. Ceci est particulièrement vrai pour le village de Zinacantán. Le juge suppléant commence à prendre des notes quand il sent que les parties tendent vers un accord ; en effet, le document fait état des points litigieux et des accords conclus. La dactylographe ou le secrétaire-greffier tapent le document dans un bureau adjacent à la salle d'audience. Une fois le constat d'accord prêt, il sera lu à voix haute dans le petit bureau ou dans la salle d'audience. Les parties, les témoins et les Autorités signent l'acte. Après la lecture et la signature de l'acte, il arrive que des personnes âgées donnent les derniers conseils au couple. C'est ainsi que le constat d'accord commence à prendre une place particulière dans le rituel juridique de l'audience.

---

[1] Jane F. Collier, 1995, *El derecho Zinacanteco. Procesos de disputar en un pueblo indígena de Chiapas*, *op. cit.*, p 48.

[2] Garry Gossen, 1990, *Los Chamulas en el mundo del sol, op. cit.*, pp. 224-225.

Mis à part l'aspect rituel associé à la lecture du constat d'accord, ce document est riche en informations concernant les audiences et le phénomène juridique qui nous occupe. Ce document reflète, et de manière très concrète, une vision singulière de la justice d'une part et l'influence de l'État d'autre part. La section qui suit sera consacrée à ces réflexions.

Mais on ne pourra terminer notre réflexion sur l'approche anthropologique de l'audience sans relever que le temps judiciaire de l'audience conciliatoire donne au rituel une dimension qui dépasse les particularités de l'affaire traitée. Le différend devient « une occasion de socialisation », une « expérience collective ». Ainsi, « le rituel judiciaire répète inlassablement ce moment fondateur de la société en refaisant le chemin qui conduit de la violence au droit, de l'expérience individuelle à ce qui fait société[1] ».

L'univers civiliste du constat d'accord

Le constat d'accord est un élément que nous distinguons du reste de l'audience, même si, lorsqu'il existe, il est rédigé le jour même et qu'il commence à intégrer, dans certains cas, le rituel. Le constat d'accord reste en effet marginal dès lors que l'élaboration de l'acte n'est pas systématique et dépend de manière importante de la volonté des parties. Marginal aussi dans la mesure où il relève davantage d'une obligation imposée par le pouvoir judiciaire de l'État et d'une culture de l'écrit. Après une familiarisation avec le document en tant que tel, nous tenterons de le situer par rapport à l'univers juridique qu'il représente.

Typologie du document

Le constat d'accord est un document rédigé en espagnol. Lorsqu'il est lu aux parties, certains passages doivent être systématiquement traduits en tzotzil afin que les parties et les assistants puissent comprendre. Parties, témoins et Autorités doivent également signer le document ; nombreux sont les cas où les empreintes digitales témoignent du faible rapport à l'écrit de la part de la population des villages étudiés. Les constats sont des documents qui peuvent surprendre le praticien du droit non averti car, derrière un format, des tampons et des formulations précises propres aux documents de l'administration judiciaire étatique, se dissimule une réappropriation qui, au-delà des formes, ne correspond pas aux documents judiciaires ordinaires. L'analyse des constats d'accord a mis en évidence une différence tant au niveau du rapport au document et que du document même entre San Juan Chamula et Zinacantán.

[1] Antoine Garapon, 1997, *Bien juger. Essai sur le rituel judiciaire, op. cit.*, p. 65.

À San Juan Chamula, le document est entièrement élaboré par le secrétaire-greffier, fonctionnaire juriste de formation. Le document use beaucoup plus des formalités propres à la procédure judiciaire ; il se trouve cependant en marge de la légalité. Les parties ne demandent le document que lorsqu'elles en ont besoin pour entamer une démarche administrative précise. Il s'agit de véritables petits dossiers, la première page indique le numéro de dossier, le nom des parties, leur adresse, et le type d'affaires (conflit d'ordre familial par exemple). Le document reprend les formulations judiciaires prévues pour ce type de documents. Il fait acte du nom et de l'âge des parties, de leur occupation, du nom des enfants et de leur âge, d'une brève explication du problème et détaille les accords. C'est souvent au moment de l'explication du problème ou encore des engagements que le lecteur découvre le décalage entre la forme officielle du document et un contenu qui l'éloigne définitivement du droit étatique dans la mesure où il officialise des situations interdites par ailleurs. L'extrait ci-dessus illustre une affaire de bigamie.

> « À cette date, les parties déclarent que le présent constat d'accord résout définitivement le différend d'après les accords suivants :
>
> [...]
>
> DEUXIEME : La citoyenne MGP, déclare que le 18 mai, son concubin AGL s'est uni en union libre à la citoyenne LGG et qu'ils ont décidé devant cette Autorité qu'ils ne vont pas se séparer et qu'ils vont vivre tous les trois ensemble. Elle déclare que son concubin s'est engagé à ne pas l'abandonner et à respecter ses obligations de père envers ses enfants mineurs. Elle déclare également que si son concubin ne respecte pas ses obligations, elle agira conformément au droit. »

À Zinacantán la situation est différente. Premièrement, c'est le juge qui prend les notes pour la rédaction de l'acte, ensuite c'est la dactylographe qui tape l'acte, suivant les indications du juge, tous deux Tzotzil de Zinacantán. Les trois secrétaires-greffiers successivement en fonctions pendant la réalisation du travail de terrain étaient sollicités par les Autorités uniquement pour des conseils précis en matière juridique. Si le secrétaire-greffier tapait le document, par un empêchement de la dactylographe, il le faisait suivant les notes et après l'accord du juge. Les juges présentent les constats d'accord comme un élément de sécurité pour les parties en conflit concernant les engagements pris et insistent sur la constitution de droits et de devoirs à partir du document. Nous reproduisons ci-après et de manière intégrale un des constats d'accord auquel nous avons eu accès.

> « (Tampon du Pouvoir judiciaire de l'État du Chiapas)
>
> = = = Tribunal suprême de Justice de l'État.- Tribunal de Paix et Conciliation indigène.- Dans le village et la municipalité de Zinacantán, Chiapas ; le dix-sept octobre de l'année deux mille deux à quinze heures, se trouvant en audience publique les citoyens JLP, juge suppléant de paix et de conciliation indigène de cette municipalité, assisté du secrétaire-greffier CLPH, et des

citoyens PPH, adjoint au maire, DPP, adjoint au maire, JLG, adjoint au maire, DHP, adjoint au maire suppléant et MMP, adjoint au maire suppléant ; l'audience est déclarée ouverte avec la comparution volontaire de Mme CLP, en tant que demanderesse et M. MGR, en tant que défendeur. Ils ne s'identifient pas par manque de document idoine pour le faire, mais sont connus de tous dans ce village. Le juge les enjoint à respecter la loi et à se conduire selon la vérité lors de la présente audience en leur faisant savoir les peines qu'encourent ceux qui s'inscrivent en faux face à l'Autorité. Bien informée de cela, la demanderesse a déclaré : S'appeler CLP, avoir 25 ans, être femme au foyer, d'état civil union libre, de religion catholique, originaire et voisine du hameau Elambo Alto appartenant à la municipalité de Zinacantán. Interrogée en ce qui concerne sa comparution, elle DECLARE : Le deux octobre de l'année en cours, je me suis séparée de mon concubin, MGR, car ce jour-là il se trouvait en état d'ivresse et il a commencé à me disputer, j'ai décidé de quitter le foyer conjugal et d'aller vivre chez mes parents MLP et PPL, c'est pour cela que je demande l'intervention de cette Autorité, car chaque fois que mon concubin boit, il crée des problèmes et se déresponsabilise de sa famille. Ceci étant tout ce que j'ai à manifester. Ensuite la parole a été donnée au citoyen MGR qui dit avoir 25 ans, d'état civil union libre, de religion catholique, journalier d'occupation, originaire et voisin du hameau Elambo Alto appartenant à la municipalité de Zinacantán, interrogé en ce qui concerne sa comparution il DECLARE : Tout ce qui a été manifesté par ma concubine est exact, mais souvent nos problèmes commencent parce qu'elle ne s'occupe pas bien de la maison, elle rend tout le temps visite à ses parents, c'est pour cela que je demande aujourd'hui l'intervention de cette Autorité pour régler ce problème d'ordre familial. Ceci étant tout ce que j'ai à manifester.

Après avoir entendu les déclarations des parties et conformément aux facultés que la loi lui attribue, le juge a proposé aux parties des alternatives de solution arrivant aux accords suivants :

PREMIER :- M. MGR s'engage à ne plus boire de l'alcool et à être responsable de sa famille et de son foyer.
DEUXIEME :- M. MGR s'engage à changer de travail pour gagner un peu plus d'argent.
TROISIÈME:- Mme CLP s'engage à respecter son concubin et à s'occuper du foyer.
QUATRIÈME :- Les parties s'engagent à respecter les accords précédents, le cas échéant, ils seront sanctionnés conformément aux coutumes de cette municipalité ou conformément à la loi.

= = =N'ayant pas d'autre affaire à traiter et l'acte ayant été lu aux parties et témoins qui étant d'accord avec ce qui a été établi, signent le document, l'audience est déclarée close à 15 heures 45 du même jour de son début.- FAIT FOI. »

De façon générale, la forme de l'acte ou constat d'accord dépend directement des acteurs qui participent à sa rédaction. Un secrétaire-greffier plus soucieux du respect des formalités judiciaires veillera plus à ce que le document les remplisse. Un autre plus soucieux de ce que les « us et coutumes » du village en question soient respectés ne verra pas d'un mauvais œil les adaptations ou singularités du document. Cependant, la marge de manœuvre des secrétaires-greffiers au sein des villages est limitée par les juges qui, à leur tour, subissent une pression plus ou moins forte de la part de la population. Mais même si ces documents sont plus ou moins acceptés par la population, ils restent liés à des principes de procédure. Établir à présent le lien avec le droit étatique révèlera un aspect intéressant dans l'analyse.

Les principes de la procédure civile

L'objectif de ce paragraphe est d'essayer de montrer l'esprit profondément civiliste des dispositions processuelles prévues par le Code pour les Tribunaux de Paix et de Conciliation indigène. Bien que, formellement, la procédure générale soit conforme à certains principes de déroulement des audiences conciliatoires dans les villages indigènes, une vision différente de la justice les sépare. Des principes comme l'impartialité, la neutralité, l'égalité des conditions, la détention justifiée, et même les principes de légalité et du contradictoire, semblent bien loin de la logique mentionnée antérieurement. Cependant, il s'agit de principes qui animent les dispositions prévues pour le règlement des conflits dans les villages indigènes.

Les fonctionnaires de l'administration judiciaire étatique prônent des appels à comparaître devant le Tribunal de Paix et de Conciliation indigène par le biais d'un document indiquant le jour et l'heure, tandis que dans les villages, la pratique d'aller chercher directement le défendeur pour qu'il assiste à l'audience le jour même est plus habituelle et ne semble choquer personne. Derrière les dispositions en principe adaptées au milieu et aux traditions indigènes, l'esprit civiliste demeure pourtant latent, c'est ce que nous tenterons de rendre évident. Nous commencerons par aborder le contexte de la procédure qui sous-tend l'action judiciaire de l'État pour ensuite traiter les fondements juridiques du constat d'accord.

Afin de mettre en lumière le contraste entre l'approche anthropologique et l'approche judiciaire, le règlement des conflits sera ici abordé en tant que procès, comme le litige soumis à l'examen d'un juge. Cette approche nous renvoie forcément à l'ensemble de formalités qui doivent être suivies pour soumettre une prétention à un juge, c'est-à-dire les formalités de procédure. Après avoir abordé les principes de procédures qui fondent la conduite des procès, nous aborderons l'audience, cette fois-ci comme une étape du procès.

Les normes de la procédure civile sont considérées comme des normes d'ordre public. Dans ce sens, les normes de procédure s'imposent, à la différence du droit procédural commercial où la préférence est donnée à une procédure conventionnelle établie par les parties. Le droit procédural civil n'admet pas de conventions qui impliquent la modification ou la renonciation aux normes établies. Parmi les garanties constitutionnelles, des dispositions précises font référence aux principes de procédure que tout procès doit suivre. Les articles 14 et 16 de la Constitution mexicaine contiennent les principes essentiels de la procédure en général :

> « Article 14 : [...] Nul ne peut être privé de la vie, de la liberté, ou de ses biens, possessions ou droits, sans que ceci ait fait l'objet d'un procès se déroulant devant les tribunaux existant préalablement et conformément aux formalités essentielles de la procédure et aux lois en vigueur antérieurement aux faits[1]. »
>
> « Article 16 : Nul ne peut être inquiété quant à sa personne, sa famille, son domicile, ses papiers ou ses possessions, sans la présentation d'un mandat écrit de la part de l'autorité compétente qui fonde et motive la légalité de l'action[2]. »

Ces extraits font référence au principe du contradictoire et au principe de légalité. Le principe du contradictoire n'est pas mentionné de manière précise mais la doctrine et la jurisprudence s'accordent sur le fait que l'article 14 constitue le fondement juridique dudit principe. « *Audiatur et altera pars* », quelle que soit la nature du contentieux, nul ne peut être jugé sans avoir été entendu ou mis en mesure d'organiser et de présenter sa défense. Toute personne doit avoir la possibilité de prouver les faits sur lesquels ses prétentions d'opposition se basent.

Certes, il y a beaucoup d'autres principes constitutionnels qui fondent la législation en matière de procédure : le principe de non-rétroactivité de la loi, le principe de gratuité de la justice, le principe de non-emprisonnement pour cause de dettes civiles, etc. Ces principes sont considérés comme principes conducteurs de la procédure.

Il existe au Mexique une multiplicité de codes de procédure civile : un pour chaque État fédéré, un pour la ville de Mexico et un Code fédéral de procédure civile pour les affaires de compétence fédérale. Ce qui fait un total de 33 Codes de procédure civile. Cette multiplicité de codes implique une diversité législative et d'importantes différences en ce qui concerne l'administration de la justice. Ceci a souvent été dénoncé par la doctrine mexicaine, signalant le besoin et l'intérêt d'unifier la législation. Il y a cependant dans les structures, les tendances et les fondements des codes de procédure, plus de similitudes et de convergences que de différences et de

---

[1] « Artículo 14: [...] Nadie podrá ser privado de la vida, de la libertad o de sus propiedades, posesiones o derechos, sino mediante juicio seguido ante los tribunales previamente establecidos, en el que se cumplan las formalidades esenciales del procedimiento y conforme a las leyes expedidas con anterioridad al hecho [...]. »

[2] « Artículo 16 : Nadie puede ser molestado en su persona, familia, domicilio, papeles o posesiones, sino en virtud de mandamiento escrito de la autoridad competente, que funde y motive la causa legal des procedimiento [...]. »

divergences. José Ovalle Favela, théoricien du droit en matière de procédure civile, identifie des familles de codes au Mexique[1].

La structure du Code de procédure civile de la ville de Mexico constitue une de ces familles. L'influence de la tradition espagnole est claire : le procès est écrit et suit un développement discontinu et fragmentaire, résultat d'un système complexe d'incidents. Les incidents conduisent à une lenteur excessive de l'appareil judiciaire. La prédominance de l'écriture implique l'importance du support documentaire du procès, *quod non est in actis, non est in mundo.*

Une autre famille est celle des codes qui sont en rupture avec la tradition espagnole, puisant leur structure et leur technique dans la doctrine italienne. Ces codes orientent la procédure davantage vers l'oralité et l'aspect public du procès. Le jugement oral implique la concentration des étapes procédurales et l'échange entre le juge, les parties. Le juge participe de manière plus active à la direction du procès.

En 1973, une réforme de l'article 299 du Code de procédure civile de la ville de Mexico a établi comme obligatoire l'oralité, pour la présentation des preuves et des allégations, mais l'absence de mesures effectives pour pratiquer cette « oralité judiciaire » et l'inertie de la tradition en matière d'administration de la justice ont empêché le développement réel d'une telle modification. Il faut bien faire la différence entre l'oralité propre du procès civil dans le cadre d'une conception civiliste du Droit, la « verbalité », et l'oralité du règlement des conflits où la forme orale est en elle-même support de la forme du Droit. Il s'agit bien là d'une conception différente de la justice, les fondements et les objectifs n'étant pas équivalents.

Le Code de procédure civile de l'État du Chiapas s'inspire du Code de la ville de Mexico. Mais contrairement à son code modèle, le Code du Chiapas prévoit depuis 1999 un chapitre qui met en place une procédure et des principes processuels spécifiques destinés aux tribunaux des villages indigènes, instance qui retient notre attention. Mention faite du respect des droits de l'homme et de la garantie du principe de la contradiction, la procédure du règlement des conflits de cette juridiction doit garantir six principes selon l'article 973.

Le *principe d'immédiateté* suppose une communication directe entre les parties en conflit et le juge et un contact direct au cours des diverses étapes du procès telles que les interrogations, la réception des preuves et les allégations. Le principe *de publicité* offre la possibilité au public en général de suivre le déroulement des débats, sauf en cas d'incompatibilité avec la discrétion que nécessitent certaines affaires comme les affaires familiales. Ce principe de publicité, qui contredit le principe inquisitoire selon lequel le procès se déroule en secret, est conçu comme une garantie de la liberté du

---

[1] José Ovalle Favela, 1991, *Derecho procesal civil*, col. Textos jurídicos universitarios, México, Harla, pp. 28-34.

défendeur et un moyen de contrôle sur la manière dont la justice est rendue. Le *principe de conciliation,* lui, doit privilégier un règlement à l'amiable du conflit, la conciliation entre les parties devra être tentée avant le début du procès proprement dit. Après avoir entendu les parties, le juge devra leur proposer des alternatives de solution, mais si la conciliation n'aboutit pas le déroulement ordinaire du procès devra se poursuivre lors de l'audience même donnant suite à la réponse du défendeur, à la présentation des preuves, etc. Le *principe de simplicité,* qui est également sanctionné par le Code, se réfère au manque de formalités précises de procédure, la seule exigence étant celle de rédiger un acte où figurent les détails du conflit, les opinions émises et les résolutions prononcées de manière claire et simple. Le *principe d'oralité* consiste en la formulation verbale des manifestations et déclarations faites au tribunal. Certes, les principes d'oralité ou d'écriture ne sont pas absolus. Ils sont caractérisés comme tels, selon la prééminence de l'un sur l'autre. Et finalement, le *principe de résolution rapide*, celui-ci mettant en cause la lenteur de la procédure ordinaire caractéristique des procès suivis devant le reste des tribunaux étatiques.

Ces principes s'adaptent de façon générale à la procédure du règlement des conflits qui a lieu dans les villages indigènes. Néanmoins, la procédure du règlement des conflits répond à un esprit différent de l'esprit civiliste qui imprègne les dispositions et principes du Code. La signification de la conciliation dépasse le simple règlement à l'amiable. Le principe d'oralité est complètement dépassé en tant que tel dans un contexte de tradition orale. La publicité des débats a une grande importance, surtout en matière familiale, et la participation du « public » ne vise pas tant le contrôle des possibles abus de l'administration judiciaire que l'orientation du litige même et de la décision. L'écart entre les principes de procédures et la pratique du règlement des conflits dans les villages indigènes est encore plus évident quand on met en perspective l'audience conciliatoire décrite précédemment face à l'audience comme étape du procès développée par la suite.

L'audience est intimement liée aux principes d'oralité et de publicité de la procédure civile. D'après le *vocabulaire juridique* publié sous la direction de Gérard Cornu, l'audience est définie comme la « séance (publique ou non) d'une juridiction, en général consacrée aux débats et aux plaidoiries ainsi qu'au prononcé des décisions ». Du verbe latin *audire*, l'audience, en tant que telle, fait référence à l'acte au cours duquel les juges entendent les parties en litige. En ce qui concerne le droit processuel mexicain, c'est son caractère éminemment écrit qui explique que l'audience soit une étape du procès ne concernant que la réception des preuves et des allégations des parties ou l'audience préliminaire de conciliation, particulièrement en matière familiale. Un des objectifs de l'audience préliminaire de conciliation est celui d'éviter le procès. La procédure est précédée d'une tentative de conciliation qui a lieu dans le bureau du juge et qui, comme le nom de l'audience l'indique, a pour but de concilier les parties avant d'initier le procès[1].

De manière générale, les codes de procédure prescrivent que le juge doit présider l'audience ; mais selon *l'usus fori* le plus généralisé au Mexique, c'est le secrétaire-greffier qui la préside. Uniquement si quelque chose d'imprévu ou d'extraordinaire se présente pendant le déroulement de l'audience, le secrétaire s'adressera au juge pour avoir son avis sur la décision à prendre. Ainsi, l'objectif de base de l'oralité, à savoir le respect du principe d'immédiateté entre les parties et le juge, est écarté.

Le Code de procédure civile de l'État du Chiapas (CPC), dans son dix-huitième titre, *Dispositions spéciales pour les procès suivis devant les juges ruraux et municipaux*[2], prévoit la tenue d'une audience publique (Articles 954 à 958). Lors de cette audience, une phase conciliatoire devra avoir lieu et, en cas de succès dans la négociation, elle pourra mettre fin au litige. La conciliation devra figurer dans un acte qui, approuvé par le juge, aura une force exécutoire. Si la conciliation n'aboutit pas, le procès suivra son cours. Le défendeur pourra répondre à la demande et ensuite les parties en conflit pourront présenter leurs preuves (Article 957 du CPC). Une fois entendues les allégations de chacune des parties, le Code prévoit au plus 30 minutes pour chacune des parties et le juge devra prononcer tout de suite la décision de justice. La décision sera retardée si l'estimation des preuves mérite une étude plus approfondie. Dans ce cas, le juge devra faire comparaître les parties dans les cinq jours suivants pour prononcer la sentence. Or tous les litiges qui se présentent devant les Tribunaux de Paix et de Conciliation indigène se règlent, dans la pratique, de manière conciliatoire et les dispositions applicables en cas de non-conciliation restent, par conséquent, lettre morte.

Les dispositions relatives au dix-huitième titre du CPC de l'État du Chiapas sont le résultat d'un effort législatif tendant à faire correspondre la législation et la pratique quotidienne du règlement des conflits dans les villages indigènes de la région, mais l'esprit qui anime les audiences de règlement des conflits est bien différent des principes processuels qui fondent l'audience conciliatoire prévue par le Code. Il en est de même pour le constat d'accord.

---

[1] José Ovalle Favela, 1991, *Derecho procesal civil*, *op. cit.*, p. 116.

[2] Dispositions applicables aux Tribunaux de Paix et de Conciliation indigène.

Les articles 957 et 974 du Code de procédure civile de l'État du Chiapas font référence au besoin de rédiger un acte conciliatoire à la fin de l'audience :

« Article 957 : L'audience débutera en présence des intéressés :
I.... Si la conciliation réussit, elle sera consignée dans l'acte qui, une fois approuvé par le juge, mettra fin au litige et pourra être exécuté [...][1]. »

« Article 974 : Les démarches ne devront suivre aucune formalité particulière ; il suffira qu'un acte soit levé contenant les détails du conflit, les opinions émises et la résolution prononcée, énoncée de manière claire et simple[2]. »

Même si le Code précise qu'il n'y a pas de formalités particulières à suivre pour la rédaction de l'acte, les fonctionnaires judiciaires de la ville de San Cristóbal de Las Casas insistent à ce sujet auprès des fonctionnaires des tribunaux indigènes. Les actes doivent effectivement suivre un certain nombre de formalités propres à ce type de document judiciaire. Des ateliers de formation et d'actualisation sont organisés et des modèles d'actes sont distribués pour que les fonctionnaires des Tribunaux de Paix et de Conciliation indigène s'en inspirent. L'acte conciliatoire est le seul document qui témoigne du déroulement d'un « procès » devant le Tribunal de Paix et de Conciliation indigène. C'est à partir de ces documents qu'un registre des affaires traitées et leur classement par matières peuvent être établis par le Tribunal de Justice suprême de l'État du Chiapas. Ainsi s'explique l'intérêt de la part des fonctionnaires du pouvoir judiciaire de l'État pour que les actes soient systématiquement rédigés. Un troisième avantage que présente la rédaction du constat d'accord, d'un point de vue juridique, est celui d'établir clairement les termes de l'accord et de permettre d'avoir recours à la force publique pour rendre effectifs les points de l'accord non respectés, ou encore, servir comme élément de preuve, le cas échéant, lors d'un procès mené au tribunal d'Instance. Dans la pratique, ni la force exécutoire, ni la force probatoire du constat d'accord ne sont effectives devant les tribunaux étatiques qui, négligeant l'article 957 du code, tiennent rarement compte de ces documents et s'y réfèrent avec grand mépris.

Les articles 960 et 961 du Code prévoient des formalités pour le jugement. Une fois de plus, le décalage avec la pratique s'observe car il n'existe pas de décision de justice proprement dite au Tribunal de Paix et de

---

[1] « Artículo 957 CPC del Estado de Chiapas : Concurriendo los interesados, se abrirá la audiencia y en ella se observarán las siguientes prevenciones:
fracción I: [...] En caso de llegar a un arreglo conciliatorio, se hará constar en el acta, la que aprobada por el juez tendrá fuerza ejecutiva y se dará por terminada la controversia [...]. »

[2] « Artículo 974 CPC del Estado de Chiapas : Las diligencias que se practiquen no requerirán formalidades de ninguna especie; bastará que en cada caso se levante un acta, donde se asienten los pormenores del conflicto, las opiniones emitidas y la resolución pronunciada, de manera clara y sencilla. »

Conciliation indigène. Dans la mesure où ce n'est pas le juge qui impose une décision et que la solution du conflit résulte d'une décision collective, le recours à l'appel semble inopérant. La conciliation n'est pas ici un moyen pour régler le conflit, ou une simple étape du procès. La conciliation est le but recherché et le seul moyen de régler un conflit. En effet, la conciliation peut être envisagée de différentes manières : elle peut être un moyen pour mettre fin à un conflit ou être une finalité en soi.

Il n'est pas possible de comparer la conciliation, telle qu'elle est conçue par les peuples indigènes, à la conciliation judiciaire. Dans le domaine de la justice étatique, la conciliation est davantage considérée comme une étape qui a pour but d'éviter un procès. La phase conciliatoire doit être prise en charge par un « professionnel de la justice ». La conciliation est une « phase préalable de certains procès, au cours de laquelle le juge essaye d'amener les plaideurs à un règlement amiable. Sauf exception légale, il n'y a pas de tentative obligatoire de conciliation dans les procès civils [ou commerciaux]. Mais le juge peut toujours essayer de concilier les parties, à toute hauteur de la procédure[1]. » Une approche de la conciliation en termes de mode alternatif de solution des conflits semble être également restrictive. De ce point de vue, la conciliation est valorisée uniquement par sa plus grande efficacité dans le règlement des conflits, ceci par rapport au mode institutionnel et judiciaire.

La conciliation observée lors du travail de terrain, comme mode de règlement des conflits, revêt un caractère éminemment oral qui donne à cet *espace de conciliation* des symbolismes et des codes qui ne sauraient être monopolisés. La profusion des forums conciliatoires l'illustre bien. L'espace de la conciliation répond à l'exigence et à la flexibilité de l'oralité ; ainsi, un lieu ordinaire s'érige en espace signifiant[2]. Le processus conciliatoire tel qu'il se présente dans les villages indigènes étudiés fait penser à la *palabre* africaine dans les termes de Jean Godefroy Bidima :

> « Qu'est-ce que la palabre ? Non seulement un échange de paroles, mais aussi un drame social, une procédure et des interactions humaines. La palabre est donc mise en scène, mise en ordre, mise en paroles[3]. »

La conciliation est le mode de règlement des conflits par excellence, la solution à n'importe quel différend passe toujours par la conciliation. En nous référant à un exemple du contexte africain, nous dirions également qu'en milieu indigène la notion de justice transcende le champ du juridique auquel elle est souvent rattachée :

---

[1] *Lexique des termes juridiques*, 13e édition, sous la direction de Serge Guinchard et Gabriel Montagnier.

[2] Jean-Godefroy Bidima, 1997, *La palabre. Une juridiction de la parole*, coll. Le bien commun, Paris, Éditions Michalon, p. 11.

[3] *Ibidem.*

> « [Le] tout n'est pas de dédommager ou d'être sanctionné, mais de renouer la relation. La palabre se sert du vrai pour arriver à la paix. Le vrai est parfois sacrifié à la paix et l'on peut ainsi masquer certaines vérités pour préserver l'harmonie sociale. Dans la palabre, la *ratio cognoscendi* est une servante de la raison pratique. Parce que 'l'ordre social a été ébranlé même par l'innocent, par celui qui a raison' [...]. Pour la réconciliation, on est tenu dans un lien ténu, fragile. 'L'enjeu, en effet, n'est pas la justice à appliquer en faveur d'un individu, mais l'harmonie à instaurer au sein d'une communauté [...]. Elle assure une justice qui va au-delà du juridique, de la lettre du droit[1].' »

Le pardon comme moment rituel de l'audience illustre également le dépassement d'une sphère interindividuelle :

> « Le pardon est demandé par le fautif, mais pour qu'il ne soit pas humilié, le gagnant 'relève son frère tombé' [...]. Le pardon n'est pas ici une activité destinée à abaisser l'homme mais à le réinsérer dans la relation avec l'autre. Le pardon n'implique pas le repli d'une conscience culpabilisée qui rentre en son for intérieur pour renouer avec une transcendance abstraite dans le remords, mais ce qui ouvre à l'autre, ce qui extériorise et rétablit le lien avec l'immanence[2]. »

Nous avons donc établi le lien entre la notion d'Autorité, la fonction de rendre la justice et, à partir de là, nous avons expliqué la multiplication d'instances factuelles de règlement des différends visant la conciliation. À ceci s'ajoutent les éléments anthropologiques qui ont été abordés pour situer l'audience au sein du Tribunal de Paix et de Conciliation indigène et la différencier de la vision procédurière de la justice étatique. Ces réflexions nous permettent de conclure que la conciliation indigène va bien au-delà des questions de procédures : elle ne constitue pas un moyen comme un autre pour arriver à la solution du conflit. La conciliation est la finalité même, la solution du conflit n'est pas envisageable sans conciliation. Le fait que la conciliation soit perçue comme un moyen de règlement des conflits ou qu'elle soit perçue comme la finalité, c'est-à-dire la solution en tant que telle, nous interroge sur la conception sous-jacente de la justice que ces perceptions véhiculent. L'exploration des différents univers juridiques mis en cause et leurs interactions dans la construction de ce qui peut être identifié comme l'actuel univers juridique indigène feront l'objet des réflexions de la deuxième partie.

---

[1] *Idem*, pp. 19-20.
[2] *Idem*, pp. 20-21.

DEUXIEME PARTIE

HORIZONS JURIDIQUES DE LA MULTICULTURALTE : LECTURE DIATOPIQUE et diachronique

On ne peut comprendre les manifestations actuelles de la justice dans les villages indigènes ni parler d'une quelconque articulation avec le droit étatique sans aborder les représentations et les éléments des contextes juridiques à partir desquels cette conception de la justice se construit. Pour Robert Vachon

> « une des raisons fondamentales du malentendu tragique entre la culture juridique occidentale et les cultures juridiques autochtones traditionnelles, c'est d'oublier que la distance à surmonter entre ces deux mondes n'est pas simplement factuelle (interprétation morphologique) ou temporelle (interprétation diachronique) mais spatiale, c'est-à-dire qu'il s'agit de plusieurs *topoi* (*loci*) ou de visions dont les postulats eux-mêmes sont radicalement différents, n'ayant pas développé leurs modes d'intelligibilité à partir d'une tradition historique commune ou à travers une influence réciproque (interprétation diatopique)[1]. »

Afin de relever la « distance diatopique » dont parle Robert Vachon, concernant différentes visions sur la justice, nous nous intéressons dans cette deuxième partie aux représentations qui sous-tendent les archétypes juridiques de différentiation et de soumission, d'après la théorie des archétypes de Michel Alliot. À partir de cette différentiation d'origine, nous pourrons ensuite mettre en lumière leur interaction dans la conformation du statut juridique des peuples indiens au Mexique. Un statut de la multiculturaliste et non de l'interculturalité.

[1] Robert Vachon, 1990, « L'étude du pluralisme juridique. Une approche diatopique et dialogale », *Journal of legal pluralism and unofficial law*, n°29, pp. 166-167.

CHAPITRE 3

REPRESENTATIONS DU MONDE ET JURIDICITE : DETOUR PAR LA THEORIE DES ARCHETYPES

L'objet de ce chapitre sera de rendre évidentes les représentations qui donnent sens à certaines manifestations de la justice. À la suite des réflexions d'Étienne Le Roy, nous utilisons le terme « juridicité »[1] comme une notion plus large du terme « droit », généralement associé à la conception moderne du droit étatique et qui de ce fait exclut ou néglige le caractère juridique de tout autre phénomène synchronique de régulation sociale. En effet, l'observateur d'un phénomène juridique, de par sa formation occidentalisée, peut être enclin à utiliser des méthodes d'interprétation liées à une conception juridique déterminée. Ce qui l'amène à chercher des institutions équivalentes à celles de la culture juridique de référence ; de ce fait, mettre en cause l'universalité de notions telles qu'État, loi, droits de l'homme, par exemple, ne semble pas une tâche aisée. Or, un des grands postulats de l'anthropologie juridique consiste précisément à infirmer la portée universelle de certaines catégories juridiques et insister sur le dévoilement des fictions juridiques à la base desdites catégories. Ainsi, les « hypothèses normatives », les « normes générales, abstraites et impersonnelles » et le « principe de sécurité juridique », pour ne citer que ces exemples, ne font pas grand sens en dehors de la matrice culturelle dans laquelle se développe le droit occidental. Les réflexions de Robert Vachon sont très révélatrices dans ce domaine.

> « Il existe en effet, à travers le monde, non seulement plusieurs variantes, modalités et applications de ce que l'Occident nomme le droit, mais plusieurs systèmes, ou mieux, 'cultures juridiques', dont les différences ne sont pas simplement procédurales mais se situent au niveau substantiel, à savoir au niveau profond de leurs postulats réciproques. Différences si radicales qu'on pourrait même dire qu'il n'y a rien même d'analogue entre elles [...].
>
> Il nous faut prendre conscience par exemple que la notion elle-même de droit et de juridique est une notion occidentale, qui, aussi universelle et universalisable qu'elle prétende et puisse être, ne demeure qu'une fenêtre parmi d'autres sur le monde, un instrument de communication et un langage

---

[1] Plusieurs réflexions d'Étienne Le Roy portent sur la juridicité comme catégorie interculturelle du juridique. Voir par exemple, Étienne Le Roy, 2009, « Autonomie du Droit, hétéronomie de la juridicité. Généralité du phénomène et spécificités des ajustements », *Le nuove ambizioni del sapere del giurista : anthropologica giuridica e traducttologia giuridica* , Rome, Academia Nazionale dei Lincei, Atti dei convegni Lincei 253, p. 99-133 ; Étienne Le Roy, 2011, « La révolution de la juridicité. Une réponse à la mondialisation », inédit, Étienne Le Roy, 2004, « Pour une anthropologie de la juridicité », *Cahiers d'anthropologie du droit 2004, Revue Droit et Cultures, hors série 2004/4*, Paris, Karthala, pp. 241-248.

spécialisé parmi d'autres[1]. C'est ainsi que non seulement le mot droit n'existe-t-il pas chez les cultures juridiques autochtones traditionnelles (par exemple inuit, amérindiennes et de l'Inde hindoue, jain, bouddhiste) mais il ne viendrait jamais à leur esprit que l'être humain puisse avoir des droits [...]. Le mot 'droit' n'a donc pas d'équivalent substantiel. Il n'a qu'un équivalent fonctionnel. En Inde hindoue, on l'appelle *svadharma* (Panikkar 1982). Chez les Haudenosaunee (Confédération des Six Nations iroquoises), le mot indien pour Loi est La Paix cosmique[2]. »

La première étape à dépasser dans l'étude des différentes cultures juridiques est donc celle de l'ethnocentrisme primaire où le système juridique étatique est tout simplement considéré comme hiérarchiquement supérieur aux autres manifestations de la juridicité. Ce chapitre répond donc au souci de dégager différents éléments du paysage juridique selon une grille de lecture qui permette d'associer la juridicité à des représentations mythologiques. Pour ce faire, nous suivons la théorie des archétypes juridiques de Michel Alliot basée sur son aphorisme : « Dis-moi comment tu penses le monde, je te dirai comment tu penses le droit[3]. » Alliot identifie trois types idéaux de représentation du monde : l'archétype d'identification, l'archétype de différenciation, l'archétype de soumission, et leur associe respectivement trois modalités de la juridicité à savoir, l'ordre accepté, l'ordre négocié et l'ordre imposé.

« La loi n'a ni la même expression ni la même signification en Chine, en Afrique noire, en pays d'Islam ou en France [...]. L'anthropologie aide à faire apparaître cette diversité, du moins lorsqu'elle postule que chaque société construit son propre univers [...].

Pour toute société, le monde invisible explique le monde visible : il lui donne cohérence et sens [...] Or l'invisible des trois univers en question apporte trois explications différentes du monde visible : monde incréé dans la tradition chinoise, monde créé dans la tradition égyptienne et africaine mais par une divinité qui ne s'est que progressivement distinguée de lui, monde soumis dans la tradition du Livre à un Dieu radicalement distinct auquel il doit sa création à l'origine et à chaque instant de façon continue. Une telle divergence dans l'explication du monde ne saurait être écartée par quiconque cherche à comprendre les phénomènes juridiques[4]. »

Dans l'analyse de la réalité, on observe une articulation des trois archétypes et des contours suffisamment flous pour diluer nos catégories. Cependant, cette approche aussi schématique soit-elle, n'est pas sans intérêt

---

[1] (Panikkar1982 : 87-115) note de Robert Vachon.

[2] Robert Vachon, 1990, « L'étude du pluralisme juridique. Une approche diatopique et dialogale », *art. cit.*, pp. 164-165.

[3] Michel Alliot, 2003, *Le droit et le service public au miroir de l'anthropologie*, textes choisis et édités par Camille Kuyu, Paris, Karthala, p. 89.

[4] Michel Alliot, 1983, « Anthropologie et juristique. Sur les conditions de l'élaboration d'une science du droit », *Bulletin de liaison du LAJP*, n° 6, Paris, pp. 91-92.

du moment où elle nous informe sur différentes conceptions possibles de la justice. Dans la première section de ce chapitre nous envisagerons l'association entre l'archétype de différenciation et la conception maya quiché de la justice. La seconde section fera l'objet de la mise en relation de l'archétype de soumission et des fondements juridiques de l'État mexicain.

L'archétype de différenciation ou la conception maya de la justice

C'est sous l'archétype de différenciation que Michel Alliot identifie les univers égyptien et africain. Il aborde la pensée des peuples de l'Afrique noire à travers les cosmogonies qui rendent compte de la dynamique articulant l'homme, le cosmos et Dieu. De la grande diversité des cosmogonies, Michel Alliot fait ressortir des similitudes.

> « [Dans cet univers culturel] le monde est le résultat transitoire d'une création. Avant la création il y avait le chaos. Après la fin du monde, il y aura peut-être la stabilité indéfinie. Le chaos n'était pas néant : bien au contraire, il contenait, indistinct, tout l'avenir en puissance, aussi bien la création que le créateur lui-même. En son sein se sont distingués progressivement le Dieu primordial puis les dieux primordiaux, qu'il ne faut pas concevoir comme des personnes indépendantes mais plutôt comme l'inéluctable développement du chaos ou de la divinité dont les puissances apparaissent en se différenciant le plus souvent en couples complémentaires. À leur tour, elles vont tirer du chaos le monde visible puis l'homme, souvent après des essais mal réussis [...].
>
> Ces cosmogonies qui retracent l'histoire du chaos des origines aux temps que nous vivons, on peut les lire comme des cosmologies enseignant que l'inorganisé est au fondement de l'être et que l'apparence n'est stable que dans la mesure fragile où les forces d'ordre l'emportent sur les puissances de désordre. Quelle que soit la lecture retenue, l'univers est toujours en péril[1]. »

Michel Alliot ne parle pas de la cosmogonie maya lorsqu'il développe sa théorie des archétypes. Or nous constatons un parallélisme des récits mythiques expliquant l'origine du monde qui mérite de faire le rapprochement avec « l'univers africain ». Les développements qui suivent sont destinés à établir de manière plus claire l'imaginaire autour de l'héritage maya des Tzotzil dans un premier temps, et le lien entre le récit mythique des anciens Maya et l'archétype juridique de différenciation, c'est-à-dire, la conception d'un ordre juridique négocié, dans un deuxième temps.

---

[1] Michel Alliot, 1983, « Anthropologie et juristique... », *Le droit et le service public au miroir de l'anthropologie*, 2003, textes choisis et édités par Camille Kuyu, Paris, Karthala, p. 290.

Nos ancêtres les Maya : Maya d'hier, Tzotzil d'aujourd'hui

La civilisation méso-américaine est reconnue comme une des grandes civilisations précolombiennes, de même que la civilisation andine. L'historien allemand Paul Kirchhoff a été le premier à utiliser le terme de Méso-Amérique. Il s'agit d'un concept géographique qui désigne une partie bien délimitée du continent à un moment particulier de son histoire. La *mezzo America* s'étend du fleuve Pánuco au Mexique, aux actuels territoires du Guatemala et du Honduras. Ce terme désigne également la période qui s'étend environ de l'an 1800 avant notre ère à l'arrivée des conquistadors en 1492. Au-delà de la signification géographique et temporelle, le terme fait aussi référence aux similitudes culturelles et religieuses de cette partie de l'Amérique en dépit de la grande variété de nations, de langues, de styles artistiques, etc. L'unité culturelle se manifeste par l'utilisation de calendriers complexes basés sur un cycle sacré de 260 jours et d'une année solaire de 365 jours ; par l'architecture monumentale des pyramides à escaliers ; par la pratique du jeu de balle ; par une connaissance sophistiquée en matière astronomique ; par la linguistique ; par l'écriture hiéroglyphique ; par la culture du maïs ; par l'utilisation du coton pour la fabrication des vêtements, pour ne citer que quelques exemples. La civilisation olmèque, considérée comme la culture mère des civilisations méso-américaines, s'est développée au sud du Golfe du Mexique dans la période appelée préclassique, environ 1800 à 100 avant notre ère. C'est la plus ancienne qui soit connue de nos jours et à partir de laquelle un grand nombre de peuples et de cultures diverses ont surgi. La grande expansion et l'influence olmèque sont probablement dues à un important réseau commercial et à la migration. Parmi les grandes et diverses cultures de la période classique[1] qui ont vu le jour sous l'influence olmèque nous distinguons les Maya. Les différents peuples maya ont occupé une superficie qui s'étend de la péninsule du Yucatán (actuels États mexicains du Campeche, Chiapas, Quintana Roo, Tabasco, Yucatán), aux portions occidentales du Honduras et du Salvador en passant par le Guatemala et le Belize. Ils ont bâti Tikal (Petén, Guatemala), Copán (Honduras), Palenque (Chiapas, Mexique), Uxmal (Yucatán, Mexique), Chichen'itzá (Yucatán, Mexique) et tant d'autres cités qui témoignent encore aujourd'hui du génie des Maya.

Cet esprit, cet héritage prestigieux, semble avoir traversé le temps, la conquête, la colonie, les indépendances, les révolutions, les régimes républicains… et se poser chez les actuels : Quiché, Kekchí, Maya, Mam, Cakchiquel, Tseltal, Chol, Huastèque, Kanjobal, Chuj, Chontal, Tojolabal,

---

[1] Même si les spécialistes ne s'accordent pas sur les dates précises, trois grandes périodes peuvent être distinguées au sein de la période méso-américaine à savoir : la période préclassique, environ 1800 à 100 avant notre ère, la période classique du IIe siècle au Xe environ et la période post-classique du Xe siècle à l'arrivée des conquistadors.

Jacaltèque, Lacandón… et, bien évidemment, Tzotzil. Autant de groupes ethniques que l'on trouve au Mexique, au Guatemala, au Honduras et qui correspondent aux habitants des territoires maya d'autrefois et locuteurs de langues appartenant à la famille liguistique maya. Ainsi, les linguistes tissent un lien de continuité entre les Maya d'hier et les Maya d'aujourd'hui qui ne cesse d'être exploré et exploité. Si de nos jours, les peuples autochtones de l'Amérique latine en général se définissent en termes de peuples originaires, *pueblos originarios*, c'est parce qu'ils revendiquent cet héritage inca, aztèque, maya… un héritage qui se construit autour d´une continuité cosmogonique, linguistique et territoriale antérieure à la constitution des États latino-américains.

La recherche ethnologique y a contribué, Henri Favre le remarque dans l'introduction à son ouvrage *Changement et continuité chez les Mayas du Mexique.* Il rappelle les perspectives qui recherchent un groupe maya « pur » pour percer les clefs de l'énigme des Maya. Dans ce sens, nous reprenons d'évocatrices réflexions d'Evon Z. Vogt :

> « Il est probable que les trois aires contiguës du Peten, des Cuchumatanes et des hautes terres du Chiapas sont historiquement en étroite relation, et qu'elles constituent peut-être une région cruciale pour comprendre la culture maya dans sa forme relativement inaltérée, à divers niveaux temporels[1]. »

De ce fait, les Tzotzil des hautes terres du Chiapas ont attiré l'intérêt d'ethnologues mayaïstes « comme le laboratoire d'ethnologie maya si longtemps recherché[2] ».

Le terme Tzotzil désigne à la fois la langue, variante du maya, et ses locuteurs. Selon l'une des interprétations le terme vient de *sotz* (chauve-souris) et *vinik* (homme). Dans la cosmogonie maya, la chauve-souris garde les temples des pyramides et des cavernes. Les grottes et les cavernes des montagnes sont des éléments qui configurent le territoire tzotzil contemporain et des lieux de cérémonies rituelles[3]. Les tzotzil s'identifient plutôt comme les hommes authentiques, *batz'i winiketik*, afin de se distinguer des métis *ladinos*[4].

Les populations tzotzil habitent principalement dans la région des hautes terres du Chiapas, *Altos de Chiapas*, où de petites vallées et montagnes situées entre 1000 et 2000 mètres d'altitude façonnent le paysage. Dans

---

[1] Cité par Henri Favre, 2011, *Changement et continuité chez les Mayas du Mexique. Contribution à l'étude de la situation coloniale en Amérique latine*, Paris, L'Harmattan, p.16 [1971].
[2] *Idem*, pp. 17-19.
[3] André Aubry (ed.), *Les tzotzil par eux-mêmes. Récits et écrits de paysans indiens du Mexique*, Paris, L'Harmattan, 1988, pp. 144-145.
[4] De nos jours, le terme *ladino* est utilisé par les Tzotzil et autres populations de la région pour désigner le non-Indien de manière péjorative. Cette opposition identifie davantage le rapport social dominants/dominés qu'un aspect proprement ethnique car *ladino* amalgame métis, blancs ou étrangers.

certaines communes telles que Chalchihuitán, Mitontic, San Juan Chamula et Zinacantán, plus de 90 % de la population parle tzotzil et s'identifie comme telle. Le Tzeltal (communes de Huixtán et de Pantelhó), le Chol, le Tojolabal, le Mam sont également des variantes du maya parlées par d'autres populations de la région[1].

Les Tzotzil ne semblent pas avoir le sentiment d'appartenir à une unité culturelle composée par tous ceux qui parlent la langue ; chacun se définit davantage par rapport à la collectivité – commune, hameau - où il habite. Les Tzotzil de la commune de Zinacantán s'auto-identifient comme *Zinacantecos* et ceux de San Juan Chamula comme *Chamulas.* Les uns et les autres affirment une différence importante et même une rivalité datant de la période précoloniale. La différence s'affirme également vis-à-vis de la population métisse, *ladina.* Les communes les plus proches de la ville principalement *ladina* de San Cristóbal de Las Casas revendiquent une identité indigène très forte et reproduisent la différence par la langue, les habits, les pratiques, l'organisation sociale et politique, etc.

Ce phénomène semble avoir comme origine les débuts de la conquête espagnole. En effet, les conquistadors se sont approprié les meilleures terres de la région, obligeant les populations à occuper les montagnes et terres plus froides. De plus, ils ont mis en place l'exploitation de la main-d'œuvre indigène comme principale ressource de la région. La structure sociale s'est caractérisée par une séparation marquée entre autochtones (souvent dominés) et allochtones (souvent dominants). Les indigènes ont aussi souligné les traits extérieurs de leur identité pour bénéficier de certains droits que le régime colonial leur accordait, comme l'accès aux terres qu'ils occupaient, le respect de l'organisation sociale et politique et des décisions dans le domaine des villages. Ainsi, les populations coloniales se différenciaient entre elles, elles n'étaient pas perçues comme des groupes de la même société mais comme des groupes ayant des formes de vie distinctes, voire même incompatibles. L'intégration socioculturelle des populations a été marginale par l'exclusion et la stigmatisation dont elles étaient victimes et les différences reproduites. Par contre, dans le domaine de la religion, les missionnaires catholiques se sont servis de la population locale pour diffuser la nouvelle foi, la pratique et l'organisation des activités rituelles.

Pour une partie significative des populations indigènes, les politiques du régime colonial et celles du Mexique indépendant, loin de promouvoir l'intégration à la vie nationale, qui se traduisait par une acculturation, ont accentué la division et conduit les populations à renforcer les liens intracommunautaires comme la seule façon de pouvoir faire face à

---

[1] Une précision par rapport à la langue s'impose. La plupart des populations du Chiapas sont en général bilingues ou même trilingues. Elles parlent ou comprennent l'espagnol, cependant, leur première langue, celle qui est utilisée de manière quotidienne est la langue que nous relevons : tzotzil, tseltal, chol, mam, tojolabal, etc.

l'exploitation. Certaines populations indigènes se sont renfermées sur elles-mêmes dans le domaine du village, considéré comme la seule entité pouvant contrecarrer les effets du système économique et l'interaction avec la population métisse. C'est de cette façon que certains traits identitaires les différenciant du reste de la population mexicaine ont été produits et reproduits. Les dernières décennies se sont caractérisées par un processus de revendication identitaire des communes indigènes du pays et particulièrement de la région des hautes terres du Chiapas.

Revenons à présent à la pensée mythique des Maya pour la rapprocher de l'archétype de différenciation de Michel Alliot et y déceler quelques éléments relatifs à une conception de la justice qui nourrit éventuellement les référents juridiques des Tzotzil contemporains.

Cosmogonie et justice

Norbert Rouland attire notre attention sur l'importance de relever la paradoxale coexistence de la diversité dans l'unité, tout en refusant l'homogénéité ; il tire les grands axes de similitude à l'intérieur desquels fleurit une diversité de manifestations originales.

> « [Les] sociétés traditionnelles sont certes fort diverses : une microsociété de l'Afrique australe, un groupe mélanésien, une tribu malgache des plateaux ou un clan lapon ne sont pas interchangeables, ne serait-ce qu'en raison de la différence des contextes écologiques. L'ethnologie juridique rend compte, dans le domaine du droit, de ces variations. L'anthropologie juridique situe ses analyses à un niveau plus général. Tout en tenant compte de la diversité des droits traditionnels, elle les distingue des droits modernes[1]. »

De la même manière, les récits mythiques des peuples d'Afrique noire et ceux des peuples méso-américains se recoupent. Les parallélismes des pensées africaines et méso-américaines à partir de la cosmogonie des Maya quiché sont assez frappants.

À moins qu'une œuvre d'importance similaire ne soit découverte dans le futur, le *Popol Vuh* reste la référence pour ceux qui tentent de comprendre les fondements de la civilisation Maya. L'œuvre a été écrite, en utilisant l'alphabet latin, dans la langue maya quiché de Santa Cruz au XVIe siècle, probablement entre 1550 et 1555. Les sources ont pu être un codex ou un ensemble de codex ainsi que des chroniques. L'œuvre contient des mythes, légendes, histoires et des codes de moralité. Miguel León Portilla insiste sur l'actualité du texte car, au-delà d'être une œuvre classique de la littérature, le

[1] Norbert Rouland, 1995, *L'Anthropologie juridique*, coll. Que sais-je ?, Paris, PUF, p. 48.

Popol Vuh est un outil tant pour comprendre la pensée des anciens Maya que pour aborder les problématiques du monde contemporain[1].

La mise en perspective des narrations mythologiques maya quiché qui vont suivre[2] nous permettra de mettre en lumière un certain nombre de similitudes avec les mythologies d'un grand nombre de peuples africains. Tel est le cas de l'idée de l'avenir en puissance et non du néant ; de la création du monde par une diversité de divinités ; de l'interaction entre le monde de l'invisible (des créateurs) et le monde du visible (des créatures) ; et finalement, des différents essais précédant la création de l'homme.

> « Relation de tout ce qui était silence, vibration, fermentation, frémissement, spasme, palpitation dans le ciel.
>
> Cette première parole c'est la première expression ; il n'y avait ni homme, ni animal, ni oiseau, ni poisson, ni écrevisse, ni arbre, ni pierre, ni trou, ni ravin, ni buisson, ni forêt.
>
> Il n'y avait que le Ciel.
>
> Nulle part on ne voyait la Terre ; la mer seule était retenue ; le Ciel, tout était immobile ; rien ne s'était manifesté ; tout n'était qu'absorption, tout n'était qu'immobilité ; quand le Ciel a été terminé, rien n'a émergé.
>
> Seule l'eau était retenue, la mer retenue s'éployait.
>
> Nulle chose dans tout cela ; tout était en formation [en puissance], tout vibrait dans les ténèbres, dans la nuit[3]. »

Chez les Maya quichés l'avenir est contenu dans une mer paisible, seule et tranquille. L'idée de l'avenir en puissance et non pas du néant à l'origine de la création, nous fait penser aux cosmogonies africaines, telles qu'abordées par Michel Alliot :

> « Les Africains que je fréquentais n'ont pas la même idée de la création que nous ; leur création n'est pas une création à partir du néant, mais une organisation du monde par des êtres divins, toujours un peu inachevée[4]. »

---

[1] Miguel León Portilla y Earl Shorris, 2004, *Antigua y nueva palabra. Antología de la literatura mesoamericana, desde los tiempos precolombinos hasta el presente*, México, Aguilar, p. 475.

[2] Les deux principales traductions en espagnol qui inspireront d'ailleurs un grand nombre de versions sont celles du père Ximénez, *Las historias del origen de los Indios de esta provincia de Guatemala* (Histoires de l'origine des Indiens de cette province du Guatemala), publiée en 1857 et celle d'Adrian Recinos, *Popol Vuh, las antiguas historias del Quiché* (Popol Vuh, les histoires antiques du Quiché) publiée en 1941. Nous utilisons ici la version proposée par Pierre DesRuisseaux ; son interprétation tient compte des nouvelles connaissances sur la société, la mentalité et la religion maya. Pierre DesRuisseaux, 2002, *Pop Wooh. Popol Vuh, le livre du temps. Histoire sacrée des Mayas quichés*, présenté et traduit par Pierre DesRuisseaux en collaboration avec Daisy Amaya, Montréal, Les Éditions Triptyque – Le Castor Astral, pp. 40-41.

[3] *Idem*, p. 49.

[4] Michel Alliot, 2001, « Peut-on devenir anthropologue? », *Le droit et le service public au miroir de l'anthropologie*, 2003, textes choisis et édités par Camille Kuyu, Paris, Karthala, p.12.

Un autre aspect permettant d'établir des parallélismes est l'aspect collectif de la création. Michel Alliot aborde cet aspect en expliquant qu'au sein du chaos, qui n'est pas le néant

> « se sont distingués progressivement le Dieu primordial puis les dieux primordiaux, qu'il ne faut pas concevoir comme des personnes indépendantes mais plutôt comme l'inéluctable développement du chaos ou de la divinité dont les puissances apparaissent en se différenciant le plus souvent en couples complémentaires[1] ».

Dans la narration du *Popol Vuh*, les divinités délibèrent, manifestent leur avis et leurs sentiments, se consultent et traitent de la future existence des êtres qu'ils se proposent de créer. Chaque fois qu'il est question d'un acte créateur, il faut l'accord de toutes les divinités[2]. Nous ne pouvons que dégager les similitudes avec la prise de décision des Autorités indigènes actuelles dans certains villages, ou même encore, avec les palabres africaines.

> « Seuls Tzacol le Créateur, Bitol le Concepteur, Tepeu, Celui qui vient de l'Infini, Cucumatz le Serpent Quetzal[3], Alom la Mère, Qaholom le Père se trouvaient dans les grandes eaux ; ils étaient là, dissimulés dans le limon, parmi la verdure, d'où le nom de Serpent Quetzal. Ils ont engendré de grands savants, de grands penseurs. Le Ciel éthéré était l'œuvre de l'Esprit du Ciel qu'on appelle Double Vue[4].
>
> Il est donc venu et il a parlé dans l'obscurité, dans la nuit avec Tepeu, Celui qui vient de l'Infini, Cucumatz le Serpent Quetzal [...] ils se sont concertés et se sont accordés en pensée et en paroles [...]. Ils ont convenu alors de créer l'humanité et sa subsistance ; ils ont créé l'arbre et la liane, subsistance de la vie et de l'humanité ; c'était l'obscurité, la nuit, pour l'Esprit du Ciel appelé Hu R'acan[5].
>
> Le premier symbole d'Hu R'acan est l'Éclair, le deuxième est le Rayon de l'Éclair, et le troisième est l'Éclair Vert. Ainsi, ces trois Esprits sont le Cœur du Ciel venu à Tepeu, Celui qui vient de l'Infini, Cucumatz le Serpent Quetzal, pour procéder à la pure création de la vie. Mais quand se fera-t-elle ?
>
> - Quel que soit celui qui aspire à la vie, qu'il vienne au monde. Pressons-nous ! L'eau ne se retire pas, elle ne s'écoule pas. Que la Terre apparaisse ! Qu'elle émerge d'elle-même ! Apparaissez ! Illuminez-vous, Ciel, Terre ! N'est-ce pas l'intention, le dessein de notre Créateur, de notre Concepteur ? Apparaissez, hommes créés, hommes formés !

---

[1] Michel Alliot, 1983, « Anthropologie et juristique... », *Le droit et le service public au miroir de l'anthropologie*, *op. cit.*, p. 290.

[2] Raphaël Girard, 1960, *L'ésotérisme du Popol-Vuh*, Paris, Librairie d'Amérique et d'Orient Adrien-Maisonneuve, pp. 26-27.

[3] Aussi : Kûkmatz ou K'ucumatz. Note de Pierre DesRuisseaux.

[4] C'est-à-dire, celui qui possède la vision nocturne aussi bien que diurne, immanente aussi bien que transcendante, qui jouit de la clairvoyance ou de l'illumination. Note de Pierre DesRuisseaux.

[5] Celui qui n'a pas de sexe. L'Éternel. Note de Pierre DesRuisseaux.

'Terre', ont-ils dit, et à cet instant, la Terre est apparue. Par leur seule parole […] la Terre a été créée, la Terre a existé. Elle était comme un nuage, elle est apparue comme un brouillard. Et puis, d'un coup, les montagnes ont surgi des eaux ; elles sont devenues gigantesques. Par le seul pouvoir de la pensée, par les seuls symboles de la pensée, les montagnes et les côtes ont surgi, ainsi que les forêts de cyprès et les pinèdes.

Cucumatz le Serpent Quetzal a été satisfait et il a dit :

- Quel bonheur que vous soyez venus, toi, Esprit du Ciel, toi, Hu R'acan, toi, Rayon de l'Éclair, Éclair Vert ! Nous avons bien accompli notre Formation, notre Création[1]. »

L'idée de l'interaction entre le monde du visible et le monde de l'invisible, entre créatures et créateurs est également une situation évoquée de manière éloquente et réitérée par la mythologie maya quiché. Ceci, chaque fois que les divinités exigent de leurs créatures reconnaissance et invocations.

« Tzacol le Créateur, Bitol le Concepteur, Alom la Mère, Qaholom le Père ont dit ensuite aux bêtes et aux oiseaux :

- Parlez ! Invoquez-nous. Chacun, vous tous, n'ayez crainte, cessez de marcher la tête courbée, en reniflant la terre. Que chacun, que chaque espèce, que chaque famille ait une langue distincte, dirent-ils aux cerfs, aux oiseaux, aux couguars, aux jaguars et aux serpents. Prononcez nos noms, invoquez-nous, nous sommes vos mères, nous sommes vos maîtres […].

Mais ils ne parlaient pas bien comme des hommes : ils ne faisaient que caqueter, ils ne faisaient que pousser des cris. Comment leurs paroles auraient-elles pu être bonnes ? Chacun avait un cri différent de l'autre. Tzacol le Créateur, Bitol le Concepteur les ont entendus.

'Ils ne parlent pas bien et ne peuvent prononcer nos noms. Cela n'est pas bon', se sont dit Alom la Mère, Qaholom le Père. Ils leur ont dit :

- Nous vous remplacerons car vous n'avez pas été bons, vous n'avez pas parlé. Ainsi, nous reprenons notre parole. Vous mangerez des graminées et du fourrage, votre abri, votre repaire, votre destinée seront dans le ravin, dans la selve, car votre invocation n'a pas été bonne. Nous savons qu'il y aura des invocateurs qui nous rendront grâce. Ils prendront votre place et vous les servirez. Votre chair leur servira de nourriture, ce sera là votre destin ; ainsi en ont-ils avisé les petits et les grands animaux de la Terre[2]. »

Concernant les peuples africains, Michel Alliot aborde l'interaction des mondes visible et invisible, l'univers est toujours en péril et

« dans cette incertitude, l'homme tient une place exceptionnelle. Par la parole il rend la réalité cohérente, faisant passer sa représentation du monde

[1] Pierre DesRuisseaux, 2002, *Pop Wooh. Popol Vuh, le livre du temps. Histoire sacrée des Mayas quichés*, *op. cit.*, pp. 49-52.

[2] *Idem*, pp. 52-53.

invisible de la pensée au monde visible du réel. Par les rites qu'il accomplit, il permet aux puissances divines de faire triompher l'ordre[1]. »

Les différents échecs avant de parvenir à la création de l'homme constituent également un point commun des récits mythiques. Les divinités tirent du chaos « le monde visible puis l'homme, souvent après des essais mal réussis[2] ». D'après les fragments du *Popol Vuh*, ci-dessous reproduits, l'homme d'argile et l'homme de bois, créations imparfaites, ont précédé la création de l'homme de maïs. Il semble important d'ajouter que dans cette narration mythologique, la perfection de l'homme dépend de sa capacité à invoquer son créateur.

« [...]- Essayons encore une fois. Le jour ne va-t-il pas poindre ? Nous ferons des êtres qui seront en quête de nous, qui nous rendront grâce. Ils nous invoqueront, nous constitueront leur quête première sur Terre...

Ils ont donc repris leur œuvre.

Leur chair a été faite de terre et de boue... Ils parlaient mais sans penser, et ils se désagrégeaient entre les eaux...

Ils ne se tenaient pas debout, ils ne se multipliaient pas. Il leur manquait l'entendement.

... Et ils les ont défaits et ont renié leur œuvre.

Puis ils ont dit :

- Quand donc allons-nous réaliser cette créature qui saura nous invoquer, nous implorer ? ...

Le bois a été choisi et façonné par Alom la Mère, Bitol le Concepteur. Si tu es le Chercheur de l'existence, parle-nous ! ... Que s'incarnent les hommes de bois sculpté, qu'ils parlent, qu'ils s'expriment sur la Terre. Qu'ils viennent à la vie ! Ont-ils dit.

Aussitôt qu'ils eurent proféré ces mots sont apparus des hommes de bois sculpté. Ils se reproduisaient comme des hommes, s'exprimaient comme des hommes ; ils étaient les habitants de la Terre, qui naissaient, qui se multipliaient... mais auxquels il manquait l'esprit ou pour mieux dire l'entendement. Ils ne pensaient pas à leur créateur, à leur Formateur. Ils ne faisaient qu'errer, que marcher à quatre pattes... de sorte qu'ils sont tombés en disgrâce. Car ils étaient des ébauches, autrement dit des semblants d'hommes...

L'Esprit du Ciel s'est donc résolu à les mutiler...

Quatrième création

... - ! Que se lèvent les hommes, les habitants de la surface de la Terre !

Ils sont venus, très agités, ils ont réfléchi dans les ténèbres...C'est là qu'ils ont pensé... qu'ils ont trouvé la création authentique. Ils ont réfléchi à ce qui allait constituer la nature de l'homme...

De Pan Paxil, Pan Cayala sont venus l'épi de maïs jaune, l'épi de maïs blanc...

---

[1] Michel Alliot, 1983, « Anthropologie et juristique... », *Le droit et le service public..., op. cit.*, p. 290.

[2] *Ibidem.*

C'est ainsi qu'est venue la nourriture et c'est elle qui est entrée dans la chair de l'homme construit, de l'homme formé.

Le sang, le sang de l'homme était liquide. Pour faire ce sang, Alom la Mère, Qaholom le Père ont utilisé le maïs. Ils se sont réjouis, car ils ont trouvé une très belle montagne pleine de bonne nourriture, riche en maïs jaune et blanc… En un instant, les hommes ont été créés, les hommes ont été faits.

Ils parlaient, conversaient, voyaient, entendaient, marchaient, touchaient…

Ils ont été interrogés par Tzacol, Tzacol le Créateur, Bitol, Bitol le Concepteur :

- Que ressentez-vous ? … Efforcez-vous de voir.

Ils se sont alors mis à voir tout ce qui était sous le firmament. Ils ont rendu grâce à Tzacol le Créateur, au Formateur :

- En vérité, nous vous rendons grâce deux fois, nous vous rendons grâce trois fois pour nous avoir faits hommes, pour nous avoir établis sur Terre, pour nous avoir permis de nous reproduire, de parler, d'entendre, de penser, de nous mouvoir, de nous connaître, de savoir ce qui est loin et ce qui est près…

Ils ont été reconnaissants d'avoir été créés, d'avoir connu le sommet du Ciel, les côtes du Ciel… l'intérieur du Ciel, l'intérieur de la Terre[1]. »

De façon générale, la justice est conçue comme le résultat d'une coexistence harmonieuse des éléments. L'homme par ses actions peut déséquilibrer cet ordre cosmique, ce qui est important n'est pas tant le dédommagement dans le monde du visible que la restauration de l'ordre cosmique. Cette interaction entre le monde du visible et de l'invisible fait craindre une action des divinités. Ainsi, ce qui a fait que l'ordre soit perturbé doit être résolu afin que l'ordre soit rétabli. À partir de là, un certain nombre d'éléments de justice liés à la conception du monde peuvent être repérés.

D'après Michel Alliot, cette interdépendance entre le monde du visible et le monde de l'invisible se traduit, dans le domaine du Droit, par une responsabilité de l'homme.

« L'existence de la société est en effet la plupart du temps de la responsabilité des hommes. Le Dieu primordial est lointain. Laissés à eux-mêmes, les hommes se savent responsables et responsables de tout […]. Non seulement du monde visible immédiat, mais du monde lointain et du monde invisible, car l'univers issu d'une même origine est un écosystème dont tous les éléments sont en résonance : l'invisible pèse constamment sur le visible et réciproquement, les morts protègent ou attaquent les vivants mais en dépendent, chaque groupe est soumis aux influences de tous les autres et le bien lui-même sort souvent du mal. Le Droit est fortement marqué par cette interdépendance qui pèse sur les hommes et par le sentiment de très grande

[1] Pierre DesRuisseaux, 2002, *Pop Wooh. Popol Vuh, le livre du temps. Histoire sacrée des Mayas quichés*, *op. cit.*, pp. 54-58, 147-151. Les coupures sont de notre fait ; nous ne les avons pas signalées systématiquement de manière formelle pour ne pas alourdir la lecture.

responsabilité qui en découle et dont ne les décharge vraiment aucun système de règles préétablies[1]. »

Nous illustrerons différentes dimensions de cette responsabilité à partir de certains éléments tirés de la vie quotidienne des peuples de l'époque préhispanique.

Établir le lien entre le récit maya quiché et la conception de la justice à la lumière de la vie quotidienne de ce temps-là, ne constitue pas une tâche facile. La vie quotidienne des Maya est connue en grande partie à travers les vestiges archéologiques, les textes hiéroglyphiques et l'iconographie de cette période. Bien que les données disponibles soient relativement nombreuses, d'après les spécialistes en la matière, ils donnent une image fragmentée et pâle qui permet difficilement de reconstruire intégralement la façon de vivre de ces sociétés. Les inscriptions offrent souvent un bon panorama des activités des gouvernants et des nobles tout en négligeant le devenir du « petit peuple[2] ». Nous développerons donc le thème à partir des éléments qui ont pu être identifiés dans ces conditions et qui se manifestent par le désir d'éviter les relations conflictuelles, ainsi que par celui de régler les différends dans le « ventre du village ».

Les différends en eux-mêmes sont consubstantiels aux relations humaines ; les peuples méso-américains semblent avoir mis l'accent sur le fait d'éviter l'agression ou le débordement de la violence dans la gestion de ces différends lorsqu'ils se présentent en accordant une grande valeur à la maîtrise de soi et en privilégiant le règlement conciliatoire.

Les sociétés de l'époque se caractérisaient par une haute stratification. D'après certaines sources, les normes de conduite semblent être plus exigeantes pour les nobles. Se référant à la prohibition de disputes publiques, Pablo Escalante reproduit les paroles dites aux nobles dans une situation de querelle :

> « Mon petit frère, qu'est-ce que tu me dis ? … Garde ta parole. Ne te fais pas de mal. Écoute d'abord mon petit frère, ce que tu dis là, ta parole, se montre comme si tu étais aveugle, tu vas tomber dans un trou… Soit prudent, cherche le respect des autres. Peut-être dois-tu observer notre manière de vivre. Ne considère pas la salive… La colère de ta parole se termine peut-être, mon petit frère. Calme ton cœur, détends-toi[3]. »

---

[1] Michel Alliot, 1983, « Anthropologie et juristique… », *Bulletin de liaison du LAJP*, *art. cit.*, pp. 97-98.

[2] Erick Velásquez García, 2004, « La vida cotidiana de los mayas durante el período clásico », *Mesoamérica y los ámbitos indígenas de la Nueva España*, Pablo Escalante Gonzalbo (coord.), col. Historia de la vida cotidiana en México, Tomo I, México, El Colegio de México – Fondo de Cultura Económica, pp. 99-101.

[3] Pablo Escalante Gonzalbo, 2004, « La cortesía, los afectos y la sexualidad », *Mesoamérica y los ámbitos indígenas de la Nueva España*, *op. cit.*, pp. 265-266.

Les nobles faisaient très attention à leur image publique. Dans la virtuosité de leur conduite se trouvaient les arguments qui légitimaient le pouvoir qu'ils détenaient. Dans une situation tendue ou crispée on fait appel au calme, on demande que la colère soit éliminée. Le risque de se faire mal ou de tomber malade est également évoqué. Le rappel de la condition de noblesse et l'invitation au calme sont toujours présents. Escalante signale que le risque de maladie ne relève pas d'une simple formule métaphorique. Il s'agit bien d'une croyance réelle dans la possibilité d'avoir des altérations physiologiques par le déséquilibre que produisent la colère et sa manifestation. La prudence était exigée et les nobles devaient s'abstenir de manifester publiquement leur mécontentement, ils ne pouvaient en aucun cas se quereller devant les gens[1].

En décrivant la vie des quartiers, la vie de la population en général, Escalante[2] mentionne également que cette préoccupation d'éviter l'agression dans les relations quotidiennes s'observe dans le répertoire des dictons du Codex Florentin[3]. En effet, dans ce document, trois phrases différentes désignaient ceux qui se laissaient emporter par un comportement violent. *Tlani xiquipilhuilax*, se disait de celui qui faisait semblant d'être tranquille et était en réalité agressif ; *tlatolli itlaqual*, littéralement, les paroles sont sa nourriture, désignait celui qui après une remarque se mettait en colère et commençait à discuter se « remplissant la bouche de paroles » ; *icniuhmoyactli*, littéralement celui qui disperse les amis, était une expression utilisée quand un groupe parlait tranquillement et arrivait celui qui aimait la confrontation verbale, les personnes se levaient et partaient. L'utilisation de ces expressions et l'habitude d'isoler ou punir les membres de la collectivité dont la conduite verbale était considérée comme impulsive ou agressive, sembleraient bien être autant d'indices révélateurs de la haute importance accordée à la mesure et à la prudence. Cependant, Escalante interprète l'intention de préserver la discrétion comme une mesure permettant de garder à l'écart les Autorités judiciaires des pouvoirs centraux de leur intervention dans le règlement interne des conflits. Nous développerons le thème de l'intervention des pouvoirs centraux dans le règlement des conflits après les réflexions sur la conciliation, que nous interprétons comme une

---

[1] *Idem,* p. 266 et s.

[2] Pablo Escalante Gonzalbo, 2004, «La cortesía, los afectos y la sexualidad », *art. cit.,* p. 266 et suiv.

[3] Le Codex Florentin est une œuvre coordonnée par le franciscain Bernardin de Sahagún dans les années 1578-79. Ses informateurs indigènes (la plupart anciens prêtres et nobles) devaient répondre à des questionnaires que lui-même élaborait. Les témoignages en écriture hiéroglyphique étaient rassemblés par les disciples de Sahagún, qui les ordonnaient, les systématisaient et les traduisaient en *náhuatl* et ensuite en castillan. L'œuvre se compose de 12 volumes et aborde une multitude d'aspects de la vie indigène de la vallée du Mexique tels que l'histoire, la religion, le gouvernement, l'organisation sociale, le commerce, l'artisanat et les connaissances de cette époque dans le domaine de la santé.

manifestation de la responsabilité de l'homme d'assurer l'harmonie de ses relations interpersonnelles.

Pablo Escalante termine son exposé sur la vie des quartiers et les coutumes à l'époque de l'hégémonie aztèque par les phrases suivantes :

> « [Même] quand la commission d'un délit était traitée devant les juges, il existait la possibilité d'éviter l'application stricte de la loi : les sources révèlent que certains magistrats corrompus qui recevaient des cadeaux, agissaient avec partialité et d'autres simplement acceptaient que les personnes en conflit arrivent à un accord[1]. »

S'aventurer à une interprétation des sources indirectes, sans avoir la maîtrise de disciplines telles que l'archéologie ou l'histoire, peut sembler assez périlleux. Néanmoins, les résultats de nos propres observations de terrain et les cadres théoriques développés par Michel Alliot et par Étienne Le Roy, notamment par rapport au thème de l'ordonnancement négocié, suggèrent une tout autre interprétation de celle que nous propose Escalante.

Le rôle actuel de la conciliation dans le règlement des conflits auprès des sociétés indigènes nous oblige à aborder différemment ce qui est présenté comme une indolence ou un acte de corruption. Nous pensons que la négociation et la conciliation dans le règlement des conflits à l'époque ont pu avoir une importance centrale. Rappelons à cet effet les commentaires de Michel Alliot abordant une conception de la justice liée à l'archétype de différentiation :

> « Outre la solidarité qui résulte de la différenciation, un système social hiérarchique et gérontocratique, reflet lui aussi d'une cosmologie filiatique, un état d'esprit unanimiste invitant à multiplier les conseils, une préférence pour la conciliation qui rend inutile un trop grand développement normatif (les règles a priori sont moins nécessaires quand elles doivent céder devant l'impératif de la conciliation), enfin l'établissement incessant d'alliances notamment matrimoniales entre les éléments concurrents d'une société sont considérés comme les meilleurs garants de la cohésion sociale. Et de cela, tous les hommes sont responsables[2]. »

Dans le même sens et illustrant la partialité des juges, nous pouvons dire comme nous le notions en développant le thème de la conciliation : la conciliation se présente comme une justice négociée et dans un tel contexte, l'impartialité du médiateur n'est point requise car il n'impose pas de décision mais doit écouter les parties et trouver avec elles une solution ; la solution du conflit devient alors aussi privée que le conflit lui-même[3].

---

[1] Pablo Escalante Gonzalbo, 2004, « La ciudad, la gente y las costumbres », *art. cit.*, p. 218.

[2] Michel Alliot, 1983, « Anthropologie et juristique… », *Bulletin de liaison du LAJP*, *art. cit.*, p. 97.

[3] Akuavi Adonon, 2002, « Le réseau juridique et la place de la pyramide : perspectives à travers les conciliations indigènes au Mexique », *in* « Le Droit en perspective interculturelle.

Une réflexion autour de ce que l'anthropologie identifie comme « principe de réciprocité » peut également fournir des éléments intéressants à l'analyse et ouvrir une lecture différente vis-à-vis d'une prétendue corruption fondée sur la réception de cadeaux. Un parallélisme pourrait être fait avec les rituels observés lors du déroulement des audiences conciliatoires dans nos travaux de terrain. Les parties en conflit offrent aux juges des bouteilles d'eau-de-vie. Avec ce geste, elles se sentent en mesure de pouvoir demander conseil, ceci sans s'attarder sur l'aspect rituel spécifique que l'échange d'objets peut signifier lors d'une cérémonie.

La volonté de résoudre les différends en évitant des relations conflictuelles semble mettre en valeur deux types de responsabilité : la responsabilité vis-à-vis de soi-même et la responsabilité visant la cordialité des relations interpersonnelles. À ces deux types de responsabilité s'ajoute une troisième responsabilité : celle du groupe vis-à-vis de l'extérieur, se traduisant, à notre sens, par l'importance du règlement des différends dans la sphère interne du village.

Dans pratiquement toute la région de la Méso-Amérique, l'organisation de la surveillance dans la cité se trouvait parmi les responsabilités les plus importantes du gouvernement. Dans les grandes cités urbaines de la vallée du Mexique, par exemple, des gardes et des juges faisaient des tournées les jours de marché pour éviter délits et abus lors des transactions. Des groupes de gardes faisaient la ronde des avenues et des places et arrêtaient ceux qui perturbaient l'ordre. D'après les sources, ces gardes ne s'introduisaient pas dans les quartiers[1]. Si les délits avaient lieu dans le quartier même, les mécanismes de prise en charge du règlement dans le « ventre du village » étaient mis en place. La garantie de l'ordre des rues dans les quartiers était considérée du domaine interne des quartiers, même si, en dernière instance, les Autorités centrales pouvaient intervenir. Rappelons qu'il s'agit d'agglomérations très importantes, de centres urbains qui pouvaient atteindre les 100 000 habitants, principalement dans le cas des villes de la vallée de Mexico.

L'aire géographique à laquelle appartiennent les actuels villages indigènes qui font l'objet de notre étude se caractérisait par une hégémonie des seigneuries davantage liée à l'exercice du pouvoir[2]. Le seigneur nommait des fonctionnaires, *batab*, qui devaient assurer le gouvernement des agglomérations environnantes faisant partie de la seigneurie. Les *batab* étaient responsables de l'administration publique et du bon gouvernement. Ils pouvaient, à leur tour, nommer d'autres responsables pour garantir l'ordre

Images réfléchies de la pyramide et du réseau », numéro spécial thématique de la *Revue interdisciplinaire d'Études juridiques*, Christoph Eberhard (dir.), n°49, p. 199.

[1] Pablo Escalante Gonzalbo, 2004, « La ciudad, la gente y las costumbres », *Mesoamérica y los ámbitos indígenas de la Nueva España, op. cit.*, pp. 210-211.

[2] Ceci à la période post-classique de la civilisation maya, considérée comme décadente.

lors des festivités publiques et surveiller la bonne conduite des projets civiques[1]. Mais à l'intérieur de chaque agglomération – correspondant à un groupe familial – le règlement autonome des relations endogènes s'imposait. Les lignages constituaient des unités domestiques de production – ayant comme activité principale la culture de la terre – à l'intérieur desquelles se produisaient et reproduisaient des formes d'organisation intrafamiliales et communales, leur caractéristique étant une grande autonomie vis-à-vis de la puissance hégémonique qui n'exigeait que le versement d'un tribut[2]. Ce degré d'indépendance relative des lignages organisés en petites communes paysannes, vis-à-vis de l'organisation du pouvoir des seigneuries maya ou même de l'Empire aztèque, peut être identifié dans la période coloniale et encore de nos jours, dans plusieurs régions du Mexique.

Au sujet du règlement des différends à l'intérieur ou en dehors du collectif social, Pablo Escalante relève une stratégie des communautés pour atténuer l'impact de l'action judiciaire sur les quartiers[3]. Si les fautes commises dans le domaine du quartier étaient « typifiées » par le « code » du royaume, les autorités judiciaires de la ville pouvaient intervenir pour appliquer des peines comme la prison, les coups de fouet, la lapidation ou l'étranglement. Il considère qu'il devait être gênant pour les habitants des quartiers, quartiers jouissant d'une vie interne et structurée, d'accepter l'interférence des procédures judiciaires du royaume. L'auteur observe une disproportion entre la transgression de normes qu'il considère comme relevant de la vie privée, notamment l'adultère, et l'application des « peines en vigueur ». Le gouvernement de la ville, dit-il, exerçait un pouvoir sur un ensemble de petites communautés, de quartiers, semi-autonomes. Le pouvoir central devait respecter les traditions des communautés par rapport à l'organisation de la production agricole, des formes internes de gouvernement et de multiples coutumes. Pablo Escalante considère invraisemblable qu'un tel gouvernement aspire à contrôler des « détails de la vie privée », détails qui devaient avoir une importance pour la morale familiale et communautaire mais en aucun cas, à son avis, un intérêt politique qui concerne le gouvernement central.

Escalante interprète donc la discrétion exigée vis-à-vis des transgressions de l'ordre comme la manifestation du souci de protéger les habitants des quartiers de l'ingérence du gouvernement central ; comme une façon d'écarter le gouvernement central de l'organisation de la vie interne des quartiers et surtout de préserver les habitants de l'application de peines trop sévères.

---

[1] Diego de Landa, cité par Carlos Durand Alcántara, 1997, « La costumbre jurídica Maya frente al derecho mexicano », *Alegatos*, n° 37, Universidad Autónoma Metropolitana, p. 9. Version web consultable sur http://www-azc.uam.mx/publicaciones/alegatos/37-08.html.

[2] Carlos Durand, 1997, « La costumbre jurídica Maya frente al derecho mexicano », *art. cit.*, p. 5-10.

[3] Pablo Escalante Gonzalbo, 2004, « La ciudad, la gente y las costumbres », *art. cit.*, p. 218.

Si le souci de vouloir régler les problèmes dans le « ventre du village » nous semble une interprétation tout à fait pertinente, nous sommes en revanche plus réticente à une interprétation basée sur la prétendue volonté de protéger les habitants du quartier de l'application des peines « trop sévères » du gouvernement central. Rappelons à ce sujet d'un côté, l'importance accordée à la maîtrise de soi, aspect déjà mentionné, et de l'autre, le fait que chaque société cherche à assurer la reproduction de la vie en société telle qu'elle l'entend. Dans cette quête, elle combat les aspects qui entrent en contradiction avec ceux qui sont considérés comme vitaux. Michel Alliot l'explique de la façon suivante :

> « S'il est question de droit, c'est qu'il est question de vie. Le droit résulte en effet d'une lecture de la vie. Toute société cherche à déchiffrer la vie universelle qui irrigue le cosmos. Le résultat s'appelle la science, la magie, l'astrologie, les tarots, le Fa, la divination, la superstition, la théologie. […] Quand après avoir repéré les forces de vie et celles de mort, une société apporte un soutien particulier aux premières et combat particulièrement les secondes, cela s'appelle le droit […]. Mais si toutes les sociétés soutiennent les forces de vie contre les forces de mort, elles le font toutes différemment, chacune ayant ses propres images de la vie et ses propres images de protection[1]. »

Ainsi, les interprétations de disproportion entre la transgression de certaines règles et la peine appliquée semblent ne pas tenir compte du contexte particulier de l'époque, du lieu, des mœurs, etc. Considérer la punition accordée à l'adultère par le pouvoir central – qui se désintéressait de beaucoup d'aspects de l'organisation interne des quartiers – comme excessive, cache en réalité la vraie question qui est celle d'identifier les forces socialement destructives associées à cette conduite. Nous n'approfondirons pas cette question, l'objectif étant ici simplement d'ouvrir la réflexion à d'autres interprétations possibles.

Finalement, le thème de la conception de la justice des civilisations méso-américaines se trouve étroitement lié à une cosmogonie particulière. Ceci met en évidence la difficulté de présenter les données sans la distorsion obligée qui résulte de la propre vision de l'interprète. Les codes, les délits typifiés, l'application stricte de la loi, l'impartialité des jugements, semblent autant d'expressions liées à une conception du droit et à des valeurs juridiques qui semblent avoir du mal à être replacées dans le contexte des sociétés méso-américaines. D'autant plus qu'on leur accorde les significations que ces expressions suggèrent actuellement.

De cet exercice de voyage dans le temps, nous retenons la tendance à éviter les débordements de violence dans les différends et à sauvegarder l'organisation et l'administration internes des affaires des quartiers. En outre,

[1] Michel Alliot, 1986, « Droits de l'homme et autres traditions », *Le droit et le service public au miroir de l'anthropologie*, *op. cit.*, p. 265.

l'intervention limitée du pouvoir central de la ville est une caractéristique qui, comme nous le verrons, semble toujours d'actualité. Mais, outre l'évolution des conceptions et institutions à l'intérieur d'une matrice culturelle, l'arrivée des conquistadors sur le sol des Indes occidentales a introduit le christianisme. Ainsi, une rationalité différente fait son apparition et s'impose dans le paysage quotidien de la vie sociale.

L'archétype de soumission ou la conception chrétienne de la justice

Le fait de lier le fonctionnement juridique à la cosmogonie des peuples semble éclairer des logiques qui animent différentes dynamiques de la justice. Pour compléter le tableau des référents archétypiques, nous développons par la suite l'autre grand axe qui va s'ajouter au paysage juridique du Nouveau Monde lors de la conquête et des États latino-américains, dont le Mexique, lors des indépendances. Il s'agit de l'archétype de soumission associé à l'Occident chrétien et à l'Islam. Michel Alliot distingue cependant l'Europe médiévale lointaine des mythes et fictions propres à la modernité, donc à une particulière configuration du droit. Alliot reprend la vision judéo-chrétienne de la création et tire les fils du droit occidental dans les termes suivants :

> « L'univers des enfants d'Abraham se fonde sur une autre vision de la création. Le créateur ne s'est ni progressivement distingué du monde avec lequel il n'a jamais été confondu au sein d'un chaos primordial, ni progressivement manifesté en puissances multiples antagonistes, complémentaires et solidaires. Il est unique, il est éternel, et n'a d'autre histoire que celle de sa création et de ses rapports avec cette création à laquelle il s'est révélé par étapes et qu'il ramène peu à peu en son sein [...]. [L'univers islamique ou chrétien] est dans la totale dépendance du Dieu qui le crée et impose ses lois. Loin de se gouverner spontanément comme par son désir, il est régi de l'extérieur. Cette vision marque jusqu'à la pensée occidentale qui, même indifférente à l'idée de Dieu, vise à découvrir les lois de la nature, comprises comme un corpus de lois qui s'imposent à la nature et la constituent.
>
> Nous voici aux bords du Droit, corpus de règles extérieures à l'homme venues d'ailleurs, mais qui s'imposent à lui et en définitive constituent ce sujet de droit. Lien de commandement entre le créateur et sa création, la loi est indispensable au gouvernement des hommes : le Droit n'est pas ce sur quoi les hommes s'entendent dans chaque cas particulier il est avant tout respect de la règle extérieure, cette loi a priori dont l'exposé occupe l'essentiel des manuels de Droit musulman ou de Droit occidental[1]. »

Nous laissant inspirer par cette démarche nous explorons l'archétype de soumission sous deux volets. L'un correspond au royaume de Castille où la dimension religieuse fonde la légitimité du pouvoir et du droit, transmise en

[1] *Idem*, pp. 98-99.

Nouvelle-Espagne lors de la colonisation. L'autre correspond à la période de transition, un peu avant l'Indépendance du Mexique, où le rationalisme commence à s'insinuer dans le discours juridique. Si le discours religieux ne fonde plus la légitimité du pouvoir, la base de la juridicité véhiculée par cet archétype reste pourtant présente.

La monarchie catholique aux Indes occidentales

Le royaume de Castille constitue pendant trois siècles la configuration politique réunissant d'immenses territoires de quatre continents. Connu sous le nom de « Monarchie catholique[1] », il a bien ancré ses principes dans certaines régions et en particulier aux « Indes occidentales ». Serge Gruzinski reprend les deux versants fondamentaux de la « mobilisation ibérique », et s'en exprime ainsi :

> « L'espace de la Monarchie se distingue avant tout par les circulations planétaires qui s'y déploient et qui l'irriguent, par le brassage des hommes, des sociétés et des civilisations. [...] Dans toutes les parties du monde, la domination ibérique rapproche, met en rapport ou télescope des formes de gouvernement, d'exploitation économique et d'organisation sociale. [...] Le christianisme romain s'y oppose non seulement à l'islam, mais aussi à ce que les Ibériques appelaient les « idolâtries », désignant sous ce vocable aussi bien les cultes de l'Amérique et de l'Afrique que les grandes religions asiatiques. [...] À coup d'explorations, de découvertes et de conquêtes, les empires espagnol et portugais se sont précipités tout au long du XVIe siècle dans une mobilisation militaire, religieuse et économique sans précédent. [...] Leur soif insatiable d'esclaves, de métaux précieux et d'information de toutes sortes n'eut d'égal que leurs enthousiasmes évangélisateurs[2]. »

En effet, ouvrir le Nouveau Monde à un échange marchand profitant à la métropole et convertir les indigènes à la vraie foi étaient les considérations qui fondaient l'entreprise. Pour Christophe Colomb toute la chrétienté devait se réjouir en raison de l'accroissement que l'afflux de tant de peuples devait valoir à la sainte foi en raison des biens matériels qui en découleraient[3]. Si l'importance du fondement économique de la conquête ne peut être négligée, c'est le fondement religieux qui attire le plus notre attention. En effet, ce fondement véhicule une pensée particulière qui va bel et bien être présente dans la mise en place du régime juridique appliqué par le colonisateur.

Le pape devait sanctionner la prise de possession des terres que Christophe Colomb, le Génois, avait faite au nom de Ferdinand et d'Isabelle, souverains de Castille et d'Aragon. Ces derniers avaient lieu de craindre une

---

[1] Serge Gruzinski, 2004, *Les quatre parties du monde. Histoire d'une mondialisation*, Turin, Édition de la Martinière, pp. 29-30.
[2] *Idem*, pp. 32-36.
[3] Marianne Mahn-Lot, 1991, *Bartolomé de Las Casas. L'Évangile et la force*, 3e édition revue, Paris, Les Éditions du Cerf, p. 12.

contestation de la part de la Couronne du Portugal qui étendait son empire le long des côtes occidentales de l'Afrique et qui s'était vue octroyer par la papauté, au milieu du XVe siècle, le droit de patronat sur les terres découvertes et à découvrir. Ce patronat signifiait la possession des terres en échange de la charge d'évangéliser les populations présentes. Ainsi, sur la requête des Rois Catholiques (Ferdinand et Isabelle), le pape Alexandre VI prenait acte du succès de l'expédition de Colomb et de l'existence d'indigènes pacifiques « aptes à recevoir la foi catholique ». La Bulle *Inter Caetera*, divisait le monde en deux zones. Elle attribuait à la Couronne de Castille l'exploration de toutes les îles et les terres fermes situées à l'ouest d'une ligne tracée de pôle à pôle et à la Couronne du Portugal l'exploration de ce qui se trouverait à l'est. Le traité de Tordesillas, signé en 1494 par les deux royaumes, fixa à 450 lieues à l'ouest des îles du Cap-Vert la ligne de démarcation. C'est donc sur cette Bulle qu'étaient fondés officiellement les droits sur les terres d'outre-mer[1]. Les nouveaux territoires étaient le prolongement des métropoles, ayant à leur tête un vice-roi considéré comme un *alter ego* du souverain.

La théorisation du droit de conquête par certains théologiens juristes espagnols du XVIe siècle légitimait la soumission des sociétés à la volonté du colonisateur et le libérait du respect du droit des gens, ou droit naturel, qui progressivement se développait en Europe. L'étendue soudaine et démesurée de la Monarchie catholique par la mainmise sur le Pérou des Incas a été à l'origine d'une prise de conscience et d'une crise morale théorisées par les théologiens. Les *teólogos juristas españoles* contestaient la justification d'une « guerre atroce menée contre des gens qui vivaient pacifiquement dans leur pays » dans le but de leur porter l'Évangile. Francisco de Vitoria, nourri des idées de Saint Thomas, aborde directement le sujet brûlant des droits du royaume de Castille sur les Indes occidentales. Il distingue l'ordre naturel de l'ordre surnaturel et postule que les Indiens sont possesseurs légitimes de leurs terres par le droit naturel. Le pape Alexandre VI, déclare-t-il, n'est pas le maître sur terre du monde entier et n'a donc pas la faculté de donner aux souverains de Castille et d'Aragon et à leurs successeurs la domination du « Nouveau Monde ». Il a uniquement la faculté de leur reconnaître le droit et le devoir d'y porter l'Évangile[2].

La grande polémique entre Bartolomé de Las Casas et Juan Ginés de Sepúlveda représente l'affrontement des deux courants idéologiques. Devant une assemblée de théologiens réunis à Valladolid en août 1550, Sepúlveda présenta un résumé de son livre *Democrates alter sive. De justis belli causis.* Il y développait la nécessité d'employer la force contre les Indiens, dans l'intérêt même de l'évangélisation. Devant la même assemblée, Bartolomé

[1] Marianne Mahn-Lot, 1982, *Bartolomé de Las Casas et le droit des Indiens*, Paris, Éditions Payot et Rivages, p. 9.
[2] *Idem*, p. 113.

de Las Casas lut son *Argumentum Apologiae* où il développait la position contraire. Domingo de Soto a été chargé de dégager les arguments adverses en les résumant. Voici quelques extraits qui reprennent les arguments centraux de chacun d'entre eux :

> « [e]st-il licite à Sa Majesté de faire la guerre à ces Indiens avant de leur prêcher la foi, de les soumettre à son empire afin qu'une fois soumis on puisse leur enseigner plus facilement la doctrine évangélique ? Le docteur Sepulveda affirme qu'une telle guerre est non seulement licite mais recommandable. Le seigneur évêque [Bartolomé de Las Casas] répond que non seulement la guerre n'est pas recommandable, mais qu'elle est illicite, inique et contraire à notre sainte religion.
>
> [...] Le docteur Sepulveda appuie brièvement son affirmation sur quatre raisons : 1° La gravité des délits des Indiens, principalement leur idolâtrie et leurs péchés contre nature. 2° La grossièreté de leur intelligence [...] qui en fait une nation 'servile' et barbare, destinée à être placée sous l'obédience d'hommes plus évolués comme le sont les Espagnols. 3° Les besoins même de la foi, car leur sujétion rendra plus facile et expédiente la prédication qui leur sera faite. 4° Les maux qu'ils s'infligent les uns aux autres, tuant des hommes pour les offrir en sacrifice ou pour les manger. [...]
>
> 296/ Sur le premier argument, le seigneur évêque répondit beaucoup de choses. En premier, que Dieu ne commandait pas de faire la guerre contre les païens idolâtres à cause de leur idolâtrie [...]. Il ajouta que les exemples pris dans la Loi ancienne sont destinés à nous inspirer la crainte, mais non à nous inciter à imiter ces cruels châtiments. [...]
>
> Au second argument de Sepulveda, [...] le seigneur évêque répondit qu'il existait, d'après les Écritures profanes et sacrées, trois catégories de barbares. La première, dans un sens large, s'applique à tout peuple qui a des opinions et des coutumes étranges, bien qu'il soit néanmoins policé et sache se gouverner. La seconde catégorie s'applique aux peuples qui n'ont pas de langages écrits, se traduisant par des caractères ou par des lettres. Jamais le Philosophe [Aristote] n'a prétendu que ces nations étaient 'serves de nature' et qu'on pût leur faire la guerre pour autant. [...] La troisième catégorie de barbares s'applique aux peuples que leurs coutumes perverses, la grossièreté de leur esprit et leurs inclinations brutales apparentent aux animaux sauvages qui vivent dans les plaines [...] À ce propos, le seigneur évêque s'étendit longuement sur l'histoire des Indiens, montrant que, bien qu'ils n'aient pas toutes les coutumes de gens policés, ils ne sont pas néanmoins des barbares de la troisième catégorie, qu'ils s'assemblent et ont une vie communautaire, qu'ils ont de gros bourgs, des maisons, des lois, des seigneurs, pratiquent des arts, punissent les péchés contre nature et aussi les péchés naturels, de peine de mort. Ils ont donc un degré suffisant de vie policée, et l'on n'est pas en droit de leur faire la guerre.
>
> 308/ [...] Interrogé, en terminant, sur ce que, à son avis, il serait licite et expédiant de faire, le seigneur évêque déclara ce qui suit. Dans les régions qui ne présentent pas de péril, il faut, à la manière prescrite par l'Évangile, que pénètrent les seuls prédicateurs, et qu'ils enseignent à ceux qui y seront disposés la façon de vivre conforme à notre foi, et si possible traitent de paix avec eux. Là où l'on aura à redouter quelque péril, il faudra établir à la

frontière quelques points fortifiés ; à partir de ceux-ci, on pourrait commencer à s'entretenir avec ces gens, et peu à peu notre foi se propagerait et nous pourrions prendre pied sur leurs terres, par des voies pacifiques : l'amitié et le bon exemple[1]. »

La prise de conscience de Bartolomé de Las Casas sur l'esclavage des Noirs, qualifié ultérieurement de « commerce exécrable » et de « traite infernale », ne date que de 1552. L'*Historia* du Portugais João de Barros où il relatait la conquête du littoral africain par les Portugais au XVe siècle a beaucoup influencé la pensée de Las Casas et l'a fait revenir sur ses considérations initiales[2].

Le 1er mars 1543, Bartolomé de Las Casas a été nommé évêque de la province du Chiapas, lieu stratégique de l'évangélisation pacifique. Il a ainsi assumé la vacance du siège épiscopal de Ciudad Real, capitale de l'État du Chiapas à l'époque ; la ville porte actuellement le nom de San Cristóbal de Las Casas en son honneur.

Évangéliser et porter la foi ne sont pas une entreprise limitée aux missionnaires, il s'agit aussi, à l'époque, d'une « affaire d'État ». Les institutions coloniales chargées de la garantie de l'ordre témoignent de cela.

Ces représentations donnent lieu à la justice coloniale mise en place en Nouvelle-Espagne. L'archétype de soumission se retrouve dans l'esprit qui anime le fonctionnement du Tribunal de l'Inquisition. Repris par les Rois Catholiques de Castille comme une continuation de l'institution européenne médiévale, le tribunal de l'Inquisition relève d'une double juridiction : religieuse et politique. Devant agir contre les conduites allant à l'encontre de la foi catholique, de la religion et des bonnes coutumes, elle poursuit tout acte portant atteinte à l'Église ou à la monarchie établie. La relation était telle qu'un acte contre l'Église l'était automatiquement contre la monarchie et vice versa. L'origine du gouvernement monarchique était divine, mettre en cause le roi signifiait mettre en cause Dieu. Les Rois Catholiques cherchaient à consolider l'unité religieuse et politique et punissaient les faux convertis au catholicisme, c'est-à-dire les juifs qui constituaient une forte bourgeoisie urbaine. « Depuis Goa, Mexico ou Lima, le Saint-Office de l'Inquisition dut apprendre à se mesurer à des milieux et à des immensités qui, à leur tour, transformèrent inexorablement les modalités et la portée de son action[3] … »

---

[1] Marianne Mahn-Lot, 1991, *Bartolomé de Las Casas. L'Évangile et la force*, *op. cit.*, pp. 182-186.

[2] La position de Las Casas vis-à-vis de l'esclavage des noirs lui a valu de sévères critiques de la part d'historiens africains. Si Las Casas a été considéré comme « le protecteur des Indiens », il était plus proche des idées des esclavagistes concernant les peuples d'Afrique noire.

[3] Serge Gruzinski, 2004, *Les quatre parties du monde. Histoire d'une mondialisation*, *op. cit.*, p. 32.

En Nouvelle-Espagne, la juridiction de l'Inquisition n'atteignait pas en principe les Indiens qui étaient, eux, considérés comme nouveaux dans la foi. En revanche, l'Inquisition a poursuivi les juifs convertis en apparence au XVIe siècle, les protestants au XVIIe siècle, ceux qui prônaient les idées des Lumières au XVIIIe siècle, et a publié également un index de livres interdits. Le dernier groupe systématiquement poursuivi par l'Inquisition, au début du XIXe siècle, va être celui des insurgés luttant pour l'Indépendance. D'après Michel Alliot, sous l'archétype de soumission, les sociétés tirent leur définition et leur cohésion justement de l'assujettissement à un même pouvoir. Le but est celui de « provoquer une obéissance unanime en recourant à une règle qui loin de viser à convaincre ne cherche qu'à mesurer l'importance respective des avis divergents[1] ».

Les composantes du régime juridique colonial et l'ébauche du gouvernement des villages, même si nous de les abordons ici que de façon générale et schématique, apportent également des éléments qui contribuent à tracer le contexte d'un ordre colonial se superposant aux structures, représentations et logiques existantes.

Ferdinand III règne en Castille au début du XIIIe siècle. Avec les croisades, le royaume de Castille voit sa superficie doubler. Parmi les deux systèmes juridiques du royaume, le droit régional et le *corpus juris civilis*, c'est le droit romain de Justinien qui présente l'avantage de permettre l'unification du droit. Les cités de la Reconquête exigeant un système spécial, le roi fait traduire et systématiser le *corpus juris civilis* en castillan et le présente sous le nom de *Siete Partidas* comme droit spécial. Ainsi, les *Siete Partidas* constituent l'œuvre majeure de réception du droit romain en Castille ; il ne s'agit cependant plus d'une compilation juridique. L'œuvre a très vite été introduite dans la pratique judiciaire et notariale. Il n'est pas certain qu'Alphonse X ait promulgué le texte. Mais Alphonse XI, qui promulgue l'Ordonnance d'Alcala, y établit un ordre de préférence selon lequel il fallait appliquer en premier lieu la propre Ordonnance, en deuxième lieu le droit régional et en troisième lieu les *Siete Partidas*. L'importance des *Siete Partidas* n'est pas uniquement juridique, elle est aussi linguistique car elle affirme le castillan, contrairement aux œuvres de l'époque qui sont toutes écrites en latin. Les *Siete Partidas* ont été amplement appliquées et en vigueur en Amérique latine, remplacées seulement par la réception du droit civil et les codes des pays indépendants au XIXe siècle.

La Couronne espagnole, face au « besoin » de pourvoir les royaumes américains d'un ordre juridique, y a fait transférer le droit castillan et a permis, en même temps, la survivance de traditions juridiques autochtones. Durant les trois siècles de vie coloniale, quatre systèmes juridiques différents ont coexisté en Nouvelle-Espagne : le *droit indigène*, le droit *indiano criollo*,

---

[1] Michel Alliot, 1983, « Anthropologie et juristique… », *Bulletin de liaison du LAJP*, *art. cit.*, p.111.

le droit *indiano* et le droit castillan. Ils étaient tous en vigueur, s'appliquaient selon un ordre de préférence et de manière supplétoire, pour combler les lacunes de chacun d'entre eux.

Le *droit indigène* s'appliquait pour régler les affaires entre indigènes tant qu'il ne contrariait pas les principes de la religion catholique et n'allait pas à l'encontre de l'ordre public castillan et de « bonnes coutumes ». Le « juge des Indiens », *fiscal protector de Indios*, était censé appliquer le droit de la communauté indigène en question. Il devait être juriste et connaître la langue et les coutumes de l'endroit où il était nommé. La Couronne a établi un système de tutelle juridique sur les indigènes. La polémique entre Bartolomé de Las Casas et Juan Ginés de Sepúlveda a eu comme conséquence la reconnaissance du désavantage juridique des indigènes, désavantage fondé sur le pouvoir, l'argent et la différence culturelle face aux péninsulaires. Une série de mesures pour les mettre sous tutelle furent établies. Des tribunaux spéciaux ont été créés, *Juzgado General de Indios*, la possession de leurs terres communautaires a été confirmée et un mode d'organisation propre aux collectivités indiennes a été admis. Toutes ces dispositions constituaient un ensemble de normes spéciales qui assuraient aux Indiens un droit judiciaire et qui confirmait la séparation juridique et sociale des Indiens[1]. Pour des questions précises ou des affaires liées aux structures de la vie coloniale, l'application d'un ordre de préférence indiquait le corpus juridique auquel il fallait faire appel.

Le droit *indiano criollo* est un droit édicté par les autorités espagnoles résidant en Amérique. C'était un droit inspiré du castillan, mais adapté à la réalité indienne et souvent en contradiction avec la loi en vigueur en métropole. Ces normes ont fait l'objet de diverses compilations dans le but de réduire les contradictions et les obsolescences.

Le droit *indiano* est formé par l'ensemble des dispositions dictées par les autorités métropolitaines espagnoles pour leur application en Amérique. Ces dispositions provenaient du Roi, du Conseil des Indes et de la *Casa de Contratación de Sevilla*. En raison de la situation des « nouvelles terres », la monarchie espagnole a dû édicter de nouvelles lois ; nouvelles, car elles n'avaient aucun antécédent castillan ; elles résultaient cependant des principes juridiques de la métropole.

Enfin, le droit castillan, dont les *Siete Partidas*, concernait le droit en vigueur en Castille. Celui-ci s'appliquait en Nouvelle-Espagne si aucun des trois systèmes précédents, le *droit indigène*, le droit *indiano criollo* et le droit *indiano*, n'apportait de réponse à la situation donnée.

[1] Manuel Ferrer Muñoz, 1999, « Pueblos indígenas en México en el siglo XIX : La igualdad jurídica, ¿Eficaz sustituto del tutelaje tradicional? », *Los pueblos indios y el parteaguas de la Independencia de México*, serie doctrina jurídica, n°2, Instituto de Investigaciones Jurídicas de la UNAM, p. 86.

La caractéristique de l'organisation judiciaire était l'inexistence d'organes destinés exclusivement à cette fonction. Pour la plupart des fonctionnaires et des organes gouvernementaux, les fonctions exécutives, législatives et judiciaires étaient confondues. Les magistrats n'étaient pas des hommes de loi, étaient étrangers à la technique juridique, leur honnêteté et « bonne conscience » étant plus importantes. Plus que l'application de la loi, les juges avaient comme objectif de veiller à l'établissement d'un « ordre juste ». Un autre aspect du régime colonial mis en place en Nouvelle-Espagne s'observe à partir de la structure du gouvernement des villages.

Les collectivités territoriales de base de l'organisation administrative de l'époque coloniale étaient les *repúblicas*[1]. L'administration coloniale distinguait deux types de républiques, les républiques d'Espagnols et *Criollos*[2], *repúblicas de Españoles*, et les républiques d'Indiens, *repúblicas de Indios*. La division géographique et démographique énonçait une volontaire distinction ethnique : Espagnols et Indiens n'habitaient pas ensemble. En principe, les Indiens ne devaient pas abandonner leurs républiques et les Espagnols ainsi que les Noirs - arrivés aux Indes occidentales en tant qu'esclaves - ne devaient pas vivre parmi les Indiens. La séparation des deux types de républiques obéissait à plusieurs motivations. C'était un système qui rendait plus facile la conservation de certaines structures de l'organisation et du gouvernement indigènes. En effet, le pacte d'obéissance à la couronne de Castille n'impliquait pas l'abandon de certains droits par les Seigneurs indigènes, comme l'exercice de l'autorité politique dans leur juridiction. Les missionnaires pensaient également que la séparation empêcherait que les indigènes adoptent les « mauvaises habitudes » des Espagnols et que la nouvelle fondation de l'Église chrétienne aurait plus de succès si elle restait éloignée « des éléments vicieux de l'Ancien Monde[3] ». Le système des deux catégories de républiques a sans doute favorisé le développement de collectivités indigènes jouissant d'une autonomie.

Les chefs-lieux des républiques d'Indiens se trouvaient souvent au même emplacement que le centre politique des anciennes cités-États de la période préhispanique. C'étaient les sièges du gouvernement civil (conseil municipal) et religieux (petite église de village). La place était l'élément central : autour d'elle, les principales activités politiques, judiciaires, religieuses et commerciales étaient réalisées. L'église et le couvent étaient situés sur un des côtés de la place ; ainsi, le parvis de l'église était une deuxième place fermée, juxtaposée à la place principale. Autour de la place

[1] Nous traduisons le terme par « républiques » même si le mot n'a pas grande chose à voir avec la conception de la république des actuels régimes étatiques.

[2] Enfants d'Espagnols nés en Amérique.

[3] Pablo Escalante Gonzalbo y Antonio Rubial García, 2004, « Los pueblos, los conventos y la liturgia », *Mesoamérica y los ámbitos indígenas de la Nueva España*, *op. cit.*, p. 367.

se trouvaient également les bâtiments du gouvernement indigène : le palais du gouverneur et le siège du conseil municipal. Dans certains cas, le système du conseil municipal a été adopté très tardivement. Une bonne partie des tâches judiciaires et administratives étaient donc assurées par le gouverneur. Bien que l'institution du conseil municipal ait été la principale institution du gouvernement indigène de l'époque coloniale, la fonction de gouverneur a continué à exister. Le gouverneur, de la même manière que les membres du conseil municipal, était élu parmi les descendants de l'ancienne noblesse du lieu, pour une période d'un ou deux ans. Le gouverneur assurait les fonctions du gouvernement et il était le représentant de la république d'Indiens vis-à-vis des instances externes. Le marché réunissait les habitants sur la place centrale, il s'y tenait une ou deux fois par semaine. Dans les chefs-lieux plus grands, ayant un flux de personnes et de marchandises plus important, le marché se tenait tous les jours de la semaine. Les Autorités indigènes avaient la responsabilité de réguler et de superviser l'activité du marché[1].

Les traces de l'organisation des républiques d'Indiens peuvent être identifiées dans un grand nombre de villages aujourd'hui. Les Autorités du conseil municipal regroupaient les trois pouvoirs classiques du gouvernement étatique : les fonctions exécutives, législatives et judiciaires. Pour l'action judiciaire, le conseil municipal avait le support de gardes de l'ordre chargés d'emprisonner ceux qui troublaient l'ordre public. En ce qui concerne les audiences et délibérations des différentes affaires, elles étaient menées par un ou deux membres du conseil municipal, un garde de l'ordre et un greffier. Parmi les affaires les plus fréquentes se trouvaient l'emprisonnement pour cause d'ivresse et les disputes entre voisins souvent liées aux parcelles. Les homicides et le stupre étaient moins fréquents, mais également nombreux[2].

Si l'introduction du christianisme dans la période coloniale concerne essentiellement la foi, en revanche, la pensée judéo-chrétienne sous-jacente au rationalisme et à la codification va se manifester davantage dans l'organisation institutionnelle adoptée lors de l'Indépendance.

Rationalisme, codification et construction de l'État-nation

André-Jean Arnaud décrit la conception moderne du droit occidental de la manière suivante :

« Le droit 'moderne' est un droit qui s'est construit sur des principes philosophiques en honneur à l'époque qui porte ce nom : croyance dans le caractère universel des solutions juridiques et dans les bienfaits de la toute-puissance de la loi. À entendre les philosophes, les juristes et les législateurs de la fin du XVIIIe siècle, le droit était susceptible d'une connaissance universelle,

---

[1] Pablo Escalante Gonzalbo y Antonio Rubial García, 2004, « El ámbito civil, el orden y las personas », *Mesoamérica y los ámbitos indígenas de la Nueva España*, *op. cit.*, pp. 413-419.
[2] *Idem*, pp. 420-422.

car les principes qui le dictaient étaient inscrits dans le cœur de chacun ; ils pouvaient être connus grâce aux seules lumières naturelles de la raison. Par ailleurs, le contrat social faisait que la loi, votée au nom de tous, était censée s'appliquer également à tous [...]. Plus de privilèges : la loi, parce qu'elle était générale, claire, traitant du bien commun [...] apparaissait comme la garantie suprême contre l'arbitraire. On parle donc dès lors, d'un droit, au singulier. Et ce droit ne peut être posé que par le législateur régulièrement investi de ce pouvoir[1]. »

De ces réflexions, nous pouvons dégager le caractère unitariste et universel du droit occidental. La codification, conséquence ultime et principale du rationalisme juridique, eut comme résultat une conception systématique du droit. Les Codes étaient conçus comme des univers juridiques enfermant un droit achevé et prévoyant toutes les hypothèses. La codification fut l'instrument le plus efficace pour l'unification de l'État, sans régionalismes juridiques, l'émergence d'un droit anhistorique et intemporel s'imposait.

> « Depuis l'école du Droit naturel qui fut anglaise avant de passer sur le continent, l'association entre le Droit et l'État est devenue si intime qu'il n'est plus guère possible d'imaginer un autre Droit qu'un droit étatique [...] la tendance fondamentale était de récuser par principe toute manifestation du contrôle de la régulation sociale qui s'exprimait avant l'État ou agissait en dehors de lui[2]. »

Nous pouvons dire qu'après la Révolution française, Dieu disparaît de la scène juridique, mais ce sera l'État qui prendra sa place, en s'appropriant le modèle du Dieu créateur unique et tout-puissant gouvernant le monde[3]. Le Code Napoléon a été l'instrument le plus important de diffusion des idéaux sociaux et des idéaux politiques de la Révolution française. Le phénomène de sa réception a été très étendu tout au long du XIXe siècle[4].

Pour Michel Alliot, le modèle de société qui est en question remet son destin à un pouvoir supérieur, pouvoir qui peut être représenté par Dieu ou

---

[1] André-Jean Arnaud, 1990, « Repenser un droit pour l'époque post-moderne », *Le Courrier du CNRS*, n° 75, Paris, p. 81.

[2] Étienne Le Roy, 1979, « Les droits africains traditionnels et la modernité », *Revue Monchanin Journal, I –L'Univers juridique autochtone*, n° 4, vol. XII, Cahier 65, oct.-déc., Montréal, p. 37.

[3] Norbert Rouland, 1991, *Aux confins du droit*, Paris, Éditions Odile Jacob, pp. 56-57.

[4] En 1827, 23 ans après la promulgation du Code Napoléon, le premier Code civil « moderne » du monde hispanique fut promulgué au Mexique, à Oaxaca, un des États de la fédération mexicaine où la population indigène était et reste toujours l'une des plus importantes. Le Code civil du Oaxaca reflète une évidente influence du Code Napoléon. Un grand nombre d'articles sont, à vrai dire, une traduction littérale du Code modèle. Cependant, le texte, qui semble plus progressiste que son modèle en proclamant l'égalité des sexes, présente également l'influence de certaines institutions coloniales. Le contexte dans lequel le Code civil du Oaxaca est promulgué révèle davantage son importance idéologique.

par l'État. De ce fait, la soumission à la loi, caractéristique fondamentale de cet archétype juridique, s'accompagne d'une irresponsabilité de la société face à sa propre régulation.

> « Il ne s'agit plus de rechercher à chaque instant entre soi l'attitude juste. L'attitude juste, c'est de se conformer au système de règles établi par le pouvoir ou, si elles ne sont pas satisfaisantes, de réclamer une nouvelle loi, une nouvelle réglementation [...]. Le système des règles prend une importance considérable, renforcée par l'utilisation de l'écrit qui assure une inflation bureaucratique d'une réglementation à la fois contraignante et mythique puisqu'inconnue du plus grand nombre. Parmi ces règles la loi, identifiée à la volonté même de Dieu, de la Nation ou de l'État selon le cas, l'emporte sur toutes les autres. [...] La société ne tire sa définition et sa cohésion ni du besoin que des groupes entiers peuvent avoir des autres et des alliances sans cesse renouvelées, ni des réseaux d'action et de solidarité, mais de la soumission à un même pouvoir par l'intermédiaire d'un même système juridique. [...] L'exercice de ce pouvoir est dominé par la loi de la majorité à laquelle nous sommes tant habitués que nous ne voyons plus combien il est étrange de prétendre provoquer une obéissance unanime en recourant à une règle qui loin de viser à convaincre ne cherche qu'à mesurer l'importance respective des avis divergents. [...]
>
> La notion de culpabilité revêt une signification tout à fait particulière. Le coupable est celui qui enfreint la loi. Le délit n'est pas le symptôme d'une maladie de la société, même s'il trouve parfois son origine dans les déficiences de la société. [...] L'objectif est soit de punir celui qui a enfreint la loi soit de le contraindre à la respecter désormais ou les deux.
>
> La culpabilité et la responsabilité s'appréciant par rapport à la loi, la logique exclut la conciliation. Les conflits doivent être publics, portés au tribunal de l'État et tranchés par un juge d'État chargé d'appliquer la loi de l'État. L'exécution de sentences relève de l'État[1]. »

La construction de l'État-nation au Mexique s'est fondée sur un choix idéologique de l'élite au pouvoir, il s'est fondé également sur la « fiction » d'une et unique identité nationale. Ces questions seront approfondies ci-dessous.

Les principes idéologiques et juridiques qui fondent la construction de l'État-nation au Mexique reposent effectivement sur les principes du droit occidental moderne, tant les textes de la veille de l'Indépendance comme ceux qui sont postérieurs illustrent le choix de l'élite indépendantiste du Mexique.

Un certain nombre de documents promulgués durant les 11 années de guerre d'Indépendance (1810 à 1821) évoquent déjà les principes de la pensée juridique adoptée à l'Indépendance.

[1] Michel Alliot, 1983, « Anthropologie et juristique... », *Bulletin de liaison du LAJP*, *art. cit.*, pp. 110-112.

La *Constitution politique de la Monarchie espagnole jurée à Cadix* le 19 mars 1812 a été à son tour promulguée en Nouvelle-Espagne le 30 septembre 1812. Ce texte joue un rôle très important dans le développement postérieur de la pensée juridique. L'influence des idéaux de la Révolution française se manifeste dans les principes de souveraineté populaire, de compétence pour édicter les lois et le principe de l'unification du droit par le biais de la codification que le texte constitutionnel reprend de la manière suivante :

> « Art. 3. La souveraineté réside essentiellement dans la Nation, il n'appartient qu'à la Nation, exclusivement, le droit d'établir ses lois fondamentales.
> Art. 27. Le parlement est la réunion de tous les députés qui représentent la Nation [...].
> Art. 131. Les compétences du parlement sont :
> Première : Proposer et voter les lois, les interpréter et y déroger en cas nécessaire [...].
> « Art. 258. Les codes civil, criminel et du commerce seront les mêmes pour toute la monarchie, sans préjudice des variations qui pourront être introduites par les parlements selon des circonstances particulières[1]. »

En ce qui concerne le *Décret constitutionnel pour la liberté de l'Amérique mexicaine* d'octobre 1814, ce document énumère parmi les principes adoptés la séparation des pouvoirs (articles 11 et 12), la loi comme expression de la volonté générale applicable à tous sans distinction (articles 18 et 19) et l'importance de la propriété privée et de la liberté (article 24). Ces principes posent déjà les fondements d'une conception de la loi générale, abstraite et impersonnelle et la primauté des droits individuels.

> « Art.11. Les attributions de la souveraineté sont triples : la faculté de faire les lois, la faculté de les faire exécuter, la faculté de les appliquer aux cas concrets.
> Art. 12. Ces trois fonctions du gouvernement, législative, exécutive et judiciaire, ne doivent pas être concentrées dans une seule personne, ni une seule institution.
> Art. 18. Loi : c'est l'expression de la volonté générale orientée vers la concrétisation du bonheur commun ; cette expression s'énonce par les actes de la représentation nationale.
> Art. 19. La loi doit être la même pour tous, car son objet n'est autre que d'indiquer la manière dont les citoyens doivent se conduire dans les cas où la raison exige qu'ils s'orientent par cette règle commune.
> Art. 24. Le bonheur du peuple et de chaque citoyen consiste dans la jouissance de l'égalité, de sécurité, de la propriété et de la liberté. La

---

[1] *Constitución Política de la Monarquía Española*, 1812, Cádiz, Manuel Antonio Valdés impresor de la cámara de S.M. *Voir* Felipe Tena Ramírez, 1991, *Leyes Fundamentales de México 1808-1991*, México, Editorial Porrúa, pp. 60-104.

conservation intégrale de ces droits est l'objet de l'action des gouvernements et le seul objectif des associations politiques[1]. »

Il semble très significatif de trouver la mention précise du terme « soumission » pour évoquer les obligations des citoyens :

« Art. 41. Les obligations des citoyens envers la patrie sont : une pleine **soumission aux lois**, une obéissance absolue aux autorités constituées, une disposition à contribuer aux charges publiques, un sacrifice volontaire des biens et de la vie si les circonstances l'exigent. L'exercice de ces vertus constitue le véritable patriotisme[2]. »

La nouvelle tendance juridique, reprise par les deux documents, s'éloignait complètement du régime colonial antérieur de fors et de privilèges qui se caractérisait par l'inexistence d'organes spécialisés destinés exclusivement aux tâches judiciaires. L'esprit que traduisent ces textes correspond à ce que Michel Alliot décrit comme l'archétype de soumission.

Les différentes tendances idéologiques qui sont apparues au sein de la société coloniale, et, surtout, les intérêts antagoniques entre les divers groupes se sont développés après la dissolution des liens avec la métropole. Les luttes entre conservateurs et libéraux, qui se sont prolongées pendant des décennies après l'indépendance, ont eu des répercussions dans tous les domaines de la « vie nationale ». Pour les libéraux, il fallait rompre avec tous les anciens modèles hérités de la colonisation. Une transformation de la société visant le « développement » était nécessaire et les institutions aussi bien que la législation avaient un rôle essentiel à jouer en tant qu'instruments pour l'atteindre[3]. Le groupe conservateur, de son côté, s'efforçait de maintenir les lois et les institutions héritées de la vice-royauté (*virreinato*), en les adaptant aux nouveaux besoins. Ils s'opposaient à certaines innovations libérales, car les conservateurs considéraient que les problèmes du Mexique venaient du fait que les premiers législateurs libéraux avaient adopté des normes qui étaient incompatibles avec la réalité. Les idées concernant le système juridique ne pouvaient pas être étrangères à l'idéologie politique des uns et des autres. Les libéraux, séduits par les idéaux de la Révolution française, cherchaient à adapter les législations française et nord-américaine aux besoins du Mexique. Les conservateurs, eux, préféraient la systématisation de l'ancienne législation coloniale dans des Codes modernes ayant pour base le corpus juridique des *Siete Partidas* et la compilation des lois des royaumes des Indes de 1680, gardant ce qui

---

[1] *Decreto Constitucional para la libertad de la América mexicana*, Apatzingan, 1814. *Voir* Felipe Tena Ramírez, 1991, *Leyes Fundamentales de México 1808-1991*, *op.cit.*, p. 33-34.

[2] *Idem,* p. 36.

[3] Francisco de Icaza Dufour, 1972, « Breve reseña histórica de la legislación civil en México desde la época precortesiana hasta 1854 », *Jurídica. Anuario del departamento de derecho de la Universidad Iberoamericana*, n°4, México, p. 212.

pouvait être utile et rejetant ce qui ne l'était pas. Ainsi, les pratiques légitimes seraient reprises dans la législation, laissant de côté les institutions qui n'étaient pas conformes aux besoins de la société[1].

Le groupe des libéraux, avec ses différents courants, a lutté pour la séparation du pouvoir étatique et du pouvoir religieux, pour l'assujettissement de l'Église au pouvoir étatique, pour la disparition des lois d'exception et des privilégiés, pour les libertés commerciales, de pensée et d'expression, et pour l'adoption du gouvernement républicain et fédéral. Le groupe des conservateurs, également avec des différences internes, accusait les libéraux de rompre avec les traditions centenaires qui avaient favorisé le « développement ». De manière générale, les conservateurs prétendaient maintenir les caractéristiques du régime colonial, surtout celles sur lesquelles se basaient leurs privilèges. Ils prônaient l'adoption d'un régime républicain centralisé et certains même l'adoption d'une monarchie constitutionnelle modérée.

Concernant l'organisation de l'État, la tendance majoritaire des députés du Mexique indépendant était fédéraliste. L'acte constitutif de la fédération mexicaine, du 31 janvier 1824, réaffirme le fédéralisme qui va se cristalliser dans la *Constitution fédérale des États-Unis mexicains* de 1824[2]. Les fondateurs de la République ont décidé qu'à la place des lois spéciales protégeant certains individus et faisant des distinctions de castes, de « race » et de classes, les Mexicains devraient être égaux devant la loi. Les habitants devaient tous jouir des droits et des obligations des citoyens. L'objectif à atteindre était celui de la « nation », considérée comme un ensemble d'hommes qui professaient des croyances communes et tendaient vers un même but. La seule énonciation des principes républicains était censée effacer les trois siècles de régime colonial. La rédaction et la promulgation de la charte constitutionnelle devaient rendre effectif l'idéal libéral. Mais le fondement de la « nation » républicaine était difficile à trouver dans l'état des choses. Le passé préhispanique était interprété comme une époque caractérisée par la barbarie et par une sorte de despotisme, le régime colonial (sous la domination du royaume de Castille), quant à lui, était perçu comme une période d'obscurantisme religieux. La République libérale ne pouvait donc pas être érigée sur ces bases. Pour l'élite libérale de l'époque, il existait un antagonisme insurmontable entre les antécédents historiques du Mexique et son futur développement. On tentait de bâtir la modernité du Mexique par le biais de la législation.

---

[1] *Ibidem.*

[2] Si le fédéralisme adopté au Mexique est le résultat de l'influence du système nord-américain et de la Constitution de Philadelphie, il répond également aux pressions que certaines régions ont exercées, notamment le Oaxaca et le Chiapas, qui ont conditionné leur appartenance à la fédération mexicaine à l'adoption d'un régime fédéral.

Du point de vue du corps social, l'idéologie du métissage et la modernité dessineront le profil idéal de la nation. Le citoyen mexicain imaginé ne devait être ni espagnol, ni indien mais métis afin d'assurer l'intégration culturelle et identitaire de la nation naissante. Les populations indigènes ont été ainsi progressivement acculturées, assimilées et dissimulées derrière cette citoyenneté mexicaine. Effectivement, la population proprement identifiée comme indienne est passée d'une large majorité au début de la lutte d'Indépendance au Mexique (1810), aux timides dix pour cent de l'actualité. La « grande transformation » a eu lieu entre le XIXe siècle et le XXe, dans l'espace d'un siècle[1] ; dès lors la population mexicaine s'est identifiée et définie comme métisse. Il ne s'agit en aucun cas d'une transformation raciale de la nation, mais d'une généralisation de mœurs, mentalités, style de vie, plus occidentalisés. Ainsi, les signes incontournables de cette acculturation dénommée « métissage », *mestizaje*, seront la locution du castillan et l'appartenance à une classe sociale plus ou moins aisée, c'est-à-dire à la classe moyenne émergente.

La stigmatisation sociale et culturelle des Indiens a été une constante tout au long du XIXe siècle. La faiblesse politique et sociale du pays était attribuée à « la condition arriérée » des populations indigènes, considérée comme un obstacle pour le développement du pays. Les peuples du nord qui occupaient de grandes étendues de terres n'étaient pas reconnus par le Mexique indépendant. Soit ils devenaient Mexicains et se soumettaient aux lois et à l'identité nationales, soit ils restaient des rebelles devant être combattus pour sauvegarder la souveraineté du pays. Dans ce cas, ils étaient traités comme des traîtres et des ennemis jurés de la patrie. Les « chasseurs d'Indiens » étaient payés, en 1859 à Chihuahua, 200 pesos pour un Indien mort, 250 pour un prisonnier, 150 pour une femme ou un enfant vivant, et 100 pesos s'ils étaient morts. Les Indiens vivants étaient plus « appréciés », car ils pouvaient être vendus à des aventuriers nord-américains[2]. Les *Yaquis* et les *Mayos* se sont révoltés à plusieurs reprises (1825, 1885, 1905). Sous le régime de Porfirio Díaz (1880-1910), beaucoup ont été envoyés au Yucatán, État à l'extrême sud du pays, étant considérés comme des « ennemis obstinés de la civilisation[3] ». Le métissage fut donc l'axe fondamental de la construction de l'État-nation du Mexique.

En effet, le projet national ne pouvait pas inclure les populations indigènes comme composantes sociales ayant des cultures propres. D'ailleurs, la différence culturelle n'était pas reconnue comme telle. Elle était abordée comme le résultat des inégalités d'une évolution unilinéaire et

---

[1] Federico Navarrete, 2010, « 1847-1949: el siglo que cambió la historia indígena mexicana », Josefina Mac Gregor (coord.), *Miradas sobre la nación liberal: 1848-1948. Proyectos, debates y desafíos*, UNAM, pp. 137-151.

[2] Guillermo Bonfil Batalla, 1998, *México profundo, una civilización negada*, México, Grijalbo, p. 151.

[3] *Ibidem.*

d'un degré de développement historique expliquant la dichotomie inférieur-supérieur. Si l'inégalité disparaissait, la différence devrait, elle aussi, disparaître. Seul le métissage pourrait assurer l'intégration. Le métis était né comme le résultat de la confluence enrichissante de deux « races », de deux cultures[1]. Le métis fut la synthèse du « mexicain ». Stabb Martins considère que l'inévitable métissage entre indigènes et Castillans au cours d'un ou deux siècles a formé « l'authentique » Mexicain du futur, aussi différent du Castillan et de l'Indien qu'il l'était de l'Italien et de l'Allemand[2]. Les métis représentaient une unité d'origine, une unité de langue, une unité de devoirs, de propos et d'aspirations.

Les libéraux considéraient, selon leur conception de la nation, que les Indiens ne pouvaient pas être à la base d'une société mexicaine progressiste. Les différences économiques étaient reconnues, ce n'était pas le cas des différences culturelles. Les termes d'Indien, d'indigène et d'autochtone étaient inexistants dans le langage officiel.

> « La présence de l'autochtone dans la vie nationale a impliqué le besoin de lui accorder une nouvelle identité : celle de citoyen [...]. L'existence de l'Indien est niée et se trouve diluée dans celle du Mexicain[3]. »

Pour être mexicains, les indigènes devaient renoncer à leur identité. Le gouvernement libéral expropriait ainsi non seulement les terres des indigènes, mais également leur monde, leur imaginaire, leur passé. Bonfil Batalla a appelé cet état de fait « un dépouillement culturel[4] ».

Alors que l'élite libérale sacralisait la propriété individuelle, les indigènes luttaient contre la répartition des terres communales. Une « nation » moderne et « civilisée » devait être une nation où chacun aurait sa parcelle de terre, petite ou grande, selon ses capacités. Pas d'autre chemin pour le développement national que le travail individuel fondé sur l'intérêt individuel et sur la propriété individuelle. La propriété communale de la terre était donc un obstacle qu'il fallait éliminer. Le nombre d'indigènes sans terre croissait ; ils furent engagés comme main-d'œuvre bon marché et contrôlés par la force et en particulier en raison de leur endettement. L'indigène devait faire face à cette situation, seul, sans autre arme que sa propre résistance. C'était le moyen (imposé) pour atteindre la citoyenneté libérale et moderne : l'égalité juridique. Ainsi défavorisés, les indigènes ont perdu les maigres prérogatives dont ils jouissaient pendant la période coloniale. Un processus de redéfinition des sujets de Droit opère aussi pour

---

[1] *Idem,* p.164.

[2] Cité par Enrique Florescano, 1999, *Etnia, estado y nación ; ensayo sobre las identidades colectivas en México,* México, Aguilar, p. 504.

[3] Gonzalo Aguirre Beltrán, cité par Carlos Montemayor, 1994, « La autonomía : un proceso para conocer y reconocer a las culturas indígenas », *Revista del Senado de la República,* México, CONACULTA – ERA, p. 74.

[4] Guillermo Bonfil Batalla, 1998, *México profundo, una civilización negada, op. cit.,* p. 164.

assurer le développement du système capitaliste ; la diversité culturelle est juridiquement omise pour faire place à des sujets interchangeables, appréciables par leur force de travail[1].

La réception de la codification et les principes du système civiliste entraînent donc le choix d'un modèle de société. On peut mesurer l'importance et l'originalité des efforts accomplis en vue d'adopter le modèle occidental pour envisager un nouveau paysage juridique. Il ne faut cependant pas négliger le fait qu'il est rare que la loi, même importée, demeure longtemps tout à fait étrangère[2]. Le droit légiféré des peuples en cours d'acculturation montre parfois son originalité, même si cette originalité des textes ne se traduit pas nécessairement par une adaptation réelle aux pratiques des populations. Pour les nations qui entrent dans le cadre étatique, la conscience de l'unité est à forger et le droit se révèle un instrument privilégié de cette entreprise. Les États cherchent à unir et à unifier une population hétérogène à partir de son adhésion à certains principes généraux qui doivent être partagés par tous. Le droit est érigé comme l'élément d'articulation de l'unité du corps social. Michel Alliot soutient que le passage du « monde juridique discontinu » à l'univers juridique unique et homogène ne s'accomplit pas par simple élimination du premier et que l'observation rend compte de la permanence d'une pluralité et d'une hétérogénéité d'ordres juridiques[3]. Cette pluralité d'ordres est observable au Mexique lors de l'indépendance, une pluralité d'ordres juridiques dont la coexistence est loin d'être pacifique. Le passage du régime colonial à l'État républicain fut à l'évidence un des changements les plus radicaux que le Mexique ait connus. Pour la première fois depuis la création des cités méso-américaines, les peuples indigènes n'ont pas eu de protection juridique pour défendre leurs droits territoriaux. Les modifications les plus importantes provenaient de la loi, qui devenait un mécanisme pour façonner le paysage juridique des peuples en cours d'acculturation. Contrairement à la situation de la période coloniale, où le régime juridique impliquait la reconnaissance de la pluralité ethnique du pays, pour le nouvel État indépendant, tous les habitants du pays étaient des citoyens mexicains et, par conséquent, ils devaient vivre sous un régime juridique unique.

Le détour par la théorie des archétypes juridiques de Michel Alliot nous a aidée à mieux cerner les représentations juridiques qui, dès lors, seront amenées à évoluer parallèlement, s'enchevêtrer, se constituer mutuellement… Le lecteur aura anticipé la complexité d'une telle accumulation de référents, représentations et pratiques. Les pages qui vont suivre seront consacrées précisément à la gestion de ces héritages et au devenir des Indiens face à la nation au Mexique.

---

[1] Étienne Le Roy, 1979, « Les droits africains traditionnels et la modernité », *art. cit.*, p. 36.
[2] Michel Alliot, 1968, « L'acculturation juridique », *art. cit.*, p. 1206.
[3] *Idem*, p. 1187.

CHAPITRE 4

ÉTAT, DROIT, ET INDIENS : LA GESTION JURIDIQUE DE LA DIFFERENCE

Les phénomènes de diversité culturelle des États contemporains sont difficilement comparables, chaque contexte se caractérisant par une réalité fort historiquement construite et dont résultent des défis singuliers. Will Kymlicka, théoricien libéral du multiculturalisme, distingue deux modèles idéaux types d'États multiculturels : les États polyethniques et les États multinationaux. Dans les premiers, le phénomène s'explique par l'immigration, dans les deuxièmes par l'incorporation de « cultures » préexistantes à une structure étatique moderne, ces « nations » revendiquant le droit de conserver leur caractère distinctif de la culture majoritaire, la reconnaissance de formes d'autonomie et d'autogouvernement[1]. Si nous adhérons à cette typologie, le Mexique se situe dans cette catégorie d'États multinationaux dont la diversité culturelle se fonde sur les peuples dénommés autochtones, indigènes ou encore *originarios* – pour mieux signaler leur antériorité à la conquête, et donc leur légitimité d'appartenance à l'organisation étatique postérieure.

L'articulation État, droit, Indiens ne se limite pas à une affaire de statut juridique et de simple reconnaissance constitutionnelle de la différence. Les imaginaires sur la nation, les imaginaires sur l'altérité et leurs variations dans le temps convoquent des questions historiques, sociologiques, anthropologiques, politiques et bien d'autres. Il faut bien commencer par nommer la différence, l'identifier, la stabiliser dans une certaine mesure, pour ensuite la gérer[2]. La problématique qu'évoque la gestion juridique de la diversité culturelle se construit donc au carrefour des questions de l'altérité, de l'instrumentalisation stratégique des discours et des résistances politiques et identitaires certes, mais aussi au sein des visions unitaires selon lesquelles État, nation et droit sont uniques et se trouvent intimement liés face aux paradigmes pluralistes de l'interculturalité.

En effet, le cadre constitutionnel mexicain, comme celui des « constitutions multiculturelles » de l'Amérique latine d'ailleurs, reflète le

[1] Will Kymlicka, 2006, *Ciudadanía multicultural*, Barcelone, Paidós, pp. 25-26.

[2] À la suite des travaux de Claudia Briones et de Paula López Caballero, nous retenons l'expression « régime national de l'altérité », pour rendre compte des agencements institutionnels par lesquels la diversité culturelle, en l'occurrence celle des peuples indiens au Mexique, est produite, définie, stabilisée et se gérée par l'État. Voir Claudia Briones, *(Meta)cultura del estado-nación y estado de la (meta)cultura : Re-pensando las identidades indígenas y antropológicas en tiempos de post-estatalidad*, Brasilia, Universidad de Brasilia, Serie antropología, 1998.

tiraillement entre une conception unitaire de l'État et du droit et une reconnaissance explicite de la pluralité de la nation, du droit et des institutions. Ceci explique les nombreux remaniements constitutionnels à partir des années 1980, que les pays latino-américains ont expérimentés pour tenter de faire face à ces exigences. Ce chapitre a pour intention de retracer l'évolution que connaît l'articulation État, droit et Indiens. Dans une première section, nous proposons l'analyse de l'incorporation constitutionnelle du caractère pluriel de la nation au Mexique. Dans une seconde section, nous présentons l'aperçu d'un cadre institutionnel insatisfaisant qui, pour autant, n'empêche pas les populations concernées de produire et reproduire leur vie en société en marge de cette organisation étatique.

Statut constitutionnel : principes d'unité et de rationalité juridique

La *Constitution politique des États-Unis Mexicains* du 5 février 1917 est toujours en vigueur, bien que complétée d'un nombre d'amendements très important[1]. La Constitution est un texte où coexistent des dispositions qui répondent à des contextes aussi hétérogènes que le contexte postrévolutionnaire du Mexique (réforme foncière au bénéfice des paysans, conquêtes sociales en matière de travail, séparation entre l'Église et l'État, etc.) et le contexte d'un libéralisme économique où le rôle de l'État tend à être de plus en plus réduit et où l'idée des secteurs stratégiques ne fait plus grand sens. Les institutions politiques du Mexique ne répondent donc pas vraiment à un ensemble idéologique ou à des principes cohérents, ce qui pose souvent la question du besoin de rédiger une nouvelle Constitution[2]. Une des questions qui illustre ce manque de cohérence existant entre des dispositions insérées et l'esprit sous-jacent à la Constitution est, sans doute, celle de la reconnaissance des peuples indigènes.

Il est aisé de comprendre que dans un contexte où la conscience d'une identité nationale était à développer, la reconnaissance de particularités culturelles allait à l'encontre de l'objectif et n'était même pas envisageable. En effet, depuis son indépendance, le Mexique a connu une série de textes et dispositions constitutionnels, qui d'une manière ou d'une autre expriment la volonté de mettre en place les bases de la construction de l'État-nation, d'une et unique identité nationale, et d'un et unique droit. Actuellement, le contexte exige une tout autre approche ; on reconnaît l'existence d'États multiculturels et le besoin de tenir compte des diversités. Si la Constitution

[1] Ceci en dépit de faire partie des constitutions dites rigides qui pour leur élaboration et leur modification prévoient une procédure différente de la procédure législative ordinaire.

[2] Dans l'actuel contexte politique, la crainte d'un excès de libéralisation des institutions et de l'abandon des principes de la Révolution mexicaine, de nos jours bien loin dans les esprits, semble fondée.

mexicaine essaie de répondre, un tant soit peu, à ces exigences de multiculturalité, il est également vrai que l'esprit unificateur, relation indissociable entre l'État, le droit et la nation, n'est pas pour autant dépassé.

Nous envisagerons maintenant l'évolution constitutionnelle en matière indigène jusqu'au premier amendement de la Constitution placé, lui, sous le signe de la reconnaissance de la diversité culturelle du Mexique. Ensuite, nous nous intéresserons au deuxième amendement en le situant dans le contexte des revendications dans lequel il s'inscrit.

Émergence institutionnelle

Nous commencerons par situer les grands traits de ce qui peut être identifié comme la place des peuples indigènes au sein de l'organisation et du discours étatiques pour aborder ensuite le premier amendement de la Constitution en matière de peuples indigènes.

De nombreux éléments peuvent rendre compte des positions officielles qui se sont succédé face à la question de la population indigène. Ainsi, les recensements de population du début du XXe siècle situent les indigènes dans la catégorie de la population étrangère. Ceci peut sans doute s'expliquer par le fait que le critère linguistique a toujours été le facteur selon lequel la population indigène a été officiellement identifiée au Mexique, la différenciant ainsi de la population parlant castillan. Deux époques sont représentatives d'un certain changement du positionnement officiel : une quasi inexistence juridique du XIXe siècle au début du XXe et une timide apparition sur la scène politique au XXe siècle.

La Constitution de 1824 passe sous silence l'existence d'indigènes ou de peuples ayant des langues et des traditions différentes. À l'époque, accorder des droits différenciés pour les indigènes ne pouvait pas être envisagé, ceci allait à l'encontre du principe d'égalité si cher à l'élite politique. Le pays s'est donc formellement organisé en fonction de l'imaginaire de l'homogénéité nationale. En effet, après l'indépendance, il n'y a pas eu de cadre juridique où la présence indigène puisse être située.

La situation s'est encore aggravée avec la Constitution politique de 1857. L'article 27 supprimait l'institution juridique de la propriété communautaire de la terre. Cette disposition, visant à priver l'Église catholique et les diverses associations religieuses du pouvoir économique qu'elles détenaient, a également affecté les peuples et les communautés autochtones. Selon ce texte aucune association civile, religieuse ou autre, de quelque caractère, dénomination ou objet qu'il soit, n'avait le droit de propriété ou d'administration de biens immeubles, à l'exception des bâtiments destinés directement au service ou à l'objet de l'institution en question. Manuel Suárez Muñoz, chargé de l'édition fac-similée de la Constitution en langue *náhuatl*, affirmait que « les Indiens qui vivaient pratiquement en autarcie économique dans le domaine de la communauté s'étaient transformés en travailleurs journaliers, en prolétaires ruraux au service des grands propriétaires [...] ; le paradoxe venait du fait qu'au nom de la liberté, le dépouillement des biens des Indiens a été mis en place[1] ». En application du principe de la liberté des contrats et de l'égalité, des contrats de travail de 99 ans ont été légalisés et un nombre important d'Indiens ont été réduits à un asservissement économique. La proclamation de l'égalité de tous les citoyens de la République a privé les peuples indigènes de leur droit à une organisation communautaire et les a dépouillés de la personnalité juridique pour défendre leurs terres. Ceci sans qu'aucune législation sociale ne soit proposée pour pallier les « désavantages » du traitement égalitaire dans les faits.

Les *lois de la Réforme* mises en place par le Président Juárez et son équipe libérale, à qui on doit la nette séparation entre l'Église et l'État entre autres, ont également été lourdes de conséquences pour les peuples indigènes. La *loi de désamortissement des biens* a affecté les terres des communautés autochtones, même si l'exécution de cette loi a été partielle et qu'après la Révolution, initiée en 1910, plus de 40 % des peuples autochtones conservaient encore leurs terres. La *loi Juárez* sur l'administration de la justice a supprimé les juridictions particulières et, avec elles, celles destinées aux Indiens.

Il semble ironique, dans ce contexte, que ce soit le régime impérial de Maximilien d'Autriche qui, en 1866, ait mis en place un cadre juridique plus favorable aux autochtones avec la promulgation de deux décrets. Ces décrets prévoyaient des procédures pour que les peuples autochtones récupèrent les terres dont ils avaient été dépouillés mais, avec la restauration de la République, les décrets ont été invalidés. La Constitution de 1857 a été remise en vigueur et, avec elle, l'article 27. La dépossession foncière et la marginalité subies par les peuples indigènes se sont prolongées jusqu'à la Révolution mexicaine (1910).

En effet, ce fut avec la Révolution mexicaine sous les consignes de « Terre et Liberté » et « La terre appartient à celui qui la travaille » qu'Emiliano Zapata initia un processus de revendication foncière. Le mouvement zapatiste et la participation des indigènes à la lutte révolutionnaire ont permis un dialogue dans le cadre de la rédaction de la nouvelle Constitution pour y introduire les revendications des paysans. La Constitution de 1917 a reconnu d'une manière indirecte la présence des communautés indigènes et leur droit à la terre. Ainsi, sans pour autant utiliser les termes d'indigènes, d'Indiens ou d'autochtones, l'article 27 a prévu la réforme agraire. Si les indigènes n'ont pas été reconnus dans leur spécificité culturelle, ils apparaissaient pourtant dans le texte constitutionnel comme une catégorie générale de paysans et de communautés ayant des

[1] Miguel León Portilla, 1994, « La antigua y la nueva palabra de los pueblos indígenas », *Revista del senado de la República*, México, CONACULTA – ERA, p. 51.

droits fonciers. Ce nouvel article ouvrait toutefois une perspective plus favorable aux autochtones.

Pour les paysans des hautes terres du Chiapas, la véritable révolution a été celle du Président Lázaro Cárdenas dans la deuxième moitié des années 1930. Sous son mandat, la mise en œuvre de la réforme agraire et l'abolition du travail salarié agricole pour cause de dettes (*peonaje*) ont eu plus de suivi. Les populations rurales ont finalement bénéficié, même si ce n'est que marginalement, des principes de la Révolution mexicaine, dont elles étaient les laissées-pour-compte en termes de propriété foncière.

L'aspect ethnique et la différence culturelle ont été à l'époque une affaire à l'échelle latino-américaine. L'idéologie indigéniste a marqué les actions et les politiques gouvernementales vis-à-vis des peuples indigènes, dans la deuxième partie du XXe siècle. En outre, la ratification de la Convention 169 de l'OIT par le gouvernement mexicain à la fin des années 1980 montre l'influence du débat international sur la scène nationale.

Après la Révolution de 1910, la Constitution politique de 1917 a fixé le cadre juridique qui devait favoriser le « développement » du Mexique postrévolutionnaire. L'un des premiers buts à atteindre était, une fois de plus, l'homogénéité de la société fondée sur le métissage. Face à la problématique indigène, le gouvernement « révolutionnaire » a conçu et développé un projet politique fondé sur une base théorique *ad hoc*. C'est la naissance de l'indigénisme (*indigenismo*). Les principes qui animaient l'indigénisme se fondaient sur la reconnaissance des manifestations culturelles des différents peuples. D'après cette vision indigéniste, les manifestations culturelles ne pouvaient ni être hiérarchisées à partir d'une échelle de valeurs occidentale ni être comprises en dehors du contexte des peuples indigènes. L'idéologie indigéniste se manifestait contre les considérations de l'époque qui affirmaient l'infériorité raciale de l'indigène, la négation radicale des valeurs des « cultures » indigènes et la croyance d'une supériorité absolue du modèle occidental dans tous les domaines de la vie. Cependant, le fondement de ces considérations évolutionnistes n'était pas remis en question et l'indigénisme ne contredisait point le projet de la Révolution mexicaine. Il s'agissait donc d'assimiler l'indigène à la culture dominante et de lui faire perdre sa spécificité culturelle historique. Le débat se situait alors autour de la meilleure stratégie pour y parvenir.

À cet égard, le ministère de l'Agriculture avait un service, *Dirección de antropología* (direction d'anthropologie), dont l'objectif était de dresser un répertoire détaillé des peuples indiens du pays. L'idée était d'identifier les conditions d'habitation et de production ainsi que les populations indigènes qui habitaient dans les différentes régions. Manuel Gamio, l'anthropologue et archéologue initiateur de cette entreprise, reconnaissait qu'il y avait de grandes divergences culturelles et une importante diversité de langues ; il fallait donc trouver les moyens les plus efficaces pour que l'espagnol soit parlé par tous, sans que pour autant les langues indigènes se perdent. Pour la première fois, dans le contexte gouvernemental du Mexique indépendant, la pluralité linguistique et culturelle a été évoquée, tout en gardant à l'esprit le besoin d'un « développement économique, physique et intellectuel » des peuples indigènes, expression qui gardait une connotation occidentale certaine. Le gouvernement poursuivait l'incorporation des indigènes à la vie nationale et « moderne ».

En 1940, le Président Lázaro Cárdenas (1934-40) a réuni le Premier Congrès indigéniste interaméricain. Anthropologues, historiens, sociologues de toute la région ont conjugué leurs efforts pour réfléchir sur le « problème indigène », *el problema indígena*. Une des résolutions du Congrès indigéniste a été la création d'un Institut indigéniste interaméricain sur la base d'une convention internationale. Des Instituts nationaux indigénistes ont été par la suite créés dans plusieurs pays du continent. L'Institut national indigéniste du Mexique a vu le jour le 4 décembre 1948. Son objectif principal était de veiller à la garantie des besoins sanitaires, techniques, économiques, éducatifs des indigènes et de promouvoir la construction de voies de communication entre les villages indigènes. Des écoles ont été construites à la campagne, dans les villages, pour diffuser les principes du référent culturel dominant. L'intérêt pour la « culture » et pour la « mentalité » indigènes s'expliquait par le fait que l'entreprise recherchée était d'atteindre les objectifs de développement fixés pour ces populations. La principale critique faite aux démarches de l'Institut a été la volonté affichée de vouloir, une fois de plus, assimiler les peuples autochtones à la « culture » majoritaire du pays[1].

L'Institut national indigéniste disparaît le 21 mai 2003 pour faire place à la Commission Nationale pour le Développement des Peuples Indigènes (CDI). Le projet et la loi qui créent ladite commission n'ont pas été soumis à l'approbation de la population indigène en général. Les objectifs, la structure et les fonctions du nouvel organisme en font un organe de consultation de l'administration publique concernant les programmes et les politiques destinés à la population indigène. Les décisions de l'organe sont prises par un conseil de gouvernement formé par les ministres du gouvernement fédéral. Les populations indigènes et leurs représentants ne participent qu'en tant que conseillers, sans avoir un pouvoir concret de décision[2]. Ainsi, après 55 ans de vie institutionnelle, l'INI cède sa place à la CDI.

L'INI, qui en dépit de ses limites et d'un esprit paternaliste, avait toutefois réussi à rendre plus visible institutionnellement une partie de la population mexicaine. Dans le domaine des études scientifiques, de

---

[1] Miguel León Portilla, 1998, «La palabra indígena y el Instituto nacional Indigenista », *La Jornada* (11 de diciembre de 1998), México.

[2] Rosalva Aída Hernández Castillo, Sarela Paz, María Teresa Sierra (coord.), 2004, *El Estado y los indígenas en tiempos del PAN : Neoindigenismo, legalidad e identidad*, México, CIESAS – Miguel Ángel Porrúa, p. 11.

multiples monographies, ethnographies, études statistiques, etc. sur les peuples indigènes ont vu le jour. Dans le domaine de la justice, le champ d'action privilégié des politiques de l'INI a été celui de faciliter l'accès à la justice étatique d'une population complètement marginalisée par l'institution. Mais l'INI avait surtout marqué des points forts auprès des populations indigènes, pour lesquelles l'institution constituait une référence et un intermédiaire fiable dans leurs rapports avec l'État.

D'un point de vue national, l'idéologie indigéniste et les politiques de l'INI ont favorisé la présence indigène dans les préoccupations nationales. D'un point de vue international, le travail de l'OIT va contribuer également à renforcer la reconnaissance des droits des populations indigènes par l'État mexicain.

L'Organisation internationale du travail (OIT) est une des institutions créées pour assurer un nouvel ordre international après la Première Guerre mondiale ; elle est chargée spécifiquement de veiller à la garantie d'une justice sociale, considérée indispensable pour le maintien de la paix. Durant l'entre-deux guerres, elle s'occupait principalement des *travailleurs* autochtones ; elle a ensuite élargi son action aux *peuples* autochtones en tant que tels. Les Conventions 107 et 169, les deux textes majeurs de l'OIT rédigés à 32 ans d'intervalle, reflètent le passage de l'esprit assimilationniste au « pluralisme conditionnel[1] ».

Adoptée en 1957, *la Convention 107 concernant la protection et l'intégration des populations indigènes et autres populations tribales et semi-tribales dans les pays indépendants* avait comme principe l'assimilation. L'idée fondamentale sous-jacente était que la manière la plus efficace d'abolir les inégalités dont les autochtones souffraient résidait dans leur assimilation, assimilation réalisée notamment grâce à l'uniformisation juridique. Il fallait donc assurer « leur intégration progressive dans leurs communautés nationales respectives ». La Convention évoquait le terme de « populations », et non de « peuples », et ne faisait aucune allusion à la notion d'autonomie. Le texte doit certes être analysé dans le contexte de l'époque ; il n'en demeure pas moins que la Convention reposait sur un préjugé évolutionniste selon lequel les autochtones étaient en retard par rapport aux sociétés dominantes. Ainsi, l'article premier précisait que le texte devait s'appliquer « aux membres des populations tribales ou semi-tribales dans les pays indépendants, donc les conditions sociales et économiques correspondent à un stade moins avancé que le stade atteint par les autres secteurs de la communauté nationale[2] ».

---

[1] Norbert Rouland, Stéphane Pierré-Caps, Jacques Poumarède, 1996, *Droit des minorités et des peuples autochtones*, coll. Droit fondamental, droit politique et théorique, Paris, PUF, pp. 405-406.

[2] *Idem*, p. 407.

Ayant une approche différente, la Convention 169 *concernant les peuples indigènes et tribaux dans les pays indépendants*, adoptée en 1989, a remplacé la Convention 107. La définition de « peuple autochtone » ne fait plus mention d'un stade de développement moins avancé. Il revient désormais aux peuples autochtones eux-mêmes de décider le degré de spécificité dont ils entendent jouir, de participer aux décisions les concernant, d'exprimer librement leur désir sur les mesures qui doivent être adoptées pour leur protection et celle de leur culture et ils ne peuvent pas être contraints d'accepter des mesures les concernant sans leur consultation et accord préalables. Les autochtones passent du statut d'objet du droit à celui de sujets de droit. La Convention omet les notions d'autodétermination ou d'autonomie bien qu'elle semble y aboutir étant donné les nombreuses dispositions garantissant les institutions indigènes[1]. Elle propose le respect des peuples dans leur culture, leur religion, leur organisation sociale et économique et dans leur propre identité pour qu'aucun État ne s'arroge la faculté de nier l'identité sous laquelle ils s'affirment. Les dispositions de la convention accordent cependant une autonomie relative aux normes autochtones, ce qui est interprété comme une incontestable limite de la part de certaines organisations autochtones.

> « 2. Les peuples intéressés doivent avoir le droit de conserver leurs coutumes et institutions dès lors qu'elles ne sont pas incompatibles avec les droits fondamentaux définis par le système juridique national et avec les droits de l'homme reconnus au niveau international[2]. »

En 1990, le gouvernement mexicain a souscrit à cette Convention. Ratifiée par le gouvernement de la Norvège, du Mexique, de la Colombie, de la Bolivie, du Costa Rica, du Paraguay et du Pérou, la Convention 169 est entrée en vigueur le 6 septembre 1991. Les États membres devaient adapter leur législation et entreprendre des actions gouvernementales en accord avec les dispositions de la Convention. Ils devaient informer régulièrement sur l'application de ses principes et répondre aux observations et suggestions de la Commission d'experts pour l'application des conventions et recommandations de l'OIT. L'article 133 de la Constitution mexicaine précise que tous les traités internationaux signés par le Président de la République en fonction et ratifiés par le Sénat sont considérés comme la « loi suprême de toute l'Union » au même titre que les lois et les Codes fédéraux. En conséquence, la Convention est censée faire partie de la législation interne du pays.

L'intérêt croissant de la question à un niveau international a sans doute été un facteur déterminant pour la prise en compte du thème dans le débat national et à l'origine du premier amendement de la Constitution en matière

[1] *Idem*, pp. 408-410.
[2] *Ibidem.*

indigène. Cette déclaration de pluriculturalité inaugure le début du paradigme juridique de la diversité culturelle ; c'est dans cette mesure que les détails du statut constitutionnel des peuples indiens vont être approfondis.

Le 13 décembre 1990, le Président de la République[1] présente au Parlement un projet d'amendement à l'article 4 de la Constitution. Le projet avait pour but la reconnaissance de la composition pluriculturelle de l'État mexicain et l'établissement des bases constitutionnelles garantissant la protection et le développement des villages et des peuples indigènes du Mexique. Dans l'exposé des motifs, le Président oppose le processus de modernisation du pays aux conditions défavorables et marginalisées vécues par les peuples indigènes. Le Président reconnaît les injustices dans l'application des lois, l'absence de traducteurs dans les procès, le manque d'une défense adéquate. Il parle également du sacrifice quotidien des autochtones pour produire, conserver, défendre et enrichir leur patrimoine naturel, historique et culturel. Le nouveau cadre constitutionnel devait donc poser les bases juridiques pour protéger les différences culturelles sans que cela ne signifie pour autant la création de privilèges ou d'une catégorie différente de Mexicains. Il propose un amendement à l'article 4 dans les termes suivants :

> Article 4 : « La nation mexicaine a une composition pluriculturelle, basée originellement sur les peuples autochtones. La loi protégera et promouvra le développement de leurs langues, cultures, us et coutumes, ressources et formes spécifiques d'organisation sociale et garantira aux indigènes, l'accès efficace à la juridiction de l'État. Dans les jugements et procès fonciers, leurs pratiques et coutumes juridiques seront prises en compte selon les prescriptions de la loi[2]. »

La plupart des partis politiques représentés au Parlement se sont déclarés favorables à l'amendement de l'article 4 dans les termes du projet présidentiel. Selon les députés, l'amendement posait une réalité sociologique et historique du Mexique. Ils admettaient qu'une telle mesure ne pouvait pas résoudre le problème en soi, mais qu'elle initiait le processus pour s'attaquer à la « marginalité, le retard, l'ignorance et l'injustice[3] » dont les peuples indigènes étaient victimes. Dans le cadre de la ratification de la Convention 169 de l'OIT, les députés envisagent cette action comme une mesure d'harmonisation législative avec les principes de la Convention internationale[4].

---

[1] Carlos Salinas de Gortari (1988-1994).

[2] Exposition de motifs et initiative de décret qui amende l'article 4 de la Constitution politique des États-Unis Mexicains, Chambre de Députés, année III, n° 15, décembre 1990.

[3] Miguel Angel Quiroz (député), Article 4° de la Constitution, cinquième réforme, Débats, Chambre de Députés, année III, n° 20, juillet 3, 1991, 31 p.

[4] Gilberto López y Rivas (député), Article 4° de la Constitution, cinquième réforme, Débats, Chambre de Députés, année III, n° 20, juillet 3, 1991, 33 p.

Si les bases étaient posées pour la construction d'un « État de droit pluriel », le processus si attendu se fera attendre encore longtemps. Ce fut une sorte de feu d'artifice qui brilla de manière éphémère. Sergio García Ramírez, professeur de droit à l'UNAM (Université Nationale Autonome du Mexique), aborde ceci comme une simple « trouvaille » anthropologique, dont l'inclusion dans la Constitution politique n'était pas nécessaire. En revanche, s'il s'agissait d'une véritable reconnaissance politique et juridique, il aurait fallu concevoir un ordre juridique différent[1]. En effet, au regard des faits, ni les organes législatifs de l'État ne peuvent être considérés comme la seule source des normes juridiques, ni l'autorité des fonctionnaires publics comme la seule autorité possible, ni le fédéralisme et les municipalités comme les seuls niveaux de gouvernement. Les réflexions sur l'État et sur les institutions étatiques doivent donc passer par la prise en compte de la réalité indigène et son inclusion dans la structure institutionnelle.

La réforme de la Constitution en matière indigène reste limitée. Le thème de l'accès à la juridiction de l'État évacue l'analyse de la justice sociale puisque l'accès à la justice étatique tient uniquement compte de l'aspect individuel et de l'organisation des tribunaux. La reconnaissance d'une justice indigène autre que celle de l'État, la frontière entre systèmes juridiques sont des questions qui ne sont même pas posées. La réforme de 1991 omet le thème de l'autonomie et rend plus vulnérable la situation des peuples en affectant directement le régime foncier appliqué aux terres indigènes.

Le grand absent, dans ce premier essai de reconnaissance constitutionnelle, est le droit à la libre détermination des peuples indigènes. Ce droit peut être défini comme le droit d'un peuple à proclamer son existence et à être reconnu comme tel. Le droit à définir ses propres limites territoriales, à jouir d'un statut à l'intérieur du cadre étatique et à gérer ses propres affaires, se gouvernant et s'administrant librement[2]. L'adoption de régimes autonomes implique une décentralisation politique et administrative de l'État, c'est pourquoi la reconnaissance de l'autonomie doit être abordée comme une réforme de l'État ayant pour but la construction d'un « pacte social » entre l'État et les peuples indigènes. La reconnaissance d'un régime d'autonomie au Mexique doit donc passer par l'amendement à l'article 115 de la Constitution mexicaine qui prescrit les règles du gouvernement interne

---

[1] Sergio García Ramírez et *all.*, « Los derechos indígenas », *Cultura y derechos de los pueblos indígenas de México*, México, Fondo de Cultura Económica - Archivo General de la Nación, sans date. p. 150 et ss.

[2] Voir Héctor Díaz-Polanco, 1996, *Autonomía regional. La autodeterminación de los pueblos indios*, México, Siglo XXI editores, p. 151. Francisco López Bárcenas, 2004, « La lucha por la autonomía indígena en México : un reto al pluralismo », *El Estado y los indígenas en tiempos del PAN : neoindigenismo, legalidad e identidad, op. cit.*, p. 216. Consuelo Sánchez, 2004, « Autonomía y heteronomía. La reforma conservadora », *El Estado y los indígenas en tiempos del PAN: neoindigenismo, legalidad e identidad, op. cit.*, p. 273.

des entités fédérales, afin d'y faire figurer le domaine de l'organisation politique et administrative des villages indigènes. L'existence d'un régime d'autonomie impliquerait des réformes qui accorderaient des droits dans plusieurs domaines.

Dans le *domaine économique*, les populations indigènes devraient avoir le contrôle et la gestion de leurs terres communales et de leurs ressources naturelles. Elles devraient pouvoir planifier et exécuter les programmes de développement communautaire, ainsi que percevoir leurs propres impôts et les ressources économiques provenant tant de la municipalité que de l'État et de la Fédération, pour les administrer selon leurs propres critères. Dans le *domaine politique*, les populations devraient pouvoir élire les autorités communautaires selon leurs mécanismes internes sans que l'intervention de partis politiques soit nécessaire, ayant ainsi le pouvoir de décision dans les affaires concernant la communauté. Dans la *sphère juridique*, les populations indigènes devraient avoir la possibilité d'établir, de maintenir et de modifier les normes sociales et juridiques qui règlent la vie communautaire. Ainsi que de se voir reconnaître les compétences juridictionnelles pour que les différends soient réglés dans le domaine interne des populations. Dans le *domaine religieux*, le régime d'autonomie impliquerait le respect de la libre décision de permettre ou non l'entrée des Églises dans la communauté et la liberté de croyance et de pratique religieuses sans ingérence extérieure. Dans le *domaine éducatif*, les populations pourraient choisir les programmes éducatifs pour les instituteurs qui vont intervenir dans les espaces indigènes, et que les cours soient assurés dans leur langue.

Les revendications indigènes ne visent pas l'indépendance. L'autonomie recherchée par les populations indigènes n'implique pas la séparation ou la sécession. Elles se sentent mexicaines, mais pas au point de sacrifier leur « être indigène ». Ainsi, l'autonomie est ressentie comme la forme concrète de l'exercice de la libre détermination des peuples. Elle manifeste une faculté de décider de l'avenir, mais aussi d'avoir un pouvoir de décision pour les questions les plus immédiates et quotidiennes de la communauté. L'exercice de cette libre détermination doit également pouvoir se manifester sur un espace, un territoire déterminé, d'autant plus que pour les peuples autochtones, la terre n'est pas un simple objet de possession ou de production. La terre constitue la base de l'existence dans son aspect physique et spirituel. L'espace territorial est le fondement de la relation avec l'univers. En fait, le concept important est plutôt celui du territoire, raison pour laquelle il semble important d'analyser la régulation constitutionnelle de la propriété foncière dans le cadre de la reconnaissance des peuples indiens et se demander si l'ordre juridique étatique restitue cet aspect symbolique.

En géographie, le territoire est *l'espace approprié* par un groupe social où la reproduction et la satisfaction des besoins vitaux sont assurées, besoins vitaux qui peuvent être matériels ou symboliques. D'après cette définition, la terre, en tant qu'espace physique, constitue la matière première à l'origine de la construction du territoire. Il s'agit d'un concept qui permet d'appréhender les identités sociales territorialisées, dont celles des peuples indigènes, et d'approcher les phénomènes d'enracinement et des sentiments d'appartenance socio-territoriale[1]. L'espace maya, par exemple, se trouve culturellement construit à partir de références agricoles, les différents niveaux de l'univers sont occupés par des divinités de la pluie, du vent, des récoltes, etc. L'espace est représenté de manière pyramidale, les fondements ou colonnes sont enclavés dans la terre qui à son tour flotte dans les eaux cosmiques. Un autre aspect de cette représentation de l'espace maya est son caractère ethnocentrique. Les récits mythologiques situent chaque peuple maya au centre de l'univers. Ainsi, San Juan Chamula est considéré comme le nombril du monde, quant à Zinacantán, les narrations mythologiques font référence à un monticule qui marque le centre de la Terre[2]. En fait, un renforcement de la vie autochtone passe nécessairement par la restitution et la garantie de conservation des territoires des peuples indigènes. De fait, l'accès à la terre, les droits territoriaux, la gestion des ressources naturelles sont des thèmes brûlants entre États et populations indiennes.

L'article 27 de la Constitution mexicaine réglemente la propriété de la terre, des eaux et en général des ressources naturelles. Cet article régule des aspects aussi stratégiques pour le pays que la propriété des ressources pétrolières. Un certain nombre de ses dispositions concernent les populations indiennes. En effet, lors de la Révolution mexicaine, Emiliano Zapata mais aussi Luis Cabrera, juriste et militant révolutionnaire, ont beaucoup influencé le caractère social repris par l'article en matière agraire. Le droit des populations indigènes à la terre a été garanti par le régime des *ejidos*[3] qui se caractérise par une exploitation collective de la terre.

> « Article 27 texte original : [...] Les peuples, [...] et communautés sans terres ou sans eaux ou ne les ayant pas en quantité suffisante pour subvenir aux besoins de leur population, auront le droit d'en être dotés, en utilisant pour ces fins les propriétés environnantes, dans le respect de la petite propriété. Ce texte confirme les dotations de terrains faites jusqu'à présent conformément

---

[1] Gilberto Giménez, 2001, « Cultura, territorio y migraciones. Aproximaciones teóricas », *Alteridades. Miradas antropológicas ante una realidad compleja*, Universidad Autónoma Metropolitana, año 11, n°22, p. 6.

[2] Carlos Humberto Durand Alcántara, 2002, *Derecho indígena*, México, Editorial Porrúa, p. 128.

[3] Du latin *exit*, sortie, l'*ejido* désigne à la fois les caractéristiques d'un fonds, l'entité collective qui jouit du droit sur ce fonds ainsi que l'exploitation collective de la terre. Ses origines remontent à la période coloniale, il s'agissait d'une extension de terre destinée principalement au pâturage, utilisée gratuitement par les habitants d'un village et située à la périphérie de celui-ci. Le fonds devait avoir une source d'eau. Après la Révolution mexicaine, l'*ejido* sera l'ensemble de terres, forêts et eaux exproprié par le gouvernement fédéral et destiné aux populations indigènes. Il s'agit d'une propriété sociale dont la caractéristique est l'inaliénabilité, l'imprescriptibilité, l'insaisissabilité et l'intransmissibilité car son objet est de subvenir aux besoins des membres du peuple par le travail agricole.

au Décret du 6 janvier 1915. L'acquisition des propriétés nécessaires pour mener à bien les dispositions antérieures sera considérée d'utilité publique [...]. »

Les lignes de cet article représentent le fondement constitutionnel de la réforme agraire.

« Article 27. VI texte original : Les copropriétés, [...] peuples, congrégations, tribus et autres corporations[1] de population qui dans les faits ou juridiquement constituent une communauté, auront le droit de bénéficier de façon collective des terres, des forêts, des eaux leur appartenant ou leur ayant été restituées suivant la loi du 6 janvier 1915, en attendant que la loi détermine la façon d'effectuer le partage des terres[2]. »

La structure du « capitalisme agraire » au Mexique se pose de manière *sui generis* car cette structure prévoit un régime d'exception. En effet, avec la reconnaissance juridique de l'*ejido* et de la *comunidad* (communauté) en tant qu'unités de production agricoles, une fonction sociale est accordée à la propriété des terres agricoles s'agissant des populations indigènes. Les peuples pouvaient également accéder juridiquement à la propriété rurale privée, par le biais du commerce ou de la législation civile. Mais dans ces cas, ils ne bénéficiaient pas du système de protection sociale juridique offert par la propriété *ejidal* ou communale[3].

L'article 27 a été réformé maintes fois suivant les circonstances socioéconomiques et politiques du pays et à ce sujet nous pouvons identifier quatre moments dans l'évolution de cette régulation concernant les populations indigènes. Deux premières dans le sens d'une protection accrue de la propriété communale, deux autres au contraire en phase avec les exigences du marché.

En 1934, le législateur introduit le terme « noyaux de population » pour faire référence aux « copropriétés, peuples, congrégations, tribus, etc. » mentionnés auparavant par l'article.

« Article 27.X : Les noyaux de population sans terres communales ou qui ne peuvent pas en avoir la restitution par l'inexistence des titres de propriété, par l'impossibilité d'identification des terres, ou parce qu'elles ont été légalement vendues, seront dotés de terres et eaux suffisantes pour asseoir le territoire communautaire selon les besoins de la population en question. [...] Pour ce faire, le gouvernement fédéral, pour son compte, procédera à l'expropriation des terres susceptibles de satisfaire à de telles fins [...]. »

---

[1] Traduction du terme *corporación*, utilisé en espagnol par le texte constitutionnel.

[2] « Artículo 27 fracción IV : Los condueñazgos, rancherías, pueblos, congregaciones, tribus y demás corporaciones de población que de hecho o por derecho guarden el estado comunal, tendrán la capacidad para disfrutar en común las tierras, los bosques y aguas que les pertenezcan o que se les haya restituido o restituyeren, conforme a la ley de 6 de enero de 1915, entre tanto la ley determina la manera de hacer el repartimiento únicamente de las tierras. »

[3] Miguel Mejía Fernández, *El campo mexicano. El Calpulli*, p. 41.

Le législateur prévoit également, la non-recevabilité des demandes de protection des garanties constitutionnelles, *juicio de amparo*[1], promues par les propriétaires affectés par les résolutions accordant ou restituant des terres et eaux aux « noyaux de population » en question.

> « Article 27. XIV : Les propriétaires concernés par les résolutions de dotation ou de restitution de terres [*ejidos*] ou d'eau, favorisant les peuples [...] n'auront aucun droit ni recours ordinaire pour contester la validité de ces décisions [...][2]. »

Il s'agit, en effet, d'une réforme constitutionnelle qui cherche à favoriser la matérialisation de la réforme agraire en dépit des intérêts des grands propriétaires terriens.

En 1937, sous le régime du général Lázaro Cárdenas, le législateur met sous la juridiction fédérale les différends concernant les terres communales limitrophes. Ainsi, et afin d'accélérer la solution de ce type de différends, le législateur a prévu l'intervention du pouvoir exécutif fédéral en tant qu'arbitre et a accordé la compétence à la Cour suprême de justice de la nation.

> « Article 27. VII : Toutes les affaires de limites des terres communales [...] concernant deux noyaux de population ou plus sont du ressort de la juridiction fédérale. Le pouvoir exécutif fédéral traitera ces conflits et proposera aux intéressés des solutions définitives. Si les intéressés sont d'accord, la proposition aura le caractère d'une solution définitive et irrévocable, dans le cas contraire, la ou les parties pourront soumettre le litige à la Cour suprême de justice de la nation, sans préjudice de l'exécution immédiate de la proposition présidentielle. »

Avec la réforme constitutionnelle de 1947, le régime du président Miguel Alemán cherche à favoriser les intérêts d'une bourgeoisie agraire et des entreprises transnationales[3] qui exigent une sécurité juridique de la propriété foncière des terres agricoles. Entre autres, la réforme rétablit le droit d'initier un procès de garanties constitutionnelles (*juicio de amparo*) favorisant ainsi les grands propriétaires terriens.

> « Article 27.X : [...] Les propriétaires ou possesseurs de terres agricoles ou d'élevage en exploitation qui détiennent ou obtiennent postérieurement un certificat d'inaffectation, pourront promouvoir un procès de garanties

---

[1] Le *juicio de amparo* est une garantie constitutionnelle dont jouissent les particuliers ; ce procès concerne toute question d'inconstitutionnalité d'une disposition légale ou réglementaire ainsi que la garantie juridictionnelle des libertés publiques et des droits fondamentaux inscrits dans le texte de la Constitution mexicaine.

[2] « Art. 27 fracción XIV : Los propietarios afectados con resoluciones dotatorias o restitutorias de ejidos o aguas, que se hubiesen dictado en favor de los pueblos, o que en lo futuro se dictaren, no tendrán ningún derecho, ni recurso legal ordinario, ni podrán promover el juicio de amparo [...]. »

[3] Carlos Humberto Durand Alcántara, 2002, *Derecho indígena*, *op. cit.*, p. 14.

constitutionnelles contre la privation ou l'affectation illégale de leurs terres ou leurs eaux[1]. »

Cette disposition constitutionnelle ouvre la possibilité d'attaquer la validité des résolutions gouvernementales consignant l'expropriation de terres pour leur restitution aux populations indigènes (noyaux de population), de ce fait la portée de la réforme agraire se voit limitée.

Finalement, avec l'amendement de 1992, les dispositions de l'article 27. X, XI, XII, XIII et XIV faisant référence à la réforme agraire et à la dotation ou restitution des terres au bénéfice des populations indigènes, ont été abrogées. Le partage des terres a été considéré comme conclu alors que des millions de paysans n'ont toujours pas de terres. En outre, avec la mise à terme du partage, les bases ont été posées pour légaliser les grandes propriétés familiales et corporatives, que la Révolution mexicaine s'était proposée de combattre 80 ans plus tôt. La réforme constitutionnelle a ouvert la porte à la privatisation des terres communautaires favorisant la création d'alliances entre les entreprises et les grands propriétaires fonciers pour l'achat de terres communales[2]. L'amendement a rendu légal le dépouillement des territoires autochtones mieux situés auquel se livraient les grands propriétaires terriens depuis longtemps. Les peuples indigènes n'ont eu d'autres possibilités que d'émigrer.

Cet amendement fait partie d'un projet économique dans le cadre du NAFTA (*North American Free Trade Agreement*), connu au Mexique sous l'appellation de *Tratado de Libre Comercio de América del Norte*, TLCAN, ou en Europe sous celle d'ALENA. La réforme de l'article 27 a provoqué une réaction virulente des peuples autochtones, car l'espoir d'une amélioration de leur statut en tant que peuples n'est pas abordé et que leur situation économique demeure lamentable. Cet amendement est même considéré comme une des causes du soulèvement armé de 1994. La perspective d'accéder à la possession d'un territoire légalement reconnu s'est évaporée dans la mesure où la réforme agraire a été déclarée close.

L'amendement constitutionnel à l'article 4 de la Constitution qui pour la première fois aborde la composition pluriculturelle de l'État mexicain apparaît au même moment où l'article 27, lui, consacre l'aliénabilité de l'*ejido.* D'un côté, la reconnaissance juridique des peuples autochtones et une soi-disant protection de leur statut ; de l'autre, la possible privatisation de leurs territoires. Ainsi, le manque de cohérence du gouvernement mexicain peut être observé dans le décalage qui existe entre le discours et le

[1] « Art. 27 fracción XIV : […] Los dueños o poseedores de predios agrícolas o ganaderos en explotación, a los que se haya expedido, o en lo futuro se expida, certificado de inafectabilidad, podrán promover el juicio de amparo contra la privación o afectación ilegales de sus tierras o aguas. »

[2] Carlos Montemayor, 1998, *Chiapas. La rebelión indígena de México*, México, Joaquín Mortiz, segunda edición, p. 138.

cadre juridique finalement adopté. Le 17 mars 1997, le Mexique a présenté à Genève un rapport sur la nouvelle relation existant entre l'État mexicain et les peuples autochtones. Le Comité des Nations Unies pour l'élimination de la discrimination raciale a considéré le rapport insatisfaisant. Le Comité soulignait l'ignorance des principes de la Convention 169 de l'OIT ; l'inexistence d'une législation en matière de droits autochtones ; la mise en danger du droit à la propriété foncière communautaire ; et le manque d'informations régulières données au Comité. La déclaration de pluriculturalité contraste avec l'atteinte portée au territoire des peuples en question, de la même manière la ratification de la Convention 169 de l'OIT contraste avec la négligence vis-à-vis des responsabilités qu'elle engage.

Deuxième amendement du statut des Indiens

Si l'indigénisme des années 1940 cherchait une homogénéisation comme condition du développement, l'indigénisme actuel devait proposer un nouveau « contrat social » entre l'État et les populations indigènes sur la base de la reconnaissance de la diversité. Le « multiculturalisme constitutionnel » devait se traduire par des réformes institutionnelles et des instruments législatifs dans le respect de la diversité ; la reconnaissance des « us et coutumes » des indigènes comme des systèmes juridiques à part entière et la participation des peuples indigènes dans le processus de prise de décision[1].

Dans ce sens, la présentation des antécédents de la réforme constitutionnelle de 2001 permet de comprendre ses enjeux. Et aide à situer le long processus de négociations et le périple d'une population indigène qui, finalement, ne verra pas le fruit de ses revendications apparaître dans la Constitution fédérale. Une fois abordée cette période de négociations, nous nous intéresserons au statut constitutionnel des peuples indigènes proprement dit.

La période de dix ans qui s'écoule entre le premier projet d'amendement constitutionnel en matière de droits indigènes envoyé au Parlement en 1990 et le deuxième transmis en 2000, se caractérise par un véritable débat sur la question. Les acteurs politiques, différents secteurs de la société civile nationale et internationale et les populations indigènes concernées s'intéressent aux revendications des peuples indigènes au Mexique. Nous identifions deux moments forts de cette période : le soulèvement zapatiste et les négociations concernant cette rébellion d'une part et la campagne à l'élection présidentielle de 2000 d'autre part.

---

[1] Natividad Gutiérrez Chong, 2004, « Mercadotecnia en el 'indigenismo' de Vicente Fox », *El Estado y los indígenas en tiempos del PAN : neoindigenismo, legalidad e identidad*, *op. cit.*, pp. 31-32.

L'EZLN, Armée zapatiste de libération nationale, est, à la base, un mouvement armé qui se soulève la nuit du 1er janvier 1994 dans l'État du Chiapas. La rébellion vise le gouvernement néolibéral et l'entrée en vigueur du NAFTA (*North american free trade agreement* entre le Mexique, les États-Unis et le Canada) de façon générale, et plus particulièrement l'amendement constitutionnel de l'article 27 permettant la privatisation des terres communautaires. Cette mobilisation acquiert dès le premier jour une légitimation face à l'opinion publique nationale et internationale. Ceci grâce à sa composante majoritairement indigène. Très vite, elle se transforme en un mouvement de revendication de la diversité culturelle, avec une stratégie plutôt pacifiste. Le mouvement zapatiste ne regroupe pas tous les indigènes du Mexique, pas même tous les indigènes du Chiapas. Dirigé par le sous-commandant Marcos, le mouvement devient un acteur fondamental ayant le soutien des organisations indigènes dans tout le pays, son importance se traduit par une forte pression nationale et internationale qui contraint le gouvernement à négocier avec les rebelles.

La négociation entre l'EZLN et le gouvernement, dans le cadre d'une *Loi pour le dialogue, la conciliation et la paix digne*, commence en mars 1995. En octobre de la même année, le gouvernement et l'EZLN arrivent à 57 points d'accord en matière de droit et de cultures indigènes. C'est le fruit des différentes sessions de travail et de dialogue qui ont eu lieu à San Andrés Larráinzar, une commune indigène des hautes terres de l'État du Chiapas. Un forum national en matière de cultures et de droits indigènes a été organisé de manière parallèle ; avec la participation d'environ 500 représentants de 35 peuples indigènes, le processus a constitué une des consultations les plus importantes. Le 10 octobre 1995, le Parlement et le ministère de l'Intérieur organisent conjointement une consultation nationale sur le droit et la participation indigènes. Le but non avoué était de faire un contrepoids et trouver des alliés parmi les représentants indigènes. D'ailleurs, seuls les représentants indigènes proches du gouvernement ont été invités[1]. Les résultats obtenus ont cependant été très proches de ceux de San Andrés Larráinzar.

La négociation entre les représentants gouvernementaux et les représentants zapatistes a été difficile. Le 16 février 1996, les parties signent le document connu comme les *Accords de San Andrés Larráinzar*. Il s'agit d'un engagement que le gouvernement fédéral prend en vue d'une réforme constitutionnelle en matière de droit et de cultures indigènes, en tant que plateforme minimale. Le document comprend cinq parties : le contexte du nouveau contrat social avec l'État ; les engagements du gouvernement envers les peuples indigènes ; les principes du nouveau contrat social ; le

[1] Francisco López Bárcenas, 2004, « La lucha por la autonomía indígena en México : un reto al pluralismo », *El Estado y los indígenas en tiempos del PAN: neoindigenismo, legalidad e identidad, art. cit.*, p. 214.

cadre juridique et la conclusion. En septembre l'EZLN quitte la table des négociations estimant que le gouvernement ne respecte pas les accords qui prévoyaient la reconnaissance du droit à l'autonomie et à la culture autochtone. Lors des accords, le gouvernement s'était effectivement engagé dans ce sens :

> « L'État doit promouvoir la reconnaissance du droit à la libre détermination des peuples indigènes comme garantie constitutionnelle, [celle-ci] doit s'exercer dans un cadre constitutionnel d'autonomie garantissant l'unité nationale. [Les indigènes] pourront, en conséquence, décider de leur forme de gouvernement autonome et de leur organisation politique, sociale, économique et culturelle. Le cadre constitutionnel de l'autonomie rendra effectifs les droits sociaux, économiques, culturels et politiques qui garantissent leur identité[1]. »

Le gouvernement devait également établir un « nouveau pacte social » avec les peuples indigènes. Les bases de ce pacte devant garantir une relation sans aucun type de subordination, d'inégalité et de discrimination.

> « [Le nouveau pacte social] doit rendre effectifs les droits et garanties qu'on doit [aux peuples indigènes] : le droit à la différence culturelle ; le droit à l'habitat ; le droit d'user et de jouir du territoire, en conformité avec l'article 13.2 de la Convention 169 de l'OIT ; le droit à l'autogestion politique communautaire ; le droit au développement de leur propre culture ; le droit de produire selon leurs traditions ; le droit de gérer et de mettre à exécution leurs propres projets de développement[2]. »

Sur la base de ces accords, une commission du Parlement associant des députés et des sénateurs fédéraux, la Commission de concorde et de pacification (Cocopa[3]), devait préparer une proposition de loi pour amender la Constitution en matière de droits indigènes. Le 29 novembre, la Cocopa présente une proposition de loi, fondée sur les principes de la Convention 169 de l'OIT et les *Accords de San Andrés Larráinzar*. Le document, connu comme « la proposition Cocopa », a été favorablement reçu par l'EZLN. En revanche, le gouvernement fédéral a présenté plusieurs

---

[1] Accords sur les Droits et la Culture indigènes, Document 1 des *Propositions communes que le gouvernement fédéral et l'EZLN s'engagent à envoyer aux organismes de décision nationaux*, 16 février 1996. Cité par Manuel Vázquez Montalbán, 2003, *Marcos, le maître des miroirs*, traduction de l'espagnol par Gabriel Cayo, France, Mille et une nuits, p. 355.

[2] Accords sur les Droits et la Culture indigènes, Document 2 des *Propositions communes que le gouvernement fédéral et l'EZLN s'engagent à envoyer aux organismes de décision nationaux*, 16 février 1996. Cité par Manuel Vázquez Montalbán, 2003, *op. cit.*, pp. 355-356.

[3] Il s'agit d'une commission du Parlement créée à la suite de la rébellion Zapatiste de 1994, ayant pour but de contribuer au processus de Paix au Chiapas, toutes les couleurs politiques de la Chambre des députés et du sénat sont représentées et participent à cette commission. De nos jours, cette commission existe toujours mais les membres sont moins actifs et moins engagés dans la problématique indigène, ce qui fait qu'elle n'est plus une instance légitime vis-à-vis de la population indigène.

objections au document en décembre 1996. Les objections, ne constituant au fond qu'une contre-proposition, ont été qualifiées d'inacceptables par l'EZLN, début 1997. Le climat politique s'est dégradé, la répression et le harcèlement vis-à-vis des régions indigènes au Chiapas se sont accentués. Le 15 février 1998, sans consensus pour lancer sa proposition, le Président[1] présente un projet de réforme de la Constitution en matière de droits indigènes. Le projet, unilatéralement conçu, s'écarte des principes des *Accords de San Andrés* et de la proposition Cocopa et il ne sera finalement pas voté par le Parlement. Le dialogue n'a pas repris et la question est restée en marge des préoccupations du gouvernement jusqu'à la conjoncture de la fin du mandat et des élections présidentielles qui ont reposé la question au centre du débat politique.

Durant la campagne aux élections présidentielles, le candidat du Parti d'action nationale (PAN[2]) a promis de reprendre la proposition Cocopa en matière de droit et de cultures indigènes, et de la présenter comme projet d'amendement, s'il était élu Président. Dans le cadre d'une stratégie pour la course à la présidence du Mexique, ce candidat a instrumentalisé toute une série de thèmes afin de s'allier des secteurs de diverses tendances politiques et ainsi mener une campagne du « vote utile », seul moyen de l'emporter face au parti au pouvoir depuis déjà 70 ans, le Parti de la Révolution institutionnelle, PRI. Le thème des droits indigènes a sensibilisé une partie du mouvement indigène et une partie de l'électorat de gauche. Ce thème, parmi d'autres, a fait partie d'un déploiement très efficace de marketing politique, qui a finalement mené le candidat de droite à la présidence du Mexique. Le 5 décembre 2000, à peine quatre jours après sa prise de pouvoir, le Président Vicente Fox a fait sienne la proposition de la Cocopa et l'a présentée comme projet d'amendement à la Constitution. Ce geste a été perçu comme un geste prometteur, oubliant le « réajustement de forces » qui devait nécessairement se faire autour des divers projets et propositions de lois se trouvant sur le tapis parlementaire. Les parlementaires de droite soutenaient pourtant une position pratiquement contraire au discours du Président. C'est alors que le mouvement zapatiste s'est mobilisé autour d'une « Caravane pour la dignité indigène ». Partie de la zone des hautes terres du Chiapas, elle a parcouru une bonne partie des États du sud et du centre du pays avant d'arriver à la ville de Mexico. Cette caravane, fort médiatisée, avait pour but de sensibiliser la population en général aux demandes indigènes et de promouvoir le projet de loi en matière de droits et de cultures indigènes auprès du Parlement. La caravane a eu trois moments forts : la célébration d'un Congrès national indigène, rencontre indigène à Nurío dans l'État de Michoacán ; la grande concentration dans le centre-ville de Mexico et les discours des représentants zapatistes et indigènes au siège

[1] Ernesto Zedillo Ponce (1994-2000).
[2] Vicente Fox (2000-2006).

de l'Assemblée nationale à Mexico, dont nous reportons cet extrait significatif :

« [...] Nous n'ignorons pas les critiques qu'a reçues la proposition Cocopa. Un débat de quatre ans qu'aucun autre projet ou proposition de loi n'a inspiré tout au long de l'histoire législative du Mexique.

Dans ce débat, toutes les critiques ont été réfutées ponctuellement. Cette proposition a été considérée comme un élément de balkanisation du pays, on oublie que le pays est désormais divisé. Un Mexique qui produit les richesses, un autre qui se les approprie et un dernier qui tend la main pour mendier. Nous, indigènes, vivons dans ce pays fragmenté, damnés par la couleur de notre peau, par la langue que nous parlons, par les habits qui nous couvrent et par la musique et la danse qui racontent nos tristesses et nos joies, notre histoire.

On reproche à cette proposition de loi de créer des réserves, on oublie que nous, indigènes, vivons dans l'ombre, séparés du reste des Mexicains, et en plus en danger d'extinction.

La proposition de loi est attaquée parce qu'elle promeut un système légal 'arriéré' ; on oublie que l'actuel système ne fait que promouvoir la confrontation : il châtie le pauvre et offre l'impunité au riche, il condamne notre couleur de peau et transforme en délit notre langue [...][1] »

La caravane zapatiste a été un succès dans le domaine de la sensibilisation de l'opinion publique. La problématique ethnico-nationale a occupé le centre du débat et différents secteurs de la société se sont montrés solidaires de la cause indigène. Mais les événements postérieurs montreront qu'il fallait plus que l'euphorie zapatiste pour que le pouvoir législatif matérialise les revendications de la population indigène. Une fois les zapatistes de retour au Chiapas et l'ambiance « normalisée », les forces majoritaires du Parlement ont élaboré un document, une fois de plus, fort

---

[1] Discours de la commandante Esther, représentante de l'EZLN, le 28 mars 2001 devant les députés : « No ignoramos que esta iniciativa de ley Cocopa ha recibido algunas críticas.
Durante cuatro años se dio un debate que ninguna iniciativa de ley ha tenido a lo largo de la historia de la Legislatura Federal en México.
Y en este debate, todas las críticas fueron puntualmente refutadas por la teoría y la práctica.
Se acusa a esta propuesta de balcanizar el país, y se olvida que el país ya está dividido.
Un México que produce las riquezas, otros que se apropian de ellas, y otro que es el que debe tender la mano para recibir la limosna.
En este país fragmentado vivimos los indígenas condenados a la vergüenza de ser el color que somos, la lengua que hablamos, el vestido que nos cubre, la música y la danza que hablan nuestras tristezas y alegrías, nuestra historia.
Se acusa a esta propuesta de crear reservaciones indias, y se olvida que de por sí los indígenas estamos viviendo apartados, separados de los demás mexicanos y, además, en peligro de extinción.
Se acusa a esta propuesta de promover un sistema legal atrasado, y se olvida que el actual sólo promueve la confrontación, castiga al pobre y le da impunidad al rico, condena nuestro color y convierte en delito nuestra lengua. »

éloigné de l'esprit des *Accords de San Andrés Larrainzar* et des demandes de la population indigène.

Le système constitutionnel mexicain exige une procédure extraordinaire en matière d'amendement constitutionnel. Les deux tiers des députés et des sénateurs présents à la session doivent voter favorablement et la majorité des Parlements locaux doivent également être favorables pour que la Constitution soit amendée. Ces conditions de procédure ont été effectivement suivies et, le 14 août 2001 la réforme constitutionnelle modifiant plusieurs articles de la Constitution fédérale en matière de droits des peuples indigènes a été publiée. Si la réforme ne peut être attaquée comme étant illégale, elle n'est pas pour autant considérée comme légitime par les principaux intéressés. Parmi les Parlements locaux qui n'ont pas été favorables au texte de modifications constitutionnelles en matière de droit et de cultures indigènes, se trouvent les Parlements des États du Chiapas, du Guerrero et du Oaxaca, États qui, à eux seuls, concentrent pratiquement la moitié de la population indigène du Mexique.

Nous aborderons ci-après l'étude du statut constitutionnel des peuples indigènes qui semble bien éloigné des revendications. Ensuite nous nous intéresserons à la position adoptée par la Cour Suprême de Justice du Mexique, saisie par les acteurs indigènes qui cherchaient une déclaration d'inconstitutionnalité des dispositions approuvées.

Si les peuples indigènes n'acceptent pas leur statut constitutionnel, c'est parce qu'il ne correspond pas à leurs attentes, parce qu'il évacue la création d'un véritable régime d'autonomie et parce qu'il semble réhabiliter un discours paternaliste.

Les principales différences entre ce qui a été adopté et la proposition de la Cocopa, qui ont d'ailleurs dénaturé son esprit, se sont inspirées d'un précédent projet présidentiel présenté en 1998.

L'autonomie a été abordée comme une énumération de situations et a été limitée au domaine de la commune, les villages indigènes n'étant pas considérés comme des entités de droit public. Les Constitutions locales[1] sont celles qui ont la faculté de reconnaître les villages indigènes en tant que tels et de délimiter les caractéristiques de la libre détermination. L'application des systèmes normatifs des peuples indigènes est limitée. La possibilité d'accéder collectivement aux ressources naturelles dans les territoires est supprimée et de nouvelles restrictions confirment les amendements de 1992 en matière agraire. La réforme néglige également la proposition Cocopa concernant l'exercice de l'autonomie. La proposition prévoyait une

[1] Rappelons que le système politique du Mexique est fédéral. Le titre quint de la Constitution fédérale du Mexique aborde l'organisation des États fédérés en général (articles 115 au 122). L'article 116 prévoit la division du pouvoir public des États fédérés en pouvoirs : exécutif, législatif et judiciaire et dispose que chacun des 31 États, « Libres et Souverains », organise ces pouvoirs selon une Constitution locale dont les principes sont prévus par sept alinéas.

modification à l'article 115 de la Constitution fédérale. Le droit des villages et des communes d'appartenir à un peuple indigène et la possibilité de l'organiser administrativement y étaient prévus. Ceci devait faciliter une recomposition graduelle des peuples, cependant ce droit ne figure pas non plus dans le texte adopté.

Il n'est donc pas surprenant que les organisations indigènes de tout le pays et l'EZLN aient rejeté de manière si radicale les réformes, en les qualifiant de trahison au mouvement indigène. La réforme tant attendue et promue par les peuples indigènes, celle qui devait modifier le fond des relations État-peuples indigènes et asseoir les bases du nouveau projet multiculturel de nation, se limite à la modification de deux articles parmi les 136 de la Charte constitutionnelle, l'article 2 et le dernier paragraphe de l'article 115.III. Ceci apparaît comme un ajout localisé et marginal et non pas comme un projet d'État multiculturel.

> « Article 2 : La nation mexicaine est une et indivisible. La nation a une composition pluriculturelle fondée, de façon originaire, sur les peuples indigènes qui sont les descendants des populations qui habitaient sur le territoire du pays à la veille de la colonisation et qui conservent leurs propres institutions sociales, économiques, culturelles et politiques, même partiellement. La conscience de leur identité indigène devra être le critère fondamental pour déterminer à qui s'appliquent les dispositions en matière de peuples indigènes [...]. »

On remarque que cet article commence par faire allusion au caractère unique et indivisible de la nation mexicaine, déclaration qui reflète la préoccupation d'une classe politique qui craint la « balkanisation » du pays. Ce caractère unique et indivisible de la nation semble pourtant mal placé s'agissant d'un article visant à reconnaître la diversité culturelle et l'autonomie. Il semble aussi inexact car c'est l'État qui peut être proclamé un et indivisible et non pas la nation. L'ombre de la conception de l'État-nation, qui assimile la nation à l'État et vice versa, reste présente. L'article reprend des éléments de la Convention 169 de l'OIT pour définir ce qu'est un peuple indigène et, de ce fait, exclut certains peuples indigènes. C'est le cas du peuple *Kikapú*, au nord du pays, arrivé sur le territoire après la colonisation. Le critère d'appartenance, critère dit *subjectif* également privilégié par les instruments internationaux, écarte les critères considérés comme *objectifs*, le caractère d'indigène est donc attribué à celui qui s'assume comme tel et qui est ainsi reconnu par son peuple[1].

> « Art. 2 : [...] Les villages indigènes formant partie des peuples indigènes seront ceux qui forment une unité sociale, économique et culturelle, dans un

---

[1] Francisco López Bárcenas, 2004, « La lucha por la autonomía indígena en México : un reto al pluralismo », *El Estado y los indígenas en tiempos del PAN: neoindigenismo, legalidad e identidad, op. cit.*, pp. 218-219.

territoire déterminé et qui nomment leurs propres autorités conformément à leurs us et coutumes […]. »

Pour Francisco López Barcenas, indigéniste mexicain, placer les peuples indigènes et les villages indigènes au même niveau, constitue une erreur pouvant favoriser davantage la dilution identitaire des villages vis-à-vis des peuples. C'est pour lui une façon de négliger le mouvement de reconstitution des peuples indigènes actuellement en grande majorité éclatés[1].

« Art. 2 : […] Le droit des peuples indigènes à la libre détermination sera exercé dans un cadre constitutionnel d'autonomie qui assure l'unité nationale. La reconnaissance des peuples et villages indigènes se fera dans les Constitutions et les lois des États fédérés, qui devront tenir compte des principes généraux des paragraphes antérieurs ainsi que des critères ethnolinguistiques et des situations territoriales […].
Art. 2A. : […] Les Constitutions et lois des États fédérés établiront les caractéristiques de la libre détermination et de l'autonomie qui, de la meilleure façon, expriment les situations et aspirations des peuples indigènes dans chaque État, ainsi que les normes pour la reconnaissance des villages indigènes comme entités d'intérêt public. »

La Constitution fédérale accorde aux Congrès locaux la faculté d'établir les caractéristiques de la libre détermination et de l'autonomie. Cependant, les États fédérés ne peuvent pas reconnaître des droits qui dépassent le cadre constitutionnel de la fédération. Par conséquent, sans l'existence d'un véritable pacte fédéral qui structure la relation État-peuples indigènes, la question indigène se transforme en une simple affaire locale, déterminée par les rapports de force et les opportunités politiciennes[2].

D'après Díaz-Polanco, l'autonomie suppose un pacte fondamental d'unité nationale là où il existe une hétérogénéité ethnique[3]. Elle donne la possibilité de construire une structure étatique où les groupes, plus ou moins importants de la population, accèdent aux droits fondamentaux, en articulant les droits collectifs et les droits individuels. Les représentants des diverses organisations indigènes ont insisté sur l'importance de reconnaître le droit à la libre détermination, ceci dans un cadre d'unité nationale. Certes, l'amendement constitutionnel aborde le droit à l'autonomie, mais il le fait apparaître comme un principe déclaratif, car les éléments concrets du cadre juridique d'autonomie ne sont pas apportés. Les questions fondamentales constitutives d'un régime d'autonomie comme l'autogouvernement, la territorialité, la gestion des ressources, les compétences et facultés des entités autonomes ne figurent pas dans cet amendement à la Constitution. Le

[1] *Ibidem.*

[2] Héctor Díaz Polanco, 2004, «Perspectivas del reconocimiento de los derechos de los pueblos indígenas en México », *Derechos y cultura indígenas. El PRD frente a la reforma constitucional de 2001*, México, Cámara de diputados LIX legislatura, p. 15.

[3] *Idem*, p. 13.

législateur a voulu délimiter juridiquement le concept d'autonomie, l'abordant comme l'ensemble des droits prévus par l'article 2.A. Cette énumération en huit alinéas ne résiste pas, à notre avis, à une analyse rigoureuse de technique juridique. Vouloir regrouper dans un seul article les diverses dispositions concernant les indigènes explique probablement le fait que la liste contienne des fractions se référant à des questions aussi diverses. L'article 2. A aborde le thème de l'autonomie fort précairement (I, II, III), certains droits culturels (IV), des dispositions qui en réalité n'accordent aucun droit, privilège ou exception qui ne soient pas déjà prévus pour tous les citoyens (V, VI), la participation aux conseils municipaux des communes à population majoritairement indigène (VII), et des dispositions concernant quelques conditions de procédure judiciaire lorsque des indigènes sont concernés (VIII)[1].

La réforme de 2001 ne prévoit pas la formation d'instances autonomes en tant que formes de gouvernement propres aux indigènes. Le législateur remplace l'autonomie par une énumération confuse qui regroupe plusieurs thèmes présentés comme droits de l'autonomie.

De nos jours, les peuples indigènes sont réduits à de petits noyaux de population éparpillés sur toute l'étendue du territoire national. Un tel morcellement des peuples a eu comme résultat le renforcement de l'identité locale. Les *zapotecos,* par exemple, occupent différents territoires et parlent des variantes dialectales inintelligibles entre elles. S'il s'agit bien du même peuple historique, la diversité culturelle entre villages ne cesse de s'accentuer et les liens identitaires de se diluer. Cette situation devait être limitée par une graduelle recomposition des peuples indigènes, dans la

---

[1] Article 2A. : « Cette constitution reconnaît et garantit le droit des peuples et des villages indigènes à la libre détermination et, en conséquence, à l'autonomie pour :

I Décider de leurs formes internes de vie commune et d'organisation sociale, économique, politique et culturelle.

II Appliquer leurs propres systèmes normatifs dans le règlement et la solution des conflits internes, tout en suivant les principes généraux de cette Constitution, du respect des garanties individuelles, des droits de l'homme et de manière particulière de la dignité et intégrité des femmes [...].

III Élire conformément aux normes, procédures et pratiques traditionnelles, les autorités ou représentants pour l'exercice de leurs propres formes de gouvernement interne, tout en assurant la participation des femmes dans des conditions d'équité face aux hommes [...].

IV Sauvegarder et enrichir leurs langues, savoirs et tout élément qui constitue leur culture et identité.

V Conserver leur habitat et préserver l'intégrité de leurs terres dans les termes de cette Constitution.

VI Accéder de manière préférentielle à l'usage et à la jouissance des ressources naturelles tout en respectant les formes et modalités de propriété et de régime foncier prévus par cette Constitution et des lois en la matière ainsi que les droits acquis de tierces personnes [...].

VII Élire dans les communes à population indigène des représentants au conseil municipal [...].

VIII Accéder pleinement à la justice de l'État [...] »

mesure du possible. C'est précisément dans ce sens que la proposition Cocopa conformément aux *Accords de San Andrés Larráinzar*, proposait le texte suivant :

> « Article 115. IX : L'exercice de la libre détermination des peuples indigènes sera respecté à chaque niveau du gouvernement où ils feront valoir leur autonomie, qui peut s'étendre à un ou plusieurs peuples, selon les circonstances particulières et spécifiques de chaque État fédéré.
>
> Les villages indigènes en tant qu'entités de droit public et les communes qui reconnaissent leur appartenance à un peuple indigène, auront la faculté de s'associer librement, afin de coordonner leurs actions. Les autorités compétentes réaliseront le transfert progressif et ordonné des ressources afin qu'ils puissent administrer les fonds publics qui leur seront destinés. Les Parlements locaux détermineront les fonctions et facultés qu'elles pourront leur transférer. »

L'article 115 devait aborder un thème central en matière d'autonomie : la reconnaissance des villages indigènes en tant que sujets de droit public. Ceci se traduit par la création d'un niveau de gouvernement différent des trois déjà existants à savoir : le gouvernement fédéral, les États fédérés et la commune. Les villages indigènes devaient avoir le droit à la libre association de communes afin de coordonner leurs actions dans un domaine plus large qui serait celui du peuple. Ce thème a été complètement dénaturé par le texte constitutionnel de la réforme :

> « Article 115 : Les États adopteront, pour leur régime intérieur, le gouvernement républicain, représentatif, populaire, ayant comme base de leur division territoriale et de leur organisation politique et administrative, la commune, d'après les principes suivants : [...]
>
> III : [...] Les villages indigènes, dans le domaine de la commune, pourront se coordonner et s'associer dans les termes et pour les effets prévus par la loi. »

C'est surtout autour de cet article que se concrétise, pour les populations indigènes, l'impression d'avoir perdu la bataille. La structure administrative du gouvernement n'accorde de place ni aux villages ni aux peuples indigènes en tant qu'entités de droit public. L'exercice de l'autonomie se limite au domaine de la commune, situation qui dans les faits existe, dans une certaine mesure, depuis la conquête. La négation aux populations indigènes de la prise en charge de leur propre vie en société est également illustrée par le discours paternaliste de ce qui peut être qualifié d'indigénisme rénové.

L'esprit d'assistanat du vieux modèle de l'indigénisme paternaliste et assimilationniste réapparaît. Ceci se manifeste par l'absence de représentation directe accordée aux indigènes dans les Parlements, fédéral ou locaux. La représentation indigène dans les instances de représentation populaire était pourtant originellement prévue dans la proposition Cocopa. L'article 2.B montre, au contraire, la volonté d'affirmer l'autorité du gouvernement fédéral, de l'État ou de la commune sur les populations indigènes. Le texte adopté prévoit des actions publiques relatives au domaine de la santé, de l'éducation, des projets productifs, de l'établissement de programmes et de l'aide aux migrants, aux femmes et aux enfants indigènes. Rien qui ne fasse pas déjà partie des promesses habituelles contenues dans les programmes et déclarations officielles des dernières années, vis-à-vis des populations indigènes[1].

Le schéma du vieil esprit de l'indigénisme d'État est revisité. Les indigènes font l'objet d'actions, de programmes et d'assistance gouvernementale. Ils sont soumis aux décisions des trois niveaux de gouvernement qui sont ceux qui doivent mettre en place lesdits programmes. Pas une disposition n'implique une participation réelle dans la conception de programmes et d'actions les concernant. Une perspective de respect de la diversité culturelle exigerait l'implication directe des peuples indigènes dans les décisions, dans l'élaboration et dans la mise en place de programmes. Mais ce sont les instances gouvernementales qui doivent décider de l'avenir des populations indigènes. La réforme n'accorde pas les facultés et les compétences pour que les indigènes, eux-mêmes, soient responsables et

---

[1] « Art. 2. B : La fédération, les États fédérés et les communes, afin de promouvoir l'égalité des chances des indigènes et d'éliminer une quelconque pratique discriminatoire, mettront en place les institutions et détermineront les politiques nécessaires pour garantir l'effectivité des droits des indigènes et le développement intégral de leurs peuples et communautés, qui devront être élaborés et mis en opération de façon conjointe avec eux.
Pour mettre fin aux carences et retards qui affectent les peuples et communautés indigènes, les autorités des trois niveaux de gouvernement devront :
I Promouvoir le développement régional des zones indigènes dans le but de renforcer les économies locales et améliorer les conditions de vie par des actions coordonnées des trois niveaux de gouvernement et la participation des villages indigènes [...].
II Garantir et augmenter les niveaux de scolarité, favorisant l'éducation bilingue et interculturelle, l'alphabétisation, l'achèvement de l'éducation primaire, la formation pour la productivité et l'éducation moyenne et supérieure [...].
III Assurer l'accès efficace aux services de santé par l'élargissement de la couverture du système national [...].
IV Améliorer les conditions des villages indigènes et des lieux de rencontre et de récréation par le biais d'actions qui facilitent l'accès au financement public et privé pour la construction de logements [...].
V Promouvoir la participation des femmes indigènes au développement [...].
VI Élargir le réseau des communications qui permette l'intégration des villages, par la construction et le développement des voies de communication et de télécommunication [...].
VII Encourager les activités productives et le développement durable des villages par des actions qui leur permettent d'atteindre des recettes économiques suffisantes [...].
VIII Concevoir les politiques sociales pour protéger les indigènes migrants, dans le territoire national comme à l'étranger [...].
IX Consulter les peuples indigènes pour l'élaboration du Plan National de Développement, ceux des États et des communes et éventuellement incorporer leurs recommandations et propositions [...]. »

garants de l'effectivité de leurs droits et de leur développement[1]. Cet article 2.B rétablit l'indigénisme intégrationniste caractéristique de la politique étatique des 70 dernières années[2]. Plus que la définition de garanties constitutionnelles et l'établissement de droits spécifiques, l'article 2 présente une sorte d'énumération de lignes programmatiques pour le gouvernement, les peuples indigènes n'ayant aucun mécanisme juridique pour l'exiger.

Le résultat n'a pas été satisfaisant pour les peuples indigènes et peut difficilement poser les bases d'un État multiculturel. Au fond, la question indigène n'a pas été abordée, et ne l'est d'ailleurs toujours pas, dans une optique interculturelle. Elle est toujours envisagée comme une question de développement économique et social. La décision de la Cour Suprême de Justice, saisie par les peuples indigènes comme dernier recours pour remédier à la situation, confirmera la position du pouvoir législatif. Nous analyserons à présent cette décision.

Depuis une décennie, et comme résultat de la réforme judiciaire, la Cour Suprême de Justice s'est transformée en arbitre des différends opposant les pouvoirs exécutif et législatif et les différents niveaux du gouvernement (le niveau fédéral, les États fédérés et les communes). À force de se servir de l'action de la Cour Suprême, les acteurs politiques ont cessé de chercher des accords consensuels et ont provoqué une judiciarisation excessive de la politique. Des mairies jusqu'au gouvernement fédéral en passant par les États et les Parlements, fédéral ou locaux, les acteurs politiques font appel au tribunal suprême. Ceci confirme l'absence d'accords politiques et de consensus sur le fond. Ainsi, la décomposition et les carences de la classe politique mexicaine ne cessent de mettre sous tension un système judiciaire mexicain également déficitaire. La classe politique semble considérer plus pratique de saisir le pouvoir judiciaire pour régler ses oppositions. Un grand nombre de constitutionnalistes et de magistrats de la Cour même mettent en garde contre l'excessive sollicitation de la Cour et contre les fortes pressions que la classe politique exerce. Les 330 recours constitutionnels présentés contre la réforme constitutionnelle de 2001 en matière indigène illustrent bien la carence d'accords politiques[3].

En effet, après la promulgation de l'amendement constitutionnel en matière de droit et de cultures indigènes, diverses organisations indigènes et sociales, le Congrès national indigène en particulier, certains organismes publics fédéraux et organismes publics étatiques, ont manifesté leur

[1] Consuelo Sánchez, 2004, « Autonomía y heteronomía. La reforma conservadora », *El Estado y los indígenas en tiempos del PAN : neoindigenismo, legalidad e identidad, art. cit.*, pp. 279-280.

[2] Héctor Díaz-Polanco, 2004, « Perspectivas del reconocimiento de los derechos de los pueblos indígenas en México », *art. cit.*, p.16.

[3] Miguel Carbonell Sánchez, constitutionnaliste, chercheur à l'Institut de recherches juridiques de l'Université Nationale Autonome du Mexique, s'exprime en entretien pour l'hebdomadaire *Proceso* : « El País bajo los dictados de la corte », n° 1486, 24 avril 2005.

préoccupation, en insistant sur le fait que le texte adopté ne correspondait pas aux attentes des peuples indigènes et ne reflétait ni le contenu ni l'esprit des accords signés à San Andrés Larráinzar. Le texte ne garantit pas l'exercice du droit à la libre détermination des peuples indigènes, ne reconnaît pas la personnalité juridique nécessaire aux peuples indigènes pour pouvoir construire une nouvelle relation entre peuples, avec la société et avec l'État, de la même façon qu'il ne reconnaît pas les droits territoriaux et rejette l'accès collectif aux ressources naturelles des terres et territoires.

La publication de l'amendement a également soulevé un grand nombre de réactions de la part des communes où la population est majoritairement indigène. Elles ont porté des recours devant la Cour Suprême de Justice en annulation de la procédure suivie, en espérant faire annuler par ce moyen la réforme elle-même. Les promoteurs des controverses constitutionnelles savaient que la réussite de leur projet dépendait de la volonté particulière de la Cour d'interpréter en profondeur le texte, de rouvrir des espaces juridiques et politiques et de permettre une révision du texte constitutionnel contesté. Lors d'une session plénière, le 6 septembre 2002, huit des onze magistrats ont considéré la Cour incompétente en matière de procédures de réformes constitutionnelles. La Cour a donc renoncé à la possibilité d'exercer une fonction de contrôle sur les décisions de l'organe[1] chargé des réformes et des amendements constitutionnels, car selon les membres de la Cour, celui-ci ne peut faire l'objet d'un contrôle judiciaire.

> « La procédure de réforme et d'ajouts au texte constitutionnel en matière de droits et de culture indigène est contestée dans le cas qui nous occupe. Ce tribunal en session plénière détermine irrecevable la controverse constitutionnelle contre la procédure de réforme et d'ajouts constitutionnels que prévoit l'article 135 de la Constitution fédérale, puisque l'article 105 du même texte constitutionnel, ne prévoit pas que l'organe chargé d'effectuer lesdites réformes, puisse être une des parties lors d'une controverse constitutionnelle, ou que les actes de l'organe puissent être contestés, c'est pourquoi la Cour Suprême de Justice de la Nation ne peut les réviser. »

Le rapport majoritaire n'a fait mention d'aucune considération de fond, refusant d'entrée de jeu la compétence de la Cour. Il nous semble intéressant de faire ici référence au vote dissident de trois magistrats.

En effet, trois magistrats ont formulé un argumentaire dissident de 600 pages. Cet argumentaire réfutait l'incompétence de la Cour en la matière et examinait la procédure de réforme de la Constitution en matière indigène sur le fond. Contrairement au rapport de la majorité des magistrats de la Cour, le rapport de la minorité présente la controverse constitutionnelle comme le moyen indiqué pour contester les possibles vices de procédures lors d'une réforme constitutionnelle et les conseils municipaux comme étant les

[1] Il s'agit de la *Constituyente permanente*, qui regroupe la Chambre des députés, le Sénat et les chambres des députés des 31 États fédérés du Mexique.

organes indiqués pour contester la constitutionnalité de cette procédure[1]. Cependant, après analyse, le rapport de minorité confirme la validité de la réforme constitutionnelle en matière indigène :

> « L'analyse intégrale des questions qui ont été posées dans les controverses constitutionnelles révèle que les plaignants prétendaient à, d'une part, l'invalidation du processus de réformes constitutionnelles dénonçant la défaillance de conditions qui ne font pas partie des conditions prévues par l'article 135 de la Constitution et, de l'autre, à ce que l'étude du contenu des normes constitutionnelles réformées, en matière indigène, soit faite afin que les réformes soient annulées, faute d'avoir accordé les bénéfices souhaités. À ce sujet, il faut signaler que l'étude approfondie dans ce rapport de minorité révèle que les réformes constitutionnelles contestées apportent une interprétation pleinement cohérente des demandes des acteurs [...]. Conformément à la technique juridique, la Cour Suprême n'aurait pu que considérer inconstitutionnelles les réformes, si la procédure avait été viciée, par la démonstration du manquement à l'une des règles précises consignées dans l'article 135. Or, une telle décision, au lieu de favoriser les peuples et villages indigènes leur aurait porté préjudice, car ils auraient été privés d'un système juridique constitutionnel qui leur a paru insuffisant mais qui, par rapport à son contenu, accorde des bénéfices juridiques dont ils étaient dépourvus auparavant [...][2] »

La décision majoritaire de la Cour et le discours du vote dissident des trois magistrats reflètent une pensée juridique qui conçoit difficilement l'abandon des principes d'unité et de rationalité, ne se laissant pas interpeller par une réalité plurielle qui réclame une réforme de l'État. Pour Magdalena Gómez, les recours présentés par les communes indigènes représentaient un véritable défi politique et d'interprétation juridique pour la Cour. Aborder ce défi impliquait un effort d'interprétation permettant : de donner à la Cour suprême de nouveaux espaces et possibilités de décision dans son caractère de tribunal constitutionnel ; d'accorder aux communes indigènes le caractère d'acteurs valides dans la saisie du tribunal constitutionnel ; d'insérer les

---

[1] « Les arguments ci-dessus exposés amènent à conclure que les controverses constitutionnelles qui nous occupent, s'inscrivent dans les hypothèses de recevabilité de l'article 105.I.a et b. de la Constitution fédérale, qui prévoit le conflit entre la Fédération (représentée dans le cas présent par le Parlement) et un État ou Commune ; ou d'un État (représenté ici par le Parlement local) et une commune. La plainte concerne la procédure de réforme à la Constitution, qui peut elle faire l'objet de ce moyen de contrôle constitutionnel dont la compétence revient à la Cour Suprême de Justice de la Nation, chargée de garantir l'ordre constitutionnel. »
Vote dissident que formulent les magistrats Sergio Salvador Aguirre Anguiano, Mariano Azuela Güitrón et Juan Silva Meza contre les sentences majoritaires émises par la plénière de la Cour Suprême de Justice de la Nation, vendredi 6 septembre 2002, sur les recours constitutionnels 82/2001 et 48/2001, promus respectivement par les communes de Santiago Amoltepec et de San Pedro Quiatoní Tlacolula, de l'État du Oaxaca, contre la procédure qui aboutit aux réformes publiées comme constitutionnelles en matière indigène, p. 77.
[2] *Idem*, pp. 571-572.

conventions internationales dans le droit interne et de réviser leur relation avec le principe de suprématie constitutionnelle[1].

Dans les processus de démocratisation d'un certain nombre de pays, la tendance est à un activisme judiciaire de la part des tribunaux constitutionnels. Dans cette perspective la Cour participe aux transformations en créant et recréant le droit. Le fait que les recours présentés par les communes indigènes n'aient même pas été analysés sur le fond montre effectivement la difficulté juridique d'envisager une réforme de l'État qui octroie aux peuples indigènes le caractère de sujets collectifs de droit. La réforme constitue certes un progrès par rapport aux textes constitutionnels qui ne mentionnaient même pas le terme d'indigène. La réforme reconnaît effectivement des droits aux populations indigènes et ne met plus en cause l'existence de systèmes normatifs propres. Au-delà du cadre constitutionnel et étatique et même si ceci semble bien peu face à l'exigence d'un État véritablement pluriel, les populations indigènes mettent en œuvre des formes d'organisation et des stratégies qui témoignent de leur dynamisme et de leur créativité.

Au-delà du statut

Le cadre constitutionnel se trouve complètement dépassé par la prise en charge de la population indigène de sa propre régulation sociale. À partir de ce contexte de relative autonomie dans les faits, les populations indigènes se réinventent continuellement et s'inscrivent dans une contemporanéité au-delà du clivage entre tradition et modernité.

Le village et l'organisation municipale

Dans le cas du Mexique, le manque d'efficacité ou l'impuissance de l'État pour imposer sa régulation aux peuples indigènes s'explique, à notre sens, par le déphasage interculturel de base, c'est-à-dire par les différentes visions de l'organisation sociale. C'est précisément cette diversité par rapport à la vision dominante qui nous amène à parler d'altérité. La zone de « vide étatique » favorise le développement d'une gouvernance. « Gouvernance » étant entendue ici comme la prise en charge par la population de sa propre régulation sociale. Ainsi, l'impossibilité de contrôle par l'État d'espaces qui, dans la pratique, lui échappent, est à l'origine d'un phénomène de zones de régulation sociale récupérées et investies par les populations indigènes. Cette gouvernance des populations indigènes, la gouvernance de *l'autre*, se trouve ici directement liée à l'autonomie.

---

[1] Magdalena Gómez, 2004, « La constitucionalidad pendiente : La hora indígena de la Corte », *El Estado y los indígenas en tiempos del PAN : neoindigenismo, legalidad e identidad*, *op. cit.*, pp. 201-202.

L'autonomie est un recours pour tenter de résoudre à un moment donné le conflit ethniconational[1]. Dans la mesure où il n'existe pas de cadre juridique en matière d'autonomie, les phénomènes de gouvernance ou autonomies *de facto* se développent à la frontière ou en marge de la légalité étatique.

Les villages indigènes des hautes terres du Chiapas se déploient souvent dans le territoire de la commune au point de se confondre avec elle. Chaque village est différent de l'autre, les différences s'expliquent par la langue ou la variante dialectale parlée, par le milieu concerné, rural ou urbain, par les conditions géographiques, climatiques et démographiques, par la nature de ses relations avec le gouvernement, etc. Les configurations des villages actuels sont donc des créations strictement contemporaines, résultat de l'accumulation de divers référents (monde préhispanique, conquête, Mexique indépendant, etc.). L'État du Chiapas, à la géographie contrastée et très densément peuplé, compte un grand nombre de villages indigènes disséminés sur tout le territoire. L'organisation que les villages indigènes mettent en place pour garantir leur régulation sociale est loin d'être homogène.

Arturo Lomelí propose une classification des villages indigènes du Chiapas ; nous la reprenons pour illustrer les particularités que peut recouvrir la régulation de la vie interne des villages[2]. Il aborde en premier lieu les villages qui organisent leur monde sociopolitique et culturel grâce à des systèmes d'autorité qui résultent du métissage des institutions étatiques et des institutions plus associées au monde indigène[3] qui, elles, fusionnent les fonctions civiles et religieuses. Il s'agit des villages où les institutions indigènes s'imposent et où les fonctions s'enchevêtrent sans qu'il puisse y avoir une distinction claire entre fonctions et fonctionnaires. Les autorités villageoises sont souvent aussi les fonctionnaires étatiques du conseil municipal de la commune ; elles incarnent une double fonction. Dans l'interaction avec l'extérieur (autres communes indigènes ou non, le gouvernement et les institutions de l'État du Chiapas, le gouvernement et les institutions fédérales), le conseil municipal fonctionne comme dans n'importe quelle autre commune du pays. À l'intérieur du village, le conseil municipal ou les Autorités villageoises maintiennent l'ordre social sur la base des normes de conduite et de comportement et des traditions héritées

---

[1] Héctor Díaz-Polanco, 1996, *Autonomía regional. La autodeterminación de los pueblos indios*, *op. cit.*, p. 151.

[2] Arturo Lomelí González, 1999, « Pueblos indios y autonomías zapatistas », *México : experiencias de autonomía indígena*, Aracely Burguete Cal y Mayor (coord.), Guatemala, IWGIA – CECADEPI RAP, pp. 234-245.

[3] Une distinction simpliste du domaine étatique de la « modernité » en opposition au domaine indigène de la tradition peut s'avérer caricaturale et trompeuse, surtout dans un contexte où les institutions qualifiées de modernes ou d'indigènes traditionnelles résultent, en fait, d'un long processus d'influences mutuelles. Un regard plus en profondeur rend non seulement peu identifiable la limite entre ces catégories mais aussi peu pertinente pour l'analyse.

des ancêtres. L'observation de ces préceptes garantit l'ordre du cosmos et évite calamités et malheurs. Chaque habitus, rituel ou tradition, est directement lié à la vision du monde et représente donc un élément essentiel de l'être sur terre. L'introduction de nouvelles croyances, religieuses par exemple, implique un nouveau système symbolique et rituel qui provoque le rejet puisqu'elles sont considérées comme une menace pour les valeurs identitaires. Les villages indigènes de San Juan Chamula et de Zinacantán peuvent être associés à cette typologie.

La deuxième catégorie correspond aux villages indigènes où les structures institutionnelles étatiques ont marginalisé les structures indigènes, ces dernières ne jouant plus qu'un rôle de cohésion des groupes minoritaires. Dans cette catégorie, il n'y a pas d'imbrication de fonctions car la vision plus sécularisée de l'autorité la lie directement à la société et non pas à une représentation des pouvoirs cosmogoniques. Les mésaventures dans le domaine du visible sont attribuées au Dieu chrétien, à la force des saints et aux divinités « locales ». Mais les institutions qui représentent de manière plus concrète ces croyances restent en marge du pouvoir public. Ces villages qui ne présentent que des résidus d'institutions indigènes « traditionnelles », conservent les coutumes ancestrales dans leur « cœur » et dans l'imaginaire collectif[1].

Enfin, la troisième catégorie correspond aux villages sans institutions « traditionnelles ». Leur cohésion se fait par le biais des institutions nationales et des autorités étatiques. Elles ne conservent que certains modèles de conduite hérités des ancêtres. La structure du pouvoir étatique a envahi la totalité de la régulation sociale. L'explication de l'existence humaine ou de ses adversités se fait par une théologie populaire de différentes filiations religieuses, parsemée de croyances et de symboles des ancêtres. Mais les croyances et les rituels ne concernent plus le domaine public et sont confinés au domaine privé du foyer.

Le domaine de la gouvernance des villages indigènes du Chiapas se manifeste donc par un phénomène d'enchevêtrement plus ou moins important de fonctions. Si la régulation de la vie interne répond à une vision pouvant différer d'une organisation administrative plus occidentalisée, dans la sphère externe, dans ses relations institutionnelles, la communauté indigène intègre la structure étatique. Cette organisation sociale se manifeste à l'intérieur de la structure étatique, sans la remettre complètement en question, du moins dans les formes. Cependant, cette prise en charge par la population indigène de sa propre régulation sociale peut également se faire dans un contexte de concurrence directe avec la juridiction et l'exercice des fonctions du gouvernement légalement établi et reconnu. Les expériences

[1] Arturo Lomelí González, 1999, « Pueblos indios y autonomías zapatistas », *op. cit.*, pp. 234-245.

zapatistes d'autonomie, sur lesquelles nous nous attarderons ci-dessous, en sont une illustration.

La conjoncture propre à l'État du Chiapas interdit de faire l'impasse sur les expériences d'autonomie mises en place par l'EZLN. Ces expériences d'autonomie se font dans le domaine des communes mais également à une échelle régionale.

La demande d'autonomie dans un nouveau projet de société n'apparaît dans le discours des zapatistes qu'un an après le début de la rébellion armée. Lors de la troisième déclaration de la *Selva Lacandona*[1], l'armée zapatiste déclare que l'EZLN épaulera la société civile dans la formation d'un gouvernement national de transition vers la démocratie. Gouvernement devant reconnaître les particularités des peuples indigènes, leur droit à l'autonomie et à la citoyenneté. Entre 1995 et 1996, une quarantaine de villages indigènes se sont déclarés communes autonomes zapatistes rebelles[2]. L'exercice du pouvoir dans ces communes a été un terreau fertile pour le discours idéologique de la libération et de l'autogestion. Le regroupement de hameaux et le mouvement de population avec le maintien des Autorités en place ou la désignation de nouvelles Autorités, ont été le point de départ des communes autonomes. Ces entités ont reconstitué le modèle des villages indigènes avec un chef-lieu municipal, entre 20 et 30 hameaux et une structure gouvernementale d'Autorités. La grande variété des expériences en matière de gouvernance est également perceptible dans les communes zapatistes qui, d'entrée de jeu, ont une diversité de noms : communes rebelles, communes autonomes en rébellion, conseils municipaux autonomes, peuples autonomes, entre autres. Cette diversité reflète finalement ce qu'est le zapatisme, un ensemble de groupes, de villages, d'organisations, de communes, etc. regroupés sous le drapeau commun de l'opposition au gouvernement. Les diversités régionale, ethnique, culturelle, historique, linguistique et religieuse impriment leurs propres empreintes à chaque processus d'autonomie[3].

Les zapatistes intègrent également des gouvernements parallèles. Le gouvernement établi et le gouvernement dissident cohabitent souvent sur le même territoire, exerçant ainsi une juridiction sur les personnes et non sur le territoire. Dans la phase « d'installation » d'une commune autonome, le fait que les habitants du village renient le gouvernement en place est directement lié à la consolidation du gouvernement autonome. Plus les Autorités d'une commune autonome ont la capacité d'exercer un nombre important de

[1] La *Selva Lacandona* est la jungle qui se trouve à l'est de l'État du Chiapas à la frontière avec le Guatemala.

[2] En espagnol, *Municipios Autónomos Rebeldes Zapatistas*.

[3] Aracely Burguete Cal y Mayor, 2002, « Procesos de autonomías de facto en Chiapas. Nuevas jurisdicciones y gobiernos paralelos en rebeldía », *Tierra, libertad y autonomía : impactos regionales del zapatismo en Chiapas*, Shannon Mattiace et all. (coord.), México, CIESAS – IWGIA, pp. 290-293.

fonctions (appliquer la justice, recouvrer les impôts, installer un bureau d'état civil pour le registre des mariages, naissances et décès et couvrir certains aspects en matière de santé, éducation et approvisionnement), plus les « citoyens zapatistes » renoncent progressivement à la juridiction légale pour se soumettre à celle des Autorités autonomes. En avril 1998, les autorités d'une commune autonome s'exprimaient de la manière suivante :

> « Ici, on s'arrange entre nous [...] ; nous nous autogouvernons car à quoi sert le gouvernement si nous n'avons ni électricité, ni eau courante, ni chemins, ni hôpitaux, ni écoles [...]. Je ne vois pas l'intérêt d'avoir des relations avec le gouvernement [...]. Pour quoi faire ? Il vaut mieux qu'on se déclare autonomes [...]. Les gens vivent librement [...] faisant produire la parcelle pour nourrir la famille et aider les populations déplacées avec du maïs, du haricot, du bois et vendre ne serait-ce que ça à San Cristóbal de Las Casas[1]. »

Mais les expériences d'autonomie que les zapatistes développent à l'échelle régionale semblent encore plus innovatrices, car elles proposent un niveau d'organisation qui se situe entre le domaine de l'État fédéré et celui de la commune.

Un ensemble de changements s'est opéré dans l'organisation des villages indigènes zapatistes du Chiapas, tous orientés vers la pratique de l'autonomie à l'échelle régionale. Les communiqués de l'EZLN de juillet 2003 annoncent la création de cinq *Caracoles*[2] correspondant à cinq régions rebelles, chacune dotée d'un conseil de bonne gouvernance comme organe de gouvernement. Les critères utilisés pour la délimitation des zones n'ont pas été explicités mais l'unité historique, les relations construites et consolidées au fil du temps et la restructuration ou équilibrage des communes, semblent être des éléments indicatifs. À ce sujet, Héctor Díaz-Polanco parle d'un exercice de cartographie autonome qui délimite territorialement la zone sous influence zapatiste[3].

Les Conseils de Bonne Gouvernance[4] ont la fonction de distribuer les ressources, d'accorder le titre de zapatistes aux personnes, coopératives ou sociétés de production ou de commercialisation, et de créer un fond avec les

---

[1] *Idem*, p. 300. « Aquí nos arreglamos nomás nosotros [...] nos autogobernamos porque de por sí para qué sirve el gobierno si no tenemos luz, ni agua, ni caminos, ni hospitales, ni escuelas [...] no le veo el caso de tener relación con el gobierno[...] para qué, mejor nos declaramos autónomos [...] La gente 'vive libre [...] produciendo su milpa' para alimentar a sus familias, apoyar a los desplazados con maíz, frijol y leña y vender 'aunque sea algo' en San Cristóbal de Las Casas. »

[2] *Caracoles* signifie littéralement escargots en français, c'est le nom adopté par les zapatistes pour les nouvelles délimitations territoriales, chaque *Caracol* a une *Junta de buen gobierno*, que nous traduisons ici par « conseil de bonne gouvernance ».

[3] Héctor Díaz-Polanco, 2003, « Juntas de buen gobierno ¿Una etapa superior de la autonomía? », *CEMOS-Memoria*, n°176, México, versión web, p. 1.

[4] Ainsi prénommés pour établir d'emblée le contraste avec le « mauvais gouvernement » des trois niveaux de l'actuel régime fédéral au Mexique, à savoir, le gouvernement de la commune, le gouvernement de l'État et le gouvernement fédéral.

impôts et les excédents pour la redistribution. Les communiqués interdisent aux dirigeants militaires ou membres du Comité clandestin révolutionnaire indigène (CCRI)[1], d'occuper des fonctions dans les conseils municipaux. Il y a là une volonté, du moins discursive, de séparer le fonctionnement du pouvoir civil de l'aspect militaire du zapatisme.

Ces expériences posent des questions en matière de légalité et de légitimité. L'autonomie régionale que les zapatistes construisent, se fait à contre-courant du cadre normatif et des réformes constitutionnelles approuvées en avril 2001, ces réformes n'autorisant aucun exercice d'autonomie. Les Conseils de Bonne Gouvernance, de même que les communes autonomes, ne sont autonomes que *de facto*. Considérer qu'il n'y a pas de contradiction avec la normativité étatique est une position compréhensible, venant des partisans du mouvement indigène. Elle semble cependant tout à fait surprenante, venant du gouvernement fédéral. Surtout quand on pense aux offensives systématiques et meurtrières lancées à l'encontre de la population et des « gouvernements dissidents », à la militarisation croissante, à l'action des groupes paramilitaires liés à la police et à l'armée gouvernementales et au démantèlement d'un grand nombre de communes autonomes. C'est pourtant la position que le ministre de l'Intérieur a adoptée en assimilant l'initiative zapatiste aux décisions de groupes ou d'associations privées, qui organisent leurs activités internes[2]. Par une telle affirmation, le gouvernement cherche tout simplement à évacuer le problème politique sous-jacent. Il est cependant clair que l'exercice d'autonomie zapatiste s'inscrit dans le domaine des affaires publiques et qu'il existe un décalage entre la normativité et le droit légitime des peuples. Héctor Díaz-Polanco explique le discours du gouvernement comme étant le résultat d'un calcul qui, pour l'instant, ne considère pas les Conseils de Bonne Gouvernance comme un défi concret. En outre, un débat autour de la légalité de ces expériences d'autonomie ne pourrait pas être mené à bien, vu le rapport de force en présence. Mais au moment où l'expérience d'autonomie entre en contradiction directe avec des intérêts du pouvoir étatique, le discours peut changer et l'illégalité desdites autonomies être démontrée. Ainsi, une fois modifiés l'équilibre des forces ou l'intérêt gouvernemental, la gouvernance *de facto* peut basculer, tôt ou tard, vers la suppression du « traitement de faveur[3]. »

La reconnaissance ne construit pas d'elle-même une quelconque réalité de vie autonome. Les expériences des populations indigènes, abordées tant dans le cadre de la structure étatique qu'en marge de l'État, montrent une

---

[1] Direction politique de l'EZLN, formée par les représentants des villages indigènes qui servent de base de soutien aux zapatistes. Pour la plupart ils ont le grade de commandant.

[2] Héctor Díaz-Polanco, 2003, « Juntas de buen gobierno ¿Una etapa superior de la autonomía? », *CEMOS-Memoria*, *art. cit.*, p. 1.

[3] Héctor Díaz-Polanco, 1996, *Autonomía regional. La autodeterminación de los pueblos indios*, *op. cit.*, p. 151.

autonomie se tissant principalement « d'en bas », avec le concours de la population.

Réinventions identitaires

Le combat de l'EZLN et du mouvement indigène n'est pas uniquement un combat pour l'autonomie, un combat contre l'État. C'est aussi, et surtout, un combat pour la construction d'imaginaires collectifs qui ne se limitent pas aux moules actuels des identités ethniques, des identités de genre ou des identités nationales. Dans ce sens nous rejoignons la pensée d'Aída Hernández ; cette auteure considère que les revendications indigènes convergent, de nos jours, vers la construction d'une nouvelle citoyenneté, une citoyenneté *culturelle* où la reconnaissance des différences ethniques ou linguistiques ne se fait pas au détriment d'une appartenance juridique, identitaire et sociale, à l'État[1]. Il s'agit d'apporter un nouveau sens au discours unitariste sur la nation et sur la citoyenneté. Le combat des populations indigènes ne vise pas uniquement la redéfinition des rapports avec l'État ; il vise aussi une redéfinition des rapports avec la société dans son ensemble. Dans ce sens, une nouvelle conception de la citoyenneté doit être envisageable. La reconnaissance des langues indigènes et des formes culturelles exprime, par exemple, la nécessité d'une restructuration du système éducatif et du système de santé au niveau national. Ces systèmes ont été construits à partir du seul référent dominant et actuellement ils excluent toute possibilité d'inclusion de principes ou de visions différentes. La revendication des formes de gouvernement et d'organisation interne met en cause également la démocratie électorale comme la seule et unique voie d'accès à la participation politique.

Ce combat doit être mené sans doute sur plusieurs fronts : contre le racisme de la société mexicaine, contre le monisme de l'État, contre les partis politiques qui ne laissent pas de place à d'autres formes de construction de la démocratie, contre les intermédiaires locaux qui accaparent les bénéfices des échanges commerciaux… Une lutte, finalement, contre une vision unitariste de la société, de son organisation et de ses principes, incapable d'accepter la coexistence de visions, d'organisations et de principes différents.

Dans ce débat, une des difficultés à dépasser est cette dichotomie entre l'idéalisation du passé indigène et le racisme qui se dissimule derrière la critique des particularités culturelles. En effet, face au mépris qui a nourri les critiques des traditions indigènes de la part de certains secteurs de la population mexicaine, une vision idéaliste des populations indigènes se

---

[1] Rosalva Aída Hernández Castillo, 2004, « La diferencia en debate : la política de identidades en tiempos del PAN », *El Estado y los indígenas en tiempos del PAN : neoindigenismo, legalidad e identidad*, *op. cit.*, p. 295.

construit. Cette vision ne retient que le caractère conciliatoire du traitement des différends, le sens écologique de leur rapport à la nature et le caractère démocratique de leurs systèmes de gouvernement. Le mépris comme l'idéalisation évacuent au même titre la complexité des identités culturelles, comme s'il n'existait que deux représentations possibles[1]. Cependant, l'observation nous montre la complexité des stratégies des acteurs indigènes. Le combat des femmes indigènes et l'instrumentalisation par une élite indigène du discours sur la tradition sont des exemples significatifs.

Les femmes indigènes organisées ont pu confronter tant les représentations idéalistes que celles franchement racistes. Actuellement, les femmes indigènes posent les jalons pour repenser l'interculturalité selon une perspective dynamique des particularités culturelles qui, en même temps, récupère la perspective historique des identités.

L'éventualité que des représentants zapatistes utilisent la tribune du Parlement pour défendre la proposition Cocopa a provoqué un débat houleux. Certains considéraient que des hors-la-loi, révoltés contre le gouvernement, ne devaient pas « profaner » l'enceinte parlementaire. D'autres accordaient à l'EZLN la représentation des intérêts d'un grand nombre de peuples indigènes du pays. Finalement, les partisans du « oui » se sont imposés et le siège de la Chambre des députés a ouvert ses portes aux arguments des indigènes le 28 mars 2001. Jour mémorable où les revendications en matière de droit et de cultures indigènes ont été entendues. Ce fut une femme qui a été chargée de donner le message politique le plus important de l'EZLN :

> « [...] Ceux qui ne sont pas présents [députés et sénateurs absents] savent désormais qu'ils ont refusé d'écouter ce qu'une femme indigène venait leur dire, ils ont refusé de parler pour que je les écoute. Je m'appelle Esther mais ça n'a pas d'importance, je suis zapatiste mais ça n'a pas non plus d'importance en ce moment. Je suis indigène et je suis une femme et c'est la seule chose qui importe maintenant [...]. Je veux parler de la critique de la proposition Cocopa qui lui reproche de légaliser la discrimination et la marginalisation de la femme indigène. Mesdames et Messieurs les Députés, Mesdames et Messieurs les sénateurs :
>
> Je veux parler de la situation que les femmes indigènes vivent dans nos villages, aujourd'hui où la Constitution est supposée garantir les droits des femmes. La situation est très dure. Depuis des années nous souffrons de la douleur, de l'oubli, du mépris, de la marginalité et de l'oppression [...].
>
> Les métis, les riches se moquent de nous femmes indigènes, de nos vêtements, de nos langues, de nos prières, de notre façon de guérir, de notre couleur de peau, couleur de la terre que nous cultivons [...].
>
> Nous, les femmes indigènes, nous n'avons pas les mêmes chances que les hommes, qui ont le droit de décision sur tout. Ils ont le droit sur la terre que la femme n'a pas, comme si nous ne pouvions pas la travailler, comme si

[1] *Idem,* pp. 296-297.

nous n'étions pas des êtres humains, nous sommes victimes de l'inégalité [...].

Je ne vous raconte pas tout cela pour vous faire de la peine, pour que vous veniez nous sauver des abus. Nous avons lutté, nous-mêmes, pour changer tout cela et nous continuerons à le faire [...].

En plus d'être femmes, nous sommes indigènes, et nous ne sommes pas reconnues comme telles. Nous savons quelles sont nos bonnes et quelles sont nos mauvaises coutumes.

Les mauvaises habitudes de battre les femmes [...] de les marier contre leur gré, de ne pas les laisser participer aux assemblées, de les confiner à la maison.

C'est pour cela que nous voulons que la proposition en matière de droit et de cultures indigènes soit approuvée. C'est très important pour nous, les femmes indigènes du Mexique.

Nous serons ainsi reconnues et respectées en tant que femmes et en tant qu'indigènes que nous sommes. Nous voulons que nos vêtements, notre langue, nos gouvernements, notre organisation, nos prières, notre façon de guérir, notre travail en collectivité, notre respect pour la terre et notre vision de la vie, de la nature dont nous faisons partie, soient respectés[1]. »

Les femmes réclament donc un droit à la diversité culturelle. Elles mentionnent aussi les revendications qu'elles mènent à l'intérieur de leurs propres peuples afin de transformer les tendances oppressives et d'exclusion assimilées, d'une certaine manière, à la tradition. Pour ces femmes, il s'agit de confronter tant les visions qui disqualifient les particularités culturelles que celles qui les idéalisent. Face à l'État, elles revendiquent leurs droits collectifs, leur droit à la différence culturelle, et face aux structures internes des peuples indigènes, elles se mobilisent contre les pratiques qu'elles considèrent comme allant à l'encontre de leur dignité. Sous l'influence du zapatisme, un mouvement indigène de femmes se développe. Il a pour but de formuler les revendications d'une diversité culturelle, à partir d'une définition plus large de la tradition. Tradition qui ne signifie pas immobilisme et qui récupère la diversité des voix à l'intérieur même des peuples indigènes. Il s'agit bien d'organisations de femmes indigènes qui se mobilisent pour la revendication de droits culturels et politiques en tant que femmes et en tant qu'indigènes. Elles ne cherchent pas la reconnaissance d'une tradition essentielle, mais la reconnaissance du droit à reconstruire, confronter et reproduire une culture, non pas dans les termes établis par l'État, mais dans les termes des peuples, dans le cadre de leurs propres pluralismes internes[2].

---

[1] Discours de la commandante Esther, représentante de l'EZLN, le 28 mars 2001 devant les députés. *EZLN. Documentos y comunicados n°5. La marcha del color de la tierra*, 2003, *op. cit.*, pp. 300-305.

[2] Rosalva Aída Hernández Castillo, 2004, « La diferencia en debate : la política de identidades en tiempos del PAN », *art. cit.*, pp. 300-302.

La « tradition » en tant que champ de significations manipulé par le pouvoir permet de délimiter ce qui est « authentique » de ce qui ne l'est pas. C'est à partir de ce champ de significations que peuvent être définis les principes, les valeurs ou les formes d'organisation tenus pour traditionnels ; ce sont souvent des constructions ou des réinventions idéologiques en vue de servir les intérêts des groupes au pouvoir qui cherchent à se légitimer.

Nous avions déjà mentionné le sentiment d'appartenance limité au domaine de la commune, au village indigène ; il est structuré et régulièrement renforcé par un certain nombre d'actes publics et privés qui affirment la cohésion du groupe et orientent l'action des villageois. De nos entretiens avec un certain nombre d'Autorités à San Juan Chamula, il ressort que le Chamula[1] doit assumer une triple appartenance : être catholique, du Parti révolutionnaire institutionnel, et ceci sur fond de traditionalisme. C'est à partir de ces aspects que s'articulent le pouvoir, la socialisation et l'organisation interne de la vie du village.

Le système d'Autorités qui fusionne une hiérarchie civique et religieuse a constitué depuis longtemps la base de la structure sociale de la commune indigène et la voie d'intégration à la vie sociale des unités domestiques ou familiales. Le modèle de cette forme particulière d'organisation semble avoir ses origines dans le système colonial de la république d'Indiens. Cette structure avait permis aux indigènes de se gouverner pratiquement de manière autonome.

Les membres de la collectivité occupent successivement des fonctions dans la hiérarchie, fonctions associées à l'entretien des statuettes des saints catholiques ainsi qu'à l'organisation et au financement des fêtes importantes. Ces membres de la collectivité acquièrent un prestige social important et leur participation définit aussi leur appartenance à la communauté. En effet, seuls les membres de la communauté peuvent exercer ces fonctions.

Les fêtes religieuses sont des actes publics où symboliquement les liens communautaires se resserrent. Les personnes se rencontrent, même celles qui viennent de très loin, du nord du pays ou des États-Unis. Tout le monde participe à la célébration des rituels qui impliquent des valeurs communes et, ainsi, les habitants pensent contribuer au maintien de l'ordre cosmique[2]. Un des éléments qui provoquent la fascination des observateurs étrangers est la pratique du catholicisme, qualifiée d'hétérodoxe. Dans cette interprétation de la doctrine chrétienne, le culte des saints occupe une place centrale. C'est autour de ce culte que s'est structurée une forme de religiosité permettant d'incorporer et d'adapter des aspects autochtones. Le panthéon des indigènes est formé de saints catholiques auxquels ils associent des légendes, des

---

[1] Habitants du village de San Juan Chamula.

[2] María Concepción Obregón Rodríguez, 2003, *Tzotziles. Pueblos indígenas del México contemporáneo,* México, Comisión Nacional para el Desarrollo de los Pueblos Indígenas – PNUD México, p. 18.

expériences et des visions du monde qui leur sont propres. L'iconographie catholique est vivante et possède une force en elle-même, n'étant pas uniquement le reflet de ce qui est dans l'au-delà. Plusieurs légendes font mention de « liens de parenté » existants entre les saints patrons de villages voisins. Ceci explique et fonde la relation entre villages indigènes proches. Saint André, saint patron de Larráinzar, par exemple, a comme sœurs deux patronnes de villages voisins : Sainte Madeleine et Sainte Marthe. La relation entre villages est régulièrement réaffirmée pendant les fêtes. La statuette d'un saint patron « visite » régulièrement les églises des saints patrons d'autres villages, lors de cérémonies auxquelles tous les habitants du village participent. Cet échange de « visites » met en évidence des relations hiérarchiques. Dans ce sens, Saint-André « visite » moins les églises de Sainte Madeleine et de Sainte Marthe qu'elles ne visitent la sienne[1].

L'importance du rituel catholique dans la structuration de la « culture traditionnelle » a provoqué un violent rejet des missionnaires protestants qui faisaient œuvre de prosélytisme dans les villages indigènes depuis les années 1960. Dans le cas de San Juan Chamula, les convertis au protestantisme ont été expulsés de la commune, au cours des années 1970. Depuis, l'État du Chiapas tente d'apaiser les tensions fréquentes. En fait, ce qui est en jeu, ce n'est pas une question de liberté religieuse, mais la structure même de l'organisation sociale. La conversion au protestantisme fait que certains villageois refusent de participer au système « traditionnel » du culte des saints catholiques, directement lié à l'organisation du pouvoir politique. Ce pouvoir politique longtemps incarné par le Parti de la révolution institutionnelle, PRI.

San Juan Chamula et Zinacantán fonctionnent comme des villages « traditionnels », mais l'exercice de l'autorité peut aussi servir pour accumuler des fortunes personnelles par le contrôle du travail, du système de commerce, du transport ou de l'accès aux terres communales. Pendant de longues années, le pouvoir du système d'Autorités était fondé sur des logiques internes certes, mais aussi sur un soutien externe, faisant partie d'un corporatisme politique. Ce caciquisme est le fruit des relations entre le système des autorités traditionnelles, hérité de la structure administrative de la colonisation, et le système politique mexicain. Depuis les années 1940, les terres, les crédits et les œuvres publiques étaient échangés contre des votes pour le parti officiel, le PRI[2]. Beaucoup de communes indigènes ont donc vu « évoluer » leurs institutions en groupes de caciques, de filiations Priistes reconnus par l'État. Ces groupes monopolisaient le pouvoir politique et exerçaient un pouvoir sur le reste de la population. La dissidence a été

---

[1] *Idem*, pp. 32-33.

[2] Sarela Paz Patiño, 2004, « Pensando a la diferencia en su posibilidad política », *El Estado y los indígenas en tiempos del PAN : neoindigenismo, legalidad e identidad, op. cit.*, pp. 368-369.

réprimée durement, sous prétexte du non-respect de la « tradition ». La tradition n'étant pas autre chose que l'acceptation ou la soumission à une structuration particulière du pouvoir. Mais cette articulation n'a pas été la garantie d'un soutien inconditionnel, et des ruptures se sont opérées. C'est le cas du village de Zinacantán, dont les Autorités se réclamaient du Parti de la révolution démocratique (PRD) au moment de l'enquête. Il s'agit de la manifestation d'une restructuration d'alliances et de la redéfinition d'accords par lesquels les caciques cherchent à conserver leur pouvoir. Ainsi, les caciques de Zinacantán auraient intégré une coalition pour s'allier au PRD et répondre à une dissidence croissante contre le PRI à l'intérieur du village. De cette façon, les Autorités ont fonctionnalisé le discours sur la démocratie[1].

La pratique politique se renouvelle selon les conditions, mais elle cherche avant tout la confluence d'intérêts par la prébende. Ainsi, le discours sur la diversité culturelle, compris comme la revendication de la tradition ou de la spécificité culturelle, est aussi un champ d'appropriation pour ceux qui détiennent le pouvoir à l'intérieur des villages indigènes. Dans ces conditions, la diversité culturelle peut représenter un capital symbolique pour ceux qui l'utilisent. Elle ne signifie pas uniquement revendication et contestation, elle signifie aussi appropriation de la contestation par les détenteurs du pouvoir qui cherchent à se positionner dans le réajustement des relations de force[2].

De nos jours, les villages indigènes se caractérisent par une diversification sociale croissante, indigènes riches, pauvres, paysans, commerçants, ouvriers, protestants, catholiques, traditionalistes, du PRI, du PRD, zapatistes, d'organisations paysannes indépendantes, etc. Ces différentes forces s'affrontent avec violence et essayent de sauvegarder leurs propres intérêts. Il y a un dynamisme politique important qui redéfinit les structures traditionnelles de l'organisation interne, permettant l'apparition de nouveaux réseaux de représentation et l'apparition de nouvelles formes d'organisation. La complexité de la réalité interne et externe des communes indigènes donne lieu à d'intéressantes alliances et relations entre groupes, difficilement imaginables. Les indigènes ne sont pas des victimes ou des sujets passifs de la « modernité ». Ils sont des observateurs avertis de la place qu'ils occupent dans la configuration ethnique et sociale du monde actuel, et sont conscients des circonstances concrètes dans lesquelles ils doivent évoluer. Un des éléments visibles dans ce changement de perspective est sans doute la participation, de plus en plus importante, de la

---

[1] *Idem,* p. 373.
[2] *Ibidem.*

femme indigène dans les mouvements politiques et religieux, et dans les activités de production et de commercialisation[1].

La relation État-peuples indigènes au Mexique était supposée changer à partir des élections présidentielles de juin 2000. Le parti de droite, Parti d'action nationale, PAN, remplaçait pour la première fois le Parti de la révolution institutionnelle, PRI, après 70 ans au pouvoir. Une première période de jubilation de la part de certains secteurs de la population mexicaine a été suivie par une période de désenchantement généralisé en raison de la continuité et du renforcement des politiques économiques, politiques et sociales qui avaient caractérisé les gouvernements issus du PRI durant les vingt dernières années. Rien d'étrange pour une administration de droite qui, cependant, avait fait des promesses de campagne concernant le problème des peuples indigènes et le soulèvement zapatiste. Le caractère hautement limité de la réforme législative en matière de droits et de culture indigène et la promotion de « projets de développement » qui ne tiennent pas compte de la volonté des populations indigènes et rurales directement concernées, mettent en doute la construction d'un véritable projet multiculturel.

En effet, les vieilles politiques intégrationnistes et « modernisantes » prennent la forme d'un nouveau discours. Ce discours combine l'exaltation de la diversité culturelle d'une part, et la mise en place des programmes de formation de « capital humain » afin de développer « l'esprit d'entreprise » chez les populations indigènes d'autre part. Ceci met en évidence la faiblesse idéologique et conceptuelle d'une définition de la politique indigéniste d'État. Face à l'autonomie politique et à la redistribution économique qu'exigent les populations indigènes, la modernité et le développement sont toujours les arguments invoqués par cet indigénisme. C'est dans ce sens que certains auteurs parlent de *néo-indigénisme*[2], pour qualifier les prétentions de renouveau du discours officiel. La continuité du paternalisme véhiculé par l'administration du président Vicente Fox se fait sentir clairement. Un exemple patent est la création de la CDI, Commission nationale pour le développement des peuples indigènes, pour remplacer l'Institut national indigéniste. Cette institution créée sans l'accord des peuples indigènes reproduit le schéma vertical et paternaliste reproché à l'ancien organisme. Le discours « développementaliste[3] » se manifeste également dans les

---

[1] María Concepción Obregón Rodríguez, 2003, *Tzotziles. Pueblos indígenas del México contemporáneo, op. cit.*, p. 37.

[2] Rosalva Aida Hernández, Sarela Paz, María Teresa Sierra (coord.), 2004, *El Estado y los indígenas en tiempos del PAN : neoindigenismo, legalidad e identidad, op. cit.*, p. 11.

[3] Pour reprendre une expression utilisée par Étienne Le Roy pour évoquer de manière critique l'influence évolutionniste des conceptions de « progrès » économique et de « modernisation » du droit. Étienne Le Roy, 1993, « Les recherches sur le droit interne des pays en

programmes conçus pour les populations indigènes, par les agences financières internationales telles que la Banque mondiale et la Banque interaméricaine de développement.

Dans ce contexte, on ne saurait applaudir l'apparition d'un nouveau discours sur le droit à la diversité culturelle. Il semble plutôt que l'on soit face à une nouvelle rhétorique du pouvoir qui vide conceptuellement les notions tout en semblant les faire siennes. Face aux pressions du mouvement indigène au niveau national et à l'influence des acteurs internationaux en matière d'interculturalité, le gouvernement a adopté un engagement rhétorique. Le discours valorisant la diversité culturelle a été instrumentalisé depuis la réforme constitutionnelle de 1991, qui présente le Mexique comme un pays multiculturel. Ce discours fait manifestement partie d'une politique adaptée au repositionnement d'une idéologie moniste de l'État[1].

Les organismes internationaux, en tant que lieux de convergence des forces politiques et d'attribution de ressources pour les pays émergents, établissent des paramètres d'évaluation de la légitimité des gouvernements nationaux. Dans les deux dernières décennies, les principes de l'interculturalité et du pluralisme en tant que vecteurs politiques de la tolérance et du respect de la diversité, y ont été associés. *Notre diversité créatrice* comme Code international de conduite relatif à la culture, proposé par l'UNESCO, est un exemple clair en la matière. Certains États se sont réapproprié ce discours, hautement symbolique, diluant d'anciennes revendications et construisant une forme renouvelée de domination.

L'amendement constitutionnel sur le régime communautaire foncier, mené par le président Salinas en 1991, a été conçu dans le cadre de la formation d'un État néolibéral. Le but était de mettre fin à l'ensemble des politiques sociales de l'État postrévolutionnaire et de mettre en œuvre un programme agricole en accord avec les directives de l'époque de la Banque mondiale. Avec la réforme de l'article 27 de la Constitution, des thèmes comme la diversité culturelle ont été promus à travers des politiques publiques spécifiques. Les traditionnelles revendications paysannes, qui concernent également la population indigène, ont été laissées de côté. Ainsi, les revendications culturelles ont remplacé les mouvements paysans des années 1970. La perspective étatique accorde toute son attention à des droits culturels amputés de leurs dimensions sociales, politiques et économiques. La présence de la thématique indigène dans le débat national est due à l'activisme du mouvement indigène sur un plan national et international. Cette présence s'explique également par le fait que le gouvernement a trouvé

---

développement – Du droit du développement à la définition pluraliste de l'État de droit », *État des savoirs sur le développement – Trois décennies de sciences sociales en langue française*, C. Coquery-Vidrovitch, O. Dollfus, É. Le Roy, M. Vernieres M. (dir.), Paris, Karthala, pp. 75-76.

[1] Sarela Paz Patiño, 2004, « Pensando a la diferencia en su posibilidad política », *El Estado y los indígenas en tiempos del PAN : neoindigenismo, legalidad e identidad, art. cit.*, p. 357.

dans cette revendication un substitut naturel à la thématique de la répartition des terres. Les instruments juridiques ne tendent pas vers la consolidation de *territoires* indigènes en tant que tels, ils s'orientent davantage vers la confirmation du principe d'une propriété foncière privée et individuelle. La notion de patrimoine indigène telle qu'elle est abordée par le gouvernement, n'a plus en réalité que des implications folkloriques.

Le contexte général qui donne sens et explique les manifestations particulières du phénomène juridique dans les villages indigènes a été brossé. Différentes conceptions de la justice et de la régulation sociale se chevauchent. Le gouvernement étatique et les peuples indigènes mettent chacun en œuvre respectivement des stratégies de domination et de résistance. L'objet de la troisième partie, concernant la compréhension de la dynamique endogène de prise en charge des différends, devra donc être situé à partir des conceptions de la justice, du cadre institutionnel et des pratiques stratégiques mis en évidence dans cette deuxième partie.

TROISIEME PARTIE

DYNAMIQUE ENDOGENE DE PRISE EN CHARGE DES DIFFERENDS

La deuxième partie a eu pour objet de révéler les visions du monde sous-jacentes aux conceptions de la justice à travers différentes époques et leur accumulation dans ce qui a été identifié comme l'univers juridique indigène actuel. La présentation du contexte juridique à une échelle nationale était nécessaire pour comprendre la réalité dans laquelle évoluent l'actuelle structuration juridique des villages indigènes et les différents référents juridiques qui y sont mis en œuvre. Cette troisième partie opère donc un changement d'échelle, car l'analyse va désormais rejoindre la sphère locale du village indigène, et ce dans le domaine précis du règlement des différends entre particuliers dans les villages de San Juan Chamula et de Zinacantán. L'exercice exige de sortir du référent dominant de la pensée juridique occidentale moderne. Ceci en laissant de côté les outils conceptuels et méthodologiques qui lui sont propres afin de pouvoir découvrir le phénomène juridique du règlement des conflits dans son originalité. Ainsi, le chapitre cinq nous oriente vers l'analyse du phénomène et le six nous mène à la recherche de cadres conceptuels et théoriques pouvant rendre compte de la complexité et de la dynamique du phénomène.

CHAPITRE 5

JUSTICE ET ORALITE : LE FONCTIONNEMENT D'UNE JUSTICE NEGOCIEE

Nous avons montré comment le droit étatique au Mexique accompagne la construction de l'État-nation. Nous avons également montré que ce droit étatique véhicule une vision particulière de la justice. Vision qui n'a pas éliminé les représentations du monde et la juridicité préexistantes, mais qui s'est érigée comme référent privilégié et conduisant à un modèle de domination. L'objet de ce chapitre est de montrer qu'en marge de la structure dominante de l'État et des principes du droit étatique, le règlement des différends lors des audiences conciliatoires dans les villages indigènes répond à des principes singuliers de fonctionnement de la justice.

Autorités et populations des villages indigènes - en marge des institutions judiciaires, des Codes et des principes processuels propres à l'État - produisent des normes de régulation et les appliquent quotidiennement dans le règlement des conflits. En analysant la prise en charge du règlement des différends, nous n'abordons qu'un aspect de tout un univers juridique. Nous ne prétendons pas réduire cet univers au phénomène juridique particulier sur lequel nous nous attardons ci-dessous. Néanmoins, l'aspect que nous étudions est représentatif du phénomène juridique dans son intégralité. La première section de ce chapitre fera état de quelques bases conceptuelles permettant de dépasser certaines interprétations liées à une conception occidentale du droit. Une seconde section aura pour objet de montrer le processus de judiciarisation des faits sociaux à travers l'analyse du discours juridique lors des audiences conciliatoires.

Dépasser l'idéologie juridique dominante

Dans son ouvrage *Critique de la raison juridique*, André-Jean Arnaud situe les alternatives au droit et à la justice du côté de la gouvernance, en tant que mouvement de la société civile et participation au processus de production de normes de régulation. La gouvernance, dit-il, englobe les alternatives au droit bien qu'elle ne se réduise pas à cela. Il ne s'agit de gouvernance qu'en absence d'un droit adéquat à régler une situation donnée[1]. Le fait d'être en présence d'un droit « inadéquat », dans le sens où il n'est pas « apte » à répondre aux besoins des justiciables des villages indigènes, ne se réduit pas à une simple inefficacité étatique. Elle s'explique aussi et surtout par une complexité pragmatique, résultat de

[1] André-Jean Arnaud, 2003, *Critique de la raison juridique 2. Gouvernants sans frontières. Entre mondialisation et postmondialisation*, *op. cit.*, p. 381.

l'enchevêtrement des référents tant culturels que juridiques. En effet, au-delà d'une approche en termes de pratiques alternatives de droit qui situerait la question uniquement dans le domaine des stratégies des acteurs, le phénomène juridique observé dans les communautés indigènes de la région des hautes terres du Chiapas met en évidence la question de l'altérité juridique, c'est-à-dire, d'une vision de la justice et des mécanismes particuliers de judiciarisation.

Cet « autre » Droit a été identifié au Mexique sous l'expression générique de « Droit indigène ». Cependant, le « contenu », les contours et les manifestations concrètes d'une telle expression juridique sont fort difficiles à appréhender. L'exercice étant d'autant plus complexe que le regard du juriste se trouve généralement influencé par sa propre conception du droit et de la justice. Ainsi, après une mise en garde sur les pièges d'une pensée juridique dominante et les risques que comporte sa transposition pour analyser les phénomènes juridiques contemporains, nous tenterons de dégager quelques éléments de compréhension du règlement des conflits tel qu'il se présente dans les villages indigènes.

Ethnocentrisme juridique et comparaison

L'observateur de pratiques juridiques peut être enclin à mettre en œuvre des philosophies et des théories de la justice liées à une conception occidentale moderne du droit. Ceci l'amène à utiliser des méthodes d'analyse biaisées. Rappelons le grand postulat de l'anthropologie du Droit qui consiste précisément à affirmer la non-universalité des catégories juridiques occidentales. Les sociétés traditionnelles africaines, amérindiennes, asiatiques, par exemple, ne partagent pas nécessairement certains concepts ou fictions juridiques essentiels pour la pensée occidentale moderne. La première étape consiste donc à dépasser un ethnocentrisme où le droit occidental serait tout simplement considéré comme hiérarchiquement supérieur aux autres manifestations de la juridicité. Ce traitement hiérarchique de supériorité du référent occidental peut se manifester clairement par des jugements de valeur hâtifs ou des interprétations qui nient le caractère juridique des manifestations qui se produisent en dehors du cadre étatique. Mais ce traitement hiérarchique de supériorité peut également être masqué, de façon plus subtile, par une comparaison forcée d'éléments incomparables ou par l'introduction voilée d'une hiérarchie de valeur dans les termes de la comparaison. Détaillons ceci.

La comparaison juridique soulève des difficultés et à ce sujet nous rejoignons les réflexions d'Étienne Le Roy. Dans son texte *Comparaison n'est pas raison*[1], Étienne Le Roy expose le parallélisme établi par Rodolfo

[1] Étienne Le Roy, 1994, « Comparaison n'est pas raison : Anthropologie et droit comparé face aux traditions non européennes », *Scritti in onore di Rodolfo Sacco - La comparazione*

Sacco entre le comparatiste et le linguiste. Ce qui en ressort clairement, c'est que le fait de parler deux langues ne fait pas le linguiste, de la même manière que la connaissance de deux systèmes juridiques ne fait pas le comparatiste. Le polyglotte pourra parler plusieurs langues, mais seul le linguiste pourra révéler les différences et les similitudes entre elles. Ainsi, le comparatiste doit donc, au-delà de la connaissance de systèmes juridiques différents, posséder un ensemble de notions et d'éléments venant des différents systèmes juridiques, lui permettant d'établir les similitudes et les différences. Du droit romain à ses nombreuses reconstructions à travers les siècles, différentes branches provenant tant des traditions byzantines que des traditions anglo-saxonnes peuvent être identifiées. Cependant, une matrice commune les réunit et permet d'identifier la même manière de concevoir le droit et d'expliquer les variations contemporaines. C'est le domaine d'étude privilégié du droit comparé. Mais il suffit que le juriste se trouve face à des univers juridiques ou culturels différents - que plusieurs référents juridiques se présentent aux acteurs et qu'ils aient la possibilité, même réduite, de choisir et de régler leur comportement selon des modèles extérieurs au droit positif étatique - pour qu'une approche en termes de droit occidental révèle ses limites. Les approches prescriptives du « devoir être » limitent la compréhension des phénomènes dans leur contexte. En effet, le principe d'ordre, d'unité, de simplicité et de certitude juridique sont incompatibles et se trouvent vite surpassés par la complexité propre aux manifestations juridiques des sociétés actuelles. L'analyse des représentations de la justice et la rencontre de plusieurs référents constituent, par contre, les problématiques de choix de l'anthropologie juridique.

À moins d'être arbitraire ou ethnocentriste, le juriste ne peut pas décider que son système de formation et d'interprétation est supérieur et qu'il doit servir de mesure pour la comparaison. C'est donc une exigence indispensable que de tenter de se séparer des théories, concepts, principes et notions qui peuvent entraver la compréhension de la singularité d'un phénomène juridique. Le défi étant de rendre compréhensibles les similitudes et les différences dans le respect des logiques sous-jacentes et des équivalences fonctionnelles. On ne peut pas comparer si on néglige la diversité des fondements et la variabilité des rationalités[1].

Il n'est pas toujours évident de prendre conscience que dans tout exercice de comparaison, des valeurs implicites et sous-jacentes orientent les termes de la comparaison. Cette caractéristique de la pensée moderne, rationnelle est relevée par Louis Dumont. C'est sous l'expression « englobement du contraire » que l'auteur fait référence à l'influence voilée que le principe d'égalité produit dans notre approche cognitive de l'altérité. Nos propres

---

giuridica alle soglie del 3° millenio, Paolo Cendon (éd.), Milano, Milano Dott. A. Giuffrè Editore, pp. 675-692.

[1] *Idem*, pp. 679-681.

référents sont inconsciemment construits comme universels et sont posés *a priori* tandis que les autres référents seront définis *a contrario*. Ainsi, le principe de hiérarchie est toujours présent dans la comparaison, même si ce principe se cache sous un apparent traitement égalitaire. La comparaison entre le droit étatique et le droit indigène, de la même manière que le discours sur l'universalité des droits de l'homme, sont des exemples révélateurs de la présence de certains principes hiérarchiques dans la comparaison juridique.

Afin d'illustrer cette hiérarchique voilée par un apparent traitement égalitaire, nous prendrons l'exemple du droit étatique auquel on attribue les particularités d'être un droit écrit, constitué par un ensemble de lois et qui se caractérise par une application stricte des normes face au dénommé droit indigène qui est un droit oral, fondé sur la coutume et une application casuistique des normes. Derrière cette différentiation par opposition duelle, apparemment neutre, se cachent un principe englobant et des valeurs implicites accordées aux caractéristiques d'un système au détriment de l'autre[1].

Droit étatique	***Droit indigène***
Écrit	Oral
Loi	Coutume
Application stricte des normes	Application casuistique des normes

Dans le premier binôme, écrit/oral, la prééminence de l'écriture est évidente. Cette prééminence se manifeste même dans la définition de l'histoire. L'histoire est définie comme la période connue par des « documents écrits », opposée à la préhistoire et à la protohistoire. En effet, écriture et civilisation sont souvent associées. Ainsi, la valeur sous-jacente au droit écrit semble bien être celle de civilisation, contrairement au caractère « primitif » associé à un droit oral.

En ce qui concerne le binôme loi/coutume, l'une et l'autre sont considérées comme des sources du droit. Cependant, la coutume, *inveterata consuetudo opinio juris necessitatis*, comprise comme une pratique répétée pendant une certaine durée et tenue pour obligatoire, sera souvent classée dans la catégorie de source « matérielle » et donc non créatrice de droit. Tandis que la loi sera considérée comme une source « formelle », créatrice de droit[2]. Étienne le Roy attire l'attention sur le fait que « le culte de la Loi codifiée, associé au culte tout aussi prégnant mais occulté de l'État, a

[1] L'additif asymétrique dont parle Louis Dumont, *vid. infra*.

[2] Michel Troper, 1986, « Du fondement de la coutume à la coutume comme fondement », *Droits. Revue française de théorie juridique*, Paris, PUF, pp. 17-19.

conduit à l'impossibilité conceptuelle de penser la coutume[1] ». Le lexique des termes juridiques définit la coutume comme une

> « règle qui n'est pas édictée en forme de commandement par les pouvoirs publics, mais qui est issue d'un usage général et prolongé (*repetitio*) et de la croyance en l'existence d'une sanction à l'observation de cet usage (*opinio necessitatis*). Elle constitue une source de droit, à condition de ne pas aller à l'encontre d'une loi. »

La coutume pourra donc être abordée, dans le meilleur des cas, comme une manifestation juridique mais elle sera toujours subordonnée à la loi. Nous nous trouvons à nouveau face à un principe d'englobement qui lie la production juridique à l'État et à des procédés législatifs. D'un point de vue évolutionniste, la loi est bien loin de simples « usages spontanés » difficiles à appréhender. La coutume, comme base et fondement de l'ordre social, antérieure à l'organisation de l'État et à l'État de droit moderne n'est pas au même niveau que la loi édictée.

Finalement, pour le troisième binôme du tableau, application stricte des normes/application casuistique des normes, deux valeurs sont généralement associées à l'application stricte. Valeurs qui, comme nous l'avons signalé, sous-tendent le principe de hiérarchie dans un traitement apparemment neutre. Il s'agit du principe de la sécurité juridique et de celui de la garantie contre l'arbitraire. Alors que l'insécurité et la possibilité d'abus sont davantage associées à un système casuistique qui, lui, actualise les principes et les décisions de justice au cas par cas.

Les mécanismes de raisonnement expliquent que l'image de *l'autre*, de ses valeurs, de ses conceptions et de ses institutions se présente comme l'image inversée et dégradée de nous-mêmes, de nos valeurs, de nos conceptions et de nos institutions. Chaque élément de la classification, chaque fragment, est abordé de manière indépendante mais il fait symboliquement référence à l'ensemble du système[2]. Afin de rendre plus explicites ces propos, nous reprendrons les réflexions de Louis Dumont quant à la comparaison des mains droite et gauche, et comment leur relation au tout, au corps humain dans ce cas, manifeste clairement la hiérarchie.

> « Appliquons maintenant le principe hiérarchique aux classifications binaires, ou plus précisément à l'opposition qui leur sert d'emblème entre la droite et la gauche [...]. L'opposition est uniformément traitée comme une opposition distinctive, simple 'polarité' ou 'complémentarité'. Mais en fait, les deux termes ou pôles n'ont pas un statut égal : l'un est supérieur (généralement la droite). L'autre inférieur. D'où le problème tel qu'il a été historiquement soulevé : comment se fait-il que les deux opposés que nous prenons

[1] Étienne Le Roy, 1984, « L'esprit de la coutume et l'idéologie de la loi », *La connaissance du droit en Afrique*, Bruxelles, ARSOM, pp. 212-213.

[2] Louis Dumont, 1991, *Essais sur l'individualisme : Une perspective anthropologique sur l'idéologie moderne*, Paris, Éditions du Seuil, série Essais, coll. Points, p. 243.

(gratuitement) comme égaux ne le soient pas en réalité ? Dans le langage de Hertz, pourquoi la 'prééminence' d'une des deux mains ?

Ce qui manque ici c'est de reconnaître que la paire droite-gauche n'est pas définissable en elle-même, mais seulement en relation à un tout, un tout fort concret puisqu'il s'agit du corps humain [...].

Dire que l'opposition droite/gauche renvoie à un tout, c'est dire qu'elle a un aspect hiérarchique, même si à première vue elle ne tombe pas dans le type simple où un terme englobe l'autre et que j'ai appelé ci-dessus 'opposition hiérarchique'. Nous avons l'habitude d'analyser cette opposition en deux composantes, comme si elle comportait à la base une symétrie de principe, plus générale, et, de plus, une asymétrie de direction qui s'y ajouterait et à laquelle s'attacherait la valeur. C'est une façon, notons-le, de séparer fait (la symétrie présumée) et valeur (l'additif asymétrique). Concrètement en réalité, droite et gauche ne sont pas dans le même rapport au tout du corps. Elles sont ainsi différenciées en valeur en même temps qu'en nature. Et aussitôt que des associations et fonctions différentes leur sont attachées, cette différence est hiérarchique parce que rapportée au tout. La fonction de droite sera plus importante par rapport au tout que la fonction de gauche. Plus essentielle, plus représentative, etc[1]. »

Ces considérations illustrent bien la hiérarchie sous-jacente dans toute comparaison et donc dans le domaine qui nous occupe qui est celui du Droit. La pensée juridique dominante est celle du droit occidental moderne, c'est l'État qui impose ses lois et qui gouverne la société. Mais les lois de l'État ont un rôle fondamental en Occident. C'est la garantie des droits individuels[2]. Il semblerait donc bien que l'ultime principe englobant dans la pensée juridique occidentale moderne soit celui du respect des droits de l'homme. En fait, toutes les caractéristiques du « droit indigène » peuvent être tolérées dans la mesure où elles ne constituent pas une violation aux droits de l'homme. Or la conception universelle des droits de l'homme est une conception qui doit être située dans son contexte d'apparition et relativisée en dehors de la matrice culturelle qui la fonde ; sans cette démarche, les droits de l'homme risquent de devenir un discours englobant[3].

En ce qui concerne le thème des droits de l'homme[4], nous faisons écho aux réflexions de Robert Vachon et Augustí Nicolau qui signalent

---

[1] *Idem*, pp. 246-247.

[2] Michel Alliot, 1986, « Droits de l'homme et autres traditions », *Le droit et le service public au miroir de l'anthropologie, op. cit.*, p. 266.

[3] Notre but n'est pas de condamner l'existence des droits de l'homme ni leur importance dans plusieurs domaines, il s'agit tout simplement de montrer que la vision du monde sous-jacente qui leur donne sens, n'est pas universelle. Ceci dans le but de faire une démonstration théorique et non de s'ériger contre la pertinence de nombreuses actions militantes que nous reconnaissons comme nécessaires et légitimes.

[4] Cette thématique a fait l'objet d'un grand nombre et d'importants travaux aux LAJP : « Droits de l'homme et autres traditions », « Droits de l'homme et anthropologie du droit », « La crise des pays des Grands Lacs : cultures juridiques, cultures de paix ? » de Michel

qu'historiquement les droits de l'homme ont été développés pour garantir la dignité et le respect de la vie des personnes, face aux abus de l'État moderne où l'individualisme prévaut[1]. C'est l'expansion de l'État comme modèle universel qui a conduit, parallèlement, à considérer comme universels les droits de l'homme. Cependant, d'autres réalités et contextes culturels révèlent qu'aussi nécessaires et pertinents que les droits de l'homme puissent paraître face au pouvoir abusif de l'État moderne, ils ne peuvent pas pour autant être considérés comme universels dans leurs postulats philosophiques fondamentaux. Inscrits dans les principes d'une culture occidentale, leur universalité et leur transculturalité sont relatives.

Le premier principe d'une conception des droits de l'homme se trouve dans la séparation individu - société. La société est considérée comme une superstructure qui peut facilement se transformer en menace pour l'individu, ce dernier ne pouvant protéger sa dignité que par le biais des droits de l'homme. Dans une vision communautaire, personne et société se trouvent dans une relation ontologique et non pas en confrontation. La société est la personne et la personne est la société. C'est de l'harmonisation de ces deux dimensions qu'émergent le respect et la dignité et non pas de la proclamation de droits abstraits, aussi idéalistes et parfaits qu'ils soient. Un autre fondement de la conception des droits de l'homme se trouve dans la séparation entre l'être humain et le cosmos. Les droits de l'homme se basent sur une indépendance du genre humain et de l'individu. Pour de nombreuses cultures, asiatiques, africaines, amérindiennes… cette indépendance vis-à-vis du cosmos n'est pas envisageable car genre humain et cosmos ont aussi une relation ontologique. Enfin, les auteurs abordent également le principe de l'ordre démocratique comme élément fondateur de la conception des droits de l'homme. Ce principe de l'ordre démocratique repose sur une conception de la société en tant que somme d'individus libres qui s'associent pour la réalisation d'une fin qui ne pourrait être atteinte d'une autre manière, le contrat social. Dans ce sens, la vision de l'ordre social est basée sur une « raison démocratique » qui explique le gouvernement de la majorité. Ces considérations ne sont ni universelles ni transculturelles. D'autres univers culturels envisagent l'ordre social comme faisant partie de l'ordre divin, de

---

Alliot ; « Les fondements anthropologiques et philosophiques des droits de l'homme… », « Les droits de la personne à l'âge de la transmodernité face à la complexité des sociétés… » d'Étienne Le Roy ; « Les droits de l'homme au Laboratoire d'Anthropologie juridique de Paris – Origines et développements d'une problématique », *Droits de l'homme et dialogue interculturel, Le Droit au miroir des cultures. Pour une autre mondialisation*, de Christoph Eberhard. Pour n'en citer que quelques-uns. Se référer à la bibliographie pour les références *in extenso.*

[1] Robert Vachon et Augusti Nicolau Coll, 1996, « Etnicidad y Derecho : Un enfoque diatópico y dialogal del estudio y la enseñanza del pluralismo jurídico », *Etnicidad y derecho. Un diálogo postergado entre los científicos sociales*, serie L: Cuadernos del Instituto, col. Derecho indígena, n°4, México, Instituto de Investigaciones Jurídicas de la UNAM, pp. 283-284.

l'ordre cosmique. L'ordre social ne répond pas aux désirs humains, ce qui ne signifie pas que lesdites sociétés soient automatiquement dictatoriales ou oppressives. Pour Robert Vachon et Augustí Nicolau, déclarer que l'alternative sociopolitique se trouve nécessairement entre la démocratie et la dictature, cache subtilement une forme de totalitarisme et nous considérons qu'ils n'ont pas tout à fait tort.

Le développement d'une science juridique non ethnocentrique et interculturelle passe donc par une vigilance à l'égard du principe de l'englobement du contraire, qui pose toujours un référent et le privilégie. Ce référent privilégié peut venir du droit occidental, comme nous l'avons illustré ci-dessus, mais il peut également relever du « droit indigène ». La mise en garde contre le principe de l'englobement du contraire opère dans les deux sens. Essayons à présent de traiter l'oralité juridique gardant en vue ce souci de neutralité, afin d'approfondir l'analyse du règlement des différends dans les villages de San Juan Chamula et de Zinacantán.

Éléments de compréhension autour de l'oralité et de la juridicité

Nous insistons sur le fait que les différences entre le dénommé « droit indigène » et le droit étatique mexicain ne se réduisent pas à une imperfection formelle du premier. Il s'agit plutôt d'une différence de logique impliquant une spécificité des valeurs sociales et des représentations qui se manifestent clairement par certains traits caractéristiques de la vie juridique dans les villages indigènes[1]. Oralité et juridicité sont des éléments dont l'articulation forme, à notre avis, un ensemble de significations qui permet d'expliquer la logique sous-jacente aux phénomènes juridiques observés. Dans l'analyse, nous considérons donc comme centrale la mise en relation de ces éléments pour dégager le sens du règlement des conflits qui nous occupe. Après avoir situé l'oralité dans le contexte plus général de la tradition orale, nous nous intéresserons à la relation oralité-juridicité.

Une approche large de la conception de « tradition orale » aide à situer dans toute son ampleur la notion d'oralité. Aborder les contours d'une expression aussi riche n'est pas une tâche facile ; il s'agit cependant d'un élément central pour comprendre le thème de la justice dans les villages indigènes des hautes terres du Chiapas.

Jacques Vanderlinden attire l'attention sur le fait que la coutume ne doit pas être liée à l'oralité mais au gestuel :

> « [...] la coutume est, avant toute chose, geste et non parole ou écrit. C'est erronément que, partant de certaines définitions qui en font une source de droit non écrite, des auteurs en ont conclu qu'elle était orale. Elle n'est pas

[1] Étienne Le Roy, 1982, « El paradigma y el discurso jurídico : el caso de los derechos del África negra », *El discurso jurídico. Perspectiva psicoanalítica y otros abordajes epistemológicos*, Buenos Aires, Hachette, p. 147.

davantage l'une que l'autre ; elle est gestuelle. Lorsqu'elle est formulée oralement ou par écrit, la coutume cesse d'être coutume pour en devenir un reflet, une image, dans la bouche de celui qui parle ou écrit[1]. »

Nous adhérons à la réflexion de Jacques Vanderlinden selon laquelle la coutume est généralement associée et réduite à la parole. En revanche, nous ne partageons pas son approche dans la mesure où elle semble faire l'impasse sur le domaine de la tradition orale. Cette impasse conduit l'auteur à faire une différence entre le caractère oral et le caractère gestuel de la coutume. À notre sens, l'analyse de la coutume doit se situer dans le domaine plus large de la tradition orale. Ce domaine concerne aussi bien le caractère oral que la gestuelle, ainsi que d'autres éléments qui ne peuvent pas être arbitrairement séparés de l'ensemble de significations qui leur donne sens. On ne peut pas prétendre qu'un seul de ces éléments pris séparément fait la coutume.

La tradition orale est bien plus que la parole ou l'expression orale, elle est aussi, et de manière essentielle, composition du silence, du geste, du rituel, distribution de l'espace. Il faut donc également émanciper la conception d'oralité du seul référent de la parole et la situer dans le contexte plus global de la tradition orale. Les manifestations orales et les manifestations écrites ne s'excluent pas, elles coexistent. Cependant, dans la mesure où elles sont liées à des ensembles de significations plus larges, la prééminence d'une tradition orale ou d'une tradition écrite peut être constatée dans la structuration, l'organisation et la forme de socialisation des individus d'une société donnée.

La tradition orale n'est pas une expression qui s'explique en elle-même ou en une simple opposition à l'expression de tradition écrite. Si tradition écrite, archétype de soumission, pensée juridique occidentale moderne, développement, globalisation, etc. forment à notre sens un ensemble de significations ; tradition orale, archétype de différenciation, coutume, société traditionnelle, localisme, etc. forment un ensemble de significations distinct. À cet égard empruntons les paroles d'Amadou Hampâté Bâ :

« Liée au comportement quotidien de l'homme et de la communauté, la [tradition orale] africaine n'est donc pas une matière abstraite que l'on puisse isoler de la vie. Elle implique une vision particulière du monde, ou plutôt une présence particulière au monde, conçu comme un Tout où tout est relié et interagissant.

La tradition orale repose sur une certaine conception de l'homme, de sa place et de son rôle au sein de l'univers[2]. »

---

[1] Jacques Vanderlinden, 1996, *Anthropologie juridique*, Paris, Dalloz, coll. Connaissance du droit, pp. 49-50.

[2] Amadou Hampâté Bâ, 1980, « La tradition vivante », *Histoire générale de l'Afrique. I Méthodologie et préhistoire africaine*, *op. cit.*, p. 193.

La tentation devient irrésistible de confondre la tradition orale avec le mot, la parole avec l'oralité. Généralement saisie de façon restrictive (contes, proverbes, récits historiques, poésie, théâtre, secrets d'initiation, etc.), la tradition orale est réduite à des faits de parole « exotiques ». Penser la « tradition orale » uniquement par rapport à la parole, ou la réduire à la « littérature orale », « c'est donc pratiquer une mutilation ou plus exactement une abstraction au sens étymologique du terme. Il faut aller plus loin et dégager le concept du fouillis qu'il désigne[1]. »

Si le domaine des contes, proverbes, dictons, chansons, paraboles, légendes, histoires de famille et de village, est facilement identifié comme appartenant à la catégorie de la tradition orale qui concerne la vie quotidienne et les facteurs indispensables de la socialisation de l'individu, l'omission est trop souvent faite sur un domaine important de la tradition orale comme les champs de la toponymie, de l'anthroponymie, de l'art, de l'artisanat, du langage des tambours, des langues rituelles ou initiatiques, de la phytothérapie et de la psychothérapie. C'est l'idée de « connaissance totale » que la tradition orale renferme.

L'écrivain mexicain Carlos Montemayor aborde la question de la tradition orale dans le contexte des populations indigènes du Mexique. Il fait la relation entre la survivance des « cultures » indigènes et le support essentiel de la langue, abordant l'idée de connaissance totale ou de « mémoire » des peuples.

En effet, selon Carlos Montemayor, la langue joue un rôle important dans la ritualisation de la vie civile, agricole, religieuse des populations indigènes et l'utilisation rituelle de la langue est fondamentale. La langue suppose un art de la composition, un art de la langue. Cet art de la composition a des effets précis pour les populations indigènes, de façon particulière dans la conservation des connaissances ancestrales à travers les chants, les prières, les histoires… La tradition orale comprise comme art de la composition transmet et reflète les changements que les peuples ont subis tout au long de la colonie et du Mexique indépendant. De la même manière, elle rend évidente la persistance d'une vision religieuse et artistique préhispanique. Les histoires sur le saint patron du village ou sur l'origine du monde par exemple transmettent une information qui a davantage une finalité de renforcement des traditions, des croyances, des données géographiques que de divertissement. C'est bien la mémoire historique du peuple, la somme des savoirs et des connaissances qui constituent la tradition orale[2].

Ces considérations nous permettent de situer les villages indigènes que nous étudions dans le domaine de la tradition orale. Tradition orale qui veut

[1] Fabien Adonon, 1990, « La tradition orale a la parole », *ALFIL. Revista cultural del Instituto Francés de América Latina*, México, p. 27.

[2] Carlos Montemayor, 2000, « La cosmovisión de los pueblos indígenas actuales», *Desacatos. Revista de antropología social*, nº 5, México, CIESAS, pp. 98-99.

également dire vision particulière du monde, de l'organisation sociale et de la socialisation des individus. Tradition orale qui imprègne également le domaine du Droit.

De la même manière que nous avons élargi la notion d'oralité, il nous faut élargir celle de droit pour parler plutôt de juridicité. Nous devons le sens du terme juridicité à Étienne Le Roy qui, pour parler de l'objet générique de son activité scientifique dans une perspective anthropologique, préfère abandonner le terme « Droit », à son avis trop marqué du sceau de la tradition occidentale[1], pour utiliser celui de « juridicité[2] ».

> « [...] Le progrès de nos connaissances relatives aux autres traditions juridiques et aux pratiques alternatives de règlement des conflits dans nos propres sociétés impose l'idée que la définition occidentale du Droit comme ensemble de normes sanctionnées par l'État ne correspond qu'à un *folk system*, un type d'expérience particulier, propre à un moment de l'histoire qui ne peut ni être généralisé (tant les divergences sont profondes entre traditions juridiques) ni sans doute généralisable (le présupposé évolutionniste qui le sous-tend étant illusoire). Notre conception du « Droit » s'inscrit donc dans un ensemble plus vaste qu'il nous faut dénommer et auquel on doit reconnaître un principe structurant qui permette de le différencier d'autres registres de régulation, si tant est qu'il faille les distinguer.
>
> Le terme Droit étant associé au *folk system* occidental, on appellera, par convention, juridicité son englobant[3]. »

Une fois cette distinction établie, nous pouvons situer dans un contexte différent les manifestations juridiques, objet de notre étude.

Réinterpréter l'organisation judiciaire du « droit indigène » conduit à explorer une théorie du Droit capable d'exprimer la logique juridique propre à des sociétés valorisant l'oralité de leur système et le fondement d'une prise en charge communautaire du règlement des différends comme un phénomène de contrôle social total[4]. Étienne Le Roy considère l'oralité juridique comme étant « le caractère fondamental qui permet de dégager la logique propre des systèmes juridiques et judiciaires autochtones[5] ».

> « Je vois toujours l'oralité juridique comme induisant une technique particulière qu'il convient de réhabiliter. Mais les travaux de Jacques Vanderlinden (Vanderlinden, 1996) ou d'Antoine Garapon pour le rituel judiciaire (Garapon, 1985) conduisent maintenant à étudier la relation entre

---

[1] Étienne Le Roy, 2004, *Les Africains et l'institution de la justice. Entre mimétismes et métissages*, *op. cit.*, p. 222.

[2] Étienne Le Roy, 2004, « Pour une anthropologie de la juridicité », *Cahiers d'anthropologie du droit 2004, Revue Droit et Cultures, hors série 2004/4*, Paris, Karthala, p. 241.

[3] *Idem*, p. 246.

[4] Étienne Le Roy, 1974, « Justice africaine et oralité juridique. Une réinterprétation de l'organisation judiciaire 'traditionnelle' à la lumière d'une théorie générale du droit oral d'Afrique Noire », *art. cit.*, p. 563.

[5] *Idem*, p. 566.

l'oralité et la gestualité car les gestes, dans certains contextes, font (voire sont) le Droit[1].»

À la lumière des considérations sur la tradition orale, gestes, paroles, regards, rituels appartiennent à un tout et la dissociation des éléments pour l'analyse biaise en quelque sorte la compréhension des manifestations si lesdits éléments ne sont pas situés dans leur propre contexte. Une fois le contexte identifié, le chercheur doit privilégier certaines entrées afin de tenter d'éclairer le phénomène. C'est ainsi que certains auteurs s'intéressent au rituel, aux gestes ou aux paroles. Dans ce sens, l'oralité *stricto sensu* entendue comme l'utilisation de techniques orales formellement organisées pour aboutir à la solution d'un conflit[2] sera l'axe privilégié de notre approche.

Ce sera donc autour de la négociation, comme caractéristique sous-jacente à une manifestation de la justice dans un contexte de tradition orale, et de l'oralité juridique, entendue comme technique formellement organisée pour arriver à la solution du conflit, que notre argumentation sera poursuivie.

L'ordonnancement dans lequel s'inscrit le phénomène du règlement des conflits dans les villages indigènes est un ordre négocié à la différence de l'ordre imposé propre au droit occidental.

> « La solution [au conflit] revêt de l'autorité non pas parce qu'elle est imposée par une autorité légitime, mais parce qu'elle se dégage dans la négociation entre tous les acteurs concernés et en vertu d'un idéal partagé par tous [qui est] celui de rétablir l'harmonie sociale troublée[3]. »

Dans la représentation tzotzil de la justice, l'interaction entre le monde du *visible* et de l'*invisible* aide à situer le conflit et ses implications. Le conflit dans le monde du visible n'est que la manifestation d'une rupture spirituelle beaucoup plus importante dans le monde de l'invisible. Le conflit dans le monde du visible s'étend dans le monde de l'invisible et implique le besoin de restaurer l'harmonie perdue. La seule voie pour retrouver cette harmonie perdue étant le rétablissement de la cordialité dans la relation entre les parties en discorde. Ainsi, il est aisé de comprendre que tant la responsabilité du conflit que celle de sa résolution incombent aux deux parties et non pas à une seule en particulier. La notion de justice prend un autre sens et vise ici le

---

[1] Étienne Le Roy, 2002, « La médiation comme 'dialogie' entre les ordonnancements de régulation sociale », *Médiation et diversité culturelle. Pour quelle société ?*, Carole Younes et Étienne Le Roy (dir.), Paris, Karthala, p. 84.

[2] Ce thème sera développé dans la deuxième section du chapitre, dans le cadre de l'analyse du discours juridique.

[3] Christoph Eberhard et Aboubakri Sidi Ndongo, 2001, « Relire Amadou Hampâté Bâ pour une approche africaine du Droit. Images réfléchies de la 'pyramide' et du 'réseau' », *Revue Interdisciplinaire d'Études juridiques*, n°47, pp. 73-113. Texte réédité en 2006 dans *Le droit au miroir des cultures. Pour une autre mondialisation*, Paris, LGDJ, coll. Droit et société, p. 34.

règne de l'harmonie. « L'enjeu, en effet, n'est pas la justice à appliquer en faveur d'un individu, mais l'harmonie à instaurer au sein d'une communauté. [...] Elle assure une justice qui va au-delà du juridique, de la lettre du droit[1].»

Un ordre négocié révèle des modèles de sociabilité plus que des normes. En vertu de ses différents statuts, l'acteur dispose de plusieurs filiations sociales, et chaque groupe d'appartenance dans lequel il s'inscrit a ses propres modèles de régulation de conduite. De cette façon, plusieurs coutumes ou modèles de comportement coexistent au sein d'un village indigène. La tâche des Autorités est celle d'articuler les exigences propres à chaque groupe, et de hiérarchiser les obligations, afin de réduire les conflits. Dans un tel système, la description générale et impersonnelle des conduites à adopter et les solutions préétablies pour les appliquer en cas de conflit ne font pas sens. Ces systèmes posent les frontières au-delà desquelles la reproduction de la vie en société se trouverait menacée, limites qui ne peuvent pas être franchies impunément, accordant aux acteurs la responsabilité de leurs propres actes et comportements.

Dans les villages, la justice se présente comme une *justice négociée* et la conciliation comme sa caractéristique fondamentale dans le règlement des conflits. Dans un tel contexte, l'impartialité des Autorités n'est point requise puisque ce n'est pas à elles d'imposer une décision, leur rôle étant plutôt celui d'écouter les parties et de rechercher avec elles une solution. La solution du conflit sera aussi privée que le conflit lui-même. Les extraits suivants tirés d'une audience conciliatoire[2] illustrent comment la responsabilité de la décision retombe sur les parties en conflit et non pas sur une autorité devant trancher.

« CH22

77. ***Le commandant*** : Oui, femme ; dis ce que tu penses, ce que tu veux ; ce n'est pas à nous de le dire !

78. ***Le commandant adjoint*** : Oui, parce que c'est toi qui vas décider, pas nous. Vous vous imaginez si c'est nous qui prenons une décision et que demain ou après-demain vous venez la remettre en question ?

---

[1] Atangana, cité par Jean-Godefroy Bidima, 1997, *La palabre. Une juridiction de la parole*, *op. cit.*, p. 20.

[2] Les textes sont le produit de la reconstitution des audiences auxquelles nous avons assisté. La reconstitution du matériel enregistré a été faite d'après les notes d'assistance à l'audience et avec la collaboration de Mlle Candelaria Severino Gómez, étudiante en anthropologie et originaire d'un village *tzotzil*, pour la traduction du tzotzil à l'espagnol. Une fois les audiences reconstituées en espagnol, nous en avons traduit deux intégralement en français, en essayant d'être la plus fidèle possible à l'esprit du document. Afin d'identifier les extraits, nous utilisons les lettres Z ou CH pour le village de Zinacantán ou de San Juan Chamula respectivement et le numéro correspond à l'identification du cas. CH22 se réfère donc au 22e cas de San Juan Chamula, Z24, au 24e cas de Zinacantán.

79. ***Le juge adjoint*** : Ne va pas commettre une erreur que tu vas regretter plus tard. Admettons que tu retournes avec lui et qu'il recommence à te menacer et à te battre ! Alors, réfléchis bien avant de décider. »

Si la négociation caractérise les manifestations de la justice dans les villages indigènes, l'oralité est également un élément essentiel. À ce sujet nous distinguons l'oralité juridique *stricto sensu* et l'oralité juridique *lato sensu*.

L'*oralité juridique lato sensu* implique la prise en compte de tous les éléments rituels, discursifs, gestuels, de situation spatiale, cosmogoniques, etc., qui contribuent à la judiciarisation des faits sociaux dans le règlement des conflits. En revanche, l'*oralité juridique stricto sensu* se limite au domaine du registre discursif. Cette délimitation de l'oralité juridique se centre sur l'analyse des étapes orales formellement organisées pour aboutir à la solution du conflit.

Nous constatons que le concept analytique du « paradigme de l'argumentation » est éclairant pour révéler ces étapes discursives dans l'étude de la spécificité juridique indigène. Le paradigme se réfère à toutes sortes d'éléments linguistiques qui mènent à réunir des associations d'idées. Selon l'approche de Comaroff et Roberts dans leur ouvrage *Rules and processes*[1], le paradigme associe des éléments divers et dispersés dans le continuum discursif de l'argumentation. Les paradigmes sont les modèles formels qui permettent d'ordonner les argumentations des parties dans la solution adoptée. Pour Étienne Le Roy, l'hypothèse qui se présente et que nous partageons, consiste à dire que dans le « jeu » entre ces paradigmes se manifeste dans une certaine mesure la judiciarisation des faits sociaux[2]. C'est le cadre à partir duquel les normes sous-jacentes sont identifiées et sont mobilisées pour apporter la solution aux conflits. Les normes sous-jacentes qui résultent des modèles de conduite et de comportement définissent le paradigme selon l'affaire, l'orateur, la circonstance particulière, etc. Le paradigme n'a donc pas de contenu normatif identique, les normes sont invoquées implicitement. Cependant, il existe à la base un répertoire normatif sans lequel les paradigmes ne pourraient être construits et dont l'effet est décisif pour en extraire l'orientation de la solution au conflit. Ce répertoire n'existe pas en tant que corpus indépendant, il est identifié au moment de l'argumentation et des enchaînements discursifs. Ainsi, chacune des parties en conflit explique son point de vue dans l'audience conciliatoire et justifie sa position, passant de la description à l'interprétation des faits,

---

[1] John L. Comaroff and Simon Roberts, 1981, *Rules and Processes. The cultural logic of dispute in an african context*, Chicago, The University of Chicago Press.

[2] Étienne Le Roy, 1982, « El paradigma y el discurso jurídico : el caso de los derechos del África negra », *art. cit.*, pp. 151-156.

d'après les principes considérés comme valables dans cet entourage ou juridiction.

Le paradigme de l'argumentation permet de combiner des normes juridiques (ainsi comprises dans un contexte de droit occidental), des préceptes moraux, des modèles de conduite et de comportement, des codes de courtoisie, des règles sociales, tous utilisés au même titre dans l'argumentation. Contrairement aux principes du droit positif où toutes ces catégories sont bien différenciées et hiérarchisées et où la décision de justice ne peut se fonder que sur des normes juridiques.

La rencontre et le jeu des paradigmes argumentatifs des parties en conflits se font dans une structure formelle de l'oralité juridique identifiée par Étienne Le Roy comme la structure paradigmatique du discours[1]. Chaque partie adopte une position différente sur les faits. Chacune présente d'une façon déterminée les faits et la norme juridique ou la solution qui en découle. Cette structure s'articule autour de trois moments. *La théoria :* C'est le moment où les faits et les situations sont présentés. Il peut comprendre des temps secondaires si le sens même du litige fait l'objet de discussion. *La crisis :* C'est le moment révélateur et décisif dans l'évolution de la solution du conflit, c'est ici que se cristallise l'orientation de l'accord. *La catharsis :* Elle se caractérise par le moment de retour à l'ordre, même si cela ne se traduit pas nécessairement par l'harmonie. La paix est restaurée et « la morale » du conflit est tirée.

Avec cette structure, il est plus facile d'identifier les valeurs et principes pris en considération toujours dans le but d'apporter des solutions durables. La structure paradigmatique du discours juridique est un outil méthodologique qui permet d'analyser des données hétérogènes et séparées, et permet de comprendre le parcours d'un fait du domaine social au domaine de la juridicité, sans plus de référence que des principes explicatifs très simples tels que : « c'est mal », « c'est bien » ou « ça ne doit pas être ainsi ». Ces considérations d'ordre méthodologique nous permettent d'accéder à la logique argumentative lors des audiences et de comprendre la structuration du discours juridique.

Discours juridique et rythmique argumentative

L'ethnométhodologie à travers l'analyse de la conversation se combine avec la « structure paradigmatique du discours », ci-dessus mentionnée, et ouvre à ce stade un champ méthodologique fécond pour notre étude. L'ethnométhodologie envisage le sens « comme un phénomène public plutôt qu'interne et mentaliste, un phénomène pour lequel [l'ethnométhodologie]

[1] *Idem*, pp. 148 et s.

développe un intérêt procédural[1] ». Garfinkel, le principal auteur de l'ethnométhodologie, évoque le caractère public et intersubjectif du discours qui résulte de la socialisation et du savoir partagé dans la vie quotidienne d'un collectif. L'analyse de la conversation est considérée comme une des traditions principales dans la démarche ethnométhodologique dont la méthode centrale implique l'enregistrement et la transcription attentive du détail de la conversation ordinaire[2].

Les audiences conciliatoires, en tant que lieux de réunion collective, abordées du point de vue du processus discursif et non du point de vue de la décision finale, permettent de découvrir des valeurs et des principes d'organisation d'une société déterminée. Les audiences ne sont pas uniquement de simples interactions verbales. Il s'agit d'un espace de communication privilégié où les participants reproduisent, transmettent et transforment la structuration des relations sociales[3].

Dans un premier temps, nous nous intéresserons aux modèles de conduite et de comportement identifiés au cours de l'analyse des audiences conciliatoires et des constats d'accord. Des extraits d'audiences et d'actes conciliatoires seront utilisés pour rendre compte des arguments des parties et des autorités. Dans un deuxième temps, les phases de l'argumentation seront illustrées par la transcription de longs extraits d'une audience conciliatoire à laquelle nous avons assisté.

Modèles de conduite et de comportement

Des modèles de conduite et de comportement peuvent être identifiés tout au long des audiences de règlement des conflits. Ils constituent la matrice de production et reproduction de la norme, ici une norme « innomée », qui devient dicible sous certaines conditions et qui servira pour la solution du conflit. Les modèles de conduite et de comportement ne sont donc pas des normes proprement dites, ils expriment les attentes sociales quant au comportement d'une personne réputée bon père de famille, bon voisin, bon patron, etc.

Les modèles de conduite et de comportement identifiés au cours des audiences conciliatoires de règlement des conflits familiaux peuvent être classés comme : des modèles de conduite et de comportement relatifs à la relation conjugale, et des modèles de conduite et de comportement relatifs à la relation filiale. Nous proposons ces catégories ou groupes de modèles de conduite et de comportement pour montrer comment se construisent

---

[1] Max Travers, 2001, « Ethnométodologie, analyse de conversation et droit », *Droit et Société*, n°48, p. 352.

[2] *Idem*, pp. 353-354.

[3] Pour ce sujet voir aussi : María Teresa Sierra, 1992, *Discurso, cultura y poder*, México, CIESAS.

différents paradigmes argumentatifs. Les parties les utilisent pour justifier le bien-fondé de leurs prétentions. Le but n'est pas d'identifier tous les modèles de conduite et de comportement qui circulent au cours des argumentations. Le but est simplement de présenter les modèles les plus récurrents qui sont apparus lors de notre enquête de terrain.

Nous aborderons quelques aspects de l'organisation familiale et du mariage pour analyser ensuite les devoirs respectifs des conjoints. Nous réserverons les derniers commentaires au thème de l'alcool, à l'origine d'une grande partie des conflits conjugaux.

À l'époque des recherches de Ricardo Pozas dans les années 1950, la famille Chamula était fortement liée par une série de relations économiques et sociales qui rendaient pratiquement impossible la vie de l'individu en dehors du noyau familial[1]. La division du travail dans la vie quotidienne de la famille déterminait l'interdépendance entre l'homme et la femme. L'homme devait labourer et cultiver la parcelle ; souvent, si la période des pluies devançait la préparation de la terre, la femme participait aussi aux travaux des champs. L'homme apportait aussi le bois, c'était lui qui était chargé de construire la maison et faire les éventuelles réparations. Ces activités se faisaient généralement avec l'aide de parents proches ou d'amis. La femme devait, quant à elle, préparer les aliments, s'occuper des enfants et de la confection des habits pour toute la famille, du filage de la laine au tissage des manteaux du mari, des draps et des vêtements. Pozas note une stricte division du travail. Cette situation impliquait une interdépendance des sexes pour assurer la subsistance : l'homme a l'obligation de construire la maison, la femme de confectionner les vêtements ; l'homme doit apporter les aliments, la femme doit les préparer. L'intégration de la société partait des groupes familiaux et non des individus isolés, insistait l'auteur. Le groupe familial interagissait avec les autres groupes familiaux.

La vie quotidienne des villages indigènes a beaucoup changé depuis les années 1950, la logique de fonctionnement d'une économie de marché est bien présente, le travail collectif et les coopératives cèdent la place aux capitaux individuels. Les produits de consommation sont à portée de main et l'activité agricole, traditionnellement la culture du maïs, reste importante mais ne suffit plus à la subsistance des besoins familiaux. L'homme et la femme doivent chercher les compléments des revenus familiaux dans le travail saisonnier et souvent la vente de produits d'artisanat. Le village de Zinacantán a orienté l'activité agricole vers la production des fleurs d'ornement. Ainsi, la culture et le commerce des fleurs est actuellement un des piliers de l'activité économique du village, activité, une fois de plus, concentrée au profit d'un nombre limité de familles.

---

[1] Ricardo Pozas Arciniega, 1959, *Chamula, un pueblo indio de los Altos de Chiapas*, *op. cit.*, pp. 45 et s.

Les changements dans l'organisation économique n'ont pas encore altéré de manière significative les argumentations développées lors du règlement des conflits familiaux observés. L'importance des groupes familiaux comme la base de l'interaction sociale et la division du travail par sexe reste présente. Si les Autorités du village n'intervenaient pas dans la sanction des mariages, elles intervenaient de manière très active quand il s'agissait de garantir les bonnes relations entre conjoints et la stabilité de la famille. La famille était, selon Ricardo Pozas, une condition de l'organisation sociale. Ceci expliquait la sanction des conduites qui tendaient à la détruire. Ces commentaires s'appliquent encore à la situation actuelle. Dans les villages étudiés, les unions conjugales sont en effet rarement officialisées. Les mariages civils et religieux sont très rares et les mariages « traditionnels » en évidente régression ou réinvention. En revanche, la solution des conflits conjugaux est une tâche de première importance pour les autorités villageoises.

Le mariage traditionnel est vécu par le jeune homme qui veut se marier comme une cérémonie qui demande beaucoup de temps, de sacrifices et d'argent. Se référant à cette situation, Enrique Pérez López écrit :

> « Le mariage traditionnel à San Juan Chamula se fait avec beaucoup d'efforts et de sacrifices en raison des insultes reçues des parents de la fille, insultes qu'il faut bien évidemment supporter. Il y a des prières et des discours spéciaux pour l'occasion ; on implore la bénédiction du saint patron Saint-Jean pour que le garçon soit accepté[1]. »

Traditionnellement, le *Jokol,* représentant le père du garçon qui veut se marier, est chargé de demander la jeune femme en mariage. Dans cette démarche, il doit s'agenouiller pour parler aux parents de la fille et faire des révérences en même temps qu'il reçoit des insultes et parfois même des coups, de la part du père de la jeune demandée en mariage. Le *Jokol* doit offrir une ou deux bouteilles d'alcool le premier jour. Si le père de la fille ne les accepte pas, le *Jokol* doit retourner le jour suivant, et ainsi de suite trois, quatre et même dix fois, jusqu'à ce que le père de la fille accepte l'alcool et le boive, ceci avant de commencer les négociations proprement dites[2]. Après l'acceptation de l'alcool, d'autres visites rituelles suivent. Il faut alors apporter du pain, de la viande, des boissons sucrées et des bouteilles d'alcool.

L'influence de la ville de San Cristóbal de Las Casas fait de plus en plus de l'union conjugale une affaire d'amour et d'attraction entre les futurs conjoints. L'avis des familles est en perte de vitesse. À cela, il faut ajouter la situation économique difficile pour faire face à tous les frais des visites rituelles et de la dot. Les jeunes couples, de façon générale, préfèrent

[1] Enrique Pérez López, 1997, *Chamula, un pueblo tzotzil, op. cit.*, p. 106.
[2] Ricardo Pozas Arciniega, 1959, *Chamula, un pueblo indio de los Altos de Chiapas, op. cit.*, p. 49.

s'enfuir sans l'autorisation de leur famille respective et ne revenir que plus tard pour qu'elles acceptent le fait accompli. La dot, s'il y en a une pour la famille de la fille, est moins importante et l'union finit par être acceptée. C'est actuellement le modèle le plus généralisé d'union conjugale. D'ailleurs, les constats d'accord montrent *l'union libre* comme un état civil qui, dans le domaine du village, ne se distingue pas vraiment du concubinage ou du mariage qu'il soit civil, religieux ou traditionnel.

Les Autorités du village interviennent donc de manière très active pour garantir le maintien des bonnes relations entre les conjoints. D'après le discours relevé dans les audiences conciliatoires, l'union conjugale doit être conçue pour toute la vie mais la séparation conjugale n'est pas pour autant interdite.

Il semble aussi que l'interdépendance du couple implique une réciprocité des relations conjugales. C'est un aspect d'une grande importance.

« Commander en obéissant » est une devise reprise par le zapatisme, sur laquelle se fonde leur idée d'une politique nouvelle selon laquelle les mandataires d'une élection populaire doivent commander en obéissant. Cette devise est issue du mode de fonctionnement des communautés indigènes des hautes terres du Chiapas. Certes, la devise a une application dans l'organisation politique[1] mais elle est surtout issue de la relation familiale.

Il semble que le modèle qui concentre tous les comportements qui sont attendus d'un bon chef de famille soit celui de savoir donner des ordres. Il est possible que le terme *Mantal* en tzotzil soit un hispanisme du verbe *mandar* qui signifie donner des ordres. Dans le milieu étudié, ce terme adopte une signification plus large. Le linguiste Antonio Gómez, au cours de nos entretiens réguliers de mars 2003, accordait aussi une signification de « conseil » à l'expression. « *X K'abetik mantalil* », « nous allons lui donner des conseils », l'expression implique la capacité de faire faire ce qui a été conseillé ou ce qui a été ordonné ; c'est-à-dire la capacité de persuader, de convaincre quelqu'un d'agir d'une manière ou d'une autre. « *Mu xa tojob ta mantal* », veut dire : tu ne sers pas pour donner des ordres, des conseils, tu n'as pas la capacité d'être un chef, tu n'appliques pas la raison et le bon sens.

« CH22

109. ***Le commandant*** : Dis, tu dois être content de toi ! Regarde tout ce que tu as provoqué ! Si tu avais donné des ordres avec la pertinence que cela implique, ton problème n'aurait pas pris cette dimension extrême. Regarde tout ce que tu as causé : c'est ce que tu voulais ? »

De la même manière, le modèle qui rassemble les comportements attribués à la femme est celui de savoir obéir. Le fait d'obéir et de savoir travailler était une qualité sans doute plus importante chez les Chamula que

---

[1] Les Autorités sont choisies au sein d'assemblées et peuvent être destituées si elles ne satisfont pas les attentes et la volonté de la population.

la beauté physique. Ricardo Pozas faisait mention d'une expression très courante : « *Pisil tojlecsni pero mush chun mantal musna shamtej* », « très beau son nez, mais elle n'obéit pas et elle ne sait pas travailler »[1]. Une femme qui n'obéit pas, qui ne sait pas travailler donne des motifs de plainte justifiés pour les Chamula. Encore de nos jours, ces commentaires semblent être aussi valables à San Juan Chamula comme à Zinacantán selon les argumentations relevées.

« Z24

20. ***Père du garçon :*** […] Si je vois qu'ils ont beaucoup de problèmes chez eux, dans leur famille, je leur conseillerais, je dirais à la fille, écoute, fais ce qu'il te dit, ne désobéis pas à ton mari […]. Si tu observes ma famille, ma femme, elle ne fait pas comme toi, elle me respecte, elle, et elle m'obéit […]. »

Attirons également l'attention sur la réciprocité qui consiste à considérer que dans la mesure où l'homme sait donner des ordres, la femme obéit et, une femme obéissante « inspire » des ordres pertinents de la part de son compagnon.

« Z24

27. ***Frère de la fille :*** [...] Ma sœur n'est pas un animal parce qu'elle ne comprend pas, mais il ne dit pas les choses de bonne manière, comment va obéir sa femme si lui-même il ne sait pas donner des ordres ? »

Pour mieux appréhender la relation conjugale, il faut tenir compte de la complémentarité des modèles de conduite et de comportement de la femme et de l'homme. La responsabilité du couple étant la bonne conduite du ménage, l'harmonie dans les relations conjugales. Cette harmonie semble se cristalliser autour du modèle « savoir donner des ordres » attribué à l'homme et « savoir obéir » attribué à la femme. Cependant, il ne s'agit pas tant d'une relation domination/soumission que d'une relation de complémentarité des différences, à laquelle les deux conjoints doivent contribuer et chacun d'eux est responsable de l'harmonie de leurs relations.

« Z24

140. ***Parrain des conjoints :*** […] Toi femme, tu ne dois pas justifier ton manque d'obéissance en disant que ton mari ne sait pas donner des ordres, c'est là que les problèmes et les coups commencent […]. Et toi, homme, si tu n'as rien dit, si tu n'as pas su demander les choses à ta femme, ce n'est plus sa faute, c'est toi qui as un problème […]. Ne donne pas des ordres pour tout, tu as toi aussi l'obligation de faire les choses. Ce n'est pas parce que c'est ta femme qu'elle doit tout te donner dans la main ! […] Si tu sais comment demander les choses et tu dis à ta femme, nous allons faire ceci ou cela, tu vas voir qu'elle va être d'accord. Pourquoi ? Parce que tu sais commander, par ce que tu lui dis les choses de bonne manière […]. Si tu continues à faire

---

[1] Ricardo Pozas Arciniega, 1959, *Chamula, un pueblo indio de los Altos de Chiapas*, *op. cit.*, p. 46.

la même chose, tu vas fatiguer ta femme, elle va partir et tu vas rester triste ; ta maison va être triste, ta femme va être triste [...]. »

Si le partage des tâches semble toujours animer l'organisation familiale dans les villages indigènes, un discours égalitaire et d'entraide semble également présent. La division du travail par sexe qui s'observe ne correspond pas tant à des domaines d'activité exclusifs à l'un des membres du couple qu'à des domaines d'activités complémentaires.

Un élément qui attire l'attention est sans doute la question de l'alcool et sa présence dans la grande majorité des conflits étudiés. L'aspect rituel de l'alcool dans le règlement des conflits a été abordé lors du deuxième chapitre. Mais de la même manière que l'alcool apparaît dans tous les scénarios rituels, qu'ils soient publics ou privés, il apparaît également dans la vie quotidienne et familiale des villages de San Juan Chamula et de Zinacantán.

Selon Ricardo Pozas, l'alcool est un élément important dans l'organisation sociale. C'est un élément à la fois d'intégration et de désorganisation sociales. Les gens s'initient et s'habituent à boire, souvent dans l'exercice d'une fonction, et à l'occasion des fêtes du village. En fait, l'ivresse est socialement acceptée du moment où elle est liée aux activités propres des « Autorités traditionnelles ». Mais si l'ivresse n'a aucune relation avec les fonctions sociales de la personne, ou quand ses obligations vis-à-vis de son travail, de sa famille et les responsabilités inhérentes à ses fonctions sont affectées, l'abus est socialement désapprouvé[1]. Cette limite est souvent dépassée et le problème de l'alcoolisme dans les villages indigènes est une réalité patente.

En ce qui concerne les audiences conciliatoires, l'alcool traditionnellement offert aux Autorités est de plus en plus remplacé par des jus ou des boissons gazeuses. Ainsi, l'alcool est la cause la plus importante des conflits conjugaux. Les femmes dénoncent le mauvais comportement de leur compagnon dû à l'alcool.

« CH22

51. ***Le juge suppléant*** : Si tu ne te soûlais pas, si tu tenais compte de ta famille, de tes enfants, de ta femme et de plus, si tu raisonnais comme il se doit, alors, tu leur dirais : 'venez, nous allons manger tous ensemble, qu'est-ce que vous aimeriez, qu'est-ce que vous aimeriez manger ?' Ce serait digne d'un père ; seulement voilà ! tu passes ton temps à gaspiller ton argent en alcool [...]. »

Pratiquement tous les constats d'accord auxquels nous avons eu accès et qui font acte de réconciliations conjugales, consignent un point d'accord où le compagnon s'engage à ne plus continuer à boire.

[1] Ricardo Pozas Arciniega, 1959, *Chamula, un pueblo indio de los Altos de Chiapas*, *op. cit.*, p. 72.

Les relations conjugales se structurent autour de modèles de conduite et de comportement concernant l'interdépendance des sexes pour assurer les tâches familiales, la réciprocité dans la formule « savoir commander et savoir obéir », l'alcool étant un élément important du trouble de l'harmonie conjugale. On retrouve également des modèles de conduite et de comportement relatifs à la relation filiale.

Le discours des autorités est en général très protecteur vis-à-vis des enfants mineurs. Les parents en sont responsables et doivent subvenir à leurs besoins. Contrairement au principe de réciprocité toujours présent dans les relations conjugales et autres, aucun des cas observés ne fait référence à un quelconque devoir de la part des enfants mineurs. Les parents doivent assurer, entre autres, le baptême des enfants, qui va au-delà d'une foi catholique, et subvenir à leurs besoins alimentaires tout en les guidant vers le chemin des traditions.

Evon Z. Vogt considère comme un des plus importants devoirs du père et de la mère vis-à-vis des enfants celui de serrer dans les bras l'enfant en bas âge et prendre bien soin de lui afin qu'il ne perde pas son âme, *ch'ulel.* Cette âme est en principe constituée de 13 parties et si l'enfant perdait l'une d'entre elles, il risquerait de tomber malade et même de mourir[1].

Au cours des audiences conciliatoires auxquelles nous avons assisté, assurer une quantité d'argent pour baptiser les enfants s'est révélée être une obligation manifeste. Dans le cas de San Juan Chamula, l'extrait suivant d'une audience conciliatoire en fait acte :

« CH22

126. ***Le juge suppléant*** : Tes enfants sont déjà baptisés ?

[...]

128. ***Le juge suppléant*** : C'est ce que je veux savoir : que tu dises qui est baptisé.

[...]

145. ***Le juge suppléant*** : [...] tu vas assurer la pension de tes trois enfants, plus les frais de baptême du quatrième qui n'est pas baptisé [...]. »

En ce qui concerne le village de Zinacantán, quelques actes conciliatoires consultés mentionnent de manière précise l'obligation de faire baptiser les enfants parmi les accords pris par les conjoints en conflit.

« Z10 : [...] le juge a proposé des alternatives de solution, les parties adoptant les accords suivants :

[...]

Quatrième : M. MC, s'engage à faire baptiser sa fille mineure RMHP dans les plus brefs délais [...]. » (Constat d'accord)

---

[1] Evon Z. Vogt, 1992, « Réplica estructural y réplica conceptual en la cultura Zinacanteca », *Los Zinacantecos. Un pueblo Tzotzil de los Altos de Chiapas*, Evon Z. Vogt (ed.), primera edición 1966, col. Presencias, n°56, México, Dirección General de Publicaciones del Consejo Nacional para la Cultura y las Artes – Instituto Nacional Indigenista, p. 137.

L'écrivain tzotzil Jacinto Arias explique l'importance du baptême pour les Tzotzil et sa signification particulière. Selon la doctrine catholique, le baptême est un sacrement qui purifie l'âme des enfants du péché originel et assure leur entrée au « ciel » en cas de décès. Les effets du sacrement ont lieu dans le monde de l'invisible et non pas dans le domaine du visible. Pour les Tzotzil, le baptême a un effet puissant dans le domaine de l'invisible et, par conséquent, également dans le domaine du visible. L'âme ne se trouve pas dans le corps à la naissance de l'enfant ; elle s'y introduit au fur et à mesure que l'enfant grandit et acquiert éducation et sagesse. Les parents d'un nouveau-né doivent donc prendre tout type de précautions, pour éviter la perte de l'âme de leur enfant. La cérémonie du baptême *corrige ce défaut* en fixant l'âme. L'enfant sera ainsi protégé contre les maladies et la mort. Dans la mesure où l'âme de l'enfant habite son corps, grâce au rituel du baptême, il est plus à même de résister aux dangers. L'enfant a besoin de l'appui et de la protection de ses aînés dans le monde du visible pour que cet appui et cette protection soient transposés dans le domaine de l'invisible[1]. Cette conception du baptême explique le besoin de faire baptiser les enfants, obligation aussi importante que celle de les nourrir ou de les orienter vers le chemin des traditions.

Le discours mis en avant au cours des audiences laisse paraître que l'obligation de subvenir aux besoins des enfants vient du fait que personne n'a obligé les parents à se marier ou à procréer. Dans ce sens, les parents doivent faire face aux responsabilités qu'implique cette libre décision.

« Z25

> 1. ***Le juge titulaire*** : [...] Écoutez : moi aussi j'ai des enfants ; je leur donne à manger ; ils demandent ceci et cela sans savoir si nous pouvons l'acheter ou pas ; ils veulent ceci, ils veulent cela, et comme nous sommes leurs parents, nous devons le leur donner, parce que ce n'est pas leur faute s'ils sont là ; personne ne nous a obligés à leur donner naissance et encore moins à nous marier. C'est pour cela que nous sommes obligés de leur donner ce qu'ils demandent [...]. »

Les parents doivent donc assurer les besoins alimentaires, éducatifs, vestimentaires de leurs enfants et leur garantir un patrimoine futur. Ils doivent s'en occuper et sont responsables même si le couple est séparé.

Les parents sont également tenus de guider et d'orienter leurs enfants pour qu'ils suivent le bon chemin, le chemin des traditions. Ils doivent être très vigilants par rapport à l'exemple qu'ils transmettent et les conseils qu'ils donnent. Cette obligation de guider les enfants ne s'arrête pas quand ils sont mariés, l'intervention fréquente des parents dans les litiges l'atteste. Toutes les audiences auxquelles nous avons assisté réitèrent cet aspect.

---

[1] Jacinto Arias, cité par Carlos Montemayor, 2000, « La cosmovisión de los pueblos indígenas actuales », *art. cit.*, p. 105.

« Z25

22. ***Agent municipal*** : [...] Vous deux, [*aux grands-parents*] vous êtes aussi coupables, vous n'avez pas su donner des conseils à votre fille ; les parents doivent savoir comment conseiller, gronder et se faire obéir ; vous ne l'avez pas fait et en voilà les conséquences : votre fille est partie [...]. »

Après cet aperçu sur les modèles de conduite et de comportement qui structurent la relation conjugale et quelques exemples de modèles relatifs à la relation filiale, nous nous intéresserons maintenant à l'identification des différentes phases de l'argumentation lors des audiences conciliatoires.

Structure paradigmatique du discours juridique

L'argumentation des Autorités et des parties en conflit s'organise donc selon ce que Comaroff et Roberts appellent la structure paradigmatique du discours juridique. Les solutions aux conflits se dégagent à partir d'un répertoire normatif mais pas comme un ensemble indépendant de normes ; la judiciarisation n'émerge qu'à l'occasion des enchaînements discursifs de l'argumentation.

> « La structure du paradigme permet ainsi d'inscrire dans un modèle formel des principes que l'Occident ne tiendra pas nécessairement pour juridiques mais qui, par leur enchaînement et par leur formalisation progressive, offrent le support indispensable pour considérer que la solution est opposable parce qu'ainsi sanctionnée[1]. »

Afin d'illustrer notre propos, les fragments d'une audience conciliatoire seront retranscrits ci-dessous. De multiples et très riches informations peuvent être dégagées ; cependant, nous nous limiterons à relever la logique discursive caractéristique du règlement des conflits, l'objectif étant de montrer les différentes phases et de mettre en lumière comment la solution commence à apparaître au cours des argumentations et contre-argumentations des parties.

L'audience conciliatoire a lieu dans les locaux du Tribunal de Paix et de Conciliation indigène de Zinacantán. Elle est menée, ce 11 février 2003, par trois Autorités : le juge titulaire, le juge adjoint et un adjoint au maire suppléant. Aux côtés des Autorités se trouvent les commandants et les *mayoletik*[2]. Parmi les personnes présentes à l'audience se trouve l'Agent municipal du hameau de Navenchauc appartenant à la commune de Zinacantán, d'où sont ressortissantes les parties en conflit. Les demandeurs sont un couple (42 ans pour la femme, 52 ans pour l'homme) qui garde

---

[1] Cité par Étienne Le Roy, 2004, *Les Africains et l'institution de la justice. Entre mimétismes et métissages*, *op. cit.*, pp. 69-70.

[2] Policiers traditionnels qui ont le rôle d'auxiliaire de justice dans le déroulement de l'audience : ils se chargent de distribuer la boisson à la fin de l'audience, vont chercher éventuellement des documents, emmènent les détenus, font les citations à comparaître, etc.

depuis un certain temps leurs petits-enfants (huit et cinq ans) ; le défendeur est le père des enfants (30 ans). Les grands-parents qui ont la garde de leurs petits-enfants demandent une pension alimentaire au père des enfants. La mère des enfants n'est pas présente à l'audience, bien qu'on ait souvent l'impression qu'elle est apostrophée au même titre que le père des enfants. L'audience dure une heure environ, sans compter le temps d'élaboration de l'acte, de lecture et de signature. C'est la deuxième des quatre audiences qui auront lieu ce jour-là.

1. ***Le Juge titulaire*** : Je voudrais que l'on m'explique le problème. Pourquoi ta femme est-elle partie ? Tu dis que tu ne la bats pas et que ce n'est pas ta faute si elle est partie, mais que tes beaux-parents exigent une pension ; c'est ce que nous voulons savoir. Je veux que tu parles de tes problèmes, sinon, je ne vais pas le savoir. Si les enfants ne sont plus avec leur mère, ils sont avec leurs grands-parents ; alors, comment vont-ils aller de l'avant ? Les enfants ont besoin non seulement d'être nourris, mais, également d'être vêtus. Vous [*les parents*], vous avez le devoir de vous en charger [...]. À qui la faute[1]? À toi, à ta femme, à tes beaux-parents et à tes parents peut-être, mais pas aux enfants [...]. Tu ne vas pas prétendre que les enfants sont très heureux, ils sont tristes, parce qu'ils ne sont pas avec vous. Dis-toi aussi que tes beaux-parents n'ont pas la même force qu'avant, ils ne peuvent plus maintenant s'occuper des enfants comme avant. Vous commettez une grave erreur, parce qu'en tant que parents vous ne faites pas face à vos obligations.
2. ***Le Grand-père*** : Eh oui, ils ne prennent pas leurs enfants sous leur responsabilité, ils ne leur parlent pas, on dirait que ce ne sont pas leurs enfants [...].
3. ***Le Juge titulaire :*** As-tu bien entendu, jeune homme, ce qu'a dit ton beau-père ? Il a raison !
4. ***Le Grand-père*** : [...]
5. ***Le Juge titulaire*** : Ce que tu dois faire, c'est de voir tes enfants, leur donner de l'argent, être plus près d'eux, pour t'éviter des problèmes, pourquoi voudrais-tu en avoir ? Ce sont tes enfants et tu dois t'en occuper, ce ne sont pas les enfants de tes beaux-parents. Il est vrai que dans certaines occasions vous pouvez compter sur eux, mais si toi tu ne t'occupes pas d'eux, plus tard, tes enfants vont te haïr pour toute la vie.
6. ***La Grand-mère*** : Eh oui ! Je suis seule à m'occuper d'eux tous les jours, à savoir ce dont ils ont besoin, ce dont ils manquent ; leurs parents, eux, ne s'en soucient pas.
7. ***Le Grand-père*** : Je ne peux plus le faire ! En plus, ils sont deux ! J'ai déjà dit à ma femme que nous ne pouvons pas nous en occuper seuls, qu'il vaudrait mieux que nous demandions de l'aide à leur père parce que nous, nous ne pouvons plus travailler comme avant [...]. Ce sont nos petits-enfants,

[1] Par « faute », on traduit la notion de *mulil* ; c'est la notion centrale dans la résolution des conflits, elle est très riche et très utilisée en *tzotzil* pour parler de ce qui déplaît aux dieux en général, de ce qui sort de l'ordonnancement qu'il soit juridique (délit), social (faute ou responsabilité) ou religieux (péché).

mais cela ne signifie pas que nous devons tout leur donner à la place de leurs parents.

8. ***Le Père des enfants*** : [*À son beau-père*] Oui, mais rends-toi compte aussi que ta fille est partie, ça, ce n'est pas une mère ! Vous aussi, vous avez votre part de responsabilité, puisque vous n'avez pas appris à votre fille le sens de la responsabilité ; elle est partie avec un autre homme sans aucun souci.

9. ***Le Juge titulaire*** : Leurs parents vous donnent au moins quelque chose pour les enfants ? De l'argent, de quoi manger, de quoi s'habiller, ou rien ?

10. ***Le Grand-père*** : Ils ne nous donnent rien, absolument rien. Ils ne savent pas si les enfants mangent, s'ils s'habillent, encore moins qui s'occupe d'eux. Ils font leur vie, ils sont partis et c'est tout !

11. ***La Grand-mère*** : Ils ne prennent jamais des nouvelles de leurs enfants ; quelquefois, ceux-ci tombent malades et c'est moi qui veille sur eux ; leurs parents ne se manifestent pas.

[*Tout le monde parle en même temps et on ne comprend pas ce qui se dit.*]

12. ***Le Grand-père*** : [...]

13. ***La Grand-mère*** : [...]

14. ***Le Juge titulaire*** : [...] Les enfants ne sont pas tombés du ciel, c'est vous qui les avez conçus ; c'est pourquoi vous devez vous en occuper et ne pas les laisser à la charge des grands-parents.

15. ***La Grand-mère*** : C'est cela ; s'il vous plaît, dites-le-leur, parce que je vous le redis sincèrement, je ne vais pas m'occuper de tout : leur alimentation, leurs vêtements… [*Elle le dit en pleurant*]

16. ***Le Père des enfants*** : hum, hum.

17. ***Le Grand-père*** : [...] »

La phase de la *theoria* est identifiée dans cette première partie de l'audience. Les grands-parents se présentent sous le paradigme de personnes âgées, sans ressources et sans obligation de garde ou de subvenir aux besoins de leurs petits-enfants. Ils se présentent comme victimes d'un père qui, lui, manque à ses responsabilités de père. Le juge et le reste des Autorités retiennent le schéma et font des commentaires qui confortent les grands-parents dans leur paradigme. Le père des enfants fait une première tentative de renversement de la situation (8) en introduisant un nouvel élément : la culpabilité de sa femme qui l'a abandonné sans raison. De cette façon, il cherche à transformer le paradigme des grands-parents en « mauvais parents qui n'ont pas su transmettre les valeurs communautaires à leur fille », et par la même occasion, à diluer le paradigme qui lui est attribué de « père irresponsable », en opposant celui de « bon mari abandonné de manière injustifiée ». Les argumentations et contre-argumentations se poursuivent.

18. ***Le Père des enfants*** : Et pourquoi vais-je tout leur donner, moi ? Mon ex-épouse aussi est partie. C'est sa faute. Je ne la battais pas, je ne la maltraitais pas, je lui donnais tout. Bien sûr, des fois j'arrivais un peu ivre, mais cela ne signifie pas que je maltraitais ma famille. C'est vrai je peux

subvenir aux besoins de mes enfants mais mon ex-femme a aussi la faute. Vous aussi, [*à ses beaux-parents*] vous avez une part de responsabilité dans cette situation, vous n'avez pas su dire à votre fille qu'elle ne devait pas faire ce qu'elle a fait [...]. De plus c'est seulement maintenant que vous venez vous plaindre, mais quand votre fille est partie, vous ne l'avez pas fait ! Vous avez attendu que les vagues se calment pour apparaître. Vous vous y prenez bien mal ! Ce sont mes enfants, je le reconnais ; mon sang coule dans leurs veines ; mais cela ne signifie pas que je sois fautif. J'ai longtemps attendu, espérant que ma femme revienne. Elle n'est jamais revenue.

19. ***Le Juge titulaire*** : Ce n'est pas bien du tout. Vous aussi vous avez mal agi en privant votre fille de bons conseils.

20. ***Le Père des enfants*** : Eh oui ! Mettez-vous à ma place : ma femme m'abandonne ; comment rester tout seul avec les enfants ? En tant qu'homme, comment faire pour leur donner à manger ? De plus, ma femme les a laissés chez ses parents. Aller me battre pour cette cause ? [...]

21. ***Une Autorité*** : [*Au père des enfants*] Toi aussi, tu peux chercher une autre femme, mais tu dois faire face à tes responsabilités vis-à-vis de tes enfants. Ta priorité, ce sont tes enfants. Aussi bien toi que celle qui est partie, avez des devoirs envers eux.

22. ***Agent municipal*** : Qu'a-t-il [*le père des enfants*] fait de mal ? Je ne vois pas, ce n'est pas sa faute. Sa femme ne l'a peut-être pas compris et n'a trouvé rien de mieux que de partir avec un autre homme. Vous deux, [*aux grands-parents*] vous êtes aussi coupables, vous n'avez pas su donner des conseils à votre fille ; les parents doivent savoir comment conseiller, gronder et se faire obéir ; vous ne l'avez pas fait et en voilà les conséquences : votre fille est partie. Certes, le père a une responsabilité face à ses enfants mais les grands-parents ne sont pas dépourvus de toute culpabilité dans cette affaire [...]. Nous avons tous compris que la femme est coupable aussi ; cette situation n'est pas due à l'ivresse de l'homme, il faut donc être très prudent pour résoudre ce problème, car ce n'est pas que la faute de l'homme. C'est comme cela que je vois les choses [...].

23. ***Le Père des enfants*** : Oui, c'est ce que je veux, que ma situation soit prise en compte. Elle n'a même pas manifesté son désir de se séparer. Elle n'a rien dit, quand j'ai réagi elle était déjà partie. Moi, je ne la battais pas ; c'est vrai, je rentrais des fois ivre, mais je ne la maltraitais pas.

24. ***Une Autorité*** : Ce que moi je n'approuve pas du tout, c'est que l'une est partie et l'autre de même ; et ils ont laissé les enfants comme de petites bêtes. C'est ça qui ne va pas ; s'il n'y avait pas d'enfants, d'accord ; seulement voilà : il y a des enfants et ils sont abandonnés chez leurs grands-parents ; c'est inadmissible ; ils doivent être avec leurs parents.

25. ***Le Grand-père*** : [...]

[*Inaudible en raison des cris des enfants.*]

26. ***Le Juge titulaire*** : Suivant notre coutume, le père des enfants ne va pas verser de pension parce qu'il a expliqué qu'il n'était pas le seul responsable ; comme votre fille est aussi bien coupable que lui, il ne va pas accepter de payer une pension. Il l'a même déjà dit, ce n'est pas sa faute et le jeune homme ne manque pas de raison [...]. Vous aussi vous êtes fautifs, [*les grands-parents*] car ce n'est que maintenant que vous venez vous plaindre,

comme le fait remarquer le père des enfants. Vous seriez venus au moment même où les problèmes avaient commencé à se poser, nous aurions résolu les choses autrement. Le père des enfants a raison d'insister sur une responsabilité partagée ; de plus, il dit qu'il n'a pas d'argent et nous le comprenons ; il suffit de voir la flambée des prix dans notre village ! Il faut donc accepter les choses et savoir que le père va donner ce qu'il pourra, il ne faut ni s'insulter ni se bagarrer car nous avons vu que ce n'est pas tout à fait sa faute.

27. ***Le Grand-père*** : Voyez-vous, nous ne savions pas quoi faire ; ils nous ont laissé les enfants sans préciser si c'était pour une journée ou pour quelques jours ; nous ne savions ni où nous adresser ni à qui avoir recours ; cette situation n'est pas facile pour nous non plus ! [...] Ce qui est clair pour nous, et nous vous le répétons, c'est que nous ne pouvons plus nous occuper des enfants ; alors, que vont-ils devenir ? C'est ce que nous voulons savoir. Que va-t-il se passer ? Vont-ils les récupérer ou pas ? Ou alors vont-ils leur donner leur parcelle de terre ?

28. ***Agent municipal*** : [*Au père des enfants*] Qu'est-ce que tu en dis ? Que vas-tu faire, que veux-tu faire ? Tu vas garder tes enfants ou tu vas leur donner quelque chose ? [...]

29. ***Le Juge titulaire*** : Il faut y penser. Que vas-tu faire ? Emmener tes enfants ? Ils te laissent décider parce que ce sont tes enfants [...]. Penses-y. Les enfants sont plus habitués à leurs grands-parents ; tu viens de le voir. [*Le père des enfants a essayé de prendre l'un des enfants dans ses bras et le petit s'est mis à pleurer*] Pour eux, leur père et leur mère, ce sont tes beaux-parents ; ils sont plus habitués à eux qu'à leurs vrais parents. Tu dois penser si tu vas emmener les enfants de force. Pense aussi aux difficultés, les choses ne sont pas aussi simples pour un homme seul. C'est une grande responsabilité que d'élever des enfants [...]. Si tu ne veux pas payer de pension, tu as le devoir de leur donner au moins de quoi manger.

30. ***Le Père des enfants*** : Je ne paierai pas de pension ; je peux peut-être donner quelque chose, l'indispensable. Je donnerai le peu que je pourrai : un peu d'argent pour leurs vêtements, mais je ne donnerai pas tout. Ils ont aussi leur mère.

31. ***Le Juge titulaire*** : L'acte sera donc ainsi rédigé : tu vas donner le peu que tu pourras, un peu pour la nourriture et les vêtements mais pas de pension. Vous êtes deux à devoir assurer les besoins des enfants ; s'ils ont besoin de chaussures, d'habits ou quelque chose d'autre, aussi bien toi que leur mère en prendrez la responsabilité. »

C'est la confrontation des deux paradigmes qui caractérise la phase de la *crisis*. Le point d'inflexion déterminant pour l'orientation de la solution est l'affirmation du paradigme de « bon mari abandonné sans raison par sa femme » sur celui des grands-parents. Une plus grande responsabilité est attribuée aux grands-parents et à la femme qui est partie dans le déroulement des événements. La phase de la *catharsis* apparaît une fois que la responsabilité est définitivement attribuée aux grands-parents, d'autant plus que le père apparaît non seulement comme non-responsable, mais comme victime dans l'affaire.

32. ***Le Grand-père*** : Eh bien oui ; c'est ce que nous voulons ; qu'il leur donne quelque chose parce que les enfants ont besoin de quoi manger ou de quoi s'habiller [...]. S'il s'agit de veiller sur les enfants, nous pouvons le faire, nous l'avons fait pendant tout ce temps [...]. Ils doivent eux aussi veiller un peu sur eux, venir les voir et être au courant de ce dont les enfants ont besoin, parce que nous ne pouvons pas tout prendre en charge ; mais qu'ils le fassent jusqu'à ce que les enfants grandissent, pas seulement pour quelques mois ou quelques années et qu'ils oublient ensuite ; ce ne serait pas juste.

33. ***Agent municipal*** : [*Au père des enfants*] Tu as bien compris ce que tes beaux-parents sont en train de te dire ? C'est ce qui va être consigné dans l'acte : tu vas donner un peu d'argent, ils ne vont pas te demander de pension, le peu que tu pourras donner parce qu'ils t'ont déjà dit que ce sont tes enfants ; tu dois leur rendre visite de temps en temps et tu dois aller les voir pour savoir comment ils vont, s'ils ont besoin de toi ou de quelque chose, ou si tu dois les emmener chez le médecin parce qu'ils sont malades. Leur rendre visite ne veut pas dire passer seulement et ensuite oublier que tu as des enfants ; ta responsabilité est de t'en occuper vraiment, de savoir comment ils vont et s'ils ne sont pas malades.

[*Le juge adjoint commence à prendre des notes dans un cahier pour rédiger le document final, il demande aussi les noms, âge et métier des parties et des témoins ainsi que les noms des enfants ; la partie accusée va acheter pendant ce temps deux boissons d'un litre chacune qu'il met à son tour face aux autorités. Le juge titulaire fait un signe à un des mayoletik pour qu'il serve à boire, les adultes discutent le temps de finir les boissons, les bouteilles vides sont reposées face aux Autorités. Les enfants jouent et courent partout dans la salle. En principe le litige est clos.*]

34. ***Commentaires du public*** : [...]

35. ***Le Juge adjoint*** : [*Au juge titulaire*] Alors, c'est ce qu'on va mettre sur l'acte, lui, il va donner un peu d'argent, ce qu'il pourra donner et il a aussi le droit d'aller voir ses enfants chez ses ex-beaux-parents ?

36. ***Le Juge titulaire*** : Oui, c'est cela.

37. ***La Grand-mère*** : [*À voix basse à son mari*] Finalement, nous n'avons rien pu obtenir, tout va alors se passer comme si c'étaient nos enfants.

38. ***Le Juge adjoint*** : [...]

39. ***Commentaires du public*** : [...]

40. ***Le Juge adjoint*** : Alors, écoutez tous ce qui a été décidé ; de tout ce que nous avons dit, voici ce qui va être retenu. Sachez que le père des enfants peut aller voir ses enfants à n'importe quel moment. Alors, vous n'allez pas l'empêcher de voir les enfants parce que c'est leur père et il a le droit de les voir.

41. ***La Grand-mère*** : Eh bien, je vais y penser ; ce n'est pas pour si peu que je vais le laisser les voir ! [...] Je les garde et m'en occupe et il n'est pas content parce qu'on lui demande une pension ! Mais qu'est-ce qu'il veut ? Peu importe, je vais m'occuper des enfants. Dieu est grand pour récompenser les sacrifices ; Dieu est juste ! [*Elle le dit en pleurant*]

42. ***Le Juge titulaire*** : Non, tu ne vas rien penser. C'est ainsi que ça va se passer ; c'est pour cela que vous êtes venus ici et la décision qui a été prise doit être respectée. Il a tous les droits parce que c'est leur père, de même que leur mère [...] et ils vont vous remettre le peu qu'ils vont apporter ; comme vous le voyez, les enfants ne veulent pas partir avec leur père, ils veulent rester avec vous.

43. ***La Grand-mère*** : Bon d'accord, il peut venir les voir, toutefois qu'il ne manque pas de respect à ma famille et qu'il ne soit pas ivre, qu'il respecte ce qui a été ici décidé ...

44. ***Le deuxième régisseur suppléant*** : [...]

45. ***La Grand-mère*** : [...]

46. ***Adjoint au maire suppléant*** : [...]

47. ***La Grand-mère*** : [...] pour l'instant, je vais m'occuper d'eux et j'ai l'espoir que quand ils seront grands, quand je ne pourrai plus rien faire, ils s'occuperont de moi à leur tour [...].

48. ***Le Juge titulaire*** : [...]

49. ***Le Père des enfants*** : [...]

50. ***Adjoint au maire suppléant*** : Et la mère, elle vient les voir ?

51. ***La Grand-mère*** : Non, elle ne vient pas, je ne l'ai pas vue depuis bien longtemps, je ne sais pas où elle est, je ne sais pas si elle vit encore ou si elle est morte [...] ce sont les enfants qui me rendent triste ; quant à leurs parents, ça m'est égal !

[*Les grands-parents échangent des commentaires.*]

52. ***Le Grand-père*** : Eh bien, nous allons nous en occuper, nous ne sommes pas encore si vieux, demain, ils pourront à leur tour veiller sur nous [...].

53. ***Adjoint au maire suppléant*** : Oui, vous avez raison, ils pourront s'occuper de vous le moment venu. Quand ils sont petits, les enfants ont besoin de nos soins, après ce sont eux qui s'occupent de nous ; ainsi va la vie.

54. ***La Grand-mère*** : [...]

55. ***Le Juge titulaire*** : [...] Nous n'avons pas la vie assurée dans ce monde. Nous ne pouvons pas savoir, si jamais l'un de vous venait à disparaître, eh bien, vous avez au moins les enfants. Vous allez voir que demain, quand vous n'aurez plus de force, eux, vont s'occuper de vous.

56. ***Les Grands-parents*** : Oui, vous avez raison. Merci.

[*Les gens s'approchent des Autorités pour les remercier et leur dire au revoir et laissent la place à d'autres qui viennent également régler un problème. Les parties attendent environ une demi-heure pour signer l'acte qui est tapé par la dactylographe et qui sera lu plus tard, à haute voix, dans la salle d'audience, en interrompant la nouvelle audience en cours.*]

Dans cette troisième étape argumentative, il s'agit de rétablir les relations. Les grands-parents cherchaient une aide économique de la part du père des enfants pour faire face aux besoins de leurs petits-enfants dont ils ont la garde. Les Autorités insisteront sur le fait que même s'ils n'ont pas obtenu une aide systématique (pension alimentaire), la situation leur est favorable. Car, plus tard, ils pourront compter sur leurs petits-enfants pour veiller sur eux. Il s'agit de la morale de l'histoire (55). Les Autorités essaient d'apaiser les possibles rancunes entre les parties et surtout des parties vis-à-vis des mineurs.

Le tableau ci-dessous présente de manière schématique les phases de l'argumentation de l'audience conciliatoire transcrite.

	THEORIA	CRISIS	CATHARSIS
Demandeurs (grands-parents des mineurs)	Paradigme de présentation des grands-parents *Grands-parents physiquement et économiquement diminués et sans obligation de prendre en charge leurs petits-enfants*	Paradigme attribué aux grands-parents au cours de l'audience *Parents qui n'ont pas su orienter leur fille sur le chemin des traditions*	Si les grands-parents s'occupent de leurs petits-enfants, plus tard, les petits-enfants s'occuperont d'eux en retour.
Défendeur (père des mineurs)	Paradigme attribué au père des mineurs *Père manquant à ses obligations*	Paradigme opposé par le père des mineurs *Bon mari abandonné sans raison*	Le père n'a pas de responsabilité directe dans le conflit mais son obligation de père persiste.

Notre intérêt n'est pas de juger du bien-fondé de la décision juridique mais d'apporter des éclairages sur la décision prise. Les éléments-clefs pour comprendre la logique de la solution adoptée et l'attribution de la responsabilité ne peuvent être trouvés dans les normes ou principes du droit positif mexicain. La solution adoptée pour régler le conflit n'est pas une solution imposée. C'est une solution concertée et surtout une solution, qui, dans son contexte, vise le rétablissement de l'équilibre.

Dans l'audience qui nous occupe, le père des mineurs semble ne pas avoir suivi les modèles de conduite et de comportement qui seraient socialement attendus d'un père de famille, puisqu'il ne s'occupe pas de ses enfants et ne leur offre pas des moyens de subsistance. Cependant, d'après son argumentation, ses actions ne sont pas à l'origine de l'altération de « l'ordre ». Il insiste sur le fait qu'il menait une conduite irréprochable en tant que mari, et en tant que père. C'est dans ce sens que les Autorités le libèrent de toute responsabilité dans l'origine du conflit, et par conséquent, de « l'obligation » de verser une pension alimentaire. Nous observons en effet une réinterprétation de la notion de pension alimentaire dans les villages indigènes car l'aspect de sanction lui a été assimilé. Le paiement d'une somme d'argent qui doit être déposée au tribunal est davantage perçu comme le paiement d'une amende et donc lié à un comportement répréhensible. Mais le fait de ne pas devoir verser une pension alimentaire, entendue comme somme liquide déposée devant le tribunal, ne libère pas pour autant le père des devoirs envers ses enfants. Ainsi, c'est autour de la « responsabilité », et de la signification particulière accordée à la pension alimentaire que la solution à ce conflit doit être comprise.

Si toutes les sociétés cherchent la reproduction du lien social, elles ne le font pas toutes de la même manière, les réflexions finales seront consacrées au thème de la responsabilité et à son importance dans la reproduction du lien social selon l'interprétation que nous retenons des représentations tzotzil.

Le concept de *mulil* est un concept central dans le règlement des conflits car toute l'argumentation tourne autour de cette notion. Jane Collier le conçoit comme ce qui déplaît aux dieux et qui peut déclencher la vengeance surnaturelle. Ce concept de *mulil* semble englober tout ce qui sort de l'ordre, qu'il soit juridique (contravention, délit ou crime), social (faute ou responsabilité) ou religieux (péché) et constitue l'axe d'attribution de la responsabilité. C'est par rapport à cette responsabilité qu'un paradigme sera pondéré. Qui a fait que les choses arrivent à un tel point ? Qui a produit l'altération dans l'harmonie des relations, ne suivant pas les modèles de conduite et de comportement socialement attendus? Il arrive souvent que la responsabilité soit partagée par les deux parties en conflit. L'organisation de la quotidienneté des villages indigènes s'articule autour des responsabilités des individus envers le groupe, et des individus et du groupe vis-à-vis de l'ordre cosmique. La conduite en question peut aller d'un acte aussi « banal » que s'adresser de manière impropre à un proche, à la commission d'un meurtre[1].

Le monde s'articule autour de l'interaction entre le monde du *visible* et le monde de l'*invisible*. On y retrouve, d'ailleurs, une grande similitude avec la pensée traditionnelle africaine décrite par Michel Alliot : « [...] l'honneur de l'homme et la mission de l'homme, c'est de continuer cette création et de l'achever [...]. Il faut s'inscrire dans l'univers avec humilité, avec responsabilité et avec fidélité, c'est-à-dire que, sans tricher, il faut tenter de discerner les structures de l'univers et s'y conformer[2]. » D'après certaines représentations tzotzil, les dieux accordent santé, richesse et abondance. Ils

[1] Jane F. Collier, 1995, *El derecho Zinacanteco. Procesos de disputar en un pueblo indígena de Chiapas*, *op. cit.*, p. 118.

[2] Michel Alliot, 2001, « Peut-on devenir anthropologue ? », *Le droit et le service public au miroir de l'anthropologie, art. cit.*, pp. 12-13.

veillent sur l'homme et maintiennent l'ordre du cosmos, mais ils peuvent aussi envoyer maladie et mort pour châtier les hommes qui, par leurs mauvaises actions, n'observent pas les normes communautaires et altèrent l'harmonie[1]. Ainsi, les maladies individuelles ou calamités collectives dans le monde du visible sont la manifestation d'une rupture spirituelle beaucoup plus importante. Il faut agir dans le monde du visible, afin d'influer sur l'invisible et restaurer l'harmonie perdue. Le rétablissement de la cordialité dans les relations interpersonnelles, ou les cérémonies ayant pour but d'apaiser la colère des divinités, sont les moyens pour y arriver. Celui qui transgresse les normes communautaires met donc en péril sa propre personne, l'harmonie du groupe et l'harmonie du cosmos. Ainsi s'explique l'importance de suivre avec sérieux les normes communautaires. Chez les Tzotzil des hautes terres du Chiapas, la régulation interne de la vie des populations présente une structuration du pouvoir, des Autorités et des obligations sociales animées, dans une plus grande ou moindre mesure, par cette responsabilité des hommes dans le maintien de l'harmonie interpersonnelle, sociale et cosmique.

Le constat d'accord, par exemple, est un document assez court qui résume en deux pages une ou deux heures d'audience. Or, tout en faisant abstraction de beaucoup de détails, ce document ne manque pas de mentionner le rétablissement de l'ordre social par l'apaisement des tensions interpersonnelles, mention qui semble toujours trouver sa place.

> Z16 : « [...] les parties sont parvenues aux accords suivants :
> [...]
> Troisième : Les deux parties s'engagent à ne plus provoquer des problèmes et s'engagent également à se respecter mutuellement et à respecter la famille de l'autre. »

> Z13 : « [...] les parties sont parvenues aux accords suivants :
> Premier : Les parties s'engagent à ne plus provoquer des problèmes et à ne plus discuter de ces affaires de terrains. »

Le rétablissement du lien passe souvent par la demande de pardon que nous avions abordée précédemment. Nous ajouterons ici simplement que le pardon constitue un aspect central, les constats d'accord font explicitement acte des demandes de pardon, le plus souvent de l'homme envers sa compagne.

La responsabilité dont nous venons de parler passe par un devoir de transmission, de communication des structures sociales et des valeurs communautaires. Dans ce sens, l'audience est un moment clef dans l'identification du lien social. Les discours, les gestes, les rituels, etc. contribuent à la transmission de la même manière qu'ils font partie de la

[1] Jane F. Collier, 1995, *El derecho Zinacanteco. Procesos de disputar en un pueblo indígena de Chiapas*, *op. cit.*, pp. 34-35, 47.

dynamique de construction de la société. Au terme de l'audience, la décision doit être bonne pour les parties, mais aussi et surtout elle doit être bonne pour la collectivité et pour la garantie de l'ordre. Le différend est littéralement pris en charge par la collectivité, le domaine de la justice négociée que nous avons abordée semble bien avoir une finalité de socialisation. Cette justice négociée assure également une fonction d'éducation en ce qui concerne la vie en société.

L'objectif de ce chapitre a été de tenter de prendre une distance vis-à-vis du référent juridique de la pensée occidentale moderne afin de découvrir les mécanismes de fonctionnement d'une justice qui se manifeste dans un contexte où les sociétés structurent leur organisation sur la base de la tradition orale. La notion de justice négociée a révélé son sens. L'application de la norme, qui n'est pas préexistante mais qui émerge au cours de l'argumentation, est négociée par tous les acteurs et implique également la responsabilisation de tous dans le rétablissement du lien social. Le discours a mis en évidence le recours à des référents normatifs divers qui se croisent tout au long de la rythmique argumentative dans le but d'arriver à une solution acceptable pour tous les acteurs. Cette situation nous interroge sur les éléments théoriques permettant de rendre compte d'un tel enchevêtrement des référents juridiques, aspect qui sera développé dans le chapitre suivant.

CHAPITRE 6

LA POROSITE JURIDIQUE : UNE PHENOMENOLOGIE DU PLURALISME

Au cours des pages, nous avons vu émerger un certain nombre d'éléments qui caractérisent, qui sous-tendent et qui configurent le phénomène du règlement des conflits dans les villages indigènes de San Juan Chamula et de Zinacantán. La complexité du phénomène est mise en évidence par la multiplicité d'instances de régulation où un même type de différend peut être soumis ; par les Tribunaux de Paix et de Conciliation indigène dont le fonctionnement s'imprègne de la procédure judiciaire étatique et des rituels villageois; par les différentes représentations de la justice qui s'entrecroisent, etc. On a régulièrement tenté d'écarter l'approche en termes de pensée juridique occidentale. Cette approche aurait mis l'accent sur un prétendu dysfonctionnement et sur les possibles solutions pour parvenir à généraliser la logique du droit étatique.

Toute démarche qui prétend appréhender la complexité des phénomènes se heurte à la difficulté d'établir une nette séparation entre catégories, d'apporter des définitions et de proposer des diagnostics. Dans le cas de notre étude, cette conceptualisation doit passer par la prise en compte du pluralisme à l'œuvre et de la dynamique des phénomènes. L'exercice exige d'associer des principes antagonistes - comme l'ordre et le désordre, l'unité et la diversité, ou encore le « droit indigène » et le droit étatique - et de les envisager dans un principe d'organisation plus large. Il s'agit d'une entreprise piégée, car en conceptualisant la complexité afin de comprendre ou de mettre en évidence le principe d'organisation sous-jacent, nous nous engageons paradoxalement dans une simplification de la complexité.

Ce dernier chapitre est consacré à l'examen d'outils conceptuels à même de rendre compte de cette complexité. Dans une première section, nous passerons en revue certains concepts tels que pluralisme juridique, paradigme de l'entre-deux, multijuridisme, interlégalité... Lors d'une seconde section, nous proposerons l'approche théorique qui nous semble le mieux correspondre aux caractéristiques du phénomène juridique que nous étudions.

Du pluralisme juridique au paradigme de l'entre-deux

Restituer la complexité du phénomène juridique que nous observons oblige à explorer davantage la dynamique des processus, la rencontre d'éléments hétéroclites, les stratégies des acteurs. Nous commencerons par la notion de pluralisme juridique pour arriver ensuite au champ sémantique du paradigme de l'entre-deux, plus riche en subtilités et en nuances.

Des pluralismes juridiques

Le pluralisme juridique est un concept central de l'anthropologie du Droit. C'est cependant un concept « caméléon », « malléable », défini suivant le parcours et les démarches adoptées par le chercheur[1]. Il n'y a pas une définition du pluralisme juridique sur laquelle les auteurs soient unanimes. Cela s'explique par la diversité des disciplines concernées par le phénomène du pluralisme lui-même. En outre, la définition du pluralisme juridique se trouve étroitement liée aux représentations de l'État et du Droit.

Déjà en 1918, Santi Romano parlait de pluralisme juridique dans son ouvrage *L'ordre juridique* et, depuis, un grand nombre de juristes, d'anthropologues et de sociologues du droit se sont intéressés à la question. La présence de disciplines telles que le droit, la sociologie et l'anthropologie, diversifie les approches[2].

Mauss et Malinowski énoncent l'idée qu'à l'intérieur d'une société il peut y avoir plusieurs systèmes juridiques en interaction. Ces auteurs centrent leur expérience sur des terrains dits « exotiques ». Les études vont se multiplier dans les années 1950 et 1960 surtout dans les sociétés où les phénomènes de pluralisme sont plus facilement perceptibles.

Or le même phénomène est identifié dans le contexte des « sociétés modernes » par les fondateurs de la sociologie du droit, les sociologues Ehrlich et Gurvitch qui refusent d'associer le Droit à l'État. Dans sa théorie sociologique du pluralisme, Ehrlich explique que la société est la somme de sous-groupes ; l'individu obéit d'abord à l'ordre juridique interne des associations auxquelles il appartient. Dans les sociétés modernes, il existe aussi le droit étatique qui édicte un ordre interne général s'imposant aux systèmes juridiques des associations, ce droit ayant pour fonction de réduire les oppositions entre les droits internes des associations. Gurvitch, qui introduit le pluralisme juridique en France, se fonde sur l'histoire du droit pour montrer que le principe unitaire n'est pas inscrit dans le principe du Droit. Pour lui, le Moyen Âge était pluraliste et ce fut la monarchie absolue premièrement et la centralisation napoléonienne ensuite qui, basées sur le rationalisme des codifications, ont bâti la fiction « unitaire » du droit. Il considère qu'il existe trois types de Droit dont la hiérarchie est variable suivant les sociétés : le *droit étatique*, caractérisé par la prétention de

[1] Akuavi Adonon, Caroline Plançon, Pauline Versini-Campinchi, 2003, « Variations sur le pluralisme juridique : au carrefour de trois cheminements », *Cahiers d'anthropologie du droit 2003*, Paris, Karthala, p. 77.

[2] Voir Norbert Rouland, 1988, *L'anthropologie juridique*, *op. cit.*, p. 74 et Étienne Le Roy, 1993, « Les Recherches sur le droit interne des pays en développement », *État des savoirs sur le développement*, Paris, Karthala, pp. 75-86.

monopoliser la vie juridique ; le *droit individuel* qui aborde les échanges bilatéraux entre groupes ou individus ; et le *droit social*, utilisé par les individus pour former des entités collectives. Il distingue entre pluralité des sources du droit et pluralisme juridique en faisant remarquer que l'existence de plusieurs sources formelles du droit (loi, décret, jurisprudence, par exemple) peut être admise sans pour autant s'éloigner d'une approche moniste du droit.

Les théories d'Ehrlich et Gurvitch ont le mérite de distinguer le domaine du Droit de celui de l'État. Ils considèrent que toute société comprend des sous-groupes et chacun dispose de son propre système juridique. Le droit étatique ne joue le rôle que d'un chef d'orchestre qui harmonise les rapports qu'entretiennent entre eux les différents ordres juridiques. Si la sociologie juridique a posé les fondements théoriques du pluralisme juridique, l'anthropologie l'a découvert sur le terrain.

Selon Griffiths, le pluralisme du Droit est une conséquence du pluralisme sociologique, car aucune société n'est absolument homogène. Même les sociétés segmentaires connaissent une forme de division, et les sociétés modernes apparaissent comme hyper divisées. Le pluralisme juridique se configure par la multiplicité de droits coexistant dans un même champ social. La complexité étant encore plus importante si l'on considère que la société globale elle-même est formée de plusieurs champs sociaux obéissant au même processus.

Pospisil parle de niveaux juridiques. Pour lui, toute société est constituée d'un ensemble de sous-groupes hiérarchiquement ordonnés ; chaque sous-groupe ayant son propre système juridique, les systèmes juridiques forment une hiérarchie correspondant à celle des sous-groupes ; on peut donc les segmenter en niveaux juridiques (théorie pyramidale). Il y aurait donc une différence hiérarchique entre le Droit étatique et le droit d'une association. Tout individu appartient généralement à plusieurs sous-groupes : il est donc soumis à des systèmes juridiques divers, souvent contradictoires.

Sally Falk Moore, de son côté, substitue le concept de sous-groupe par celui de champ social semi-autonome. Le champ social semi-autonome est défini par un caractère de type procédural résidant dans le fait qu'il peut donner naissance à des normes et assurer leur application par la contrainte ou l'incitation. Dans les sociétés étatiques, le droit étatique n'est pas exclusif, mais il exerce une contrainte sur les manifestations juridiques extra-étatiques. Dans cette version du pluralisme, on insiste sur la dimension horizontale du pluralisme. Pour Sally Falk Moore, l'individu n'obéit pas uniquement au droit étatique mais également à des règles émanant d'entités multiples.

Griffiths apporte un nouvel élément pour aborder la question. Il existe, dit-il, deux types de pluralisme juridique : le pluralisme juridique autorisé par l'État et celui qui échappe à son contrôle. Le pluralisme étant l'adversaire fondamental de l'ambition unitaire de l'État, ce dernier peut tenter de le combattre en l'éliminant totalement ou en reconnaissant officiellement certaines de ses manifestations, statuts spécifiques octroyés aux minorités ethniques par exemple. Pour Griffiths, ce « pluralisme » n'est que de façade, car il est complètement en accord avec une politique unitaire centralisatrice. En effet, l'État reste le maître du jeu, c'est lui qui fixe le partage des compétences entre lui-même et les entités auxquelles il reconnaît une autonomie, selon des critères qui lui sont propres. En général, ce partage des compétences est opéré par l'État, de telle sorte que les droits non étatiques ne jouent qu'un rôle subordonné ou résiduel. Griffiths exprime son désaccord avec les théories qui confondent, à son avis, diversité juridique et pluralisme juridique. L'existence de règles différentes, suivant les groupes sociaux ou les groupements territoriaux, s'appliquant à des situations identiques, n'est pas du pluralisme juridique dans la mesure où ces distinctions sont tolérées ou engendrées par un seul ordre juridique, celui de l'État[1]. Pour Griffiths, le pluralisme authentique n'est pas celui autorisé par l'État mais celui qui échappe à son contrôle. Ainsi, il considère que nulle théorie sur le pluralisme n'est exemptée du péché d'étatisme, à différents degrés. Il fait une coupure radicale entre le Droit et l'État, le droit étatique n'étant qu'une des éventualités possibles des manifestations du Droit.

De la diversité des approches sur le pluralisme juridique nous en sommes venue à la conclusion que les auteurs ne précisent pas assez ni leurs *a priori*, ni leurs contextes. L'abstraction des différents *topos* et des différents *logos* dans lesquels s'inscrivent leurs réflexions, leurs conclusions et leurs jugements vis-à-vis du pluralisme juridique ne peut qu'entretenir davantage la confusion chez le lecteur. Nous reproduisons ci-après des extraits de plusieurs textes qui abordent la question du pluralisme juridique, extraits qui nous paraissent assez représentatifs de la variabilité des objets d'étude.

Jacques Vanderlinden, un des auteurs francophones qui a le plus écrit sur le pluralisme juridique en tant que tel, fait la description d'une situation qu'il qualifie de pluralisme juridique.

> « Tout individu, sauf exception toujours possible, est, – c'est une constatation qui n'a rien d'original –, le point de rencontre de multiples réseaux sociaux [...]. Tout individu, à moins qu'il ne vive comme le stylite dans le désert [...] se situe au cœur d'un nombre variable de réseaux sociaux, et donc d'ordonnancements juridiques. C'est précisément ce qui constitue le pluralisme juridique, celui-ci pouvant être considéré comme la soumission simultanée d'un individu à une multiplicité d'ordonnancements juridiques. Dès lors, l'expérience nous apprend que le pluralisme est de l'essence même du droit[2]. »

[1] Norbert Rouland, 1988, *Anthropologie juridique, op. cit.*, p. 89.

[2] Jacques Vanderlinden, 1993, « Vers une nouvelle conception du pluralisme juridique », *Revue de la Recherche Juridique - Droit Prostectif*, p. 582.

Norbert Rouland ne se situe pas dans le domaine de la description mais dans celui de la prospective, de la mise en garde contre les éventuels méfaits de la généralisation d'une idéologie pluraliste.

> « Le pluralisme juridique élargit [...] considérablement notre vision du droit et l'on perçoit bien la souplesse que celui-ci y gagne. Mais, appliqué à nos sociétés modernes, n'est-il pas plein de dangers ? [...] Donner libre cours au pluralisme, l'institutionnaliser juridiquement, voir des systèmes juridiques là où il ne s'agit que de coutumes résiduelles ou de crispations identitaires, n'est-ce pas ouvrir la boîte de Pandore ? À trop reconnaître et valoriser les différences, ne risque-t-on pas de détruire les équilibres anciens qui ont nécessité tant de siècles, et de dissoudre les harmonies nouvelles dont nous avons tant besoin ? Beaucoup le pensent[1]. »

Finalement, l'extrait du texte de Robert Vachon aborde l'existence d'un élément négligé, l'approche dialogale, qu'il trouve cependant fondamental pour aborder convenablement, d'un point de vue méthodologique, le thème du pluralisme juridique.

> « On ne connaît bien que ce à quoi et celui en qui l'on croit personnellement dans une foi personnelle et dont on vit soi-même personnellement dans une communion mythique. Or c'est justement cette approche d'expérience personnelle vécue (à ne pas confondre avec l'expérimentation ou l'expérience subjective de terrain) et de communion mythique qui manque dans une grande partie de la recherche anthropologique sur le pluralisme juridique. D'où l'importance de compléter l'approche dialectique par une approche dialogale[2]. »

Une telle illustration de la possible variation des tons en la matière paraît assez significative de « [...] la variété des objets et des contextes de la recherche[3] ». Au fond, aucun de ces trois auteurs ne parle ni du même contexte ni du même phénomène ni du même aspect sous cette expression générique de « pluralisme juridique ».

Des différentes approches possibles sur le pluralisme juridique nous retenons deux catégories fécondes pour les fins du présent ouvrage. Celles qui se centrent sur l'existence de différentes manifestations de la juridicité, et celles qui se centrent sur l'approche du pluralisme juridique à l'échelle de l'individu.

Nous avons pris conscience des difficultés dans la compréhension que posent les postulats dissimulés derrière les réflexions des chercheurs. Ces *a priori* constituent souvent la partie « immergée de l'iceberg » dans le cheminement et les développements intellectuels, partie immergée qui

---

[1] Norbert Rouland, 1991, *Aux confins du droit*, *op. cit.*, p.151.

[2] Robert Vachon, 1990, « L'étude du pluralisme juridique. Une approche diatopique et dialogale », *art. cit.*, p. 170.

[3] Étienne Le Roy, 2003, « Le pluralisme juridique aujourd'hui ou l'enjeu de la juridicité », Éditorial, *Cahiers d'anthropologie du droit 2003*, Paris, Karthala, p. 13.

explique et justifie les différents types de raisonnements. La présentation des contours qui sous-tendent notre propre approche devient désormais une exigence. Les lignes suivantes seront destinées à rendre explicite ce qui était longtemps implicite dans toutes nos considérations autour du pluralisme juridique et qui s'est révélé progressivement au cours de discussions et de confrontations de positions, notamment pendant l'écriture à trois du texte : « Variations sur le pluralisme juridique : au carrefour de trois cheminements » [1]. Ensuite, nous évoquerons les limites d'une approche structurelle qui caractérise souvent les études en la matière.

Le phénomène juridique est présent dans toute société, *ubi societas ibi jus.* Avec la société, il se transforme et se manifeste sous les formes les plus diverses et spécifiques. Ainsi, les sociétés et leurs droits ne cessent d'évoluer. Les croisades, la « découverte » de l'Amérique, les colonisations, les actuels mouvements migratoires, etc. ont fait et font que les sociétés ne deviennent pas culturellement homogènes. Les gens se déplacent avec leurs croyances, leurs mythes, leurs représentations du monde et rencontrent d'autres gens qui ont d'autres croyances, d'autres mythes, d'autres représentations du monde. La conquête de l'Amérique et la colonisation de l'Afrique pour ne citer que ces exemples évoquent, au-delà d'une rencontre d'hommes, une rencontre de mondes. Dans cette optique, le pluralisme juridique tel que nous l'entendons se trouve directement lié à un « pluralisme culturel », dans le sens où il traduit la coexistence de pensées et de formes juridiques, liées à des représentations particulières du monde.

Rappelons la formule de Michel Alliot selon laquelle « Penser le monde c'est penser le droit ». Le Droit reflète une cosmogonie ; ceci implique une hiérarchie de valeurs et des ordonnancements sociaux précis, connus ou pas, partagés ou pas par les autres rationalités juridiques qui coexistent dans un même espace. Le fait que le droit étatique ne reconnaisse pas la pensée juridique et donc les ordres normatifs des peuples indigènes se trouvant sur le territoire d'un État ou, encore, qu'il établisse des limitations, des procédures et des principes aux manifestations juridiques distinctes sans tenir compte du fondement de ces manifestations, révèle soit la négligence de l'altérité juridique, soit la survalorisation du droit étatique comme seul et unique Droit possible et envisageable. Parler de pluralisme juridique passe par la nécessaire émancipation du mythe de la suprématie du droit étatique, c'est-à-dire la possibilité d'aborder sans arrière-pensée hiérarchique les conceptions et les formes juridiques en présence.

De ce fait, le pluralisme juridique est un élément conceptuel qui nous introduit dans une première étape de la compréhension du phénomène juridique. Le concept ouvre la réflexion sur l'existence de plusieurs systèmes juridiques et leur possible coexistence dans un même temps et espace.

[1] Akuavi Adonon, Caroline Plançon, Pauline Versini-Campinchi, 2003, « Variations sur le pluralisme juridique: au carrefour de trois cheminements », *art. cit.*, pp. 65-80.

Malgré son évidence dans le domaine de l'anthropologie juridique ce n'est pas pour autant un acquis pour la discipline juridique. Mais une fois acceptée l'idée de l'existence d'une diversité de régulations sociales comme résultat de plusieurs et différentes rationalités juridiques, le concept permet difficilement d'aller plus loin. Le concept n'est pas assez évocateur pour déceler la dynamique juridique caractéristique de cette coexistence de représentations sur la justice et pour analyser les aspects concrets de la mise en jeu des différents référents juridiques en présence.

La méfiance d'Étienne Le Roy vis-à-vis du concept de pluralisme juridique et quelques réflexions de Jacques Vanderlinden évoquent l'insuffisance méthodologique d'un concept, utile à un certain niveau de la réflexion, niveau qu'il faut désormais dépasser.

Étienne Le Roy relève la permanence du principe unitariste des diverses conceptions sur le pluralisme juridique, et c'est sur ce point qu'il fonde sa critique. Il explique que le principe unitariste se cache derrière la notion d'ordre juridique :

> « Le pluralisme juridique est en effet le pont aux ânes des travaux d'anthropologie du Droit. Ses principaux théoriciens n'ont pu échapper à la notion d'ordre juridique, qui apparaît comme un principe 'ordinal' en fonction duquel toute l'analyse se trouve réorganisée, que ce soit en termes d'unité supérieure par un effet englobant de hiérarchie ou que ce soit par une présentation en contraste et sous l'apparence d'un ou de plusieurs 'contraires'.
>
> Après avoir 'flairé' une difficulté fondamentale et évité de m'y fourvoyer, en renonçant à produire des analyses que je sentais ethnocentriques, au moins sur le terrain africain, j'ai pris conscience de la nécessité d'opérer une rupture épistémologique avec la manière de penser de façon 'unitaire' le pluralisme juridique [...][1]. »

Étienne Le Roy considère que la simple conviction de l'existence d'une pluralité de régulations ne résout pas l'approche unitariste sous-jacente à toute approche dualiste. Il insiste d'ailleurs souvent sur le fait que la pluralité commence à partir de trois.

Jacques Vanderlinden, quant à lui, explique combien la notion de pluralisme juridique est un point de départ ; une fois acquis il amène à d'autres questionnements et demande d'autres approfondissements.

> « [...] le pluralisme est devenu le filtre [...] à travers lequel je m'interroge dès que je rencontre une situation dans laquelle celui que j'appelle désormais un sujet de droit est confronté à un problème juridique. S'agit-il du droit [...] au sens positiviste du terme ? Ou d'un autre, voire d'autres droits ? Dans quelle mesure le choix du sujet existe-t-il et quels sont les facteurs qui le conditionnent tant au plan du droit matériel qu'à celui du for ? Comment et

[1] Étienne Le Roy, 1998, « L'hypothèse du multijuridisme dans un contexte de sortie de modernité », *Théories et émergences du droit : pluralisme, surdétermination et effectivité*, Andrée Lajoie et all. (éd.), Bruxelles, Bruylant/Thémis, pp. 31.

pourquoi le résout-il dans tel ou tel sens ? Démarche complexe certes dont il n'est en tout cas pas question de dégager une règle, voire un précédent, tellement les facteurs en cause sont multiples et divers[1]. »

Pour venir à bout des interrogations que peut susciter la coexistence de systèmes juridiques, il semble donc nécessaire de faire appel à d'autres notions. Étienne Le Roy le souligne dans son éditorial aux *Cahiers d'Anthropologie du droit 2003*, numéro consacré à la réflexion sur les pluralismes juridiques. Il reconnaît s'être penché plutôt sur la question du *pluralisme judiciaire* afin de « continuer à réfléchir aux problèmes posés par la relation qu'entretiennent le Droit et la pluralité[2] ». D'autres notions certes, mais aussi et surtout, d'autres paradigmes.

L'étude du pluralisme juridique évoque effectivement la rencontre des structures, des systèmes juridiques, mais elle peut également se situer dans le champ de l'individu car affirmer le pluralisme du Droit sans affirmer le pluralisme de l'homme signifie aussi tomber dans le monisme. Si dans l'analyse l'individu se trouve au centre de la dynamique juridique, nous pouvons parler de pluralisme juridique « anthropocentré ». La pluralité des identités renvoie nécessairement à une pluralité de valeurs et de référents normatifs. Il semble bien temps de dépasser la vision selon laquelle les individus sont liés à des critères d'appartenance unique dans lesquels ils sont enfermés ; dans le contexte de la dynamique et de la complexité des sociétés contemporaines cela paraît relever plus de la fiction.

Jacques Vanderlinden a abandonné une première approche du pluralisme juridique qu'il posait comme hypothèse de départ dans le cadre d'un essai de synthèse sur le pluralisme juridique, au début des années 1970. Le but était de « grouper un nombre suffisamment grand de phénomènes juridiques bien caractérisés et de distinguer ces phénomènes d'autres phénomènes de la vie du droit[3] ». Il insistait sur la modestie de l'idée d'*hypothèse de départ* et sur le caractère empirique de son approche, sans prétentions philosophiques[4]. La « définition » a été tellement bien accueillie dans le milieu scientifique qu'elle fait partie des définitions du pluralisme juridique reprise par le *Dictionnaire encyclopédique de théorie et de sociologie du droit* dirigé par André-Jean Arnaud. Jacques Vanderlinden peine à la remettre en cause avec la même efficacité. L'auteur avoue, d'ailleurs, ressentir une vive gêne que certains s'y réfèrent encore alors que son point de vue a évolué sur la

---

[1] Jacques Vanderlinden, 2003, « Trente ans de longue marche sur la voie du pluralisme juridique », *Cahiers d'anthropologie du droit 2003*, Paris, Karthala, p. 32.

[2] Étienne Le Roy, 2003, « Le pluralisme juridique aujourd'hui ou l'enjeu de la juridicité », *art. cit.*, p. 8.

[3] Jacques Vanderlinden, 1972, « Le pluralisme juridique. Essai de synthèse », *Le pluralisme juridique*, John Gilissen (éd.), Bruxelles, Université de Bruxelles, p. 19.

[4] Jacques Vanderlinden, 2003, « Trente ans de longue marche sur la voie du pluralisme juridique », *art. cit.*, p. 27.

question. Nous utiliserons ici sa nouvelle conception du pluralisme juridique, c'est-à-dire celle qui le définit comme « la situation dans laquelle un individu peut, dans une situation identique, se voir appliquer des mécanismes juridiques relevant d'ordres juridiques différents[1] ».

Les éléments de reconstruction de sa nouvelle conception du pluralisme juridique proposent de considérer d'abord l'individu, renversant ainsi la pyramide classique qui prend l'État ou la société comme sommets. En considérant l'individu comme le centre où converge une diversité de réseaux sociaux, cette approche met l'accent sur la dimension personnelle du phénomène juridique.

> « Le pluralisme juridique, 'selon Vanderlinden', postule l'existence d'une multiplicité d'ordres normatifs susceptibles de revendiquer la qualification de 'juridiques' et de s'appliquer simultanément au comportement d'un individu. En ce sens, le pluralisme ne s'inscrit pas, comme on a pu le croire et on le pense encore souvent, dans **une** société déterminée. Il se situe essentiellement – et c'est capital – au niveau de l'individu en tant que point de convergence d'ordres qu'il considère comme juridiques et qui sont produits par des sociétés dont, à un titre ou un autre, volontairement ou non, il relève. Il doit, dès lors, être considéré non plus comme un sujet de droit, mais bien un sujet de droit**S**[2]. »

L'auteur même prend sa défense contre les critiques individualistes qu'une telle approche peut susciter. Il admet l'importance de la dimension sociale du phénomène juridique et refuse d'ériger l'individu en unique source du Droit, simplement il constate « la très fréquente [...] insertion de l'individu dans de multiples sociétés et donc dans de multiples ordres juridiques à l'élaboration, au développement et à la mise en œuvre desquels il participe dans des mesures et à des titres divers[3] ».

Relevons ici l'apport méthodologique que ce point de vue fournit à l'analyse comparative. Partant du sujet de droits et non du droit lui-même, la réflexion outrepasse la référence à un ordre juridique de départ, se libérant ainsi de l'occidentalo-centrisme en matière juridique.

> « Ceci permettrait de revenir à une 'anthropo-logie' sociale ou juridique, discipline étudiant l'homme et d'abord l'homme, en tant que centre de réseaux sociaux, ces derniers s'installant au second plan de la réflexion. De même il ne serait plus tellement question de l'individu vivant en société que du sujet de droits inscrivant ses actes au sein des sociétés[4]. »

---

[1] *Idem*, p. 31.

[2] Jacques Vanderlinden, 1998, « L'utopie pluraliste. Solution de demain au problème de certaines minorités ? », *Minorités et organisation de l'État*, Nicolas Levrat (éd.), Bruxelles, Bruylant, pp. 665-666.

[3] *Ibidem*.

[4] Jacques Vanderlinden, 1993, « Vers une nouvelle conception du pluralisme juridique », *art. cit.*, p. 582.

Dans le même sens, Étienne Le Roy reprend Boltanski et Thévenot et développe la théorie du multijuridisme[1].

La notion de multijuridisme présente à notre sens un double intérêt : un intérêt descriptif permettant de mieux observer et décrire la réalité d'un phénomène juridique, et un intérêt théorique et analytique permettant de mieux comprendre le phénomène car le multijuridisme pose les acteurs comme éléments-clef de la production normative. Ainsi, la théorie du multijuridisme est un outil méthodologique qui met en lumière le choix actif de l'acteur lié à une réalisation. La mobilisation et la combinaison stratégique des statuts et des ressources du sujet dans ses multiples appartenances situent la démarche dans une approche qui émane de l'individu, même si elle a vocation à dépasser ces « limites en tentant de prendre en considération le plus grand nombre possible de facteurs et non les seules motivations des acteurs[2] », afin d'éclairer le grand jeu social et donc le jeu de la juridicité.

Une problématique classique de pluralisme juridique porte sur les visions du juridique en présence, leurs contradictions, leurs différences normatives et culturelles et les fondements mêmes du concept Droit, tandis que cette l'approche anthropocentrée du pluralisme juridique se tourne, elle, vers l'individu et ses multiples appartenances. Les acteurs disposent d'un portefeuille de statuts, d'une pluralité de référents et de valeurs et les mettent en œuvre juridiquement parlant. Avec leurs ressources, leurs stratégies et leur instrumentalisation des référents juridiques, les acteurs se trouvent au centre de l'analyse.

Nous adhérons pleinement à ces perspectives et les trouvons fort suggestives pour l'étude des phénomènes juridiques. Néanmoins, dans la mesure où notre enquête de terrain n'a pas privilégié l'échange avec les parties directement impliquées dans un conflit – par rapport à leur choix ou leur sentiment sur la décision prise - les outils privilégiant l'individu n'ont pas vocation à éclairer notre objet d'étude centré davantage sur l'analyse du processus du règlement des conflits en tant que tel. Notre approche ne s'intéresse que tangentiellement au « décorticage » des stratégies individuelles et à la mise en mouvement des multiples appartenances dans la production et la reproduction du Droit.

Ainsi, il semble important d'explorer une approche que nous considérons intermédiaire entre l'étude des structures juridiques et celle de l'individu. Le paradigme de l'entre-deux se présente, d'une part, comme une dynamique entre les structures et les individus et, de l'autre, comme une dynamique qui

[1] Étienne Le Roy, 1998, « L'hypothèse du multijuridisme dans un contexte de sortie de modernité », *art. cit.*, p. 36.

[2] Étienne Le Roy, 1999, *Le jeu des lois. Une anthropologie « dynamique » du droit, op. cit.*, p. 49.

rend compte du mouvement intra structurel et intra référentiel à travers la pratique des acteurs.

Le paradigme de l'entre-deux ou la dynamique des systèmes juridiques en mouvement

François Ost et Michel van de Kerchove ont amplement réfléchi à la question du paradigme de l'entre-deux. Les auteurs retracent l'évolution de la notion d'entre-deux au cours de leurs travaux et expliquent comment elle prend forme progressivement. Des formulations telles que *Le système juridique entre ordre et désordre*[1], par exemple, posent d'emblée un certain nombre de questionnements qui annoncent déjà, selon eux, la richesse et la complexité de cet espace.

> « Qu'est-ce donc qui, obstinément, se faisait entendre dans cet entre-deux ? Quel principe travaillait cette faille, qui est aussi une liaison ?
>
> Poser A, poser B, tracer ensuite entre A et B une troisième voie (laquelle ? est-elle vraiment tierce ?) est-ce seulement une facilité de plume, une commodité d'expression, une clause de style théorique ? [...]
>
> Et si, pourtant, la troisième voie signifiait plus ? Et surtout autre chose, que le 'juste milieu' ? Plus et autre chose que la simple compensation des extrêmes ? Et si elle connotait un principe dynamique, plutôt qu'une immanence statique ? Une créativité audacieuse plutôt qu'une modération médiocre ? Et si, non contente de passer entre les deux pôles opposés, la ligne de partage se frayait un chemin au cœur de chacun de ces pôles considérés en eux-mêmes, les entraînant dans un mouvement bien plus complexe qu'il ne paraissait en première analyse[2] ? »

Les auteurs dégagent quatre significations des termes composés des préfixes ***entre***, ***inter***, ***dia*** qui vont bien au-delà d'une simple idée de médiane. Il semble pertinent de s'y référer pour commencer à envisager la richesse des possibilités et donc la complexité d'un espace entre-deux, entre mondes, entre « tradition » et « modernité », entre « coutume » et « droit posé », écriture et oralité...

Une première signification serait la plus proche de l'idée de séparation, la plus commune mais aussi la moins riche car elle met en relief la statique et la médiane d'une situation (*interligne)*. Les auteurs insistent sur le fait que cette signification suggère l'idée d'une simple moyenne, à égale distance de deux extrêmes. Cependant, ils relèvent une acception de liaison qui tout en marquant une pause, assure la transition (*interlude*). La seconde signification évoque l'aspect interactif, l'action réciproque d'un élément sur l'autre, cette

---

[1] François Ost et Michel Van de Kerchove, 1988, *Le système juridique entre ordre et désordre*, Paris, PUF.

[2] François Ost et Michel Van de Kerchove, 1992, *Le Droit ou les paradoxes du jeu*, Paris, PUF, coll. Les voies du droit, pp. 50-51.

acception introduit le mouvement dans la situation (*interaction, entrelacement, entrecroisement*). La troisième signification identifiée par Ost et van de Kerchove met l'accent sur la médiation en vue du rapprochement, la mise en contact de personnes, de choses ou de situations (*intermédiaire, intervention, interprétation*). La quatrième signification, que les auteurs considèrent la plus riche, évoque la permutation, l'échange de position, le passage d'un extrême à l'autre (*interversion, interlocution, dialogue*[1]). De cet *exercice philologique*, François Ost et Michel van de Kerchove concluent :

> « [N]otre 'chemin' entre A et B est tout [...] sauf une paisible troisième voie. Voilà que cet intervalle qui sépare est aussi celui qui rapproche, voilà que les éléments distingués pourraient bien entrer en interaction ; voilà que des médiations les font entrer en résonance ; voilà que des interversions s'observent, bousculant le sens de leurs rapports. Où se devine que l'un pourrait conduire à l'autre (dialectique), mieux encore : que l'un, d'une certaine façon, est l'autre (paradoxe). Le chemin de l'entre-deux ne sera donc ni celui qui conduit à l'un, ni celui qui conduit à l'autre, comme s'il était possible de se fixer dans le confort d'une position. Pas plus ne doit-il être compris, selon l'image classique [...] comme le mouvement successif et sempiternel qui conduit à l'un puis à l'autre. Pas plus encore n'est-il tracé selon une moyenne arithmétique à égale distance de l'un et de l'autre [...]. L'espace de l'entre-deux, [...] ne se réduit à aucune d'elles, dès lors que les pôles distingués entrent en interaction et nouent des rapports paradoxaux d'engendrement réciproque.
>
> Un espace complexe se laisse alors deviner, marqué par le mouvement et une sorte de 'loi de relativité' généralisée où extrêmes et milieu s'enchevêtrent, où intérieur et extérieur, dedans et dehors s'interpénètrent. C'est que, peut-être, l''entre-deux' est d'abord et surtout un 'entre-un', comme si l'intervalle se creusait d'abord et surtout au sein de chaque élément distingué[2]. »

Ces réflexions posent le champ sémantique qui va nous permettre de commencer à approfondir les concepts plus aptes à rendre compte d'une dynamique juridique intra structurelle et intra référentielle. Parlons de métissage juridique et d'interlégalité.

Il a fallu un long travail de questionnements et d'interrogations introspectives pour rendre explicite le rejet implicite que nous portions à la notion de métissage juridique. S'il s'agit bien de nuances sémantiques, ces nuances masquent néanmoins un certain nombre d'implications qui nous obligent à développer les réserves que nous inspire une telle notion.

D'après le dictionnaire Robert, le métissage est défini en termes de croisement, de mélange de races. Métis du latin *mixtus*, évoque le mélange qui est issu du croisement de races de variétés différentes de la même

---

[1] *Idem*, pp. 60-61.
[2] *Idem*, pp. 61-62.

espèce, sang-mêlé ; ce terme renvoie au terme hybride. Nous pouvons identifier deux sens. Dans un premier sens le métissage fait référence à ce qui provient du croisement de variétés, de races, d'espèces différentes. Dans un deuxième sens, le métissage implique la composition à partir d'éléments disparates. Qu'il s'agisse du terme *métis* – plus associé aux races, mélanges biologiques – ou du terme *hybride*, l'expression antinomique est celle de pureté. Dans le domaine du culturel et du juridique, qui est le nôtre, le terme semble pour le moins ambigu. Parler d'une catégorie qui puisse être considérée juridiquement pure semble poser un certain nombre de difficultés, de la même manière qu'envisager une troisième voie comme synthèse différenciée des éléments de départ.

La pureté, comme la vérité juridique d'ailleurs, relève davantage de l'argumentation axiologique, elles ne sont pas démontrables et ne peuvent être posées que discrétionnairement. Ainsi, nous pouvons parler tout au plus de tendance dominante ou de logique dominante car chaque système juridique est, en ce qui le concerne, le résultat de multiples influences.

Dans le cas du Mexique, comme ailleurs, le droit étatique est déjà le résultat d'influences multiples. Le régime colonial à lui seul embrassait des vestiges de la pensée juridique précoloniale, du droit canonique, de la conception juridique du Moyen Âge ibérique, etc., chacun étant lui-même composite. À cela viennent s'ajouter les influences de la pensée civiliste, la « raison écrite » traduite par le Code Napoléon et les conceptions anglo-américaines réunies dans la Constitution de Philadelphie, pour n'aborder que celles-là.

Un des premiers éclairages de l'enquête de terrain à notre problématique fut la mise en cause d'une prétendue oppositiont du « droit étatique » et du « droit indigène ». Les institutions étatiques sont en effet présentes dans les villages (Tribunal municipal pour les villages de l'État du Oaxaca, Tribunal de Paix et de Conciliation Indigène pour ceux de l'État du Chiapas) mais leur fonctionnement est imprégné de ce que les populations appellent leur coutume. Les juges, élus en assemblée populaire, incarnent également la fonction d'« Autorités traditionnelles » du village. Dans le cadre de notre étude, nous n'avons pas détecté l'existence de systèmes parallèles de gouvernement ou de justice. Ce sont généralement les mêmes personnes qui regroupent le statut de fonctionnaire d'État et celui d'Autorité villageoise, par conséquent la ligne de démarcation entre ce qui est étatique ou indigène se dilue dans les faits. Ceci explique que les structures étatiques ne soient pas complètement vécues comme une imposition dans notre terrain d'étude, en nous gardant de bien signaler la délimitation spatiale et temporelle de nos affirmations. Les structures étatiques telles que les tribunaux sont imposées mais leur fonctionnement est tout à fait façonné par la pratique des acteurs. Les acteurs sont ceux qui font vivre les institutions qu'elles soient étatiques ou villageoises.

Les réflexions concernant la non-pertinence d'une approche en termes de droit étatique face à un droit indigène peuvent s'élargir également aux notions de tradition et de modernité. Ces catégories se construisent par oppositions et réduisent la complexité de la pratique des acteurs en l'enfermant dans des cadres englobants et caricaturaux. L'impossibilité de prétendre une quelconque pureté des catégories juridiques pose une première limite conceptuelle à l'expression de métissage juridique, le métissage comme résultat d'une fusion indifférenciée d'éléments en pose une deuxième.

Le métissage évoque la notion de synthèse, la création d'une troisième voie « à égale distance des deux extrêmes ». Cependant, il n'y a pas dans notre étude de troisième référent juridique qui soit en cause, nourri de deux référents distincts, indépendants et aux caractéristiques figées. La dynamique qui est en cause se construit en même temps que s'élaborent les catégories conceptuelles dont elle s'abreuve. Il y a donc une constitution mutuelle et synchronique de la dynamique juridique et des catégories identifiées comme « étatiques » ou « indigènes ».

La difficulté qui se pose pour saisir la structure en mouvement se produit principalement par le changement de registre, le passage du domaine épistémique au domaine empirique et les va-et-vient qui en résultent pour le chercheur voulant appréhender conceptuellement le mouvement. La nuance conceptuelle se traduit par le rapprochement du concept à une catégorie plutôt structuraliste ou son rapprochement à une réalité, vraisemblablement complexe et dynamique. De notre point de vue, le concept de métissage semble plus proche de l'analyse structurale, qui constitue certes le point de départ de la compréhension du phénomène mais qui doit être dépassé. En effet, dans le domaine de la pratique des acteurs la question ne se pose pas en termes de troisième voie, mais en termes d'une construction permanente, d'un processus. Il n'est donc pas possible d'établir une distinction nette et de séparer des catégories structurelles telles que « droit étatique » et « droit indigène » ou « pratiques juridiques de la modernité » face à des « pratiques juridiques traditionnelles ». Le phénomène juridique se configure dans une dynamique de construction permanente, un processus qui, tantôt se rapproche de certains référents tantôt s'en éloigne, empêchant de caractériser le phénomène comme le résultat, la synthèse d'éléments dialectiques. Ceci appauvrit l'utilité conceptuelle de la notion « métissage juridique ».

Si Étienne Le Roy utilise cette notion de métissage juridique, il se garde bien d'en parler comme d'une troisième voie ou de l'aborder comme une synthèse d'éléments dialectiques. Il insiste bien sur le fait que les logiques de la modernité et celles de la tradition se « conjuguent » dans la pratique des acteurs, les situant à la fois dans l'une « et » dans l'autre[1]. Néanmoins, il

---

[1] Voir Étienne le Roy, 1999, *Le jeu des lois…, op. cit.*, et 2004, *Les Africains et l'institution de la justice…, op. cit.*

nous semble que la notion ait plus un intérêt imagé qu'une véritable utilité conceptuelle en ce qui concerne notre terrain d'étude. Et si nous reconnaissons l'intérêt théorique de la notion à partir de certains travaux de terrain, nous préférons expliciter nos distances du moment où nous considérons que tout phénomène juridique, social, culturel, etc., est, à la base, le résultat de multiples métissages. Explorons maintenant un autre champ conceptuel qui semble, lui, dépasser plus clairement l'idée de synthèse ou de troisième voie.

Dans son texte « Droit : une carte de la lecture déformée. Pour une conception post-moderne du droit », qui a été très heuristique pour nos recherches, Boaventura de Sousa Santos développe le thème de l'interlégalité et arrive aux réflexions suivantes :

> « L'interlégalité est la contrepartie phénoménologique de la pluralité juridique, ce qui fait qu'elle est le deuxième concept-clé d'une conception post-moderne du droit. L'interlégalité est un processus dynamique parce que les espaces juridiques ne sont pas synchroniques, ce qui aboutit à des mélanges irréguliers et instables de codes juridiques (au sens sémiotique)[1]. »

De Sousa Santos parle de légalité locale, nationale et mondiale et attribue à chaque espace juridique une échelle de représentation différente. Il reprend le système des échelles géographiques, allant d'une grande échelle à une petite échelle en passant par l'échelle moyenne qui serait celle de la légalité nationale. La légalité à grande échelle se caractériserait, dit-il, par la richesse des détails et des particularités, par la description nette des comportements et attitudes contextualisés dans leur cadre immédiat. S'appliquant aux conflits de travail, relations familiales, contrats, délits, etc., ce type de légalité favorise un modèle de régulation basé sur la représentation et la position, contrairement à la légalité à petite échelle, faible en détails et schématisant le comportement par des types généraux d'action. Étant plus sensible aux distinctions entre le tout et la partie, la petite échelle favorise un modèle de régulation basé sur l'orientation et le mouvement. La situation d'interlégalité implique donc pour l'auteur une situation où la légalité des différentes échelles s'entrecroise[2].

Si de Sousa Santos accorde une grande importance à la pratique des acteurs, il semble que l'aspect interculturel, les différentes visions du monde et de la justice ne soient pas un axe privilégié de sa réflexion, ni du concept même d'interlégalité. Cependant, le terme inspire et ouvre une riche réflexion dans le domaine[3].

---

[1] Boaventura de Sousa Santos, 1988, « Droit : une carte de la lecture déformée. Pour une conception post-moderne du droit », *Droit et Société*, n° 10, p. 382.

[2] *Idem*, p. 371-375.

[3] Voir Mª Teresa Sierra (ed.), 2004, *Haciendo Justicia. Interlegalidad, Derecho y Género en Regiones Indígenas*, México, CIESAS – Miguel Angel Porrúa. Il s'agit d'un des premiers travaux d'une abondante littérature en Amérique latine qui explore ce concept.

Parmi les contributions à l'ouvrage *Haciendo Justicia. Interlegalidad, Derecho y Género en Regiones Indígenas*, celle de Jane Collier attire plus particulièrement notre attention par la proximité avec notre propre recherche. Trente ans après ses recherches sur la justice et le changement social dans le village de Zinacantán, vers la fin des années 1960, Jane Collier retourne sur le terrain et utilise l'outil conceptuel de l'interlégalité pour observer les changements et les permanences dans les procédures légales à Zinacantán : « Cambio y continuidad en los procedimientos legales Zinacantecos ».

Jane Collier identifie les trois échelles de la légalité, échelles au sens géographique, dont parle de Sousa Santos. La plus petite échelle, dit-elle, correspond aux droits de l'homme, car la légalité des droits de l'homme s'occupe plus d'un individu abstraitement conçu que des êtres humains en chair et en os qui ont une nationalité, une famille, une réputation, un travail, etc. À cette échelle, la régulation se centre sur les institutions telles que l'armée, la police, les paramilitaires et les fonctionnaires de l'État susceptibles de violer les droits des individus. L'échelle moyenne est représentée par le droit de l'État mexicain qui met en relief les entités administratives légalement reconnues (communes, hameaux) et les organisations comme les partis politiques, coopératives, etc. Cette échelle fait également état des fonctions étatiques comme la fonction du maire ou du juge. Finalement, la plus grande échelle concerne le niveau de ce que l'auteur appelle la « carte légale de Zinacantán » où les formations politiques et résidentielles autour des personnages importants sont mises en jeu pour régler les conflits. C'est la relation qui existe entre les parties en conflit et lesdits personnages qui est mise en avant pour essayer d'apporter la solution la plus pertinente au conflit. Une bonne solution doit donc tenir compte des liens politiques, résidentiels et de parenté, entre les parties d'un côté et entre les parties et les personnalités du village de l'autre[1].

De ce point de vue, l'échelle est déterminée par le type d'acteur qui se trouve au centre de la dynamique du niveau légal et par la prise en compte de l'individu au cœur de ses relations concrètes, ou de l'individu en tant que notion abstraite du droit. Ainsi, pour Jane Collier, chaque fois que dans le règlement d'un conflit l'aspect relationnel de la personne est mis en avant, c'est la grande échelle de la « carte légale de Zinacantán » qui est mise en jeu. S'il s'agit des droits et des obligations du sujet abstrait qui sont mis en avant, alors, c'est l'échelle de la « carte légale du droit positif mexicain » qui est en cause. Jane Collier caractérise donc l'interlégalité par la combinaison de ces deux registres dans le règlement des conflits : l'individu au centre de ses relations et l'individu en tant que sujet abstrait[2].

---

[1] Jane F. Collier, 2004, « Cambio y continuidad en los procedimientos legales zinacantecos », *Haciendo Justicia. Interlegalidad, Derecho y Género en Regiones Indígenas*, Mª Teresa Sierra (ed.), México, CIESAS – Miguel Angel Porrúa, p. 92.
[2] *Idem*, pp. 94-96.

En ce qui concerne la sphère de la petite échelle de la légalité qui correspond dans ce cas aux droits de l'homme, l'auteur précise qu'elle n'a pas vraiment trouvé une présence de ce référent, et encore plus, elle observe une réticence vis-à-vis du discours des droits de l'homme.

Quant au concept même d'interlégalité, nous adhérons aux doutes terminologiques exprimés par Étienne Le Roy. En effet, c'est dans le cadre d'une référence à la loi que la légalité fait sens, or loi et légalité caractérisent fondamentalement la science occidentale et moderne du droit[1]. L'utilisation du concept dans un contexte de diversité culturelle enrichit la réflexion, comme le montre le texte de Collier ; cependant elle met également en évidence ses limites concernant la compréhension des logiques qui sous-tendent une configuration particulière des pratiques juridiques. Les manifestations tendront à être rapportées, d'une manière ou d'une autre, à ce référent étatique. Ainsi, Jane F. Collier rencontre des difficultés pour expliquer la permanence d'un système conciliatoire de règlement des conflits qui, malgré les prédictions qu'elle avait faites à la fin de son premier travail de terrain[2], continue à être appliqué. Elle exprime sa surprise face aux faibles transformations subies par le processus du règlement des conflits après trente ans d'importants changements politiques et économiques dans le village de Zinacantán et dans la région, et après l'influence des processus économiques qui avaient introduit une division sociale par classes remplaçant la stratification sociale antérieure, en classes d'âges, etc. Elle parle de façon très marginale et rapide de ce qu'elle appelle une certaine « inertie culturelle ». De son point de vue, c'est la conjoncture des événements récents de violence et de confrontation dans la région – résultat de la rébellion zapatiste – qui explique la valorisation que les Autorités villageoises font de la conciliation et du « règlement pacifique » des différends privés[3]. À notre sens, la permanence d'un règlement conciliatoire des différends ne s'explique ni par la volonté de freiner une quelconque conjoncture de violence généralisée, ni par une « inertie culturelle », mais par le fait que le règlement conciliatoire constitue à notre avis, le fondement même de la conception de la justice dans les villages indigènes étudiés.

Certes, les concepts de métissage juridique et d'interlégalité font partie d'un champ sémantique qui souligne la complexité d'espaces, de pratiques et de référents juridiques de l'entre-deux, entre mondes. Ces concepts tentent de rendre compte de la dynamique des structures juridiques, pour ainsi dire,

---

[1] Étienne Le Roy, 1998, « L'hypothèse du multijuridisme dans un contexte de sortie de modernité », *art. cit.*, pp. 35-36.

[2] Dans la conclusion au texte où Jane F. Collier analyse les données du travail de terrain effectué entre 1997 et 1998, l'auteur commence par dire : « Je ne prétends pas prédire le futur, surtout après m'être trompée sur le fait que les procédures conciliatoires seraient abandonnées à Zinacantán. », Jane F. Collier, 2004, « Cambio y continuidad en los procedimientos legales zinacantecos », *art. cit.*, p. 111.

[3] *Idem*, p. 58-61.

dans le jeu des rencontres, influences mutuelles, redéfinitions, et en cela ils sont utiles. Cependant, il s'agit de concepts qui ne semblent pas satisfaire à l'exigence analytique du phénomène juridique en question. Nous ne leur reprochons pas d'échouer à appréhender le phénomène dans son intégralité, mais de ne pas y apporter un « éclairage interculturel ». Dans cette mesure l'exploration du terme de porosité juridique, paraît ouvrir un champ conceptuel plus adapté à l'analyse d'une phénoménologie de l'entre-deux.

Porosité juridique et endogénéité

Le phénomène juridique ainsi que la vie quotidienne des villages indigènes des hautes terres du Chiapas évoluent dans une complexité qui n'est pas due uniquement à l'affrontement entre une vision hégémonique et une vision subordonnée, marginalisée de l'organisation sociale et de sa régulation. Il s'agit, aussi, de la frontière sud du Mexique avec toutes les tensions et réalités d'un contexte propre au trafic d'armes, de drogue, de migrations. Une zone militarisée qui confronte également l'armée - dans une guerre de basse intensité - à la rébellion la plus importante de l'histoire récente du Mexique : la rébellion zapatiste. La lutte zapatiste est un élément qui s'ajoute à la complexité de la situation. C'est un contexte où le pouvoir politique à différents niveaux, les résistances et les constructions identitaires, les impératifs d'une mondialisation économique, et les stratégies de survie sont en jeu, au-delà des différentes visions sur la justice. Ce qui nous semble important, c'est de voir comment toutes ces influences, réappropriations et changements se traduisent dans le domaine juridique. Et c'est dans cette mesure que la porosité juridique, expression que nous empruntons à Boaventura de Souza Santos, se présente comme une notion qui se charge de sens.

> « Nous vivons dans un temps de légalité poreuse ou de porosité juridique, où de multiples réseaux d'ordres juridiques nous forcent constamment à des transitions ou à des empiétements. Notre vie juridique se caractérise par le croisement de différents ordres juridiques [...][1]. »

L'auteur lusophone utilise l'expression sans la différencier vraiment de l'interlégalité. Il y associe donc une imbrication de différentes échelles juridiques, à savoir, l'échelle locale, l'échelle nationale et l'échelle internationale, mais ceci dans le domaine de l'ordre juridique occidental moderne, bien représenté par la figure géométrique de la pyramide.

Si le croisement de ces différentes échelles dans l'analyse des phénomènes juridiques nous semble un champ fécond, la prise en compte explicite des différentes visions de la juridicité, paraît apporter un éclairage

---

[1] Boaventura de Sousa Santos, 1988, « Droit : une carte de la lecture déformée. Pour une conception post-moderne du droit », *art. cit.*, p. 382.

supplémentaire. En évoquant la perméabilité, les points de contact et de passage permettant les échanges et les influences, la porosité juridique ouvre un champ d'analyse qui permet de décortiquer, de caractériser les « points de rencontre » des différentes logiques juridiques en présence. Il s'agit d'un processus qui trouve son origine à l'intérieur même des villages et qui se configure selon les particularités de la collectivité en question. Ainsi s'expliquent les différences observées entre San Juan Chamula et Zinacantán. Parler de porosité permet également de mettre l'accent sur le « caractère endogène » du phénomène de prise en charge du différend. Caractère endogène qui ne signifie pas un repli autarcique sur soi ; bien au contraire, il s'agit d'un système ouvert où les acteurs s'adaptent au temps présent par la maîtrise de la réalité proche et de celle du contexte environnant. Endogène parce que l'adoption d'un référent juridique implique son adaptation à la nouvelle réalité contextuelle, au nouvel *ethos* communautaire.

Après avoir précisé en quoi la porosité juridique, telle que nous l'entendons, renvoie à un champ conceptuel quelque peu différent de celui développé par Boaventura de Sousa Santos, l'analyse de cette porosité au regard de notre travail de terrain s'impose. Nous commencerons par aborder les réappropriations au niveau des dispositifs institutionnels ; ensuite, nous aborderons l'enchevêtrement des référents normatifs et des modèles de conduite et de comportement dans cette dynamique poreuse du Droit.

La porosité institutionnelle

Nos observations de terrain ont révélé que les pratiques des acteurs se situent dans un contexte de référents institutionnels multiples apparentés à différentes rationalités juridiques, un contexte d'entre-deux. À partir des pratiques des acteurs la ligne de démarcation entre les référents qui sont considérés propres et ceux qui sont considérés étrangers se configure. De la même manière, dans la mesure où il y a multiplicité de référents, les acteurs les mettent en jeu et les articulent ouvrant ainsi la porte à des configurations originales. Afin d'illustrer les configurations spécifiques dues à la perméabilité du phénomène juridique, nous évoquerons la double inscription du Tribunal de Paix et de Conciliation indigène et celle du juge. Les différences observables d'un village à l'autre mettent en évidence des processus endogènes. En effet, l'appropriation spécifique des référents en présence stabilise le rôle que l'institution joue à l'intérieur de chaque village.

Le Tribunal de Paix et de Conciliation indigène (TPCI) s'inscrit dans deux logiques institutionnelles à la fois : celles du Tribunal suprême de justice, du pouvoir judiciaire de l'État du Chiapas, d'un côté, et celle de l'espace conciliatoire de l'oralité juridique où n'importe quel lieu peut s'ériger spontanément en forum conciliatoire, de l'autre côté. Il présente clairement une porosité relevant du croisement de ces référents institutionnels.

D'une part, les TPCI sont rattachés institutionnellement au pouvoir judiciaire de l'État du Chiapas et s'inscrivent dans cette logique. À San Juan Chamula comme à Zinacantán le TPCI fonctionne avec un secrétaire-greffier (avocat de formation nommé par le Tribunal suprême de justice de l'État du Chiapas). Il doit donner son avis sur les situations qui se présentent en tant qu'« homme de lois » et veiller à ce que la procédure suive les normes du droit étatique. Il tient un livre, *libro de gobierno*, oú figure l'activité du tribunal et, mensuellement, il transmet au Tribunal suprême de justice de l'État du Chiapas une liste des litiges.

D'autre part, les TPCI s'inscrivent dans la logique du règlement conciliatoire des conflits. Les Autorités villageoises prennent en charge son fonctionnement et le déroulement des audiences. L'action du secrétaire-greffier se trouve très limitée dans la pratique, il ne peut que donner son avis et le justifier juridiquement ; même pour les situations les plus délicates, il n'a ni le pouvoir ni l'autorité pour s'opposer à une éventuelle décision du juge, décision qui est supposée être conforme aux traditions et donc représenter l'ensemble des intérêts du village. Les TPCI sont investis par les acteurs locaux, ils sont perçus par les habitants comme une instance « indigène » de règlement des conflits, et, de la même manière, comme une instance judiciaire rattachée au pouvoir judiciaire de l'État du Chiapas. Placé à la base de l'appareillage judiciaire étatique, hiérarchiquement inférieurs aux Tribunaux d'Instance, et au sommet des instances villageoises de règlement des conflits, le TPCI constitue un « espace » à la frontière entre ce qu'on pourrait appeler différentes manières de concevoir la prise en charge des différends.

Cette première dimension qui correspond aux croisements des deux référents institutionnels, nous mène à une deuxième dimension de la porosité, dimension dans laquelle intervient le caractère endogène du phénomène car les croisements aboutissent à des configurations particulières pour chaque village. La réappropriation du Tribunal de Paix et de Conciliation Indigène reste teintée par le contexte particulier dans lequel cette institution se développe. Nous constatons en effet un rôle spécifique de chacun des deux tribunaux à l'intérieur du village, situation qui explique également la prééminence des réconciliations au tribunal de Zinacantán et celle des séparations au tribunal de San Juan Chamula.

La perception que les habitants se font de l'institution et des fonctionnaires est très différente d'une municipalité à l'autre. Ni le fonctionnement, ni la fonction même de l'institution, ne semblent identiques dans les deux villages étudiés. L'observation du fonctionnement des tribunaux révèle une différence au-delà de simples formalités. Chaque tribunal joue un rôle distinct dans la régulation sociale et juridique de la sphère interne de chaque municipalité. Ainsi, le Tribunal de Paix et de

Conciliation Indigène de Zinacantán semble vraiment concentrer les structures de règlement des conflits à l'intérieur du village. Nous avions déjà fait mention de ce balancement progressif du « centre de gravité » dans la fonction conciliatoire qui passe du maire au juge. En revanche, à San Juan Chamula, l'instance du tribunal ne monopolise pas la fonction du règlement conciliatoire des conflits : au mieux, le tribunal partage la fonction avec la mairie et la réunion dominicale des Autorités. C'est cependant autour du maire que la fonction conciliatoire gravite. Dans aucun des deux villages, la fonction du règlement ne se concentre vraiment autour de la famille ou des personnes avec un certain prestige social, leur rôle respectif étant de moins en moins important[1].

Durant la période observée, le Tribunal de Zinacantán a eu une activité intense : trois à quatre audiences par jour, la plupart d'entre elles étaient des affaires familiales et commerciales. C'est une instance où les jeunes couples reçoivent des conseils concernant les responsabilités familiales et la valeur de l'entraide dans le couple ; une instance où les femmes reçoivent souvent le soutien des Autorités et de leurs parents proches, pour rappeler à l'ordre des compagnons peu responsables, agressifs ou qui abusent de l'alcool. Les récidivistes sont traités plus sévèrement et peut être enfermés pour quelques heures et les engagements deviennent chaque fois plus précis[2].

En ce qui concerne le Tribunal de San Juan Chamula, la situation est différente. Le tribunal a une faible activité en matière d'audiences conciliatoires en général, familiales en particulier, et s'occupe principalement des affaires pénales. Concernant les affaires familiales et, plus particulièrement, le règlement des conflits conjugaux, la fonction du tribunal semble se limiter davantage à la ratification ou à la formalisation des accords pris à la mairie, devant le maire et le reste des Autorités. D'après le juge de paix de San Juan Chamula, environ dix pour cent des différends conjugaux qui se présentent à la mairie sont, par la suite, formalisés au

---

[1] Ceci s'explique parce que le rôle de la famille, celui des personnages importants du village, de même que la notion de communauté villageoise se diluent de plus en plus dans ce type de sociétés en transition, profondément divisées par les questions politiques et religieuses et confrontées aux valeurs d'une société de consommation qui fournit les nouveaux repères pour un certain nombre de jeunes.

[2] Dans les cas de récidive, le discours plus général vis-à-vis des responsabilités familiales, du bon comportement, etc., se transforme en délai concret pour trouver un travail, arrêter de boire ou construire une maison. L'extrait suivant d'un constat d'accord, illustre cette situation : Z12 : « M. JPP a un délai de 90 jours pour réfléchir, trouver un travail et faire ce qui a été décidé d'après les accords suivants :

Premier : M. JPP s'engage à trouver un travail dans un délai de 90 jours.

Deuxième : Si M. JPP se présente chez lui en état d'ivresse pendant le délai des 90 jours, il sera emmené au centre de réhabilitation [...].

Septième : M. JPP s'engage à se présenter avec sa famille devant cette Autorité une fois le délai arrivé à terme pour une solution définitive.

Huitième : Mme. MSV est d'accord sur une réconciliation si son compagnon agit conformément aux accords précédents [...] (Constat d'accord). »

tribunal par la rédaction d'un constat d'accord[1]. S'agissant des crimes, la pression étatique a été très importante, mais dans le cas de San Juan Chamula, la résistance est importante et le règlement de ce type d'affaires s'impose toujours dans le « ventre du village ». C'est là qu'intervient le juge du Tribunal de Paix et de Conciliation indigène qui, avec l'aide du secrétaire-greffier, s'occupe des crimes et fait en sorte que les affaires ne dépassent pas la sphère du village, utilisant de manière stratégique le cadre institutionnel étatique ou, selon le cas, le discours du respect de la tradition. Tandis que le tribunal de Zinacantán semble s'être désintéressé du traitement des affaires pénales dans la sphère du village, pour l'orienter vers les instances extérieures, le village de San Juan Chamula a fait du tribunal une instance spécialisée pour garder l'emprise sur ce type d'affaires. Même si quelques affaires familiales sont portées devant le tribunal de Chamula, il sera le plus souvent question de consigner des séparations, une autre différence avec le tribunal de Zinacantán où sont plutôt traitées des réconciliations.

De manière générale nous pouvons identifier comment le type d'affaires familiales le plus fréquemment soumis diffère d'un Tribunal de Paix et de Conciliation indigène à l'autre. En ce qui concerne le tribunal de Zinacantán, les réconciliations conjugales prédominent largement, non seulement par rapport au reste des plaintes familiales mais, en général, par rapport à l'ensemble des plaintes portées devant cette juridiction. Pour ce qui est du tribunal de San Juan Chamula, la séparation conjugale et la demande de pensions alimentaires sont les affaires en matière familiale qui se présentent le plus fréquemment. D'après notre observation de terrain, cette divergence s'explique par la manière dont chaque village s'est réapproprié l'institution du Tribunal de Paix et de Conciliation indigène. À Zinacantán le tribunal est perçu comme une instance conciliatoire et il est donc saisi pour les réconciliations conjugales alors qu'à San Juan Chamula, le tribunal est plus associé aux « affaires juridiques[2] », questions pénales, de procédure, attestations (de concubinage par exemple), et il est davantage saisi pour faire état des séparations consommées. Le rôle accordé au Tribunal de Paix et de Conciliation indigène semble donc déterminer le type d'affaire qui s'y présente.

La diversité dans l'appropriation de l'institution met en évidence, dans le cas de San Juan Chamula, une dissociation entre la fonction du tribunal et la fonction conciliatoire qui est caractéristique du règlement des différends dans les villages indigènes, tandis que dans le village de Zinacantán, la fonction conciliatoire est, elle, associée à l'institution du tribunal. Passons

[1] Lors d'un entretien le 26 octobre 2002.

[2] C'est l'expression utilisée par nos interlocuteurs de San Juan Chamula, *asuntos jurídicos*, pour faire référence aux affaires pénales, de procédure, etc. Les réconciliations conjugales n'entrent pas dans cette catégorie.

maintenant à l'analyse de la fonction du juge de paix comme tierce personne impartiale et devant trancher face à celle du « lieur » ayant comme fonction le rétablissement du lien social, pour mettre au clair les éventuelles dissociations ou associations de fonctions.

Dans le contexte d'une justice négociée comme celui des villages indigènes étudiés, la fonction de rétablir les liens sociaux entre les parties en conflit est primordiale et non l'imposition d'une décision ou d'une sanction par un tiers, caractéristique de la justice imposée. Le domaine de la justice est ainsi lié à la notion d'équilibre et d'entente entre les hommes[1]. Dans ce sens, le thème de la justice n'est pas uniquement l'affaire du juge mais de l'ensemble des Autorités et comme du village. Les réflexions d'Henri Legré Okou, bien qu'elles se réfèrent au contexte africain, illustrent l'enjeu social que constituent le conflit et la fonction du lieur, réflexions que nous transposons aux villages indigènes étudiés.

> « Le juge à travers le rituel judiciaire renvoie aux parties, aux composantes de la famille, à l'image des fondements, celle du temps primordial. C'est la raison pour laquelle il puise les rites, les symboles, la gestuelle, les métaphores dans la primordialité pour que s'y épuise le conflit et que la communauté renaisse de/dans la mort du conflit[2]. »

La responsabilité de veiller à la sauvegarde de l'harmonie interindividuelle, familiale, sociale et même cosmique est une affaire des autorités mais aussi collective. Loin du chef-lieu municipal, ce sera l'agent municipal ou n'importe quelle autre figure d'Autorité qui devra garantir l'harmonie sociale en essayant de régler les conflits soumis à sa considération. Les juges n'ont pas le monopole de la fonction du lieur, bien que le rétablissement du lien social soit à la base du règlement des conflits. Cette situation s'observe plus clairement dans le cas de San Juan Chamula car, à Zinacantán, le juge, en tant qu'institution, semble s'être approprié la fonction de lieur. En effet, une diversité dans l'appropriation de l'image du juge de paix et de conciliation indigène a pu être observée.

C'est en 1963 que l'institution du tribunal municipal a été introduite dans toutes les communes de l'État du Chiapas, deux juges étaient nommés et c'était formellement eux qui devaient s'occuper de rendre la justice. À partir de ce moment, l'influence et les pressions étatiques sont à l'origine d'un certain nombre de transformations dans la structure du règlement des différends dans la sphère interne des villages, mais pendant longtemps encore le maire et les Autorités prenaient en charge les différends. À Zinacantán, la séparation de fonctions (exécutives et judiciaires) s'est opérée progressivement et une compétence différenciée par instance est apparue. Les questions foncières sont de la compétence du Commissariat des biens

[1] Enrique Pérez López, 1997, *Chamula, un pueblo tzotzil*, *op. cit.*, p. 147.

[2] Henri Legré Okou, 1994, « L'image du juge dans les sociétés traditionnelles », *Le juge : une figure d'autorité*, Claude Bontems (dir.), Paris, L'Harmattan, p. 79.

communaux, *Comisariado de bienes comunales* ; les juges, toujours accompagnés de certains adjoints au maire, s'occupent de la plupart des différends, conjugaux, de voisinage, petits délits, affaires de dettes, et les crimes sont, eux, soumis par les propres juges et secrétaires-greffiers aux instances de la ville de San Cristóbal las Casas. Le maire ne s'occupe plus du règlement de conflits et son intervention se limite aux affaires considérées de grande importance pour l'ensemble du village.

En ce qui concerne le village de San Juan Chamula, c'est toujours le maire qui s'occupe du règlement des conflits et qui a donc la fonction de lieur. Si la fonction du juge a été réappropriée de façon différente par les deux villages, l'importance du rétablissement du lien social comme fondement du règlement des conflits n'a pas pour autant changé.

La dissociation entre l'institution du Tribunal de Paix et de Conciliation indigène et l'espace conciliatoire et celle du juge et la fonction du lieur met en évidence la capacité des populations indigènes à recevoir et à adapter les institutions étatiques, tout en les imprégnant d'un contenu particulier. Les référents institutionnels s'imbriquent, mais l'articulation répond aux besoins particuliers d'une collectivité donnée et à un moment donné. Ce mouvement d'échanges extrêmement fins entre référents juridiques et de configurations particulières que nous dénommons porosité juridique s'observe également au niveau des croisements des référents normatifs et des modèles de conduite et de comportement lors de l'argumentation des parties en conflit.

La porosité des référents normatifs et des modèles de conduite et de comportement

L'analyse des pratiques a révélé la mobilisation de différents types de référents normatifs, l'argumentation des Autorités et des parties nous a permis d'identifier également le recours à des modèles de conduite et de comportement qui se construisent dans l'entre-deux. En abordant la *structure paradigmatique du discours juridique* dans le chapitre précédent, nous avions mentionné que les référents sont mis en jeu par les parties afin d'orienter la discussion et que c'est au cours des argumentations et des contre-argumentations que se produit la judiciarisation des faits. La juridicité se construit à partir de principes, normes ou dispositions du droit étatique mexicain et, de la même manière, à partir de principes, normes ou dispositions, plus associés au milieu indigène.

Un certain nombre de notions ou procédures attribuables au droit étatique sont très présentes lors des audiences tout en étant réinterprétées par les acteurs. Des exemples clairs sont la pension alimentaire, le discours sur les droits de l'homme et la tendance procédurière ou « mystique des petits papiers ».

La pension alimentaire qu'il faut verser aux enfants de façon générale, lors d'une séparation conjugale, est une norme du droit positif. Cette norme a eu beaucoup de succès dans le milieu indigène sous l'influence du militantisme d'organisations gouvernementales et non gouvernementales et des séances de formations régulières organisées par le pouvoir judiciaire de l'État du Chiapas, pour sensibiliser les juges indigènes à ce sujet. Actuellement, le thème de la pension alimentaire fait partie des éléments pris en compte dans la solution des conflits conjugaux dans les villages indigènes de la région des hautes terres du Chiapas. Chaque commune a un « tarif » différent et une manière d'effectuer le paiement de ladite pension. Dans le cas de San Juan Chamula, le paiement de la pension se fait généralement en une seule remise[1] et dans le cas de Zinacantán, il s'agit d'une quantité mensuelle par enfant. Cependant, cette pension alimentaire est plutôt comprise comme une sorte de sanction contre le parent responsable de la dégradation des relations conjugales et auquel est attribuée plus directement la séparation, et non comme une somme destinée à subvenir aux besoins des enfants mineurs. Il y a ainsi une influence du droit positif réinterprétée et adaptée à la logique des villages indigènes.

Le discours sur les droits de l'homme est un autre exemple de la présence des référents du droit positif mexicain dans le domaine des villages indigènes. Depuis 1996, la défense des droits de l'homme s'est transformée en une des plus grandes préoccupations des fonctionnaires fédéraux et de l'État du Chiapas. La Commission nationale des Droits de l'Homme (CNDH) et la Commission étatique des Droits de l'Homme (CEDH), correspondant respectivement, au gouvernement fédéral et au gouvernement du Chiapas, ont ouvert des bureaux à San Cristóbal de Las Casas et dans d'autres villes de la région. La CNDH et la CEDH ont déployé d'importants moyens pour l'organisation de stages de formation sur la thématique des droits de l'homme et des droits constitutionnels afin d'attaquer un certain nombre de pratiques villageoises, surtout les détentions. Ces politiques s'inscrivent dans la continuité d'une idéologie aux prétentions le plus souvent « civilisatrices ». De nos jours, les fonctionnaires gouvernementaux ne peuvent plus manifester ouvertement leur volonté de civiliser les Indiens et de supprimer les différences culturelles, quoique... Cependant le gouvernement s'accorde toujours le droit de distinguer les « bonnes coutumes » des « mauvaises coutumes », et insiste pour que ces dernières soient éliminées. Au sujet de cette distinction entre « bonnes » et « mauvaises » coutumes, un fonctionnaire étatique, en visite à Zinacantán, s'exprimait de la façon suivante en 1978 :

> « [...] Nous voulons respecter toutes vos coutumes mais toutes vos coutumes ne sont pas bonnes, si nous voulons respecter vos coutumes c'est pour que vous viviez en paix, pour que vous n'ayez pas de problèmes [...]. Je crois que la coutume c'est pour bien faire les choses, les faire bien sans déranger

[1] Salvador Gómez, Juge de paix et de conciliation indigène de San Juan Chamula, entretien du 26 octobre 2002.

personne, la coutume ne dérange pas, c'est une bonne coutume d'aller prier devant la croix, c'est une mauvaise coutume de prier dans la grotte, c'est une bonne coutume de servir son peuple, c'est une mauvaise coutume de le faire pour en profiter. [...] Parmi les coutumes que vous avez, le meilleur serait que seules les bonnes coutumes soient gardées[1]. »

Les fonctionnaires de l'État continuent à qualifier les « bonnes » et les « mauvaises » coutumes des peuples. Le nouveau critère de discréditation étant les coutumes allant contre les prescriptions des droits de l'homme ou des droits constitutionnels. La protection contre les « détentions arbitraires » prévue dans l'article 9 de la Déclaration universelle des droits de l'homme, par exemple, donne aux fonctionnaires de l'État une excuse puissante contre les détentions pratiquées dans les villages indigènes, considérées comme illégales. En effet, les Autorités indigènes enferment couramment des personnes, pendant quelques heures, ou de façon plus rare, pendant quelques jours. Les villageois en état d'ivresse, agressifs ou récidivistes sont enfermés avant l'audience ; ils peuvent ainsi se calmer, réfléchir et « laisser leur cœur refroidir », d'après les expressions utilisées par les juges. Les lieux de réclusion sont des petites habitations prévues à cet effet, à la mairie ou au Tribunal de Paix et de Conciliation indigène.

La pratique d'enfermer les gens est, effectivement, une mesure courante, mesure qui est très mal perçue par la population extérieure aux villages, organismes gouvernementaux, non gouvernementaux ou la population en général. Des formations et séminaires pour les juges de paix et de conciliation indigène sont organisés afin de les sensibiliser à ce type de discours : la Déclaration universelle des droits de l'homme de l'ONU est distribuée aux Autorités indigènes et des hauts fonctionnaires des Commissions étatique (CEDH) et nationale (CNDH) sont invités. Malgré les efforts, la détention est une pratique courante qui semble efficace pour la régulation de la vie interne des villages.

Ainsi, le discours sur les droits de l'homme peut être mobilisé pour protéger la différence culturelle des indigènes de la même façon que pour chercher à contrôler certains aspects de la régulation interne des villages. L'instrumentalisation ne se fait pas uniquement dans un sens : les indigènes instrumentalisent également les ressources à leur portée comme le montre la « mystique des petits papiers ».

L'observation du fonctionnement des tribunaux a révélé une « tendance procédurière » assez singulière, principalement en ce qui concerne le Tribunal de Paix et de Conciliation indigène de San Juan Chamula. Les demandes d'attestation de concubinage ou les demandes d'attribution ou de perte de la puissance parentale, entre autres, évoquent la volonté de

---

[1] Cité par John Haviland, 2001, « La invención de la 'costumbre' : El diálogo entre el derecho zinacanteco y el ladino durante seis décadas », *Costumbres, leyes y movimiento indio en Oaxaca y Chiapas*, México, CIESAS - Miguel Angel Porrúa, pp. 181-182.

formaliser des situations, dans le but de pouvoir faire des démarches administratives qui exigent un type de document déterminé. Cependant, cette tendance procédurière évoque aussi l'instrumentalisation de cet outil pour tenter de « formaliser » des situations qui ne sauraient être acceptées dans le domaine du droit étatique, comme, par exemple, la renonciation d'un des parents à la puissance parentale sur ses enfants, ou la renonciation des droits alimentaires d'enfants mineurs faite par la mère ; ou encore, la reconnaissance formelle de bigamies. En effet, les fonctionnaires du Tribunal de Paix et de Conciliation indigène de San Juan Chamula consignent ce type de situations à la demande de personnes qui, de cette façon, les officialisent.

La porosité du phénomène juridique se caractérise par la présence de multiples référents normatifs et par une mobilisation hétérogène de ces référents qui sont parfois instrumentalisés, parfois réinterprétés.

Des référents assimilés à l'organisation traditionnelle des sociétés indigènes sont mobilisés par les parties et les Autorités lors de leurs argumentations, cependant il semble important de noter que ces référents ne sont pas immuables, étanches. Ainsi, les questions des fiançailles de la division des rôles dans l'organisation familiale et de l'invocation de la coutume pour garantir les engagements montrent que les référents normatifs ne sont pas utilisés de façon à enfermer les sociétés dans une « tradition ancestrale » ; bien au contraire, ils sont souvent utilisés pour marquer la particularité d'une inscription dans le contexte contemporain.

La cérémonie matrimoniale considérée comme traditionnelle à San Juan Chamula et à Zinacantán n'est plus une pratique courante, elle est en retrait. La cérémonie religieuse catholique n'est pas très répandue non plus, principalement par les frais qu'elle implique. Quant au mariage civil, il ne s'impose toujours pas. La cérémonie matrimoniale dite traditionnelle est constituée de nombreux et coûteux rituels qui doivent être suivis dans tous les détails. Déjà dans les années 1960, le travail de terrain de Jane Collier révélait que les longues périodes pré-matrimoniales, les rituels et les nombreux cadeaux cédaient la place à l'échange d'une somme d'argent[1]. Au point qu'elle a identifié cette période de « fiançailles » à une transaction qui liait toutes les parties par l'intérêt économique que l'union représentait, impliquant de ce fait toutes les parties pour mener à bien le projet.

> « Les fiançailles sont une transaction économique dans laquelle un jeune homme avec l'aide de sa famille, obtient le droit d'épouser une jeune fille, après avoir payé les dépenses que les parents de la jeune fille ont faites pendant son enfance. Il s'agit d'un contrat qui est clos une fois que la jeune fille habite chez le jeune homme et cuisine pour lui et que le père de la fille a reçu le prix correspondant. Le paiement du prix de la jeune fille ne se prolonge pas après le mariage, et le mari n'a pas droit au remboursement si sa

---

[1] Jane F. Collier, 1995, *El derecho Zinacanteco. Procesos de disputar en un pueblo indígena de Chiapas, op. cit.*, p. 241.

femme l'abandonne. Ainsi, les problèmes qui surgissent pendant les fiançailles se règlent de manière différente de ceux qui surviennent après le mariage. Contrairement aux conflits conjugaux, les conflits dans la période des fiançailles peuvent être résolus par l'échange d'argent liquide entre familles[1]. »

Nous ne partageons pas l'interprétation qui identifie la période des fiançailles à une pure transaction économique, ce qui nous semble extrêmement réducteur. Cependant, à la lumière de notre propre travail de terrain, la description que l'auteur fait de cette période semble illustrative. En effet, l'auteur mentionne que les jeunes hommes qui veulent se marier choisissent une fille en tenant compte de son aspect physique et de sa réputation car les jeunes sans liens de parenté n'ont pas vraiment la possibilité d'avoir une conversation fortuite[2]. Il est donc possible qu'au moment de la cérémonie de demande en mariage, la jeune femme ait à peine vu l'homme qui aspire à être son mari. La jeune femme n'intervient pas, du moins pas de manière directe, elle et son futur mari ne peuvent pas se parler. Chacun reste à côté de ses propres parents et la jeune garde la tête basse, comme signe de respect et pour ne pas croiser le regard du jeune homme[3]. C'est durant la période des « fiançailles » d'environ une année que les futurs mariés commencent à se connaître et à se parler, et c'est théoriquement à ce moment-là que surgit l'affection entre les deux[4].

Si, de nos jours, la vie quotidienne dans les villages indigènes fait que les possibilités de rencontre entre jeunes sont beaucoup plus fréquentes, le discours des Autorités fait toujours référence au modèle de conduite et de comportement décrit précédemment, voici un extrait d'audience qui s'y réfère :

« Z27

Le juge titulaire : […] Si tu veux avoir une relation sérieuse avec une fille, il vaut mieux que tu le fasses comme il se doit, quant à toi fille, tu ne dois pas lui répondre, ni accepter ce qu'il te donne, si vraiment tu veux être avec lui tu dois parler avec tes parents […]. Tu ne tiens pas compte d'eux, tu ne les respectes pas, ce qui n'est pas du tout acceptable…

Autorité : […] Ce que nous ne savons pas c'est quelle coutume vous êtes en train de suivre ? Où est-ce que vous l'avez apprise ? Ce n'est pas dans nos habitudes que les jeunes gens se parlent entre eux et seulement après ils le disent à leurs parents. »

---

[1] *Idem*, p. 239.
[2] *Idem*, p. 240.
[3] Jane F. Collier, 1992, « El noviazgo zinacanteco como transacción económica », *Los Zinacantecos. Un pueblo Tzotzil de los Altos de Chiapas*, Evon Z. Vogt (ed.), primera edición 1966, col. Presencias, n°56, México, Dirección General de Publicaciones del Consejo Nacional para la Cultura y las Artes - Instituto Nacional Indigenista, pp. 238-239.
[4] *Idem*, p. 240.

Ainsi, même si la situation au village a nettement changé, les modèles de conduite exigeant l'intervention des familles lors des unions matrimoniales et l'interdiction de relations non « formalisées » entre jeunes sont des arguments qui continuent d'être mobilisés par les Autorités lors des audiences.

Dans un texte sur les modèles d'interaction des familles à Zinacantán dans les années 1960, Francesca Cancian signale que la conduite des membres d'une famille était déterminée en grande mesure par le sexe et par l'âge. Les femmes et jeunes filles s'occupaient des enfants, de faire la cuisine, du tissage, de la lessive, d'apporter le bois et l'eau. Quand les hommes et les jeunes étaient à la maison, ils se reposaient, s'occupaient de la petite parcelle, faisaient des visites et discutaient des affaires du village ou allaient au marché pour vendre ou acheter des produits[1]. Cette structuration de l'activité familiale recoupe celle décrite par Ricardo Pozas dans le cas de San Juan Chamula, déjà évoquée dans le chapitre précédent. George A. Collier, d'un autre côté, analyse le changement dans l'organisation de la production et son influence dans la stratification sociale de ces villages indigènes et des rôles familiaux. Concernant le village de Zinacantán, il signale que, dans les années 1970 et 1980, le développement de l'industrie du pétrole au Mexique a donné la possibilité aux jeunes de Zinacantán d'avoir un travail salarié ou de pratiquer le commerce. Ces activités leur ont apporté des revenus leur permettant de s'émanciper de l'aide et donc de l'emprise familiale, et ainsi de défier le pouvoir des aînés tant dans la sphère familiale que dans la sphère de l'organisation publique du village[2]. Selon l'auteur, l'adaptation à la transformation capitaliste dans les villages indigènes se fait de manière différente de celle qui a eu lieu dans la société métisse. Les jeunes qui sont partis s'habillent selon la mode de l'endroit où ils travaillent et font du commerce et, de retour au village, ils portent de fines broderies indigènes très élégantes, élaborées par leur femme, broderies qui étaient réservées, autrefois, aux personnages les plus riches du village[3]. Toujours selon George Collier, la préparation des aliments pour les hommes qui labouraient la terre donnait aux femmes un droit indiscutable au partage du produit du travail, mais le fait qu'il y ait moins de travailleurs agricoles et que les salariés et les commerçants puissent se procurer à manger sur leur lieu de travail, transforment l'organisation de l'économie familiale et les

[1] Francesca Cancian, 1992, « Patrones de interacción en las familias zinacantecas », *Los Zinacantecos. Un pueblo Tzotzil de los Altos de Chiapas*, *op. cit.*, p. 253.

[2] George A. Collier, 1992, « Los zinacantecos en su mundo contemporáneo », *Antropología Mesoamericana. Homenaje a Alfonso Villa Rojas*, Víctor Manuel Esponda et all. (coord.), Tuxtla Gutiérrez, Gobierno del Estado de Chiapas - Consejo Estatal de fomento a la investigación y difusión de la cultura - DIF Chiapas - Instituto Chiapaneco de la cultura, p. 203.

[3] *Idem*, p. 209.

rôles que jouent les hommes et les femmes évoluent[1]. En effet, si les droits sur le partage du travail de l'homme qui résultait de la préparation des aliments sont mis en doute, avec l'élaboration de broderies comme produits d'artisanat destinés aux touristes, par exemple, les femmes revendiquent leur rôle dans l'économie domestique et donc une part du revenu domestique.

Le thème de l'élaboration d'ornements brodés pour les vêtements, de l'achat des fils de couleur, etc. apparaît souvent dans le règlement des conflits conjugaux auxquels nous avons assisté.

« Z24

> 98. ***Juge titulaire :*** Si l'homme veut que ses habits soient ornés d'une broderie particulière, il doit acheter le matériel et le porter à sa femme, sa femme doit le faire, mais si elle ne sait pas comment ou elle ne l'a jamais fait, il faut que le mari fasse aussi en sorte qu'elle puisse le faire. Qu'il cherche les motifs, il peut les dessiner sur un papier qui servira à sa femme de modèle, pour qu'elle sache comment elle doit faire et commencer à broder le tissu [...]. Tu dis que ta femme ne fait pas ce que tu lui demandes [...] bien sûr qu'elle ne va pas le faire si tu ne lui donnes pas le matériel, les outils, la femme ne peut pas les acheter, elle ne travaille pas [...]. Elle ne peut acheter ni le tissu ni les fils, alors si tu veux des vêtements élégants tu dois apporter ce dont elle a besoin. »

Le discours qui a pu être relevé dans le règlement des conflits conjugaux lors des audiences conciliatoires évoque un souci d'équilibre dans la relation conjugale et une légère variation par rapport à l'organisation familiale antérieure sans pour autant mettre en doute le partage des rôles par sexe dans le couple. La complémentarité comme aspect fondateur de la division des rôles dans la famille plus que la relation soumission/domination a déjà été relevée. Ceci ne veut pas pour autant dire que cette division des rôles ne soit pas moins favorable aux femmes dans la pratique, surtout dans un contexte où les structures sociales, qui garantissaient un certain équilibre dans les relations conjugales, se diluent de plus en plus. Une union où les familles des deux conjoints, les parrains, etc. participent aux cérémonies et aux rituels du mariage, implique tous les participants et rend tout le monde responsable du succès de l'union conjugale. Les beaux-parents sont prêts à défendre leur belle-fille contre un mauvais comportement de leur propre fils. La jeune femme sait qu'elle peut aller chez ses parents si elle est maltraitée et que son mari viendra lui demander pardon après avoir reçu toute une série de reproches et de réprimandes. C'est le même schéma qui se reproduit au Tribunal de Paix et de Conciliation indigène, si le problème est plus grave. Cependant, la femme perd certains supports structurels de l'organisation sociale et familiale dans un contexte où les familles interviennent moins, où la relation avec les aînés se transforme et où les logiques de l'individualisme et de l'économie de marché pénètrent dans la vie interne des villages. Elle

[1] *Idem*, p. 210.

perd ces supports alors qu'elle ne bénéficie pas encore complètement des supports, principalement juridiques et organisationnels, de la société métisse. La même situation s'observe dans la difficulté que rencontrent les Autorités pour garantir dans certains cas le respect des engagements lors des audiences.

Le fait qu'il n'y ait pas de vraie structure sociale qui garantisse le respect des engagements pris lors des accords conciliatoires est un aspect qui ne peut pas être négligé. Les liens familiaux et sociaux qui fondaient l'organisation sociale se perdent face à une réalité de plus en plus individualiste. Certains individus, par leur statut particulier ou leurs ressources, échappent à l'emprise communautaire. Le droit étatique, de son côté, n'assure pas vraiment la régulation de la vie en société de ces villages, bien qu'il reste présent de manière importante. Dans un tel contexte, les constats d'accord consignent souvent la nécessité d'une complémentarité des référents normatifs en invoquant et la coutume, et la loi, pour garantir le respect des engagements et donc de l'ordre social.

Z 22: « [...] les parties sont parvenues aux accords suivants :

> Quatrième : Les deux parties s'engagent à respecter les accords ci-dessus consignés, le cas contraire ils seront sanctionnés suivant les coutumes de ce village ou bien conformément à ce que la loi établit. »

Entre négociation ou imposition, les Autorités éprouvent le besoin d'évoquer les deux référents probablement pour affirmer le caractère obligatoire de l'accord et pour légitimer doublement les décisions de justice.

Cette porosité dans l'articulation met davantage l'accent sur les processus, les points de contact et les échanges que sur un mélange indifférencié et ceci permet d'identifier différentes modalités d'imbrications des référents normatifs. En effet, le contenu des modèles de conduite et de comportement éventuellement varie, s'adapte, mais la structuration de l'argumentation juridique et les modèles de conduite et de comportement comme substrat normatif – c'est-à-dire le modèle d'une justice négociée– comme fondement de la décision de justice, ne subit pas vraiment des transformations de fond. Nous devons donc conclure que la mobilisation des différents référents est davantage au service de l'argumentation qu'au service d'un changement dans la conception de la justice. Bien qu'avec la création des Tribunaux de Paix et de Conciliation indigène, le gouvernement de l'État du Chiapas ait voulu rendre la justice étatique, et plus particulièrement judiciaire, accessible aux villages indigènes en insistant sur les formes : procédures plus simples, pas d'avocats, etc., il est pourtant clair que l'esprit sous-jacent reste fidèle aux principes et valeurs du droit étatique. Cependant, la pratique des acteurs dans les villages indigènes montre que le tribunal est un espace qui, par la réappropriation des acteurs, se base sur un mode de fonctionnement qui répond à l'esprit de la conciliation et de certaines valeurs communautaires. Si on observe une *porosité* au niveau des formes, où des modèles de conduite et de comportement s'entrecroisent, nous n'observons pas cette porosité au niveau d'une conception de la justice qui n'a pas grand-chose à voir avec la justice étatique. Ces résultats poussent la réflexion plus loin et nous interrogent sur les différents niveaux où peuvent être observés les imbrications ou échanges de référents juridiques.

Pour terminer, dans le domaine du Droit et plus particulièrement dans celui du phénomène juridique du règlement des conflits dans les villages indigènes, il semble fondamental de distinguer la dimension du fond de celle des formes et de montrer leur mise en relation à travers la pratique des acteurs.

L'approche sur la culture juridique que nous avons privilégiée se fonde sur la théorie des archétypes de Michel Alliot et nos développements sur les représentations sous-jacentes aux conceptions sur la justice. Cette logique sous-jacente aux phénomènes juridiques peut être identifiée en dépit de la coexistence de multiples ordonnancements sociaux et des multiples influences ou impositions.

En ce qui concerne les mises en forme de la vie en société des villages, nous avons constaté la forte pression de la part des organisations internationales et surtout des pouvoirs publics de l'État fédéral et de l'État fédéré du Chiapas pour imposer certains principes. Nous avons également constaté la permanence de modes d'organisation sociale singuliers. Ces modes d'organisation semblent actuellement être incarnés par le système d'Autorités – qui associe les aspects du gouvernement civil et les aspects sacrés de la pensée religieuse –, l'organisation des fêtes religieuses, les rituels de demande de pardon, les audiences conciliatoires en tant que véritables drames sociaux.

L'observation de terrain a mis en évidence que les acteurs ont une vision particulière de la justice. Cette dernière peut adopter une infinité de mises en forme, ce qui ne remet cependant pas en cause les principes sur lesquels elle se fonde. Pour aborder le thème des pratiques des acteurs, il semble important d'établir la distinction entre celles qui ont une résonance collective, dans le sens où elles façonnent la mise en forme de la vie d'une certaine collectivité, et celles qui peuvent être situées dans le domaine individuel. Si ce type de catégorisations est souvent contestable par la simplification produite, la distinction met en évidence deux phénomènes qui nous semblent être de nature différente.

Les acteurs mettent en œuvre leurs ressources et font une instrumentalisation stratégique des référents juridiques et des différents forums à leur portée, pour obtenir un résultat particulier, aspects abordés dans le cadre du pluralisme judiciaire. Rappelons, en outre, que c'est ce champ d'études-là qui paraît être privilégié par la nouvelle conception du pluralisme juridique de Jacques Vanderlinden ainsi que par la notion de multijuridisme d'Étienne Le Roy, raisons pour lesquelles nous situons ces approches dans le cadre d'un pluralisme juridique anthropocentré. Dans ce domaine, notre travail de terrain a montré que les acteurs semblent répondre à des impératifs d'efficacité pour l'obtention d'un but précis.

Dans un autre registre qui concerne la collectivité dans son ensemble, c'est-à-dire la mise en forme de la vie en société, la pratique des acteurs dans les villages indigènes obéit, certes, à une logique fonctionnelle, qui adapte institutions et actions aux contraintes du contexte contemporain mais elles traduisent clairement une conception particulière de la justice.

Ces réflexions nous permettent, d'abord, de distinguer trois dimensions dans le phénomène juridique que nous étudions : le domaine de la conception de la justice ; celui de la mise en forme institutionnelle de la société ; et finalement celui des pratiques des acteurs. Il s'agit de les distinguer pour ensuite établir des liens car ces trois domaines ne sont pas des catégories figées ou indépendantes les unes des autres. Les trois domaines contribuent à la création et à la recréation de la régulation sociale. La relation entre le fond, l'esprit sous-jacent à la conception de la justice, et les formes, la mise en forme d'une société déterminée, se trouve effectivement explicitée par la pratique des acteurs. La dynamique mise en lumière par la notion de porosité juridique montre bien que le domaine des pratiques juridiques sera celui de la mise en relation, par les acteurs, d'une culture juridique aux fondements souvent impensés, et des formes juridiques, elles, concrètes, visibles et souvent même outil de domination. Ainsi, les pratiques des acteurs produisent le droit tout en révélant les composantes d'un phénomène juridique déterminé et les logiques sous-jacentes : celles qui émanent d'une vision particulière de la justice, celles qui relèvent des stratégies des acteurs et celles qui leur permettent de s'inscrire dans le contexte contemporain.

La notion de porosité juridique nous permet d'aborder le phénomène de prise en charge des différends dans les villages indigènes et de l'envisager non pas en termes de dysfonctionnements mais de convergences, d'échanges qui résultent des impositions de l'ordre étatique, de la reproduction d'une conception négociée de la justice et de la créativité des populations indigènes pour assurer, dans ces conditions, la régulation de leur vie en société.

Ce chapitre a eu pour objectif de montrer que l'intérêt de la réflexion ne porte pas sur le fait de considérer qu'il y a une pluralité de référents juridiques (pluralisme juridique), ni même sur le fait de considérer que ces référents interagissent. L'intérêt se situe plus précisément dans l'identification des points spécifiques de rencontre, des influences concrètes et des permanences dans la pratique des acteurs, mais aussi dans l'identification d'une conception de la justice, sous-jacente, qui perdure au cours des multiples changements et enfin des continuités dans ce processus de configuration du phénomène juridique qui a fait l'objet de nos investigations.

CONCLUSION

La rencontre de différentes perceptions et représentations culturelles du Droit et de la Justice est une dynamique observée dans les phénomènes juridiques contemporains. Au-delà des catégories bien définies et distinctes de « droit étatique » ou de « droit indigène », les acteurs construisent des passerelles entre les référents normatifs, institutionnels et les conceptions de la justice. Ainsi se produisent des configurations juridiques originales et singulières qui diluent les contours des catégories de départ. C'est ce que nous appelons la « porosité juridique ». Récapitulons à présent la rythmique argumentative qui nous amène à affirmer le caractère poreux d'une juridicité de l'entre-deux : entre les imaginaires sur la loi et sur la coutume, sur les Indiens et sur les métis, sur l'autre et sur le propre…

L'entrée en matière dans le domaine du règlement des conflits s'est faite par la pratique des acteurs. C'est à partir des descriptions que le lecteur découvre le décor tel que nous l'avons découvert au cours de notre enquête de terrain. L'argumentation, les choix théoriques et conceptuels de l'ensemble de la réflexion s'expliquent et font sens à partir de cette première phase. Il s'agit de la mise en relief du *topos* dans lequel s'enracinent nos développements, précision fondamentale à faire dans toute démarche d'anthropologie juridique. L'accent a été mis sur le rôle des Autorités traditionnelles villageoises et leur lien avec une conception transcendante de la justice d'une part, et sur les principes d'une organisation municipale qui combine la particularité du système fédéral et la continuité des principes d'organisation de l'époque coloniale, d'autre part. La multiplicité des lieux de règlement des conflits allant de la sphère intime du village à celle de la circonscription juridictionnelle de la ville de San Cristóbal de Las Casas a également été relevée. Des lieux, tant judiciaires qu'extrajudiciaires, officiels et officieux, coexistent et servent de décor au règlement des différends soumis par les habitants des hautes terres du Chiapas. Cette première approche de la complexité - ayant également comme objectif la recréation d'ambiances – nous conduit à élucider la relation existante entre les différents forums, chacun répondant à des principes procéduraux et à des conceptions de la justice bien distincts. Il s'agit d'une relation entre les lieux de la polycentricité qui ne relève pas d'une logique hiérarchique mais d'une circulation plus ou moins aléatoire. Si cette multiplicité de lieux de justice configure un véritable pluralisme judiciaire, nous avons compris qu'elle n'actualise pas pour autant l'hypothèse du magasinage de for ou *forum shopping* qui implique, elle, un véritable choix qui se présente aux acteurs (Chapitre 1).

Ensuite, c'est autour du Tribunal de Paix et de Conciliation indigène - un des multiples lieux de règlement des conflits - que nous avons centré l'attention, un arrêt sur son fonctionnement a été effectué. La cristallisation des contrastes relevant, d'un côté, des impositions institutionnelles et, de l'autre, des réappropriations opérées par la population fait de cet espace un observatoire de l'interculturel. L'audience conciliatoire se révèle comme le cadre de mise en scène de la justice dépassant le seul référent du droit étatique, en tant que simple étape du procès, et devient une cérémonie où la juridicité se manifeste à partir d'un ensemble de rituels où les gestes, les paroles et les interactions se combinent (Chapitre 2). Une réflexion sur la conciliation, abordée comme finalité ou comme moyen, constitue l'élément de clôture de la première partie et offre une transition vers la deuxième partie de l'ouvrage dans la mesure où cette double approche de la conciliation interpelle sur diverses représentations sur la justice.

La deuxième partie apporte au lecteur des éléments du contexte historique et national qui configurent la particularité de l'organisation municipale des villages des hautes terres du Chiapas et qui aident à mieux situer les tenants et les aboutissants des voies tzotzil de prise en charge des différends. Le recul historique et le détour par la théorie des archétypes juridiques[1] tentent de tisser un fil conducteur entre la mythologie des Mayas d'hier et les représentations sur la justice des Tzotzil d'aujourd'hui. Cette « continuité » ne signifie pas immobilisme, manque d'influences, de transformations, d'adaptations, car d'autres conceptions sur la justice entreront en scène et orienteront la construction de l'État-nation au Mexique (Chapitre 3).

La présentation détaillée du statut constitutionnel des peuples indigènes met au clair la place juridico-institutionnelle qu'ils occupent dans le cadre d'une coexistence difficile et complexe avec l'État mexicain. Cette situation traduit une longue marche vers la construction d'un État inclusif, pour le moment inachevée. Mais la reconnaissance juridique précaire du statut des peuples indigènes, la domination et l'imposition, d'une part, n'impliquent pas nécessairement soumission et inaction de l'autre. La richesse des réinventions comme axe des revendications identitaires et de l'organisation sociale l'ont témoigné clairement. Afin de le constater nous nous sommes attardée sur l'organisation communale des villages indigènes de la même manière que sur celle des communes autonomes zapatistes et sur la prise de parole des femmes dans leur double affirmation identitaire : en tant que femmes et en tant qu'indiennes. Si le multiculturalisme est une des préoccupations des hautes sphères des organisations internationales, il n'en

[1] D'après la théorie des archétypes juridiques que développe Michel Alliot dans son texte « Anthropologie et juristique ». Michel Alliot, 1983, « Anthropologie et juristique. Sur les conditions de l'élaboration d'une science du droit », *Bulletin de liaison du LAJP*, n° 6, Paris, pp. 83-117.

reste pas moins un instrument au service des discours politiques. En effet, le bien-fondé de prendre en compte la diversité culturelle, tant de la part des pouvoirs publics que de la part de certaines élites indigènes n'est souvent qu'une rhétorique qui évacue les aspects importants du débat pour ne chercher que la garantie d'intérêts particuliers (Chapitre 4). C'est une réflexion sur cette double instrumentalisation du discours qui clôture la deuxième partie. Une réflexion qui nous interroge sur la complexité des relations État - Indiens, relations qui ne riment pas exclusivement avec le binôme domination - soumission[1].

La troisième partie de l'argumentation constitue une phase d'analyse qui nous resitue dans la sphère locale du Tribunal de Paix et de Conciliation indigène des villages et du règlement des différends. Une rupture épistémologique avec le droit occidental compris comme un *folk system,* permet de dégager des pistes de réflexion plus fécondes afin d'appréhender la spécificité du phénomène juridique du règlement des conflits sur des bases moins occidentalo-centriques. Ainsi, la tradition orale, l'oralité juridique et la notion de juridicité ouvrent de nouveaux espaces de signification. À partir de ces éléments, nous avons pu déceler les principes de fonctionnement et d'analyse du discours juridique dans le cadre d'une « justice négociée ». Les argumentations des parties, des Autorités et du reste des assistants lors des audiences conciliatoires - reproduites en partie dans le corps du texte – nous ont permis de mettre en évidence les valeurs éthiques véhiculées par les modèles de conduite et de comportement. En ce qui concerne la structuration même du discours, elle s'est révélée comme une rythmique formelle ayant pour fin d'aboutir à la décision de justice. Le thème de la responsabilité réciproque des parties en conflit, et ceci en relation avec l'importance du rétablissement du lien social, a constitué l'élément-clef pour comprendre le sens de la décision et la dimension sociale du règlement des conflits, règlement des conflits qui est littéralement « pris en charge » par la collectivité (Chapitre 5).

Enfin, nous nous sommes intéressée à l'encadrement théorique de ce phénomène juridique. Nous avons mis en perspective les outils aptes à rendre compte de la complexité de cette dynamique. Partant des différentes approches sur le pluralisme juridique et arrivant à des notions comme l'interlégalité, un exposé des divers concepts autour de la diversité juridique et l'interculturalité aboutit à dégager celui de « porosité juridique » plus proche de la particularité de ce processus complexe. Les acteurs produisent et reproduisent le phénomène juridique, en croisant, combinant, privilégiant

---

[1] Nous ne voulons pas prétendre que les populations indigènes au Mexique ne sont pas dominées, marginalisées, même massacrées dans certains cas, nous voulons insister seulement sur le fait que ces populations sont aussi des acteurs actifs dans la prise en main de leur destin et répondent souvent aux répressions avec une grande créativité, une adaptabilité et des stratégies de survivance remarquables compte tenu du contexte environnant pour le moins hostile.

les référents juridiques qui se présentent à eux. Mais les acteurs n'agissent pas uniquement de manière stratégique ; ils reproduisent le phénomène juridique dans le cadre d'une conception particulière de la justice. Et ils agissent également dans le cadre d'une mise en forme particulière de la société qu'ils vont confirmer, contourner, contester ou refaçonner avec leurs pratiques (Chapitre 6).

Au terme de notre démonstration nous nous demandons si la découverte du sens de la dynamique endogène du règlement des conflits à San Juan Chamula et à Zinacantán, nous mène à éclairer un aspect du mystère du Droit[1]. Le concept de « porosité juridique » enrichi par la composante interculturelle nous a permis de systématiser les différents points de rencontre et d'influence et d'en dégager trois dimensions dans le phénomène juridique. Nous avons pu constater une conception endogène de la justice qui s'articule autour de la conciliation comme finalité dans le processus du règlement des différends : il s'agit de la « dimension culturelle ». Nous avons relevé les influences des institutions étatiques dans l'organisation interne des villages, dans la mise en forme de leur organisation sociale : il s'agit de la « dimension formelle ». Nous avons également identifié l'utilisation stratégique et la réappropriation des institutions et des référents juridiques dans la pratique des acteurs : il s'agit de la « dimension pratique ». Ces trois dimensions participent du processus de production et de reproduction du phénomène juridique. C'est dans ce sens que notre réflexion contribue à éclairer une partie immergée de la juridicité et révéler l'articulation d'une tridimensionnalité comme axe d'analyse fécond pour l'aborder dans sa complexité, son interculturalité et dans sa dynamique contemporaines.

Le champ conceptuel que nous proposons pour repenser le Droit ouvre donc de nouvelles pistes de réflexion dans la mesure où il identifie trois dimensions de la juridicité. La « porosité juridique » comme outil conceptuel met davantage l'accent sur les articulations et les liens intradimensionnels et transdimensionnels, car chaque dimension se nourrit à son tour de plusieurs composantes. Aucune des trois dimensions du juridique, que nous avons identifiées, pour simplifier, comme culturelle, formelle et pratiques des acteurs, ne se trouve absente des recherches en matière de théorie, de sociologie ou d'anthropologie juridiques. Ce qui semble plus rare en revanche, c'est l'articulation de ces trois dimensions dans l'étude d'un phénomène juridique. Avant d'insister sur l'articulation des dimensions, nous allons nous intéresser à chacune d'entre elles pour extraire les enseignements que les recherches dans ces domaines nous apportent.

---

[1] Voir Akuavi Adonon, 2004, « Du mystère de l'anthropologie au mystère du droit », *Cahiers d'anthropologie du droit 2004, Revue Droit et Cultures, hors série 2004/4*, p. 31.

« Penser le monde c'est penser le droit »
(Dimension culturelle)

En effet, les recherches autour du règlement des conflits familiaux dans les villages tzotzil de San Juan Chamula et de Zinacantán nous ont orientée vers une réflexion plus large sur le fondement culturel de toute manifestation juridique. Ceci à un moment où la vision d'un droit universel anhistorique, intemporel et susceptible d'être applicable à tous les peuples, domine toujours. En effet, la pensée juridique dominante et l'organisation de la société qui en résulte sont les plus répandues, du moins formellement, y compris dans les « univers culturels non occidentaux ». Nous disons bien « formellement » plus étendues car le domaine de l'organisation politique ne correspond pas nécessairement aux conceptions et aux pratiques des peuples. Les phénomènes de colonisation, d'acculturation, de transfert du développement prônés par les puissances économiques et la communauté internationale expliquent aussi cette prégnance. Le droit identifié comme occidental moderne se construit sous les principes philosophiques du rationalisme et des Lumières. Il se caractérise par la codification des normes, qui seront désormais qualifiées de juridiques, et se présente comme un droit universellement valide, les principes qui le régissent pouvant être dévoilés par les lumières de la raison. La loi, aux fondements rationnels et « naturels[1] », apparaissait effectivement, à la fin du XVIIIe siècle, comme la garantie contre toute action arbitraire. Cependant, deux siècles après la promulgation du Code Napoléon, considéré comme l'œuvre phare de la codification rationaliste, la pensée et les systèmes juridiques qui en découlent, avec leurs différences, veulent toujours être jalousement appliqués par les structures étatiques. Certains des présupposés de cette pensée juridique sont assez significatifs comme la conception d'une sphère juridique séparée des autres domaines de la vie sociale, la relation indissoluble entre le droit et l'État, l'égalité devant la loi selon une vision interchangeable des personnes ou encore le prétendu consensus fondateur de la loi, basé sur la notion de la « volonté générale ». Présupposés ou fictions juridiques qui n'ont de sens qu'à partir d'une matrice culturelle particulière.

Ainsi, l'étude de la juridicité implique un véritable défi méthodologique car d'autres univers culturels ne partagent pas les mêmes présupposés, la même hiérarchie de valeurs. Nombreux sont ceux qui ne connaissent pas ou n'entendent pas de la même manière les notions de droit, d'État ou de loi. Cependant, ceci n'empêche pas les sociétés d'avoir leurs propres formes d'organisation, toutes ayant comme but la garantie de la reproduction de la vie en société. Il nous faut donc revaloriser l'analyse de la dimension culturelle pour situer les phénomènes juridiques dans les véritables contextes

---

[1] Dans le sens d'être en accord avec la nature humaine, nous retrouvons dans cette expression des fondements culturels judéo-chrétiens.

qui leur donnent sens. À ce sujet, nous avons fait maintes références aux travaux de Michel Alliot. Son texte « Anthropologie et juristique. Sur les conditions de l'élaboration d'une science du droit » présente trois attitudes différentes face à la régulation sociale ; elles se manifestent par l'imposition, dans l'archétype de soumission, par la négociation, dans l'archétype de différenciation et par l'acceptation du système dans l'archétype d'identification. L'auteur évoque des modèles types de représentation juridique et les associe à différents univers culturels. Cette démarche nous rappelle que la conception occidentale du droit et de l'organisation sociale, apparemment non religieuse, laïque, se fonde sur la profonde influence de la pensée judéo-chrétienne. Parallèlement, la démarche nous offre également des éléments d'analyse qui mettent les différentes traditions juridiques à un niveau comparatif équivalent, favorisant une approche moins ethnocentrique. Il s'agit bien d'une première étape dans l'analyse car les modèles types ne peuvent être essentialisés à la lumière des études des sociétés qui mettent en évidence le caractère complexe et dynamique des phénomènes juridiques.

« *Le Droit c'est à la fois mettre en forme et mettre des formes* »
(Dimension formelle)

Il s'agit d'une formule empruntée à Pierre Bourdieu et élargie au Droit : « *Codifier, c'est à la fois mettre en forme et mettre des formes*[1] ». Cette formule nous permet d'illustrer la dimension formelle du phénomène juridique. La mise en forme de la vie en société n'est autre chose que le domaine des institutions qui mettent en place une conception particulière de l'organisation sociale et de la justice. C'est bien dans ce domaine que se placent l'organisation de l'État, la démocratie, le discours sur les droits de l'homme, la codification... Pierre Bourdieu signale qu'il appartient aux juristes de mettre en forme les principes et les règles engagés dans les pratiques existantes et non pas seulement de les décrire. Cet exercice, nous dit-il, participe « à la fois du mode de pensée théologique en ce [que les juristes] cherchent la révélation du juste dans l'écriture de la loi, et du mode de pensée logique en ce qu'ils prétendent mettre en œuvre la méthode déductive pour produire les applications de la loi au cas particulier[2] [...] ». Nous retenons de cette citation que les principes de mise en forme de la société « participent d'un mode de pensée théologique », précisément par rapport à la perception transcendante du juste. C'est d'ailleurs en faisant cette relation entre la « révélation du juste » et la mise en forme de la société, à la suite des archétypes juridiques de Michel Alliot, qu'Étienne Le Roy

---

[1] Pierre Bourdieu, 1986, « Habitus, code et codification », *Actes de la recherche en sciences sociales*, n° 64, p. 40.

[2] Pierre Bourdieu, 1986, « La force du droit. Éléments pour une sociologie du champ juridique », *Actes de la recherche en sciences sociales*, n° 64, p. 7.

développe la théorie du *droit tripode*, ou des trois fondements de la juridicité[1], pour parler de différents types d'ordonnancements sociaux selon que sont privilégiés les normes générales et impersonnelles (NGI), les modes de conduite ou de comportement (MCC) ou les systèmes de dispositions durables (SDD), pour « spécifier les implications institutionnelles » et « faire advenir un projet de société particulier[2] ».

> « Nous considérons en effet que le droit est tripode, qu'il possède trois fondements que les sociétés ne valorisent pas également. Les règles générales, abstraites et impersonnelles sont le matériau de notre conception écrite et « idéaliste » du Droit. Elles ne laissent que très rarement (dans le Code civil, à propos du bon père de famille) la place à l'existence de modèles de conduite et de comportement, [qui sont] les supports de la coutume (que la conception positive a voulu faire disparaître). Enfin [troisième fondement] ce qui, dans la pensée confucéenne, est au cœur de l'autodiscipline et donc d'une juridicité fondée sur des habitus (systèmes de disposition durables) et sur un 'ordre accepté' [...]. [L]es différentes traditions ont aménagé de manière originale ces trois fondements, et si l'Occident chrétien a privilégié la norme, l'Afrique animiste, la coutume et l'Asie confucéenne, l'autodiscipline et les habitus ritualisés, toutes font cohabiter les trois fondements en majeur ou en mineur[3]. »

Il est donc également indispensable de prendre en compte les différentes configurations institutionnelles de mise en forme de la vie en société pour aborder les phénomènes juridiques dans leur rapport à ces structures. Mais il ne faut pas perdre de vue que, si chaque société a une vision particulière de mise en forme de l'organisation sociale, il n'est pas pour autant garanti qu'elle puisse s'y conformer car, au sujet des formes institutionnelles et juridiques d'organisation de la vie en société, il paraît incontournable de se référer aux thèmes de l'acculturation juridique, du transfert du droit et de ses implications. Pour Michel Alliot, le « transfert de droit » fait partie du vocabulaire des institutions internationales ; c'est une notion qui est utilisée pour encourager, voire pour exiger des pays considérés technologiquement les moins avancés, l'importation d'institutions juridiques étrangères, ayant comme conviction qu'une similitude institutionnelle entraîne aussi la croissance économique et le développement social[4]. Cependant, l'expression d'acculturation n'est ni neutre ni objective et cache en réalité non pas une rencontre paisible de cultures et d'institutions mais une hiérarchisation et

---

[1] Étienne Le Roy, 2011, « La révolution de la juridicité. Une réponse à la mondialisation », inédit.

[2] Étienne Le Roy, 1999, *Le jeu des lois...*, *op. cit.*, pp. 150-158.

[3] Étienne Le Roy, 1998, « L'hypothèse du multijuridisme dans un contexte de sortie de modernité », *Théories et émergences du droit : pluralisme, surdétermination et effectivité*, Lajoie et all. (éd.), Bruxelles, Bruylant/Thémis, p. 39. Voir aussi : Étienne Le Roy, *Le jeu des lois, op. cit.*, pp. 189-203.

[4] Michel Alliot, 1983, « Anthropologie et juristique... », *art. cit.*, p.121.

une relation de pouvoir, le plus souvent favorables aux modèles d'organisation « importés ». Dans ce sens, nous avons constaté une forte pression institutionnelle et discursive de la part d'organisations internationales et surtout des pouvoirs publics de l'État fédéral mexicain et de l'État fédéré du Chiapas afin d'imposer certains principes de mise en forme de la vie en société des villages indigènes. Comme résultat des impositions, des permanences et des réinventions, nous avons identifié une superposition de référents institutionnels dans l'organisation politique et sociale contemporaine des villages indigènes. C'est pourquoi nous parlons d'articulations intradimensionnelles des référents institutionnels. Finalement, la troisième dimension est celle de la pratique des acteurs.

« *Le droit n'est pas tant ce qu'en disent les textes mais ce qu'en font les acteurs* »
(Dimension des pratiques des acteurs)

Il s'agit d'un des aphorismes privilégiés du Laboratoire d'Anthropologie Juridique de Paris (LAJP). En effet, le domaine des pratiques des acteurs est, sans doute, un des thèmes centraux des problématiques contemporaines en matière d'anthropologie et la théorie du droit s'y intéresse également. Car, tous univers et cultures juridiques confondus, les acteurs, plus ou moins institutionnels selon les différents contextes, sont ceux qui prennent en charge la régulation concrète ou matérielle de la vie en société. Des institutions supraétatiques aux groupes d'usagers marginalisés - souvent situés dans le domaine de « l'informel », de « l'infra étatique » ou de « l'alternatif[1] » -, l'État et ses institutions sont mis à mal quand il s'agit d'assurer le monopole de la régulation de la vie en société. Les cadres analytiques et les concepts se multiplient dans ce domaine et témoignent ainsi de l'importance actuelle que les disciplines et les théories accordent à la prise en compte des pratiques des acteurs dans un souci d'approcher le phénomène juridique[2] contemporain.

François Ost et Michel van de Kerchove se sont interrogés sur l'actualité de la forme classique pyramidale comme modèle explicatif satisfaisant, pour décrire et comprendre la réalité juridique aujourd'hui[3]. Bien que leurs travaux se centrent sur le domaine « occidental », ils ouvrent le débat sur une production juridique en réseau pour rendre compte de la recomposition du

---

[1] Dans le sens du principe de l'englobement du contraire précédemment abordé, ces termes englobants évoquent un dualisme réducteur de la complexité de la réalité.

[2] Le phénomène juridique en tant que fait social total et non en tant que *folk system* appartenant à une société déterminée.

[3] François Ost et Michel van de Kerchove, 2000, « De la pyramide au réseau ? Vers un nouveau mode de production du droit ? », *Revue interdisciplinaire d'études juridiques*, pp. 1-82 et 2002, *De la pyramide au réseau ? Pour une théorie dialectique du droit*, Publications des FUSL.

champ juridique contemporain, où l'érosion constante de la loi, la fragmentation croissante du règlement, l'importance croissante des décisions de justice dans la création de droit dans un processus de construction européenne, par exemple, constituent une marche de plus en plus grande vers l'autorégulation des personnes privées.

> « Le glissement de la pyramide au réseau est une évolution qui s'accompagne de deux autres transformations majeures de l'univers juridicopolitique : le passage de la réglementation à la régulation, et la montée en puissance du thème de la gouvernance en lieu et place de celui du gouvernement. Réseau, régulation et gouvernance forment ainsi un nouveau dispositif dont il serait sans doute excessif de dire qu'il s'est substitué à la triade classique pyramide, réglementation, gouvernement, mais qui la déborde certainement et en subvertit parfois les modes de fonctionnement[1]. »

À notre sens, l'intérêt que produit la notion de gouvernance[2] s'explique par le besoin de comprendre la régulation concrète que certains acteurs effectuent sur l'organisation de la société, « ce regard accorde une importance de premier ordre à l'état de fait, aux relations et dynamiques qui opèrent dans le jeu social, au-delà d'un regard prescriptif qui orienterait l'analyse vers des 'codes éthiques' ou 'règles de mise en œuvre d'une bonne gouvernance'[3] ». Parler de bonne ou de mauvaise gouvernance implique déjà un jugement de valeur qui peut brouiller les pistes de celui qui veut comprendre un phénomène.

Le « droit de la pratique » s'inscrit également dans le domaine des théories qui font de cette dimension des pratiques des acteurs leur objet d'étude. Le droit de la pratique fait référence à « un droit pragmatique, sans élaboration doctrinale, qui répond à des besoins s'inscrivant dans un cercle d'acteurs, une période de temps, une aire d'attraction ou d'efficacité de ses dispositifs les uns et les autres plus ou moins réduits, proches ou restreints[4] ».

Dans ce même état d'esprit, concernant cette fois le domaine de la sécurisation foncière, Alain Rochegude orienta ses recherches vers la construction conceptuelle du « droit d'agir ». En se référant à son cheminement dans la recherche sur le droit foncier, Alain Rochegude parlait

---

[1] François Ost et Michel van de Kerchove, 2002, *De la pyramide au réseau ? Pour une théorie dialectique du droit*, Publications des FUSL, p. 25.

[2] Pour les réflexions sur le Droit et la gouvernance au LAJP voir aussi : Christoph Eberhard, 2004, « Droit, gouvernance et développement durable. Quelques réflexions préliminaires », *Revue interdisciplinaire d'études juridiques*, n°53, pp. 81-122. Texte repris dans Christoph Eberhard, 2006, *Le Droit au miroir des cultures. Pour une autre mondialisation*, Paris, LGDJ, coll. Droit et société, p. 140. Christoph Eberhard, 2005 (dir.) *Cahiers d'Anthropologie du droit 2005, Droit, gouvernance et développement durable*, Karthala, Paris.

[3] Akuavi Adonon, 2005, « Autochtonie, Autonomie, Altérité. Les visages de la gouvernance dans le Chiapas indigène », *Cahiers d'anthropologie du droit 2005*, p. 125.

[4] Étienne Le Roy, 2004, *Les Africains et l'institution de la justice…*, *op. cit.*, p.118.

de l'anthropologie comme « une démarche instrumentale permettant de mieux comprendre certaines modalités de production autant que d'application du même droit[1] ».

Si nous nous attardons sur les différents champs de recherche qui concernent les pratiques des acteurs c'est parce qu'elles ouvrent des pistes de réflexion enrichissantes dans l'étude des phénomènes juridiques contemporains. Et parce que toutes ces constructions théoriques confondues, de la pyramide au réseau, du gouvernement à la gouvernance et le droit et ses pratiques, sont autant d'exemples qui illustrent le besoin de prendre sérieusement en compte les pratiques des acteurs, dimension souvent ignorée des approches classiques du droit et qui pourtant se trouve au centre de la réflexion et de la compréhension du phénomène juridique.

Ces trois dimensions juridiques : culturelle, formelle, des pratiques des acteurs, constituent donc des champs de recherche déjà explorés. Nous insistons cependant sur le fait que ces dimensions représentent un intérêt supplémentaire par les imbrications et les liens qui se produisent entre elles. Pierre Bourdieu nous fournira les éléments pour lier le domaine des pratiques des acteurs à la dimension culturelle et à celle de la mise en forme de la société.

> « Des notions que j'ai élaborées peu à peu, comme la notion d'habitus, sont nées de la volonté de rappeler qu'à côté de la norme expresse et explicite ou du calcul rationnel, il y a d'autres principes générateurs des pratiques. Cela surtout dans des sociétés où il y a très peu de choses codifiées ; en sorte que, pour rendre compte de ce que les gens font, il faut supposer qu'ils obéissent à une sorte de 'sens du jeu', comme on dit en sport et que pour comprendre leurs pratiques il faut reconstruire le capital de schèmes informationnels qui leur permet de produire des pensées et des pratiques sensées et réglées sans intention de sens et sans obéissance consciente à des règles explicitement posées comme telles […][2]. »

Les pratiques, ainsi que les représentations sur lesquelles elles se fondent, ne sont pas transculturelles. Le « sens du jeu » auquel fait référence Pierre Bourdieu se compose, à notre sens, d'une dimension culturelle – celle des conceptions particulières de la justice - et d'une dimension institutionnelle – celle des formes établies de régulation de la société – toutes deux étant mises en jeu par les populations dans leurs pratiques. Les acteurs, dans leurs pratiques, confirment, contestent, ou tout simplement contournent la mise en forme institutionnalisée de la société selon qu'elle répond ou pas à la régulation de la vie de la société, du secteur ou de la collectivité en question

---

[1] Alain Rochegude, 2006, « Le foncier, une préoccupation constante, un champ d'expertise reconnue », *Cahiers d'anthropologie du droit*, Hors série, p. 85. Voir aussi, Alain Rochegude, 2005, « Le 'Droit d'agir', une proposition pour la 'bonne gouvernance foncière' », *Cahiers d'anthropologie du droit 2005*, pp. 59-72.

[2] Pierre Bourdieu, 1986, « Habitus, code et codification », *Actes de la recherche en sciences sociales*, n° 69, p. 40.

dans le cadre d'une conception particulière de la justice. Sur ces bases, ils adoptent des modes de régulation plus adaptés. En d'autres termes, le phénomène juridique se manifeste par son adaptation des conceptions endogènes de la justice d'une société ou collectivité données aux contraintes contemporaines, adaptation qui se cristallise dans la pratique des acteurs.

Nous avons pu observer dans quelle mesure les phénomènes juridiques liés à la population indigène au Mexique apportent une illustration sur la coexistence d'archétypes juridiques, sur l'articulation de référents normatifs et institutionnels, tout en mettant en cause les prétentions universalistes des conceptions occidentales du droit et le monopole de la prise en charge de la régulation sociale par l'État. La « porosité juridique » pose la diversité culturelle au centre des sociétés et donc de la configuration des phénomènes juridiques. Différents référents coexistent dans un même espace et dans un même temps, référents qui sont mis en jeu par les acteurs. La dynamique, la complexité et l'interculturalité des phénomènes juridiques contemporains ne pourront être approchées qu'à partir d'une sensibilité à des rationalités, des savoirs et des savoir-faire différents, à partir d'une ouverture aux possibles voies de la régulation des sociétés.

BIBLIOGRAPHIE

Ouvrages

Alland Denis et Rials Stéphane (dir.), 2003, *Dictionnaire de la culture juridique*, Paris, PUF-Lamy, coll. Quadrige.

Alliot Michel, 2003, *Le droit et le service public au miroir de l'anthropologie*, textes choisis et édités par Camille Kuyu, Paris, Karthala.

Affergan Francis, 1991, *Critiques anthropologiques*, Paris, Presses de la Fondation nationale des sciences sociales.

Arnaud André-Jean (dir.), 1993, *Dictionnaire encyclopédique de théorie et de sociologie du droit*, deuxième édition corrigée et augmentée, Paris, LGDJ.

Arnaud André-Jean, 2003, *Critique de la raison juridique 2. Gouvernants sans frontières. Entre mondialisation et post-mondialisation*, Paris, LGDJ, coll. Droit et Société.

Arnaud André-Jean et Fariñas Dulce Maria-José, 1998, *Introduction à l'analyse sociologique des systèmes juridiques*, Bruxelles, Bruylant.

Aubry André (ed.), 1988, *Les Tzotzil par eux-mêmes. Récits et écrits de paysans indiens du Mexique*, Paris, L'Harmattan.

Augé Marc, 1998, *Le sens des autres. Actualité de l'anthropologie*, Paris, Fayard.

Baré Jean-François, 1985, *Le malentendu pacifique. Des premières rencontres entre Polynésiens et Anglais et de ce qui s'ensuivit avec les Français jusqu'à nos jours*, Paris, Hachette.

Bidima Jean-Godefroy, 1997, *La palabre. Une juridiction de la parole*, Paris, Éditions Michalon, coll. Le bien commun.

Bonfil Batalla Guillermo, 1998, *México profundo, una civilización negada*, México, Grijalbo.

Briones Claudia, 1998, *(Meta)cultura del estado-nación y estado de la (meta)cultura: Re-pensando las identidades indígenas y antropológicas en tiempos de post-estatalidad*, Brasilia, Universidad de Brasilia.

Broda Johanna y Báez-Jorge Felix (coord.), 2001, *Cosmovisión, ritual e identidad de los pueblos indígenas de México*, serie Historia y antropología, México, Consejo Nacional para la Cultura y las Artes – Fondo de Cultura Económica.

Burguete Cal y Mayor Araceli (coord.), 1999, *México: Experiencias de autonomía indígena*, Guatemala, IWGIA – Centro de Capacitación para el Autodesarrollo de los Pueblos Indios.

Calvo Manuel (coord.), 2002, *Identidades culturales y derechos humanos*, Madrid, Instituto Internacional de Sociología Jurídica de Oñate - Editorial Dykinson.

Cancian Frank, 1989, *Economía y prestigio en una comunidad maya. El sistema religioso de cargos en Zinacantán*, México, Dirección General de Publicaciones del Consejo Nacional para la Cultura y las Artes – Instituto Nacional Indigenista.

Collier Jane F., 1995, *El derecho zinacanteco. Procesos de disputar en un pueblo indígena de Chiapas*, México, CIESAS – Universidad de ciencias y artes del Estado de Chiapas.

Comaroff John L. and Roberts Simon, 1981, *Rules and Processes. The cultural logic of dispute in an african context*, Chicago, The University of Chicago Press.

Desruisseaux Pierre, 2002, *Pop Wooh. Popol Vuh, le livre du temps. Histoire sacrée des Mayas quichés*, présenté et traduit par Pierre DesRuisseaux en collaboration avec Daisy Amaya, Montréal, Les Éditions Triptyque – Le Castor Astral.

Díaz-Polanco Héctor, 1996, *Autonomía Regional. La autodeterminación de los pueblos indios*, México, Siglo XXI editores.

Dumont Louis, 1991, *Essais sur l'individualisme: Une perspective anthropologique sur l'idéologie moderne*, Paris, Éditions du Seuil, série Essais, coll. Points.

Durand Alcántara Carlos Humberto, 2002, *Derecho indígena*, México, Editorial Porrúa.

Eberhard Christoph, 2002, *Droits de l'homme et dialogue interculturel*, Paris, Éditions des écrivains.

Eberhard Christoph (dir.), 2005, *Cahiers d'anthropologie du droit 2005 : Droit, gouvernance et développement durable*, Paris, Karthala.

Eberhard Christoph, 2006, *Le Droit au miroir des cultures. Pour une autre mondialisation*, Paris, LGDJ, coll. Droit et société.

Eberhard Christoph et Vernicos Geneviève (éd.), 2006, *La quête anthropologique du droit*, Paris, Karthala.

Escalante Gonzalbo Pablo (coord.), 2004, *Mesoamérica y los ámbitos indígenas de la Nueva España*, col. Historia de la Vida Cotidiana en México, Tomo I, México, El Colegio de México – Fondo de Cultura Económica.

EZLN, 2003, *EZLN. Documentos y comunicados n°5. La marcha del color de la tierra*, sélection de textes de Guiomar Rovira, chronique de Carlos Monsiváis, Mexico, Ediciones Era.

Favre Henri, 2011, *Changement et continuité chez les Mayas du Mexique. Contribution à l'étude de la situation coloniale en Amérique latine*, Paris, L'Harmattan [1971].

Ferrer Muñoz Manuel y Bono López María, 1998, *Pueblos indígenas y Estado nacional en México en el siglo XIX*, serie C: Estudios históricos, n° 79, México, UNAM.

Florescano Enrique, 1999, *Etnia, estado y nación, ensayo sobre las identidades colectivas en México*, México, Aguilar.

Garapon Antoine, 1997, *Bien juger. Essai sur le rituel judiciaire*, coll. Opus, Paris, Éditions Odile Jacob.

Girard Raphaël, 1960, *L'ésotérisme du Popol-Vuh*, Paris, Librairie d'Amérique et d'Orient Adrien-Maisonneuve.

Gossen Gary, 1990, *Los Chamulas en el mundo del sol*, col. Presencias, México, Dirección General de Publicaciones del Consejo Nacional para la Cultura y las Artes – Instituto Nacional Indigenista.

Gruzinski Serge, 2004, *Les quatre parties du monde. Histoire d'une mondialisation*, Turin, Éditions de la Martinière.

Guinchard Serge et Montagnier Gabriel (dir.), *Lexique des termes juridiques*, 13e édition, Paris, Dalloz.

Hernández Castillo Rosalva Aída, 2001, *La otra frontera. Identidades múltiples en el Chiapas poscolonial*, México, CIESAS - Miguel Angel Porrúa.

Hernández Castillo Rosalva Aída, Paz Sarela, Sierra M[a] Teresa (coord.), 2004, *El Estado y los indígenas en tiempos del PAN : neoindigenismo, legalidad e identidad*, México, CIESAS – Miguel Angel Porrúa.

Instituto Nacional Indigenista, 1998, *Primer reporte de investigación: "Los sistemas normativos indígenas en ocho municipios del Estado de Chiapas"*.

Kilani Mondher, 2000, *L'invention de l'autre. Essais sur le discours anthropologique*, Dijon-Quetigny, Édition Payot – Lausanne.

Krotz Esteban (ed.), 2002, *Antropología jurídica: Perspectivas socioculturales en el estudio del derecho*, México, Anthropos – Universidad Autónoma Metropolitana.

Kymlicka Will, 2006, *Ciudadanía multicultural*, Barcelone, Paidós.

Le Roy Étienne, 1999, *Le jeu des lois. Une anthropologie "dynamique" du droit*, Paris, LGDJ, série anthropologique, coll. Droit et Société.

Le Roy Étienne, 2004, *Les Africains et l'institution de la justice. Entre mimétismes et métissages*, Paris, Dalloz, série Regards sur la justice.

León Pasquel Lourdes de (coord.), 2001, *Costumbres, leyes y movimiento indio en Oaxaca y Chiapas*, México, CIESAS - Miguel Angel Porrúa.

León Portilla Miguel y Earl Shorris, 2004, *Antigua y Nueva Palabra. Antología de la literatura mesoamericana, desde los tiempos precolombinos hasta el presente*, México, Aguilar.

Llewellyn Karl N. et Hoebel Adamson, 1999, *La voie Cheyenne. Conflit et jurisprudence dans la science primitive du droit*, présentation, traduction et notes par Louis Assier-Andrieu de l'ouvrage original, *The Cheyenne Way. Conflict and case law in primitive jurisprudence* (1941), Paris, Bruylant – LGDJ.

López Caballero Paula, 2012, *Les Indiens et la nation au Mexique. Une dimension historique de l'altérité*, Paris, Karthala.

Mahn-Lot Marianne, 1982, *Bartolomé de Las Casas et le droit des Indiens*, Paris, Éditions Payot et Rivages.

Mahn-Lot Marianne, 1991, *Bartolomé de Las Casas. L'Évangile et la force*, 3e édition revue, Paris, Les Éditions du Cerf.

Mattiace Shannan, Hernández Castillo Rosalva Aída, Rus Jan (ed.), 2002, *Tierra, libertad y autonomía : impactos regionales del Zapatismo en Chiapas*, México, CIESAS – IWGIA.

Mejía Fernández Miguel, 1969, *Comunidades indígenas : El calpulli*, n°114, año XV, México, Artes de México. (Prólogo de Alfonso Caso)

Montemayor Carlos, 1998, *Chiapas. La rebelión indígena de México*, México, Joaquín Mortiz, segunda edición.

Nader Laura, 1990, *Harmony ideology. Justice and control in a Zapotec montain village*, Dishá, coll. Anthropology, Stanford, Stanford University Press.

Obregón Rodríguez Mª Concepción, 2003, *Tzotziles. Pueblos indígenas del México contemporáneo*, México, Comisión Nacional para el Desarrollo de los Pueblos Indígenas – PNUD México.

Ost François et Van de Kerchove Michel, 1988, *Le système juridique entre ordre et désordre*, Paris, PUF.

Ost François et Van de Kerchove Michel, 1992, *Le Droit ou les paradoxes du jeu*, Paris, PUF, coll. Les voies du droit.

Ost François et Van de Kerchove Michel, 2002, *De la pyramide au réseau? Pour une théorie dialectique du droit*, Bruxelles, Publications des Facultés universitaires Saint-Louis.

Ovalle Favela José, 1991, *Derecho Procesal Civil*, México, Harla, col. Textos jurídicos universitarios.

Pérez López Enrique, 1997, *Chamula, un pueblo tzotzil*, San Cristóbal de Las Casas, Gobierno del Estado de Chiapas – CONACULTA – CELALI.

Pozas Arciniega Ricardo, 1959, *Chamula, un pueblo indio de los Altos de Chiapas*, col. Memorias del Instituto Nacional Indigenista, México, Ediciones del Instituto Nacional Indigenista.

Rouland Norbert, 1988, *Anthropologie Juridique*, Paris, PUF, coll. Droit fondamental, droit politique et théorique.

Rouland Norbert, 1991, *Aux confins du droit*, Paris, Éditions Odile.

Rouland Norbert, 1995, *L'Anthropologie juridique*, Paris, PUF, coll. Que sais-je ?

Rouland Norbert, Pierré-Caps Stéphane, Poumarède Jacques, 1996, *Droit des minorités et des peuples autochtones*, Paris, PUF, coll. Droit fondamental, droit politique et théorique.

Sierra Mª Teresa, 1992, *Discurso, cultura y poder*, México, CIESAS.

Sierra Mª Teresa (coord.), 2004, *Haciendo justicia. Interlegalidad, derecho y género en regiones indígenas*, México, CIESAS – Miguel Ángel Porrúa – Cámara de diputados LIX Legislatura.

Tena Ramírez Felipe, 1991, *Leyes Fundamentales de México 1808-1991*, Mexico, Editorial Porrúa.

Touraine Alain, 2005, *Un nouveau paradigme pour comprendre le monde aujourd'hui*, Paris, Fayard.

Vanderlinden Jacques, 1996, *Anthropologie juridique*, Paris, Dalloz, coll. Connaissance du droit.

Vázquez Montalbán Manuel, 2003, *Marcos, le maître des miroirs*, trad. Gabriel Cayo, Paris, Mille et une nuits.

Vogt Evon Z. (ed.), 1992, *Los Zinacantecos. Un pueblo Tzotzil de los Altos de Chiapas*, primera edición 1966, México, Dirección General de Publicaciones del Consejo Nacional para la Cultura y las Artes – Instituto Nacional Indigenista, col. Presencias, n° 56.

Articles et contributions

Adonon Akuavi, 2002, « Le réseau juridique et la place de la pyramide : perspectives à travers les conciliations indigènes au Mexique », « Le Droit en perspective interculturelle. Images réfléchies de la pyramide et du réseau », numéro spécial thématique de la *Revue Interdisciplinaire d'Études juridiques*, Chistoph Eberhard (dir.), n°49, pp. 191-209.

Adonon Akuavi, 2004, « Du mystère de l'anthropologie juridique au mystère du droit », *Cahiers d'anthropologie du droit 2004, Revue Droit et Cultures, hors série 2004/4*, Paris, Karthala, pp. 25-32.

Adonon Akuavi, 2005, « Autochtonie, Autonomie, Altérité : Les visages de la gouvernance dans le Chiapas indigène », *Cahiers d'anthropologie du droit 2005*, Paris, Karthala, pp. 123-138.

Adonon Akuavi, Plançon Caroline, Versini-Campinchi Pauline, 2003, « Variations sur le pluralisme juridique : au carrefour de trois cheminements », *Cahiers d'anthropologie du droit 2003*, Paris, Karthala, pp. 65-80.

Adonon Fabien, 1990, « La tradition orale a la parole », *ALFIL Revista cultural del Instituto Francés de América Latina*, México, pp. 26-28.

Alliot Michel, 1968, « L'acculturation juridique », *Encyclopédie de la Pléiade*, Jean Poirier (éd.), vol. XXIV, Belgique, Éditions Gallimard, pp. 1181-1237.

Alliot Michel, 1983, « Anthropologie et juristique. Sur les conditions de l'élaboration d'une science du droit », *Bulletin de liaison du LAJP*, n° 6, Paris, pp. 83-117.

Alliot Michel, 1983, « Anthropologie et juristique. Sur les conditions de l'élaboration d'une science du droit », *Le droit et le service public au miroir de l'anthropologie*, 2003, textes choisis et édités par Camille Kuyu, Paris, Karthala, pp. 283-305.

Alliot Michel, 1986, « Droits de l'homme et autres traditions », *Le droit et le service public au miroir de l'anthropologie*, 2003, textes choisis et édités par Camille Kuyu, Paris, Karthala, pp. 265-267.

Alliot Michel, 1986, « Droits de l'homme et anthropologie du droit », *Le droit et le service public au miroir de l'anthropologie*, 2003, textes choisis et édités par Camille Kuyu, Paris, Karthala, pp. 247-252.

Alliot Michel, 2000, « La crise des pays des Grands Lacs : cultures juridiques, cultures de paix ? », *Le droit et le service public au miroir de l'anthropologie*, 2003, textes choisis et édités par Camille Kuyu, Paris, Karthala, pp. 269-276.

Alliot Michel, 2001, « Peut-on devenir anthropologue ? », *Le droit et le service public au miroir de l'anthropologie*, 2003, textes choisis et édités par Camille Kuyu, Paris, Karthala, pp. 7-36.

Arnaud André-Jean, 1990, « Repenser un droit pour l'époque post-moderne », *Le Courrier du CNRS*, n° 75, Paris, pp. 81-82.

Assier-Andrieu Louis, 1999, « La genèse réaliste de l'anthropologie du droit. Étude sur la voie Cheyenne », *La voie Cheyenne. Conflit et jurisprudence dans la science primitive du droit*, présentation, traduction et notes par Louis Assier-Andrieu de l'ouvrage original, *The Cheyenne Way. Conflict and case law in primitive jurisprudence* (1941), Paris, Bruylant – LGDJ, pp. VII-XXIX.

Benda-Beckmann Keebet von, 1981, «Forum Shopping and shopping forums ; Dispute processing in a Minangkaban village », Reprinted in 1985, *Journal of legal pluralism and unofficial law*, n°19, pp. 117-159.

Bourdieu Pierre, 1986, « La force du droit. Éléments pour une sociologie du champ juridique », *Actes de la recherche en sciences sociales*, n° 64, septembre, pp. 3-19.

Bourdieu Pierre, 1986, « Habitus, code et codification », *Actes de la recherche en sciences sociales*, n° 64, septembre, pp. 40-44.

Broda Johanna, 2001, « La etnografía de la fiesta de la Santa Cruz : una perspectiva histórica », *Cosmovisión, ritual e identidad de los pueblos indígenas de México*, Felix Báez-Jorge (coord.), México, Consejo Nacional para la Cultura y las Artes – Fondo de Cultura Económica, serie Historia y antropología, pp. 165-238.

Burguete Cal y Mayor Aracely, 2002, « Procesos de autonomías de facto en Chiapas. Nuevas jurisdicciones y gobiernos paralelos en rebeldía », *Tierra, libertad y autonomía: impactos regionales del zapatismo en Chiapas*, Shannon Mattiace *et al.* (coord.), México, CIESAS – IWGIA, pp. 269-317.

Cancian Francesca, 1992, « Patrones de interacción en las familias zinacantecas », *Los Zinacantecos. Un pueblo Tzotzil de los Altos de Chiapas*, Evon Z. Vogt (ed.), primera edición 1966, México, Dirección General de Publicaciones del Consejo Nacional para la Cultura y las Artes – Instituto Nacional Indigenista, col. Presencias, n° 56, pp. 251-274.

Cancian Frank, 1992, « Algunos aspectos de la organización social y religiosa de una sociedad maya », *Los Zinacantecos. Un pueblo Tzotzil de los Altos de Chiapas*, Evon Z. Vogt (ed.), primera edición 1966, México, Dirección General de Publicaciones del Consejo Nacional para la Cultura y las Artes – Instituto Nacional Indigenista, col. Presencias, n°56, pp. 315-326.

Carbonell Sánchez Miguel, 2005, « El país bajo los dictados de la Corte », *Proceso (24 de abril)*, n°1486, México.

Collier George A., 1992, « Los zinacantecos en su mundo contemporáneo », *Antropología Mesoamericana. Homenaje a Alfonso Villa Rojas*, Víctor Manuel Esponda *et al.* (comp.), Tuxtla Gutiérrez, Gobierno del Estado de Chiapas – Consejo Estatal de fomento a la investigación y difusión de la cultura – DIF Chiapas – Instituto Chiapaneco de la cultura, pp. 189-215.

Collier Jane F., 1992, « El noviazgo zinacanteco como transacción económica », *Los Zinacantecos. Un pueblo Tzotzil de los Altos de Chiapas*, Evon Z. Vogt (ed.), primera edición 1966, México, Dirección General de Publicaciones del Consejo Nacional para la Cultura y las Artes – Instituto Nacional Indigenista, col. Presencias, n°56, pp. 235-250.

Collier Jane F., 2001, « Dos modelos de justicia indígena en Chiapas, México : una comparación de las visiones Zinacanteca y del Estado », *Costumbres, leyes y movimiento indio en Oaxaca y Chiapas*, León Pasquel Lourdes de (coord.), México, CIESAS – Miguel Angel Porrúa, pp. 189-200.

Collier Jane F., 2004, « Cambio y continuidad en los procedimientos legales zinacantecos », *Haciendo Justicia. Interlegalidad, Derecho y Género en Regiones Indígenas*, Sierra Mª Teresa (ed.), México, CIESAS – Miguel Angel Porrúa, pp. 57-113.

Díaz-Polanco Héctor, 2003, « Juntas de buen gobierno ¿Una etapa superior de la autonomía? », *CEMOS-Memoria*, n°176, México, versión web.

Díaz-Polanco Héctor, 2004, « Perspectivas del reconocimiento de los derechos de los pueblos indígenas en México », *Derechos y cultura indígenas. El PRD frente a la reforma constitucional de 2001*, México, Cámara de Diputados LIX legislatura, pp. 11-17.

Durand Alcántara Carlos Humberto, 1997, « La costumbre jurídica maya frente al derecho mexicano », *Alegatos*, n°37, México, Universidad Autónoma Metropolitana, 29 p.
Consultable sur http://www-azc.uam.mx/publicaciones/alegatos/37-08.html.

Eberhard Christoph, 1998, « Les droits de l'homme au Laboratoire d'Anthropologie Juridique de Paris – Origines et développements d'une problématique », *Bulletin de liaison du LAJP*, n° 23, pp. 23-34.

Eberhard Christoph, 2002, « Derechos humanos y diálogo intercultural. Una perspectiva antropológica », *Identidades culturales y derechos humanos*, Madrid, Instituto Internacional de Sociología Jurídica de Oñati – Editorial Dykinson, pp. 255-287.

Eberhard Christoph, 2004, « Droit, gouvernance et développement durable. Quelques réflexions préliminaires », *Revue interdisciplinaire d'études juridiques*, n° 53, pp. 81-122.

Eberhard Christoph et Ndongo Aboubakri Sidi, 2001, « Relire Amadou Hampâté Bâ pour une approche africaine du Droit. Images réfléchies de la 'pyramide' et du 'réseau' », *Revue Interdisciplinaire d'Études Juridiques*, n° 47, pp. 75-113.

Escalante Gonzalbo Pablo, 2004, « La ciudad, la gente y las costumbres », *Mesoamérica y los ámbitos indígenas de la Nueva España*, col. Historia de la Vida Cotidiana en México, Tomo I, México, El Colegio de México – Fondo de Cultura Económica, pp. 199-230.

Escalante Gonzalbo Pablo, 2004, « La cortesía, los afectos y la sexualidad », *Mesoamérica y los ámbitos indígenas de la Nueva España*, col. Historia de la Vida Cotidiana en México, Tomo I, México, El Colegio de México – Fondo de Cultura Económica, pp. 261-278.

Escalante Gonzalbo Pablo y Rubial García Antonio, 2004, « Los pueblos, los conventos y la liturgia », *Mesoamérica y los ámbitos indígenas de la Nueva España*, col. Historia de la Vida Cotidiana en México, Tomo I, México, El Colegio de México – Fondo de Cultura Económica, pp. 367-390.

Escalante Gonzalbo Pablo y Rubial García Antonio, 2004, « El ámbito civil, el orden y las personas », *Mesoamérica y los ámbitos indígenas de la Nueva España*, col. Historia de la Vida Cotidiana en México, Tomo I, México, El Colegio de México – Fondo de Cultura Económica, pp. 413-441.

Falk Moore Sally, 2001, « Certainties undone : fifty turbulent years of legal anthropology, 1949-1999 », *The Journal of the Royal Anthropological Institute*, vol. 7, n° 1, pp. 95-116.

Giménez Gilberto, 2001, « Cultura, territorio y migraciones. Aproximaciones teóricas », *Alteridades. Miradas antropológicas ante una realidad compleja*, Universidad Autónoma Metropolitana, año 11, n° 22, pp. 5-14.

Gómez Magdalena, 2004, « La constitucionalidad pendiente: la hora indígena de la Corte », *El Estado y los indígenas en tiempos del PAN : neoindigenismo, legalidad e identidad*, México, CIESAS – Miguel Angel Porrúa, pp. 175-205.

Gutiérrez Chong Natividad, 2004, « Mercadotecnia en el 'indigenismo' de Vicente Fox », *El Estado y los indígenas en tiempos del PAN : neoindigenismo, legalidad e identidad*, México, CIESAS – Miguel Angel Porrúa, pp. 27-51.

Hampâté Bâ Amadou, 1980, « La tradition vivante », *Histoire Générale de l'Afrique. Méthodologie et préhistoire africaine*, Tome I, Joseph Ki-Zerbo (dir.), Strombeek, Belgique, Jeune Afrique – Stock – UNESCO, pp. 191-229.

Haviland John B., 2001, « La invención de la 'costumbre' : El diálogo entre el derecho zinacanteco y el ladino durante seis décadas », *Costumbres, leyes y movimiento indio en Oaxaca y Chiapas*, México, CIESAS – Miguel Angel Porrúa, pp. 171-188.

Hernández Castillo Rosalva Aída, 2004, « La diferencia en debate : La política de identidades en tiempos del PAN », *El Estado y los indígenas en tiempos del PAN : neoindigenismo, legalidad e identidad*, México, CIESAS – Miguel Angel Porrúa, pp. 287-306.

Icaza Dufour Francisco de, 1972, « Breve reseña histórica de la legislación civil en México desde la época precortesiana hasta 1854 », *Jurídica. Anuario del Departamento de Derecho de la Universidad Iberoamericana*, n°4, México, pp. 201-220.

Le Roy Étienne, 1974, « Justice africaine et oralité juridique. Une réinterprétation de l'organisation judiciaire 'traditionnelle' à la lumière d'une théorie générale du droit oral d'Afrique Noire », *Bulletin de l'IFAN*, série B, n° 3, T. XXXVI, pp. 559-591.

Le Roy Étienne, 1979, « Les droits africains traditionnels et la modernité », *Revue Monchanin Journal, I - L'Univers juridique autochtone*, n° 4, vol. XII, Cahier 65, oct.-déc., Montréal, pp. 35-43.

Le Roy Étienne, 1982, « El paradigma y el discurso jurídico : el caso de los derechos del África negra », *El discurso jurídico. Perspectiva psicoanalítica y otros abordajes epistemológicos*, Buenos Aires, Hachette, pp. 146-168.

Le Roy Étienne, 1984, « L'esprit de la coutume et l'idéologie de la loi », *La connaissance du droit en Afrique*, Bruxelles, ARSOM, pp. 210-240.

Le Roy Étienne, 1986, « L'ordre négocié ; l'oralité juridique et les mutations techniques et sociales », *Cahiers S.T.S. Ordre juridique et ordre technologique*, Paris, Éditions du Centre National de la Recherche scientifique, pp. 117-133.

Le Roy Étienne, 1993, « Les recherches sur le droit interne des pays en développement - Du droit du développement à la définition pluraliste de l'État de droit », *État des savoirs sur le développement - Trois décennies de sciences sociales en langue française*, C. Coquery-Vidrovitch, O. Dollfus, É. Le Roy, M. Vernieres (dir.), Paris, Karthala, pp. 75-86.

Le Roy Étienne, 1994, « Comparaison n'est pas raison: Anthropologie et Droit comparé face aux traditions non européennes », *Scritti in onore di Rodolfo Sacco - La comparazione giuridica alle soglie del 3° millenio*, Paolo Cendon (éd.), Milano, Milano Dott. A. Giuffrè Editore, pp. 675-692.

Le Roy Étienne, 1997, « Les fondements anthropologiques et philosophiques des droits de l'homme – L'universalité des droits de l'homme peut-elle être fondée sur le principe de la complémentarité des différences », *Recueil des cours de la vingt-huitième session d'enseignements de l'Institut international des droits de l'homme de Strasbourg*, pp. 13-30.

Le Roy Étienne, 1998, « L'hypothèse du multijuridisme dans un contexte de sortie de modernité », *Théories et émergences du droit : pluralisme, surdétermination et effectivité*, Lajoie A., Macdonald R. A., Janda R., Rocher G. (éd.), Bruxelles, Bruylant/Thémis, pp. 29-43.

Le Roy Étienne, 1998, « Les droits de la personne à l'âge de la transmodernité face à la complexité des sociétés, un outil politique dans 'l'entre-deux' de l'universalisme et des particularismes », Résumé de la communication à la journée « La déclaration universelle des droits de l'homme : bilan après cinquante ans », Ottawa, 4 juin, consultable sur : http://www.dhdi.org, 10 p.

Le Roy Étienne, 2002, « La médiation comme 'dialogie' entre les ordonnancements de régulation sociale », *Médiation et diversité culturelle. Pour quelle société ?*, Carole Younes et Étienne Le Roy (dir.), Paris, Karthala, pp. 77-100.

Le Roy Étienne, 2003, « Le pluralisme juridique aujourd'hui ou l'enjeu de la juridicité », Éditorial, *Cahiers d'anthropologie du droit 2003*, Paris, Karthala, pp. 7-17.

Le Roy Étienne, 2004, « Pour une anthropologie de la juridicité », *Cahiers d'anthropologie du droit 2004, Revue Droit et Cultures, hors série 2004/4*, Paris, Karthala, pp. 241-248.

Legré Okou Henri, 1994, « L'image du juge dans les sociétés traditionnelles », *Le juge : une figure d'autorité*, Claude Bontems (dir.), Paris, L'Harmattan, pp. 75-97.

León Portilla Miguel, 1994, « La antigua y la nueva palabra de los pueblos indígenas », *Revista del Senado de la República*, México, CONACULTA - ERA, pp. 43-58.

León Portilla Miguel, 1998, « La palabra indígena y el Instituto Nacional Indigenista », *La Jornada (11 de diciembre de 1998)*, México.

Lomelí González Arturo, 1999, « Pueblos indios y autonomías zapatistas », *México : Experiencias de autonomía indígena*, Araceli Burguete Cal y Mayor (coord.), Guatemala, IWGIA – CECADEPI RAP, pp. 234-260.

López Bárcenas Francisco, 2004, « La lucha por la autonomía indígena en México : un reto al pluralismo », *El Estado y los indígenas en tiempos del PAN : neoindigenismo, legalidad e identidad*, México, CIESAS – Miguel Angel Porrúa, pp. 207-231.

Montemayor Carlos, 1994, « La autonomía : un proceso para conocer y reconocer a las culturas indígenas », *Revista del Senado de la República*, México, CONACULTA – ERA, pp. 71-84.

Montemayor Carlos, 2000, « La cosmovisión de los pueblos indígenas actuales », *Desacatos. Revista de antropología social*, n° 5, México, CIESAS, pp. 95-106.

Navarrete Federico, 2010, « 1847-1949 : el siglo que cambió la historia indígena mexicana », Josefina Mac Gregor (coord.), *Miradas sobre la nación liberal : 1848-1948. Proyectos, debates y desafíos*, UNAM, pp. 125-175.

Ost François et Van de Kerchove Michel, 2000, « De la pyramide au réseau? Vers un nouveau mode de production du droit? », *Revue interdisciplinaire d'études juridiques*, pp. 1-82.

Paz Patiño Sarela, 2004, « Pensando a la diferencia en su posibilidad política », *El Estado y los indígenas en tiempos del PAN : neoindigenismo, legalidad e identidad*, México, CIESAS – Miguel Angel Porrúa, pp. 357-382.

Rochegude Alain, 2005, "Le 'Droit d'agir', une proposition pour la 'bonne gouvernance foncière'", *Cahiers d'anthropologie du droit 2005*, Paris, Karthala, pp. 59-72.

Rochegude Alain, 2006, « Le foncier, une préoccupation constante, un champ d'expertise reconnue », *Cahiers d'anthropologie du droit*, Hors série, Paris, Karthala, pp. 83-92.

Sánchez Consuelo, 2004, « Autonomía y heteronomía. La reforma conservadora », *El Estado y los indígenas en tiempos del PAN : neoindigenismo, legalidad e identidad*, México, CIESAS – Miguel Angel Porrúa, pp. 261-284.

Sierra Mª Teresa, 1988, « Las conciliaciones indígenas », *México indígena*, n°25, año IV, 2ª Epoca, México, Instituto Nacional Indigenista, pp. 47-51.

Sousa Santos Boaventura de, 1988, « Droit : une carte de la lecture déformée. Pour une conception post-moderne du droit », *Droit et Société*, n° 10, pp. 363-389.

Travers Max, 2001, « Ethnométodologie, analyse de conversation et droit », *Droit et Société*, n°48, pp. 349-366.

Troper Michel, 1986, « Du fondement de la coutume à la coutume comme fondement », *Droits. Revue française de théorie juridique*, Paris, PUF, pp. 11-24.

Vachon Robert, 1990, « L'étude du pluralisme juridique. Une approche diatopique et dialogale », *Journal of Legal Pluralism and Unofficial Law*, n°29, pp. 163-173.

Vachon Robert y Nicolau Coll Agusti, 1996, « Etnicidad y Derecho : Un enfoque diatópico y dialogal del estudio y la enseñanza del pluralismo jurídico », *Etnicidad y derecho. Un diálogo postergado entre los científicos sociales*, México, Instituto de Investigaciones Jurídicas de la UNAM, serie L : Cuadernos del Instituto, col. Derecho indígena, n° 4, pp. 267-290.

Vanderlinden Jacques, 1972, « Le pluralisme juridique. Essai de synthèse », *Le pluralisme juridique*, John Gilissen (éd.), Bruxelles, Université de Bruxelles, pp. 19-56.

Vanderlinden Jacques, 1993, « Vers une nouvelle conception du pluralisme juridique », *Revue de la Recherche Juridique - Droit Prospectif*, pp. 573-583.

Vanderlinden Jacques, 1996, « Rendre la production du droit aux 'peuples' », *Politique Africaine*, n°62, pp. 83-94.

Vanderlinden Jacques, 1998, « L'utopie pluraliste. Solution de demain au problème de certaines minorités? », *Minorités et organisation de l'État*, Nicolas Levrat (éd.), Bruxelles, Bruylant, pp. 665-675.

Vanderlinden Jacques, 2003, « Trente ans de longue marche sur la voie du pluralisme juridique », *Cahiers d'anthropologie du droit 2003*, Paris, Karthala, pp. 21-34.

Velásquez García Erik, 2004, « La vida cotidiana de los mayas durante el período clásico », *Mesoamérica y los ámbitos indígenas de la Nueva España*, Pablo Escalante Gonzalbo (coord.), col. Historia de la Vida Cotidiana en México, Tomo I, México, El Colegio de México – Fondo de Cultura Económica, pp. 99-136.

Vogt Evon Z., 1992, « Los H'iloletik : organización y funciones del chamanismo en Zinacantán », *Los Zinacantecos. Un pueblo Tzotzil de los Altos de Chiapas*, Evon Z. Vogt (ed.), primera edición 1966, México, Dirección General de Publicaciones del Consejo Nacional para la Cultura y las Artes – Instituto Nacional Indigenista, col. Presencias, n°56, pp. 113-128.

Vogt Evon Z., 1992, « Réplica estructural y réplica conceptual en la cultura Zinacanteca », *Los Zinacantecos. Un pueblo Tzotzil de los Altos de Chiapas*, Evon Z. Vogt (ed.), primera edición 1966, Dirección General de Publicaciones del Consejo Nacional para la Cultura y las Artes – Instituto Nacional Indigenista, col. Presencias, n° 56, México, pp. 129-141.

Législation et autres documents

Constitución Política de la Monarquía Española, 1812, Cádiz, Manuel Antonio Valdés impresor de la cámara de S.M. *Cf.* Felipe Tena Ramírez, 1991, *Leyes Fundamentales de México 1808-1991*, México, Editorial Porrúa, pp. 60-104.

Decreto Constitucional para la Libertad de la América Mexicana, 1814, Apatzingán. *Cf.* Felipe Tena Ramírez, 1991, *Leyes Fundamentales de México 1808-1991*, México, Editorial Porrúa, pp. 32-58.

Constitución Federal de los Estados Unidos Mexicanos, sancionada por el Congreso General Constituyente, el 4 de octubre de 1824, Imprenta del Supremo Gobierno de los Estados Unidos Mexicanos, en Palacio. *Cf.* Felipe Tena Ramírez, 1991, *Leyes Fundamentales de México 1808-1991*, México, Editorial Porrúa, pp. 167-195.

Constitución Política de los Estados Unidos Mexicanos.

Código de Procedimientos Civiles del Distrito Federal.

Código de Procedimientos Civiles del Estado de Chiapas.

Ley de Derechos y Cultura Indígenas del Estado de Chiapas, 29 de julio de 1999.

Ley Orgánica del Poder Judicial del Estado de Chiapas, 27 de noviembre de 2002.

Exposición de motivos e iniciativa de decreto que reforma el artículo 4 de la Constitución Política de los Estados Unidos Mexicanos, Cámara de Diputados, año III, n°15, diciembre 1990.

Quiroz Miguel Ángel (Diputado), artículo 4° constitucional, Quinta reforma, *Debates*, Cámara de Diputados, año III, n° 20, julio 3, 1991.

López y Rivas Gilberto (Diputado), artículo 4° constitucional, Quinta reforma, *Debates*, Cámara de Diputados, año III, n° 20, julio 3, 1991.

Pronunciamiento conjunto que el Gobierno Federal y el EZLN enviarán a las instancias de debate y decisión nacional (Acuerdos de San Andrés Larráinzar), 16 de febrero de 1996.

Iniciativa de reformas constitucionales en materia de derechos y cultura indígena que presenta el Ejecutivo Federal al Congreso Mexicano, México, 1998.

Discurso de la Comandante Esther, representante del Ejército Zapatista de Liberación Nacional, 28 de marzo, 2001, Cámara de Diputados.

Voto particular que formula el Ministro Mariano Azuela Güitrón en contra de la resolución mayoritaria del pleno de la Suprema Corte de Justicia de la Nación en las controversias constitucionales 48/2001 y 82/2001 promovidas por los Ayuntamientos de Santiago Amoltepec y San Pedro Quiatoní Tlacolula, del Estado de Oaxaca, respectivamente.

Voto de minoría que formulan los Ministros Sergio Salvador Aguirre Anguiano, Mariano Azuela Güitrón y Juan Silva Meza en contra de las sentencias mayoritarias emitidas por el pleno de la Suprema Corte de Justicia de la Nación el viernes seis de septiembre de dos mil dos al resolver las controversias constitucionales 82/2001 y 48/2001 que se promovieron, respectivamente, por los Ayuntamientos de los Municipios de Santiago Amoltepec y de San Pedro Quiatoní Tlacolula, ambos del Estado de Oaxaca, en contra del procedimiento que culminó con las reformas, publicadas como constitucionales, en materia indígena.

INDEX

ANNEXE 1

TRANSCRIPTION EN FRANÇAIS DE L'AUDIENCE CONCILIATOIRE CH 22

Le 27 mars 2003 l'audience au Tribunal de Paix et de Conciliation indigène de San Juan Chamula était déjà en cours à notre arrivée. Les Autorités qui règlent d'habitude ce type de conflits à la mairie participaient à une cérémonie du village, c'est pourquoi le différend se réglait au tribunal. Le juge suppléant, le commandant et le commandant adjoint coprésidaient l'audience qui se tenait dans un petit bureau à côté de la grande salle d'audience. Parmi les personnes présentes à l'audience deux mayoletik, *l'agent municipal du hameau d'origine des parties et les enfants du couple en conflit. Une femme offensée par le comportement de son conjoint était venue se plaindre auprès des Autorités, elle voulait le quitter ; le conjoint, de son côté, insistait pour se faire pardonner.*

[...]

1. ***La demanderesse*** : Je viens demander justice parce que mon époux n'arrête pas de m'engueuler et de me battre ; j'en ai assez. Je ne veux plus de problèmes ; c'est pour cela que je vous demande de bien vouloir m'aider.
2. ***Le juge suppléant*** : C'est donc la plainte que tu as contre ton mari ?
3. ***La demanderesse*** : Oui, c'est ça. C'est lui qui provoque les problèmes, pas moi. Je suis, moi, respectueuse de mes obligations. Nous ne nous sommes pas mariés ni hier ni avant-hier, nous avons déjà des enfants âgés ; c'est pourquoi je suis venue vous demander de résoudre mon problème.
4. ***Le juge suppléant*** : C'est donc ce qui se passe chez vous. Mais que veux-tu qu'on fasse ? As-tu pensé à une solution ? Vas-tu retourner chez lui ? C'est ce que nous voulons savoir pour savoir quoi faire.
5. ***La demanderesse*** : Je ne sais plus, mais je veux que vous me régliez ce problème parce que, à vrai dire, ce n'est pas ma faute ; je lui fais à manger, entre autres, je lui prête une attention toute particulière sans rien dire et cependant, c'est ainsi qu'il me traite, lui. Je m'occupe de tout à la maison et lui, il arrive, il se fâche et il me bat.
6. ***Le commandant*** : C'est alors ce qui se passe chez vous. Je ne trouve pas cela acceptable! Nous allons maintenant demander à votre mari ce qu'il veut et pourquoi il se comporte ainsi.
7. ***La demanderesse*** : Oui, je vous en prie.
8. ***Le commandant*** : Dis-nous, tu vas retourner chez lui ?
9. ***La demanderesse*** : Non, je ne veux plus
10. ***Le commandant adjoint*** : Tu veux... disons, qu'il soit emprisonné ?

11. ***La demanderesse*** : Je crois qu'il le mérite.
12. ***Le juge suppléant*** : Qu'as-tu pensé ? Qu'est-ce que tu voudrais ? Tu veux retourner chez lui ou que chacun aille de son côté ? Qu'as-tu pensé ? Quelle décision vas-tu prendre ?
13. ***La demanderesse*** : Je ne sais pas, mais je crois que je ne vais pas retourner chez lui. Dieu voit bien que ce n'est pas moi qui ai tort, que je travaille vraiment et que je prends soin de lui, que je lui fais à manger, que j'apprête ses habits. Je ne suis pas de ces gens qui ne font rien. Dieu le sait et il sait aussi tout ce que je souffre. Et lui, quand il rentre, c'est pour me battre. Et si par malheur il me tuait ! Que vais-je faire alors ? Il est possible que cela se passe ou alors que ce soit lui qui soit tué.
14. ***Le commandant*** : Alors, qu'est-ce que tu vas faire ?
15. ***La demanderesse*** : Je ne sais pas ; je ne sais pas ce que je vais faire.
16. ***Le commandant adjoint*** : Qu'est-ce que tu as pensé faire ? Tu vas retourner à la maison, oui ou non ? C'est ce que nous voulons savoir pour lui demander ce qu'il en pense, lui. À quoi as-tu pensé ?
17. ***La demanderesse*** : Je ne sais pas ; je ne sais pas quoi faire. Ce que je veux, c'est qu'on lui fasse voir ses torts et qu'on le punisse.
18. ***Le juge suppléant*** : Ce que nous voulons savoir c'est si tu vas lui pardonner afin de résoudre ton problème ou le punir.
19. ***Le commandant*** : Tu veux revenir avec lui ou tu ne le veux pas ? C'est ce qu'il faut savoir pour pouvoir trouver une solution à ton problème, vu qu'il a déjà été enfermé aussi bien dans son hameau[1] qu'ici au centre[2]. Nous ne pouvons plus l'enfermer ; ce serait mal vu.
20. ***La demanderesse*** : Oui, vous avez raison.
21. ***Le commandant*** : Vous êtes suffisamment âgés tous les deux, pour savoir ce que vous voulez. Nous voulons savoir si vous allez reprendre la vie ensemble ; si tu vas lui pardonner ou non. Lui, il ne pourra qu'accepter ce qu'on lui dira.
22. ***La demanderesse*** : Il ne va pas l'accepter.
23. ***Le commandant*** : S'il ne l'accepte pas, alors, sa faute va être plus grave. Ici, nous allons faire en sorte qu'il comprenne ce qu'on va lui dire.
24. ***La demanderesse*** : Oui, c'est cela. Je ne veux pas revenir à la maison avec lui, nos problèmes peuvent s'aggraver, mais je ne crois pas qu'il l'accepte.
25. ***Le juge suppléant*** : Nous avons déjà écouté ta femme. D'après ce que nous savons, c'est la nourriture qui pose problème. [...] Écoute, ce n'est pas bien ce que tu fais. Ce qui te déplaît, c'est que ta femme parle avec les autres femmes, mais c'est ainsi, camarade. Vous ne devez pas

[1] Hameau : petites circonscriptions administratives qui font partie de la municipalité.
[2] Il s'agit du chef-lieu de la municipalité de San Juan Chamula.

être tout le temps en train de vous disputer. [...] Malgré vos problèmes vous devez tenir compte de votre fonction dans la communauté et bien vous comporter. Tu n'aimes pas ce qu'elle fait à manger et tu dis avoir honte face aux invités. Ce que nous avons vu ou entendu c'est que tu as dit à ta femme que tu vas ridiculiser sa cuisine, étant donné que tu n'as jamais aimé ce qu'elle fait à manger. Ce n'est pas bien que tu le lui dises en public. Tu dois lui faire la remarque en privé et non pas en la grondant devant tout le monde ! Supposons qu'on te traite de la même manière ; cela ne te plairait certainement pas ! ton attitude est répréhensible ; tu devrais aider ta femme à améliorer la situation au lieu de passer ton temps à l'engueuler.

26. ***Le commandant*** : Ça ne devrait pas se passer ainsi. Tes observations doivent être faites correctement s'il en était ainsi, la situation serait différente pour ton couple. Ce que nous constatons, c'est la manière inadéquate que tu as de donner des ordres à ta femme. Si tu t'y étais bien pris, elle ne s'en serait pas sentie offensée, mais tu ne t'y prends pas comme il se doit. Si tu la prends en considération, elle fera de même et adieu les problèmes ! Si tu trouves que ce qu'elle a préparé ne te plaît pas, tu dois le lui dire d'une manière aimable. Si tu lui donnes suffisamment d'argent, elle fera une meilleure cuisine. Si tu veux bien manger tu dois donner suffisamment d'argent, comme ça ta femme achète le nécessaire pour bien faire à manger ; mais si tu ne donnes pas d'argent, ta femme n'a pas de quoi bien faire à manger.
27. ***Le juge suppléant*** : Oui, c'est ça.
28. ***Le commandant*** : *Bankilal*[1], si tu ne peux pas abandonner la boisson, alors, dis à ta femme ce qui ne te plaît pas quand tu es sobre. Tu peux aussi demander à ton frère aîné de parler avec ta femme pour qu'il n'y ait plus de problèmes, mais tu ne procèdes pas ainsi ; tu préfères parler quand tu es ivre.
29. ***Le juge suppléant*** : Oui, c'est ça. Et tu vas jusqu'à dire à ta femme que tu vas la tuer, c'est inadmissible, *bankilal*, c'est ta femme ce n'est pas ta bonne. Tu peux aussi l'aider.
30. ***Le défendeur*** : Oui, c'est vrai.
31. ***Le juge suppléant*** : Au contraire, tu la bats, tu ne lui dis pas les choses d'une manière correcte et ça ce n'est pas bon, tu ne dois pas te comporter ainsi. Je ne crois pas que tout le problème vienne de la nourriture. Nous voulons connaître les autres problèmes que vous avez.
32. ***Le défendeur*** : En effet, il se peut que ce ne soit pas seulement ça, il y a aussi le problème des habits ; elle était en train de me coudre un vêtement qui ne m'a pas plu ; elle m'a dit : « Si ça ne te plaît pas, alors, j'abandonne » et elle n'a pas continué à le coudre. Moi je lui ai dit : « D'accord, laisse-le. »

[1] C'est une expression, une formule chaleureuse utilisée pour s'adresser à quelqu'un de plus âgé.

33. ***Le commandant*** : Alors, c'est ce qu'elle a dit la « maîtresse de ta maison » ?
34. ***Le commandant adjoint*** : C'est ce que nous voulons que tu dises. Ce qu'elle fait et ce qui ne te plaît pas pour ainsi savoir ce que fait ta femme. N'aie pas peur, raconte-nous tout.
35. ***Le défendeur*** : D'accord.
36. ***Le juge suppléant*** : Eh bien, oui ; c'est ce que nous voulons savoir. Et s'il n'y a pas de problèmes, eh bien, nous mettrons fin une bonne fois pour toutes à tout cela.
37. ***Le commandant*** : Toi, ne t'occupe pas de ce qui se passe à la maison ; je crois qu'elle sait déjà, elle, ce qu'elle a à faire ; cela ne t'incombe pas ; elle sait ce qu'elle fait à la maison en matière de repas et de vêtements ; par contre si tu t'en mêles sans cesse, c'est normal que cela lui déplaise. Mais si toi tu ne nous dis rien de ce qui se passe, ce sera toi le fautif, compte tenu de ce que nous avons entendu ici. Par contre, si tu nous dis ce que ta femme fait, nous saurons ce qui se passe vraiment chez vous au point d'être venus jusqu'ici [*jusqu'au Tribunal*].
38. ***Le juge suppléant*** : Si le fait d'avoir une responsabilité de service à la communauté t'est monté à la tête au point d'engueuler ta femme, c'est qu'il y a quelque chose qui ne va pas. Nous voulons savoir ce que toi tu penses ; nous avons déjà écouté ta femme, maintenant c'est ton tour.
39. ***Le commandant*** : Ce que nous avons entendu de ta femme lui donne raison ; elle nous dit que tu la grondes mais nous constatons que tu n'es pas d'accord.
40. ***Le défendeur*** : Mais moi, je ne lui fais rien ! Je ne l'ai pas tuée !
41. ***Le commandant*** : Ce n'est pas acceptable que tu lui dises cela, de plus, tu le lui dis quand tu es soûl.
42. ***Le défendeur*** : Mais je ne le fais pas souvent et, en plus, je ne bois pas tous les jours.
43. ***Le commandant*** : Il ne faut pas que tu lui dises cela. Nous avons déjà entendu ce que tu fais et nous ne l'apprécions pas du tout. Tes enfants comprennent déjà les choses et tu es en train de leur donner de mauvais exemples : tu engueules ta femme et tu la bats. Tes enfants en sont témoins et ils sont suffisamment grands pour ne pas l'apprécier non plus.
44. ***Le commandant adjoint*** : C'est ça qui ne va pas du tout ! Vous, vous devez donner de bons exemples. Ce que vous faites est inadmissible. Ton fils et ta fille en sont conscients et ne l'apprécient pas non plus. Ce que vous devez faire c'est donner des ordres responsables et de bons exemples à tes enfants, mais avec ton comportement tu donnes un mauvais exemple, et c'est ça qui est répréhensible parce que vous, vous êtes adultes, vous raisonnez.
45. ***Le juge suppléant*** : Oui, c'est ça. Ce que nous voulons savoir c'est si tu veux que ta femme retourne à la maison.

46. ***Le défendeur*** : Oui. Pourquoi vous ne me la rendez pas ?

47. ***Le juge suppléant*** : Essaye de la convaincre alors, si tu peux. On verra bien si elle veut.

48. ***Le défendeur*** : Si elle ne veut pas, je veux qu'elle sache que je vais tenir compte de ce que vous dites pour mon comportement futur, car, comme vous le dites, ce n'est ni ma bonne ni ma propriété. Moi, je lui dis ces choses quand je suis soûl ; c'est l'alcool qui me met dans cet état.

49. ***Le juge suppléant*** : Oui nous savons, mais écoute, ta famille va te chercher la nuit ou à l'aube pour te ramener chez toi ; on ne saurait être fier d'une telle situation.

50. ***La demanderesse*** : Oui, nous sommes même partis de nuit le chercher, mais lui, il n'en tient pas compte.

51. ***Le juge suppléant*** : Si tu ne te soûlais pas, si tu tenais compte de ta famille, de tes enfants, de ta femme et de plus, si tu raisonnais comme il se doit, alors, tu leur dirais : « Venez, nous allons manger tous ensemble, qu'est-ce que vous aimeriez, qu'est-ce que vous aimeriez manger ? » Ce serait digne d'un père ; seulement voilà tu passes ton temps à gaspiller ton argent en alcool. Cet argent ainsi dilapidé aurait servi à acheter de quoi bien faire à manger. Et la famille serait, alors, heureuse et il n'y aurait pas de problème. Oui, mais tu préfères dépenser ton argent à boire de l'alcool. C'est ce que ta femme a vu ; c'est pour ça qu'elle est déçue, parce que tu as tort de ne pas vouloir te corriger.

52. ***Le défendeur*** : Oui, c'est vrai.

53. ***Le juge suppléant*** : Alors, tes fils vont apprendre à frapper, à se soûler et ça c'est lamentable ! Enfin, quelle va être ta décision, veux-tu que ta femme revienne avec toi ?

54. ***Le défendeur*** : Je ne sais pas, décidez-en.

55. ***Le juge suppléant*** : Mais nous autres, nous ne pouvons pas décider qu'elle revienne ou qu'elle ne revienne pas ; toi non plus ; c'est elle qui a souffert, qui a vécu la situation, c'est elle qui te connaît. Nous, nous pourrions dire qu'elle revienne ou qu'elle ne revienne pas, mais nous ne savons pas combien elle souffre.

56. ***Le défendeur*** : C'est vrai.

57. ***Le commandant adjoint*** : Oui, Don Manuel ; qu'est-ce que tu veux ? Tu nous as déjà exposé ton problème, ce que tu fais est mauvais. Si tu la bats et l'engueules, elle ne va pas vouloir revenir avec toi, c'est logique. Si ta femme décide de revenir avec toi, tant mieux. Par contre, si ta femme dit qu'elle ne veut pas revenir, nous n'y pourrons rien. Pourquoi, parce qu'elle s'est déjà rendue compte de combien elle souffre chez toi.

58. ***Le commandant*** : Mais oui, parce qu'elle te connaît assez, elle sait qui tu es parce qu'elle a toujours été à tes côtés, c'est pourquoi elle, et elle seule, peut prendre la décision.
59. ***Le juge suppléant*** : Alors, toi, femme, qu'en penses-tu ?
60. ***La demanderesse*** : Ce que je pense c'est que, en fait, je ne veux plus revenir : je l'ai connu, j'ai subi ses ordres et comment il me bat pour des broutilles, à la maison, des choses qui ne lui plaisent pas. Lui, il fait ce qu'il veut, alors, je ne veux plus revenir parce que j'ai souffert et ce n'est pas juste que je souffre et que mes enfants souffrent aussi parce que lui, il me dit : « Si tu ne m'obéis pas tu vas le regretter ».
61. ***Le défendeur*** : Je ne le ferai plus. Je tiendrai compte de ce que vous me dites, croyez-moi.
62. ***Le commandant adjoint*** : Si nous ne faisons que parler et parler, nous n'allons jamais trouver une solution. Ce que nous voulons c'est que vous pensiez bien à ce que vous allez faire.
63. ***Le juge suppléant*** : Eh oui.
64. ***Le commandant*** : Oui, c'est ce que nous voulons savoir, nous ne voulons pas que demain, le problème s'aggrave. Ce que nous voulons c'est que vous pensiez bien à la situation.
65. ***La demanderesse*** : Je ne crois pas qu'il laisse tomber l'alcool. Quand nous nous installerons au centre-ville, il aura recours à ses verres d'alcool ; je le connais assez et je sais aussi combien il me bat et comment les problèmes commencent à surgir ! inutile de dire combien cela me déplaît.
66. ***Le juge suppléant*** : Si tu lui pardonnes, nous allons le rappeler à l'ordre pour qu'il cesse de te battre et de te gronder. Je ne crois pas qu'il ne tienne pas compte de ce que nous disons tous, ici. Pourquoi nous voulons que tu prennes ta décision ? pour essayer de trouver une solution au problème.
67. ***La demanderesse*** : Je ne crois pas qu'il abandonne l'alcool.
68. ***Le défendeur*** : Nous sommes le porte-drapeau de notre circonscription administrative !
69. ***Le juge suppléant*** : Le fait qu'il ait du travail ou un certain poste ne lui donne pas le droit de te battre ou de te gronder ; il ne doit pas croire que c'est parce qu'il a un travail ou un poste que rien ne va lui arriver et qu'il peut faire ce qu'il veut, te battre ou te gronder (…) à moins qu'il ait un poste qui vous empêche de vous séparer.
70. ***Le défendeur*** : Non, nous ne sommes que le porte-drapeau de notre circonscription administrative.
71. ***Des Voix*** : Oui, nous savons que tu as du travail dans ta circonscription !
72. ***Voix masculine*** : Et pourquoi pas le poste de *mayol* ici, au chef-lieu ?
73. ***Le juge suppléant*** : Nous voulons que vous réféchissiez si vous voulez encore vivre ensemble ou pas. Vous auriez résolu le problème avec

l'agent, que ce serait plus simple ! Par contre, vous êtes venus jusqu'à cette instance et l'agent, par conséquent, ne peut plus rien faire. Nous savons qu'il a été en prison, qu'il a déjà purgé sa peine là-bas dans sa circonscription. Tout bien considéré, il ne va plus prendre de risque ; de plus, si tu décides de revenir avec lui, nous allons le rappeler à l'ordre.

74. ***La demanderesse*** : Non, je ne veux plus ; je ne vais plus revenir avec lui.
75. ***Le commandant adjoint*** : Nous avons su que l'agent avait arrangé le problème en d'autres occasions en le rappelant à l'ordre, mais qu'il a été mis en prison cette fois-ci ; alors, nous sommes en train de régler les choses d'une manière différente.
76. ***Le juge suppléant*** : Oui, tu sais déjà comment nous procédons ici. Ce que nous autres faisons est de rappeler à l'ordre celui qui a tort. Si tu avais tort, on te rappellerait à l'ordre ; mais comme c'est l'homme qui a tort, c'est donc ton mari que nous rappellerions à l'ordre. Mais si tu veux revenir, c'est à toi de le dire, pas nous !
77. ***Le commandant*** : Oui, femme ; dis ce que tu penses, ce que tu veux ; ce n'est pas à nous de le dire !
78. ***Le commandant adjoint*** : Oui, parce que c'est toi qui va décider, pas nous. Vous vous imaginez si c'était nous qui prenions une décision et que demain ou après-demain vous veniez la remettre en question ?
79. ***Le juge suppléant*** : Ne va pas commettre une erreur que tu vas regretter plus tard. Admettons que tu retournes avec lui et qu'il recommence à te menacer et à te battre ! Alors, pense bien avant de décider.
80. ***La demanderesse*** : Oui, c'est ça.
81. ***Le juge suppléant*** : Si tu lui pardonnes, alors, nous allons le rappeler à l'ordre ; mais si tu ne veux plus retourner avec lui, nous allons voir, en conséquence, quelle solution apporter à la situation.
82. ***La demanderesse*** : Nous avons de grands enfants qui n'apprécient pas comment il me traite.
83. ***Le juge suppléant*** : C'est ce que nous allons lui dire pour le rappeler à l'ordre.
84. ***Le commandant adjoint*** : Nous devons reconnaître nos erreurs quand on nous les fait voir. Si l'on te dit que c'est mauvais de menacer et de frapper tes enfants et ta femme, tu dois le reconnaître, l'accepter et faire un acte de contrition si ta femme décide de te pardonner.
85. ***Le défendeur*** : C'est clair. Si elle veut revenir avec moi, je vais m'amender.
86. ***Le commandant*** : Oui, toi tu veux revenir avec ta femme, mais tu as déjà entendu qu'elle n'est pas du même avis !
87. ***Le défendeur*** : Alors, femme, pardonne-moi, que ton cœur soit en joie étant donné que j'étais ivre et ne savais pas ce que je faisais. Reviens à la maison, chez nous.

88. ***La demanderesse*** : Non, parce que nous avons toujours plein de problèmes et tu m'as toujours battue. Ça, ce n'est pas juste ; je t'ai pardonné combien de fois, je ne sais ; ce n'est pas la première fois que tu te comportes ainsi.
89. ***Le défendeur*** : Oui, je le sais, mais pardonne-moi ; ne sois pas si rancunière. Tu te fâches parce que je dis souvent que je vais te tuer, que je vais te battre, mais je le dis quand je suis ivre ; je suis différent quand je suis lucide. Pourquoi ne pas accepter ce qu'ils nous conseillent et ainsi éviter les accrochages ?
90. ***La demanderesse*** : Mais toi, je te connais ; tu ne vas pas tenir promesse ; tu ne tiens jamais promesse, tu passes ton temps à frapper, à gronder, à menacer tes enfants et à moi-même. Et comme ils le disent bien eux, c'est inacceptable, parce que nous donnons ainsi un mauvais exemple à nos enfants.
91. ***Le défendeur*** : Je le sais ; je l'accepte, mais pardonne-moi, pense un peu aux enfants.
92. ***La demanderesse*** : Non, les enfants sont déjà grands et ne trouvent pas juste la façon dont tu me traites.
93. ***Le défendeur*** : Oui, tu as raison ; les enfants sont déjà grands et ils pensent par eux-mêmes.
94. ***Le commandant*** : C'est exactement ce que nous voudrions que vous considériez, parce que les enfants sont déjà grands.
95. ***Le défendeur*** : Oui, penses-y. Ne sois pas intolérante.
96. ***La demanderesse*** : Non, je n'ai plus à penser à quoi que ce soit. Et si tu passes outre leurs conseils ?
97. ***Le défendeur*** : Je vais respecter et tenir compte des conseils et de tout ce qu'ils me disent ici. Tu verras, je ne vais pas les décevoir ; je vais changer.
98. ***La demanderesse*** : Tu ne vas rien respecter, et ce ne sera pas la première fois !
99. ***Le commandant adjoint*** : En effet, ils l'ont déjà essayé une fois avec l'agent et tu n'en as pas tenu compte !
100. ***Le défendeur*** : Oui, mais cette fois-ci, je vais obtempérer.
101. ***Le commandant adjoint*** : Si tu avais respecté tes engagements, ta femme ne serait pas allée chercher l'agent ; mais ta femme a dû aller lui parler pour qu'il résolve vos problèmes et tu n'as jamais rien respecté. Le fait d'aller voir l'agent pour régler le problème suppose que tu respecterais tes engagements ; et tu n'en as cure !
102. ***La demanderesse*** : Tout cela lui importe peu !
103. ***Le défendeur*** : Je ne recommencerai plus ; pourquoi allons-nous nous séparer de la sorte ?
104. ***La demanderesse*** : Mes enfants sont déjà grands ; plus rien ne m'empêche de me séparer.
105. ***Le défendeur*** : Pardonne-moi.

106. ***Le juge suppléant*** : Alors, tu ne vas pas lui pardonner ?
107. ***La demanderesse*** : Non, je ne vais pas lui pardonner.
108. ***Le défendeur*** : Pardonne-moi, ne sois pas insensible.
109. ***Le commandant*** : Dis, tu dois être content de toi ! Regarde tout ce que tu as provoqué ! Si tu avais donné des ordres avec la pertinence que cela implique, ton problème n'aurait pas pris cette dimension extrême. Regarde tout ce que tu as causé : c'est ce que tu voulais ?
110. ***Le défendeur*** : Oui ; je m'en suis rendu compte ; j'ai vu ce que j'ai provoqué.
111. ***Le commandant*** : Si tu avais commandé correctement, tes problèmes auraient été moindres et tu n'aurais pas suscité ce qui t'arrive. S'il en avait été ainsi, tu te serais ressaisi parce que tu es déjà vieux et tu sais ce que tu veux. Au contraire, tu as perdu ta femme. C'est à croire que tu ne l'aimais pas ! Tu n'aimes pas la maîtresse de ta maison ? C'est pour ça que tu l'as traitée comme tu l'as fait ?
112. ***La demanderesse*** : Je crois qu'il ne m'a jamais aimée, malgré le fait que nous ayons eu des enfants, que nous les ayons vus grandir et ils sont grands maintenant ; ils ne sont plus jeunes mes enfants, pourtant, il continue lui, à me battre. Nous avons encore deux jeunes en bas âge mais ils ne sont pas si petits.
113. ***Le juge suppléant*** : Tu as combien d'enfants ? Quel âge ont-ils ?
114. ***La demanderesse*** : Un garçon de quatorze ans et une fille de quinze ans.
115. ***Le juge suppléant*** : Alors, tu ne vas pas lui pardonner ?
116. ***La demanderesse*** : Non, je ne vais pas lui pardonner.
117. ***Le défendeur*** : Allez, femme, pardonne-moi !
118. ***Le commandant*** : Il y a longtemps que tu aurais dû penser à ça : depuis la première fois que vous avez eu recours à l'agent pour régler vos problèmes. Cependant, c'est seulement maintenant que tu t'en repens ; mais c'est trop tard, parce qu'il n'y a plus rien à faire. Comme tu le vois, ta femme ne veut plus retourner chez toi, par ta faute.
119. ***Le défendeur*** : Si, c'est vrai.
120. ***Le juge suppléant*** : Alors, deux de tes enfants sont restés chez toi.
121. ***La demanderesse*** : Oui.
122. ***Le défendeur*** : Femme, pardonne-moi. Tu dis ne pas vouloir revenir avec moi et ça, ce n'est pas bien !
123. ***Le juge suppléant*** : Vous avez combien d'enfants en bas âge ?
124. ***La demanderesse*** : Ils sont deux : l'un a cinq ans et l'autre quatre. Ils sont encore tout jeunes.
125. ***Le défendeur*** : Pardonne-moi, femme ; ne sois pas insensible ; je vais abandonner l'alcool, je ne vais plus recommencer, je ne vais plus boire.
126. ***Le juge suppléant*** : Tes enfants sont déjà baptisés.
127. ***La demanderesse*** : Non, ils ne sont pas baptisés. Deux le sont mais celui qui a cinq ans n'est pas baptisé.

128. ***Le juge suppléant*** : C'est ce que je veux savoir : que tu dises qui est baptisé.
129. ***La demanderesse*** : Eh bien, c'est celui de cinq ans qui n'est pas baptisé.
130. ***Le juge suppléant*** : Alors, tu n'as pas d'enfant de vingt ans.
131. ***La demanderesse*** : Non, de treize seulement. Oui, un de treize ans, une de quinze ans et l'autre, de quatre ans.
132. ***Le juge suppléant*** : Mais tu as dit qu'il y avait un de quatorze ans, combien d'enfants as-tu alors ?
133. ***La demanderesse*** : Ils sont trois : un de treize ans, une autre de quinze ans et l'autre de cinq ans ; seulement cela. L'autre a quatre ans.
134. ***Le juge suppléant*** : Alors, ils sont quatre au total.
135. ***La demanderesse*** : Oui, c'est celui qui n'est pas baptisé qui a cinq ans.
136. ***Des voix*** : Il n'est pas baptisé ?
137. ***Le défendeur*** : Pardonne-moi, femme ; ne sois intransigeante. Crois-tu que je ne comprends pas ce qu'ils me disent ? Mais si, je vais en tenir compte. Pardonne-moi.
138. ***La demanderesse*** : Si tu t'étais repenti depuis le début, tu n'aurais pas continué à agir ainsi ; tu aurais bien réfléchi. C'est maintenant que tu le regrettes, mais c'est trop tard.
139. ***Le défendeur*** : Femme, ne continue pas à t'y opposer, s'il te plaît. Pardonne-moi !
140. ***La demanderesse*** : Si tu t'étais repenti depuis le début alors, je t'aurais pardonné ; mais c'en est trop ; je ne vais plus te pardonner ; je t'ai déjà trop pardonné.
141. ***Le défendeur*** : Pardonne-moi ; j'étais soûl ; tu as bien vu que je n'étais pas lucide ! Si tu me pardonnes, je vais changer du tout au tout.
142. ***La demanderesse*** : Si tu t'étais repenti dès la première fois, alors je t'aurais pardonné ; mais plus maintenant. Non, parce que tu bois tout le temps et quand tu arrives, ivre, tu me dis des idioties, tu exiges l'impossible et tu m'insultes. Je ne veux plus passer par ça.
143. ***Le juge suppléant*** : Eh bien, *bankilal*, tant pis ; il n'y a rien à faire !
144. ***Le défendeur*** : Oui.
145. ***Le juge suppléant*** : Mais si tu vas assurer la nourriture pour tes trois enfants, plus le quatrième qui n'est pas baptisé, alors, ça te coûtera 2,600 pesos.
146. ***Le défendeur*** : Mais comme vous le savez, je n'ai pas d'argent sur moi, parce que j'étais soûl quand ils m'ont amené ici.
147. ***Le juge suppléant*** : Nous ne pouvons rien faire pour toi, *bankilal* ; c'est toi qui a tort, alors, nous ne pouvons rien faire.
148. ***Le défendeur*** : Femme, pardonne-moi ; sois tolérante.
149. ***La demanderesse*** : Non, je ne peux plus te pardonner, tu m'engueules toujours et tu me bats ; je t'ai pardonné plus d'une fois mais ma patience s'est épuisée.

150. ***Le défendeur*** : Mais je ne t'ai jamais battu ; c'est vrai, je t'ai engueulée mais je ne le ferai plus.
151. ***Le commandant*** : C'est pour ça que ta femme t'a dit – d'ailleurs tu l'as entendu hier – que tu ne passes ton temps qu'à l'engueuler, à mal parler d'elle et à l'insulter ; alors, ils ont peur de toi ! Ce sont nos compagnes, et elles en souffrent parce qu'elles sont femmes. Nous devons aimer celle qui est notre compagne, nous devons nous en occuper, mais toi, tu ne le fais pas.
152. ***Le défendeur*** : Oui, c'est vrai.
153. ***Le commandant*** : Si ta femme ne sait pas comment faire pour que tu sois responsable, nous autres, nous sommes là pour ça ; pour dire les choses décemment ; tu ne sais pas y faire et elle non plus. Au lieu de demander conseil à tes frères, tu as choisi d'engueuler et de frapper. Imagine-toi que ton frère aîné te frappe ; tu ne le tolérerais pas. Eh bien, ta femme ne le tolère pas non plus. Ce n'est pas parce que c'est ta femme que tu peux lui faire ce que tu veux. Alors, que penses-tu ?
154. ***Le défendeur*** : Pourquoi vous ne me rendez pas ma femme ?
155. ***Le commandant*** : Mais elle ne veut pas et si tu la forces à retourner avec toi, tu peux te retrouver en prison ; tu ne peux pas obliger ta femme ; les choses ne se passent pas ainsi.
156. ***Le juge suppléant*** : C'est donc le résultat auquel vous êtes arrivés : à partir d'aujourd'hui, tu ne vas plus embêter ta femme.
157. ***Le défendeur*** : D'accord ; mais en cet instant précis, je n'ai pas d'argent sur moi ; et je ne peux pas l'emprunter parce que je ne connais personne ici [au chef-lieu municipal]. De plus, je ne veux pas quitter ma femme, c'est l'ivresse qui est à l'origine de ce problème.
158. ***Le commandant*** : Que pouvons-nous faire, nous, si c'est toi qui as commis la faute ? Que pouvons-nous dire à ta femme ? Et à tes enfants ? Qu'ils ne mangent point ? Ce n'est pas nous, les coupables ; nous ne t'avons pas dit de te mettre dans ce problème et c'est nous qui allons payer ! Ça, c'est ton problème ; reste à voir comment tu vas te procurer l'argent.
159. ***Le défendeur*** : Ayant accepté la responsabilité de servir à la communauté, je n'ai pas d'argent.
160. ***Le commandant*** : Oui, nous le savons ; mais tu aurais dû y penser avant de provoquer les problèmes. Si tu savais que tu n'avais pas d'argent, tu ne te serais pas mis en problèmes. Tu aurais mieux réfléchi et tu te serais dit : « Nous avons notre charge de servir la communauté et nous allons la réaliser ensemble ». Si tu l'avais fait ainsi, tu n'aurais pas eu de problèmes !
161. ***Le défendeur*** : Oui, oui !
162. ***Le juge suppléant*** : C'est ainsi, *bankilal* !
163. ***Le défendeur*** : C'est bien pour ça que je ne peux pas obtenir un prêt aujourd'hui. Donnez-moi seulement trois jours pour arriver à l'obtenir.

164. ***Le commandant*** : As-tu un témoin ? Quelqu'un qui te serve de témoin ?
165. ***Le défendeur*** : Je vais voir si je connais quelqu'un !
166. ***Le juge suppléant*** : Tu vas alors chercher ton aval ?
167. ***Le défendeur*** : Oui, je vais voir qui peut l'être.
168. ***Le juge suppléant*** : Alors, cherche ton aval.
169. ***Le défendeur*** : Je vais aller chercher *le kominarol.*

[Interruption : une femme entre dans la « salle d'audience » pour signer une convocation au nom d'un avocat de San Cristóbal ; le juge parle avec cette femme pendant que les autres continuent à délibérer ; mais ce qu'ils disent est inaudible.]

170. ***Le juge suppléant*** : Oui, c'est ça. Nous avons déjà entendu l'exposé que tu as fait de ton problème et avons entendu aussi que tu as beaucoup de dettes.
171. ***Le défendeur*** : Oui, c'est dû à l'alcool.
172. ***Le juge suppléant*** : C'est là le mal.
173. ***Le défendeur*** : Oui, c'est vrai ; c'est dû à l'alcool.
174. ***Le commandant adjoint*** : Si ce n'était pas à cause de l'alcool, tu ne battrais pas ta femme et tu ne l'engueulerais pas non plus. Oui, nous savons que c'est dû à l'alcool. Ce que nous voulons savoir c'est si tu penses quelque chose de l'agent ; étant donné que son autorité se limite à sa démarcation ; il résout les problèmes là-bas, dans sa démarcation. Il ne pouvait plus, lui, résoudre ton cas parce qu'ils sont allés te chercher deux ou trois fois et toi, tu l'as trompé à nouveau ; tu n'as pas fait cas de ce que l'agent t'a dit et tu l'as refait.
175. ***Le défendeur*** : Oui, c'est dû à l'alcool.
176. ***Le commandant adjoint*** : Ce n'est pas la faute à l'alcool ; l'alcool ne te dit pas « bois-moi, tu y es obligé ». Le coupable, c'est toi. De plus, tu dis, à qui veut t'entendre, que tu as un meilleur avocat. Si c'est vrai, dis-le, à moins que tu ne sois en train de mijoter quelque chose ; c'est ce que nous voulons savoir, étant donné que tu menaces ton fils et si ce dernier porte plainte, ça va être pire pour toi.
177. ***Le commandant*** : Oui, qu'il aille porter plainte ; ça va être pire. Si ton fils porte plainte et qu'on te demande de débourser plus d'argent, parce que tes fils savent où aller se plaindre, ton problème va s'aggraver ; ils vont exiger de toi de l'argent ; pas seulement ce que nous autres nous te réclamons. À part cela, ils vont t'emprisonner et te demander plus d'argent parce que tu bats un mineur. Si c'est ce que tu veux, vas-y ! Cherche où porter plainte et tu vas voir que ça ne va pas te sauver.
178. ***Le juge suppléant*** : Ce n'est pas bien si tu continues à faire ce que tu fais ; il vaut mieux résoudre les choses comme il faut. Si tu vas engueuler l'agent parce qu'il t'a amené ici ou parce qu'il t'a mis en prison, le *mayol* va te reconduire en prison. S'ils t'ont envoyé ici pour

que ce soit l'avocat qui résolve ta situation, eh bien, ce qu'on résout ici n'est pas imputable à l'agent. Si l'agent ne peut pas résoudre la situation, alors, il doit avoir recours à nous et nous, nous devons la résoudre ; mais si tu n'es pas d'accord avec notre solution d'ici et que tu veuilles aller ailleurs, ça ce n'est plus notre affaire.

179. ***Le défendeur*** : Ouai, ouai.

180. ***Le commandant*** : Si tu menaces les Autorités à cause des décisions qu'ils prennent, alors, ce n'est pas bien ; parce qu'ici, on a résolu le problème et ta femme ne t'a pas pardonné, à juste titre. Si tu récidives, ils vont te reconduire en prison.

181. ***Le juge suppléant*** : Écoute, *bankilal*, si l'agent ne fait pas bien son travail, alors, lui aussi peut aller en prison, mais si le défendeur est coupable, alors, c'est à lui d'en répondre. Mais si toi tu te contentes de mentir, alors, c'est toi qui vas aller en prison. Si en plus d'engueuler l'agent, tu engueules, et le *mayol*, et tes enfants et ta femme, alors, ça va mal chez toi.

182. ***Le défendeur*** : Mais c'est dû à l'alcool.

183. ***Le juge suppléant*** : C'est mauvais, ce que tu fais.

184. ***Le commandant adjoint*** : Pourquoi vous en mêlez-vous, Monsieur l'agent ? Si vous-même vous voyez que le problème est si grave, vous ne devriez pas vous en mêler.

185. ***L'agent*** : C'est pour ça qu'au lieu de le résoudre, je l'ai conduit ici.

186. ***Le commandant*** : Oui, parce que l'agent ne l'a pas résolu et le *mayol* n'a rien pu faire non plus. Si demain ou après-demain la femme revenait se plaindre chez toi, l'agent, alors tu dois la ramener de nouveau, ici.

187. ***Le commandant adjoint*** : Tu comprends ce qu'on est en train de dire ici ? ni ton agent, ni ton *mayol* ne vont rien faire ; ils ne peuvent que t'amener ici ; mais s'ils ne t'amènent pas ici et essayent de résoudre le problème là-bas, alors, vous irez en prison.

188. ***L'agent*** : Non, nous n'allons pas faire ça ; celui qui va aller en prison, c'est *bankilal.*

189. ***Le juge suppléant*** : Si vous pensez vous réconcilier, revivre ensemble, alors, vous devez venir le dire ici.

190. ***Le commandant*** : Je souhaite que ta femme arrive à te pardonner ; si elle te pardonne, ils vont te rappeler à l'ordre et te dire ce que tu dois éviter : que tu ne dois pas te soûler parce que tout ce que tu as provoqué est dû à l'alcool.

191. ***Le juge suppléant*** : Tu peux dire à tes amis que tu ne peux plus continuer à boire parce que cela t'a causé un problème ; et ils vont te comprendre ! Ce qui ne nous plaît pas, c'est ce que tu as fait : renvoyer ta femme, et tu as réussi cela puisqu'elle est partie : ça, ce n'est pas bien. Si tu avais tenu compte de ce que t'avait dit l'agent tu n'aurais pas eu ce problème. Si tu avais respecté l'agent et suivi ses conseils, tu

serais déjà en compagnie de ta femme ; mais tu n'en as pas fait cas, et ce n'est pas bien, parce que tu as déjà perdu ta femme et tu peux perdre aussi tes enfants. Si tu ne te comportes pas bien et si tu ne te corriges pas, tu vas perdre non seulement ta femme, mais tes enfants aussi.

192. ***Le défendeur*** : Ouai, ouai, vous avez raison !

193. ***Le juge suppléant*** : Nous ne voulons pas que demain ou après-demain tu reviennes contrarier l'agent [...]. Si tu ne veux plus parler à ta femme, c'est ton affaire ! Mais tu dois parler à tes enfants ; ce n'est pas parce que ta femme et toi vous vous êtes séparés que tu ne vas plus leur parler ; en dépit de cela, ce sont tes enfants et tu dois leur parler parce que c'est ton devoir et ton droit ; parce que c'est toi, le père.

194. ***Le défendeur*** : Si ma femme me pardonne, elle peut revenir avec moi. Je ne vais plus me comporter comme avant.

195. ***Le juge suppléant*** : Ça, nous ne le savons pas ; nous ne pouvons pas savoir si elle va te pardonner. Si tu te ressaisis et que tu deviennes plus responsable, il se peut qu'elle te pardonne ; mais si, au lieu de t'occuper de tes problèmes, tu les aggraves, alors ta femme va sentir le poids de la déception parce qu'elle vit, elle, la douleur que provoque ton comportement. Alors, ce que nous allons faire, c'est que tu donnes l'argent pour que tes enfants mangent.

196. ***La demanderesse*** : Oui, et réellement, ce n'est pas seulement à deux de mes enfants qu'il faut donner, mais à tous. De plus, tu dois leur donner leur maison.

197. ***Le juge suppléant*** : Tu as entendu *bankilal* tout ce que dit la dame ; et elle a raison ! Les enfants doivent rester dans la maison.

198. ***Le défendeur*** : Oui, c'est ça.

199. ***Le commandant adjoint*** : Nous savons que le Président nous fait cadeau des feuilles de tôle ; aux femmes aussi, ils peuvent en faire cadeau mais pas aux enfants ; c'est pour ça qu'ils ont eux, le droit de rester dans la maison. En plus, ils sont encore trop jeunes pour savoir comment faire leur maison.

200. ***Le juge suppléant*** : Il faut que ce soit clair : ce n'est pas elle qui va rester avec les choses, mais les enfants ; ils ont le droit, eux ; parce que les enfants ont le droit de rester avec ce qui appartient à leurs parents.

201. ***La demanderesse*** : Nous avons deux maisons et lui, il doit donner leur maison à mes enfants, alors qu'il dit que les maisons n'appartiennent qu'à lui seul.

202. ***Le juge suppléant*** : Ah bon ! eh bien, camarade, tu l'as déjà entendu : les enfants doivent rester chez toi ; c'est pour ça que nous sommes des parents ; nous devons leur laisser une maison.

203. ***Le défendeur*** : Oui, c'est vrai.

204. ***Le juge suppléant*** : Nous avons résolu certains cas du même genre, et il y a des fois où l'on fait cadeau de feuilles de tôle à la Présidence ; il y a des femmes qui préfèrent que les feuilles de tôle soient pour leurs

enfants et qui ne s'intéressent pas aux planches ; mais ce que toi tu dis c'est qu'une maison soit destinée à tes enfants.

205. ***Le commandant*** : Oui, c'est ce que cela signifie, mais tu ne peux pas non plus tout enlever au à ton mari étant donné que ce que vous avez construit, vous l'avez fait à deux.

206. ***Des Voix*** : Mais ce n'est pas à eux, c'est pour les enfants !

207. ***La demanderesse*** : Une maison pour nous et l'autre pour lui ; c'est ce que j'ai voulu dire.

208. ***Le juge suppléant*** : Disons que c'est sa maison.

209. ***La demanderesse*** : Oui.

210. ***Le juge suppléant*** : Alors, la maison sera pour tes enfants. Tu donneras 100 pesos à ton fils qui n'est pas encore baptisé.

211. ***Le défendeur*** : C'est combien, en tout ?

212. ***Le juge suppléant*** : 2,600 pesos pour nourrir tes enfants. Tu dois payer aussi la commission de l'agent et celle de *mayol*, ainsi que l'essence pour la voiture. 2,600 pour nourrir tes enfants et 788.50 de commission pour le *mayol*, l'agent et les frais d'essence ; au total 3,388.50 ; c'est ce que tu vas donner.

213. ***Le défendeur*** : Mais je n'ai pas d'argent sur moi. Je vais aller le chercher maintenant, parce que je suis venu ivre.

214. ***Le juge suppléant*** : Mais rends-toi compte que ce n'est pas pour moi, c'est pour le *mayol*. Nous ne pouvons rien réduire, ce sont 788.50. Quand tu auras l'argent pour nourrir tes enfants, le *mayol* va t'accompagner pour que tu viennes le déposer.

215. ***Le défendeur*** : Alors, je vais aller le chercher, mais où le trouver ?

216. ***Le juge suppléant*** : Eh bien, ça, c'est toi qui dois le savoir.

217. ***Le défendeur*** : Je vais aller voir qui peut me le prêter.

218. ***Le juge suppléant*** : Nous te le redisons, *bankilal* ; quand on commet une erreur, c'est parce qu'on a de l'argent ; parce qu'on sait qu'on va payer une amende de minimum 600 pesos. Toi, tu as été coffré pour l'affaire de ta femme et de ton fils, mais l'argent est pour l'agent et le *mayol* et c'est ta sanction. La personne coupable qu'ils amènent ici doit payer 600 pesos. Nous n'y pouvons rien et des fois c'est plus de 1,000 pesos qu'il doit payer. Nous savons tous qu'il n'est pas facile de trouver de l'argent, mais tu y aurais réfléchi, tu n'aurais pas provoqué de problèmes et le *mayol* ne t'aurais pas amené ici. Tu accuses le *mayol*, mais ce n'est pas la faute du *mayol* : il ne fait rien d'autre que son travail ; les coupables, c'est nous ; lui, il ne fait rien d'autre que d'accomplir son devoir. Vous, vous le cherchez, le nommez et il a, lui, le devoir d'accomplir ce qu'on lui ordonne. Ni l'agent, ni le comité ne sont responsables du problème ; ceux qui ont provoqué le problème, c'est vous ; rappelle-toi bien cela !

219. ***Le défendeur*** : Oui, c'est ça ; et où donc est alors le *kominarol* ?

220. ***Le juge suppléant*** : Il ne vient pas ici, lui ; il doit être à l'église, c'est là son poste.
221. ***Le défendeur*** : Alors, je vais aller emprunter de l'argent. Je vais en trouver si vous voulez bien m'attendre un moment. C'est que tout cela est dû à la boisson.
222. ***Le commandant adjoint*** : Nous avons bien entendu que cet homme n'a pas d'argent et nous le comprenons. [s'adressant à l'agent et au *mayol*] Vous autres, qu'en pensez-vous ? Vous allez l'attendre ?
223. ***L'agent et le mayol*** : Oui, nous allons l'attendre.
224. ***Le défendeur*** : Alors, attendez, s'il vous plaît ; je vais aller chercher l'argent.
225. ***Le commandant*** : Si nous l'avons tant attendu, nous pouvons encore l'attendre un peu plus.
226. ***L'agent*** : Oui, nous allons l'attendre.
227. ***Le défendeur*** : Pouvez-vous me le noter sur papier pour que je ne l'oublie pas ?
228. ***Le commandant*** : Tu vas l'amener pour qu'il sache combien ça va faire, et par conséquent, combien il va te prêter.
229. ***Le défendeur*** : Oui, vous avez raison ; attendez-moi un moment, je vais voir s'il n'est pas occupé.
230. ***Le commandant*** : Alors, ça va être presque quatre mille pesos pour tout.
231. ***Le juge suppléant*** : Tu dois trouver quatre mille.
232. ***Le défendeur*** : Bon, d'accord.
[Silence dans la salle et le défendeur part à la recherche de l'argent.]
233. ***Le juge suppléant*** : C'est la somme qu'il doit emprunter mais vous, vous savez déjà combien il va laisser ; bon, faites s'il vous plaît qu'il trouve l'argent parce que moi, je vais m'en aller maintenant.

[Le juge suppléant me fait une brève synthèse de la situation. Les gens parlent entre eux, mais on ne les comprend pas. Quelqu'un qui a une charge à l'église fait son entrée.]

234. ***Le commandant*** : C'est bien que tu sois venu. Ce qui se passe, c'est que le monsieur a eu un problème avec sa femme : il battait très souvent sa femme ; celle-ci est allée se plaindre chez l'agent, mais ce dernier n'a pas pu régler la situation. Le pauvre agent et le *mayol* ont dû venir jusqu'à nous, et vraiment, comme ce ne sont pas eux les responsables de ces problèmes, nous avons résolu qu'il les dédommage aussi parce qu'ils sont en train de perdre leur temps ; c'est pour ça que nous voulons savoir si tu peux lui servir d'aval et tout t'expliquer nous craignons qu'un malheur ne se produise : qu'il tue sa femme ou ses enfants ; ça serait encore plus grave ; mais comme le monsieur est en train de nous expliquer qu'il n'a pas encore l'argent et qu'il va payer dans trois jours, ce dont nous avons besoin, nous, c'est d'un aval, de

quelqu'un qui garantisse qu'il va honorer sa dette afin que ce ne soit pas seulement une parole qui, après, n'est pas respectée.

235. ***Voix masculine*** : S'il n'a pas réfléchi alors, il doit payer.

236. ***Le commandant*** : Oui, nous allons avoir besoin du tampon et de ta signature.

237. ***Voix masculine*** : Bien !

238. ***Le commandant*** : Pour que nous soyons sûrs qu'il respecte sa parole.

239. ***Voix masculine*** : Oui, parce que vous, vous savez qu'on ne trouve pas si rapidement l'argent.

240. ***La demanderesse*** : Comme vous le savez, il est plein de dettes là-bas dans notre entourage ; il est capable de ne pas respecter sa parole ; il y a toujours des gens qui viennent exiger les sommes qui leur sont dues, mais lui, il ne paie pas et les gens ne sont pas du tout contents. Tout ceci est dû à l'alcool.

241. ***Le commandant*** : Oui, nous avons déjà entendu tout ce qui s'est dit, mais si dans trois jours il ne le fait pas, tu vas le dire à l'agent. S'il ne donne pas ce qui est convenu pour nourrir les enfants, tu dois venir le signaler ici, parce que les enfants doivent manger. S'il ne respecte pas son engagement, il va encore être enfermé.

242. ***La demanderesse*** : Alors, je dois venir m'en référer à vous au cas où il ne respecterait pas ses obligations ? Eh bien, oui, parce que ce n'est pas ma faute !

243. ***Le commandant*** : Oui, c'est clair : c'est lui qui a commis la faute, pas toi. Vous avez déjà exposé votre problème aussi bien la femme que l'homme ; maintenant, il faut respecter la solution.

244. ***L'agent et le mayol*** : Commandant, nous allons donc l'attendre ?

245. ***Le commandant*** : Alors, votre mari n'a pas d'argent.

246. ***La demanderesse*** : Il n'a pas d'argent ; il dépense tout en alcool. Ce qui se passe, c'est qu'il ne tient pas compte de ce qu'on lui dit.

[*Le juge suppléant dit au revoir et s'en va, il reste seulement le commandant et le commandant adjoint. L'audience est suspendue – jusqu'au retour du défendeur – c'est-à-dire pendant vingt ou trente minutes.*]

247. ***Des voix*** : Le *kominarol* est arrivé.

248. ***Le kominarol*** : De quoi s'agit-il ?

249. ***Le commandant*** : Nous voulons que tu sois l'aval de monsieur ; je ne sais pas si tu le connais ; c'est pour un problème qu'il a eu avec sa femme.

250. ***Le kominarol*** : D'accord, j'accepte.

251. ***Le commandant*** : Sa femme n'a plus voulu revenir avec lui et il a dit qu'il connaissait le *kominarol* qui pourrait lui servir d'aval. L'un de ses enfants n'est pas baptisé mais sa dette est de 2,100, sans oublier un enfant qui n'est pas baptisé, c'est-à-dire 500 pesos de plus. Par ailleurs,

le paiement à l'agent et au *mayol* représente presque 800 pesos. Nous savons que ce n'est la faute ni de l'agent ni du mayol qui ont perdu leur temps ; c'est pourquoi nous demandons pour eux cette somme d'argent. L'agent, par exemple, a été présent ici tout le temps et a supporté la faim et le manque de sommeil ; nous devons lui payer aussi ses commissions ; on doit lui donner un peu d'argent parce qu'il a fait preuve de patience. Nous savons que c'est une grande responsabilité que de servir d'aval mais comme il a dit qu'il te connaît, eh bien, si toi aussi tu es d'accord tu peux l'être. Tu sais déjà que s'il ne paye pas, le mayol vous arrêtera tous les deux.

252. ***L'agent*** : Vous savez bien que si mon collègue n'a commis aucune faute, je ne vais quand même pas l'enfermer, seulement pour soutirer de l'argent !
253. ***Une voix masculine*** : Oui, parce qu'il a eu une charge communautaire.
254. ***Une autre voix masculine*** : Agent, tu ne sais pas qu'il a [le défendeur] beaucoup de dettes dans le village ?
255. ***Le kominarol*** : Ce que je veux vraiment, c'est qu'il paye parce que s'il ne payait pas, c'est moi qui irais en prison. De plus la dette augmente avec les intérêts. Camarade, si je sers comme aval, tu dois t'engager à payer ; il ne faudrait pas que ce soit moi qui finisse par tout payer.
256. ***Le défendeur*** : Je vais payer.
257. ***Le kominarol*** : D'accord, je vais te servir d'aval mais tu vas payer.
258. ***Le commandant*** : Eh oui, parce que le secrétaire-greffier se charge de le transcrire ; ça va être écrit noir sur blanc et si tu ne payes pas, alors, le *mayol* ira te chercher pour qu'on t'enferme et te mette en prison ; tu peux en être sûr.
259. ***Le kominarol*** : C'est précisément ce que je veux savoir.
260. ***Le commandant*** : Oui, nous te comprenons parce que tu vas être son aval.
261. ***Le kominarol*** : Parce que nous nous connaissons et qu'il a commis une erreur, eh bien, il doit le payer.
262. ***Le commandant adjoint*** : Tu n'as pas au moins six pesos ?
263. ***Le commandant*** : L'argent pour tes enfants, tu peux le réunir petit à petit, car nous sommes témoins du changement d'opinion des femmes.
264. ***Le commandant adjoint*** : Tu dois débourser 200 pesos pour l'essence.
265. ***Le défendeur*** : C'est que je n'ai pas un centime sur moi.
266. ***Le commandant adjoint*** : Bon, au moins deux pesos de frais !
267. ***Le commandant*** : Alors, le 30 [dimanche le 30 mars 2003] tu vas payer ; arrange-toi pour éviter de retourner en prison. Ce ne serait pas souhaitable que tu provoques à nouveau un problème.
268. ***Le défendeur*** : Non, si j'ai déjà l'appui d'un aval, je ne peux plus ne pas payer. Je vais payer le 30.

269. ***Le commandant*** : Si tu as l'argent demain ou après-demain va le déposer une bonne fois et si tu ne l'as pas, alors ce sera mardi ou mercredi.
270. ***Une voix masculine*** : Non, ça doit être dimanche, sans faute. Ne va surtout pas changer de jour.
271. ***Le défendeur*** : Bon, d'accord ; le dimanche de la semaine prochaine ou ce dimanche-ci.
272. ***Des voix*** : Non, ce dimanche-ci.
273. ***Le kominarol*** : Tâche d'avoir l'argent, coûte que coûte ; vends ce que tu voudras, mais évite tout problème.
274. ***Le défendeur*** : D'accord.
275. ***Le commandant*** : Tu as deux jours pour trouver l'argent : vendredi et samedi.
276. ***Le commandant*** : Fais attention, porte-toi bien, évite les problèmes ; espérons que ta femme finira par te pardonner ; et si elle revient avec toi, ne recommence pas tes erreurs : s'enivrer ; c'est ainsi que nous sommes, mais, les femmes aiment aussi qu'on les aide. Il ne s'agit pas qu'elles fassent tout ce que nous voulons ; elle n'est pas notre servante. Les femmes sont très mauvaises aussi ; par les temps qui courent, elles ne se laissent plus faire ; elles veulent aussi se promener, voyager, faire ce qui leur plaît ; sinon, elles cherchent quelqu'un d'autre. La femme ne sait pas tout faire à la naissance, mais elle apprend peu à peu. Vas-tu déjà payer ?
277. ***Le défendeur***: Non, pas avant dimanche.
278. ***Le commandant*** : Si tu ne payes pas, tu vas avoir des problèmes et ils vont te réincarcérer ; mais si tu payes, il n'y aura aucun problème. C'est mieux que tu payes le plus tôt possible, les 795 et qu'après tu payes le reste. Que nous constations que tu vas vraiment payer ; et après tu donnes ce qu'il faut pour nourrir tes enfants.
279. ***Le défendeur*** : Je suis d'accord.
280. ***Des voix*** : Et ça, qui va le voir ?
281. ***Le commandant*** : L'agent.
282. ***Des voix*** : Ça va, si c'est l'agent qui va le voir.
283. ***Le commandant*** : N'oublie pas : ça fait 795 pesos. Mieux vaut que tu payes pour ne pas avoir de problèmes.
284. ***Le commandant adjoint*** : Comment t'appelles-tu ?
285. ***Le défendeur*** : Je m'appelle Manuel Bautista Jiménez.
286. ***Le commandant adjoint*** : Comment vous appelez-vous ?
287. ***Le kominarol*** : Miguel Sánchez Sánchez.

[Ils se taisent un moment pendant que le commandant adjoint remplit l'ordre de paiement.]

288. ***Le commandant*** : Combien de *mayoles* sont-ils ?
289. ***L'agent*** : Ils sont trois.

290. ***Le commandant*** : Note-le : ce sont trois *mayoles* ; à raison de 73.50 par *mayol*, ça fait au total 220,50 pour les trois ; quant à l'agent, c'est 178 pesos. Ça y est. Au revoir !

291. ***Le commandant adjoint*** : Pour vous, l'agent, c'est 178 pesos ; les *mayoles* vont recevoir 73.50 pesos chacun, ce qui fait donc 220.50 pesos.

292. ***L'agent et les mayoles*** : D'accord.

ANNEXE 2

RÉPERTOIRE DES DIFFÉRENDS

San Juan Chamula

CH1	28 sept. 2000	PRR vs MJR	Séparation conjugale, obligation alimentaire	Constat d'accord Archives T P C I
CH2	29 nov. 2000	PRH vs JGS	Coups et blessures entre voisins	Constat d'accord Archives T P C I
CH3	24 mai 2000	MGP vs AGL et LGG	Accord de bigamie	Constat d'accord Archives T P C I
CH4	13 juin 2000	IGG vs MHG	Séparation conjugale, obligation alimentaire	Constat d'accord Archives T P C I
CH5	11 juillet 2001	DHH vs GHH	Séparation conjugale, obligation alimentaire, frais de baptême	Constat d'accord Archives T P C I
CH6	19 oct. 2002	AJS vs RDD	Séparation pour cause de violences conjugales	Constat d'accord Archives T P C I
CH7	3 oct. 2002	SGL et MGS	Accord pour que leur fille mineure se mette en ménage	Constat d'accord Archives T P C I
CH8	18 sept. 2002	JRD et VRH vs PRH	Accord de bigamie	Constat d'accord Archives T P C I
CH9	8 août 2002	MLG vs SGS	Séparation conjugale, obligation alimentaire	Constat d'accord Archives T P C I
CH10	26 déc. 2002	DRJ vs AJP	Coups et blessures entre voisins	Constat d'accord Archives T P C I

CH11	16 déc. 2002	ALG vs LCP	Séparation conjugale, obligation alimentaire, obligation de construire une petite maison dans les 15 jours	Constat d'accord Archives T P C I
CH12	21 juillet 2002	DGH vs MGG	Séparation conjugale, obligation alimentaire, frais de baptême	Constat d'accord Archives T P C I
CH13	11 juillet 2001	Affaire déjà répertoriée, voir CH5	Numéro conservé afin de ne pas altérer les numéros des affaires suivantes	
CH14	18 avril 2001	MLVJ et SSC	Mère qui accorde la garde de son enfant à son beau-père	Constat d'accord
CH15	23 avril 2001	RLP vs DPP	Attestation de concubinage	Constat d'accord Archives T P C I
CH16	31 janvier 2001	PPM vs MPM	Jeune fille qui quitte le domicile de son père pour aller vivre avec sa mère	Constat d'accord Archives T P C I
CH17	27 juin 2001	OSG	Attestation de subvenir aux besoins économiques de ses parents	Constat d'accord Archives T P C I
CH18	29 oct. 2001	FPG	Attestation de concubinage	Constat d'accord Archives T P C I
CH19	26 mars 2003	Deux habitants de San Juan Chamula	Accident de la route	Audience mairie
CH20	26 mars 2003	Organisation de femmes	Demandes de fonds pour la célébration de cérémonies	Audience mairie
CH21	26 mars 2003	Membres du comité d'éducation d'un des hameaux	Aborde le problème d'expulsion de l'école d'un élève	Audience mairie
CH22	27 mars 2003	vs MBJ	Séparation conjugale, obligation alimentaire, frais de baptême	Audience T P C I

Zinacantán

Z1	1 sept.2002	RPP vs MPS	Réconciliation conjugale	Constat d'accord

				Archives T P C I
Z2	2 sept. 2002	MMA vs MGA	Réconciliation conjugale	Constat d'accord Archives T P C I
Z3	4 sept. 2002	PHA vs MPP	Coups et blessures entre voisins	Constat d'accord Archives T P C I
Z4	7 sept. 2002	JSP vs CTG	Coups et blessures entre voisins	Constat d'accord Archives T P C I
Z5	8 sept. 2002	RHP vs AMPH	Réconciliation conjugale	Constat d'accord Archives T P C I
Z6	9 sept. 2002	JGH vs FGP	Réconciliation conjugale	Constat d'accord Archives T P C I
Z7	10 sept. 2002	CPH vs MPLS	Réconciliation conjugale	Constat d'accord Archives T P C I
Z8	11 sept. 2002	AHH vs MHM	Non participation aux obsèques du beau-père	Constat d'accord Archives T P C I
Z9	11 sept. 2002	MPT vs MMG	Réconciliation conjugale	Constat d'accord Archives T P C I
Z10	14 sept. 2002	LPC vs MCHH	Violences conjugales, obligation de baptiser leur fille	Constat d'accord Archives T P C I
Z11	17 sept. 2002	ALD vs JPH	Obligation pécuniaire	Constat d'accord Archives T P C I
Z12	18 sept. 2002	MSV vs JPP	Réconciliation conjugale	Constat d'accord Archives T P C I
Z13	18 sept	MHJ et JPG vs	Diffamations entre voisins	Constat

	2002	MGH et JGL		d'accord Archives T P C I
Z14	19 sept. 2002	JPP vs MPP	Réconciliation conjugale	Constat d'accord Archives T P C I
Z15	20 sept. 2002	MPG vs MHR	Mitoyenneté	Constat d'accord Archives T P C I
Z16	20 sept 2002	JAP et JPG vs ASPC	Mauvais œil	Constat d'accord Archives T P C I
Z17	24 sept. 2002	APH vs MPL	Réconciliation conjugale	Constat d'accord Archives T P C I
Z18	24 sept. 2002	AAP vs MPH	Séparation conjugale, obligation alimentaire, frais de baptême	Constat d'accord Archives T P C I
Z19	5 janvier 2000	JBC vs FCC et JBGH	Rupture de fiançailles, demande de dédommagement	Constat d'accord Archives T P C I
Z20	6 août 2001	RSV vs PSP	Réconciliation conjugale	Audience T P C I
Z21	20 août 2002	MHP vs MPP	Demande de pension alimentaire pour trois enfants mineurs	Constat d'accord Archives T P C I
Z22	17 oct. 2002	CLP vs MGR	Réconciliation conjugale	Constat d'accord Archives T P C I
Z23	4 oct. 2002	MCP et ses parents vs APP et son père	Demande de pension alimentaire	Constat d'accord Archives T P C I
Z24	6 fév. 2003	Les noms des parties n'ont pas pu être obtenus	Réconciliation conjugale	Audience T P C I
Z25	11 fév. 2003	LCP et RHV vs JPH	Demande de pension alimentaire	Audience T P C I

Z26	11 fév. 2003	Les noms des parties n'ont pas pu être obtenus	Obligation pécuniaire	Audience T P C I
Z27	11 fév. 2003	Les noms des parties n'ont pas pu être obtenus	Jeune homme mis en cause	Audience T P C I
Z28	13 fév. 2003	JPV vs JPV	Problème de succession	Audience T P C I
Z29	13 fév. 2003	Les noms des parties n'ont pas pu être obtenus	Mitoyenneté	Audience T P C I
Z30	17 fév. 2003	Les noms des parties n'ont pas pu être obtenus	Obligation pécuniaire	Audience T P C I
Z31	17 fév. 2003	Les noms des parties n'ont pas pu être obtenus	Obligation pécuniaire	Audience T P C I
Z32	21-22 fév. 2003	MPT vs AHP	Séparation conjugale, obligation alimentaire, frais de baptême	Audience T P C I

ANNEXE 3

LISTE DES INTERLOCUTEURS ET DATES DES ENTRETIENS (CHIAPAS)

Interlocuteurs	Dates d'entretien
San Cristóbal de las Casas	
Médecin et anthropologue, chercheur au PROIMMSE. San Cristóbal de Las Casas	18 juillet 2001
Sociologue, chercheuse au CIESAS-Sureste. San Cristóbal de Las Casas	19 juillet, 17 août 2001 ; 16 octobre 2002 ; 5 mars 2003
Sous procureur de justice indigène, San Cristóbal de Las Casas	20 juillet 2001
Sous-directeur d'enquêtes, San Cristóbal de Las Casas	20, 25 juillet 2001
Avocate au barreau, membre du collectif de femmes, COLEM, milite pour les droits des femmes indigènes. San Cristóbal de Las Casas	24 juillet 2001
Anthropologue, chercheur. San Cristóbal de las Casas	31 juillet 2001
Avocate au barreau, spécialiste en matière familiale. San Cristóbal de Las Casas	31 juillet 2001 ; 2 octobre 2002
Anthropologue, chercheur au CIESAS-Sureste. San Cristóbal de Las Casas	1 août 2001
Photographe, militante des droits indigènes et proche du mouvement zapatiste San Cristóbal de Las Casas	1 août 2001
Chef du bureau des défenseurs commis d'office pour les indigènes. San Cristóbal de Las Casas	1, 6 août 2001 ; 9 octobre 2002
Instituteur tzeltal de Tenejapa, défendeur dans un procès de divorce au Tribunal d'instance, San Cristóbal de Las Casas	7 août 2001
Avocate au barreau, San Cristóbal de Las Casas	8 août 2001
Prêtre, membre de la Commission nationale d'intermédiation, CONAI. San Cristóbal de Las Casas	9 août 2001
Juriste, bureau des services juridiques du SEPI	9 août 2001
Directeur de concertation, formation et services juridiques du SEPI. San Cristóbal de Las Casas	15 août 2001
Responsable du bureau juridique du centre tzotzil-tzeltal de l'INI. San Cristóbal de Las Casas	21 août 2001 ; 8, 24 octobre 2002 ; 26 mars 2003
Avocate au barreau, San Cristóbal de Las Casas	2, 18 octobre 2002

Avocat au barreau, San Cristóbal de Las Casas	18, 28 octobre 2002
Chef du bureau des défenseurs commis d'office pour les indigènes. San Cristóbal de Las Casas	21 octobre 2002
Secrétaire-greffier général de la Chambre unitaire indigène. San Cristóbal de Las Casas	24 octobre 2002 28 octobre 2002
Juge d'Instance aux affaires familiales, San Cristóbal de Las Casas	29 octobre 2002
Responsable des services juridiques du SEPI. San Cristóbal Las Casas	29 octobre 2002
Coordinateur général des Tribunaux de Paix et de Conciliation Indigène. San Cristóbal de Las Casas	20 février 2003
Sociologue, chercheur au PROIMMSE. San Cristóbal de Las Casas	27 février 2003
Linguiste et professeur de langue tzotzil, San Cristóbal de Las Casas	6 avril 2003
San Juan Chamula	
Dactylographe du Tribunal de Paix et de Conciliation indigène. San Juan Chamula	14 août 2001
Juge suppléant du Tribunal de Paix et de Conciliation indigène. San Juan Chamula	20 août 2001
Secrétaire-greffier, Tribunal de Paix et de Conciliation indigène. San Juan Chamula	30 octobre 2002 ; 8, 20 février 2003 ; 25 mars 2003 ; 10 avril 2003
Juge titulaire du Tribunal de Paix et de Conciliation indigène. San Juan Chamula	26 octobre 2002 ; 14 février 2003
Zinacantán	
Juge suppléant du Tribunal de Paix et de Conciliation indigène. Zinacantán	17 octobre 2002
Adjoint au maire, Zinacantán	21 février 2003
Juge titulaire du Tribunal de Paix et de Conciliation indigène, Zinacantán	22 octobre 2002 ; 16 février 2003
Dactylographe du Tribunal de Paix et de Conciliation indigène. Zinacantán	21 février 2003
Secrétaire-greffier, Tribunal de Paix et de Conciliation indigène, Zinacantán	13 mars 2003

TABLE DES MATIERES

Amérique latine
aux éditions L'Harmattan

Dernières parutions

CHILI 1973-2013
Mémoires ouvertes
Sous la direction de Hélène Finet et Francis Desvois
Le coup d'État militaire du 11 septembre 1973 contre Salvador Allende a fortement divisé la société chilienne. Les tensions entre les différents partis politiques accompagnent les divergences entre «ceux de l'intérieur» et les exilés. Pour ces derniers, le conflit de générations produit une dialectique inédite entre la fidélité à l'avant et là-bas des parents et un ici et maintenant occidentalisé. Cet ouvrage questionne un pays sur lequel planent l'ombre omniprésente du président Salvador Allende et le souvenir de Pablo Neruda, mort quelques jours après le coup d'État.
(Coll. Recherches Amériques latines, 17.50 euros, 176 p.)
ISBN : 978-2-343-05407-0, ISBN EBOOK : 978-2-336-36768-2

ADOPTIONS, DONS ET ABANDONS AU MEXIQUE ET EN COLOMBIE
Des parents vulnérables
Sous la direction de Françoise Lestage et Maria-Eugenia Olavarria
Depuis les années 1990, les études sur la parenté ont connu un nouvel essor en Europe et aux États-Unis tout en empruntant d'autres voies que celles de l'anthropologie «classique» : le genre, la sexualité ou les représentations de la conception et du corps. Les textes de ce volume participent de ce renouveau et affirment également l'intérêt de relier deux champs de l'anthropologie : la parenté d'une part, la migration et les études interethniques de l'autre. L'étude est conduite au Mexique et en Colombie.
(Coll. Recherches Amériques latines, 22.00 euros, 220 p.)
ISBN : 978-2-343-05147-5, ISBN EBOOK : 978-2-336-36509-1

RYTHMES BRÉSILIENS
Musique, philosophie, histoire, société
Sous la direction de Zélia Chueke
Depuis le début du XIXe et surtout au XXe siècle, les échanges musicaux entre la France et le Brésil ont connu un développement ponctué par des coups de cœur : des compositeurs, des styles, des rythmes ont laissé des empreintes profondes de part et d'autre. Les auteurs explorent les composantes de la «brésilité» et de l'ouverture au monde de l'autre côté de l'Atlantique à l'aune des influences et confluences réciproques et sous plusieurs angles : historiques, éducatifs, cognitifs.
(Coll. L'univers esthétique, 38.00 euros, 380 p.)
ISBN : 978-2-343-04819-2, ISBN EBOOK : 978-2-336-36548-0

HISTOIRES (LES) DE VIE EN AMÉRIQUE LATINE HISPANOPHONE
Entre formation, mémoire historique et témoignage
Sous la direction de José Gonzalez Monteagudo
Cet ouvrage donne un regard pluriel, engagé et actuel sur la recherche biographique, l'histoire orale, la mémoire historique, les identités, les histoires de vie en formation et les récits de témoignage

en Amérique latine hispanophone. Il montre clairement la richesse, la variété et le dynamisme du champs biographique-narratif dans ces contextes sociaux et éducatifs de l'Amérique latine.
(Coll. Histoire de vie et formation, 29.00 euros, 290 p.)
ISBN : 978-2-343-01994-9, ISBN EBOOK : 978-2-336-36816-0

AMÉRIQUE (L') ESPAGNOLE (1492-1700)
Textes et documents
Sous la direction de Bernard Grunberg et Julian Montemayor
Avec la collaboration d'Éric Echivard, Josiane Grunberg, Éric Roulet
L'histoire de l'Amérique espagnole de 1492 à 1700 comporte trois grandes périodes : celle des découvertes de 1492 à 1516, celle de la conquista de 1516 à 1568/73 et celle de la colonisation. Le présent ouvrage propose un certain nombre de textes et de documents très variés pour permettre à tout un chacun de mieux comprendre l'histoire de l'Amérique espagnole. On y trouvera les documents fondateurs, souvent cités en référence mais plus rarement mis à la portée des lecteurs français.
(46.00 euros, 460 p.)
ISBN : 978-2-343-03886-5, ISBN EBOOK : 978-2-336-36386-8

BAKARI II (1312) ET CHRISTOPHE COLOMB (1492)
À la rencontre de Tarana ou l'Amérique
Diagne Pathé
Bakari II, empereur du Mali, a accompli en 1312 le voyage transatlantique d'exil dont il ne devait pas revenir. Ce voyage de découverte et de conquête est rapporté par l'historien arabe El Omari en 1324, dans son Kitaab. Bakari II ouvre ainsi la voie à la navigation européenne et à Christophe Colomb, familier de la navigation africaine. Ils ont ainsi ouvert les portes de la mondialisation amorcée par l'expansion des conquêtes musulmanes et l'essor des sciences.
(29.00 euros, 282 p.)
ISBN : 978-2-343-04116-2, ISBN EBOOK : 978-2-336-36377-6

PETITS (LES) CULTIVATEURS DE COCA ET DE PAVOT EN COLOMBIE – Entre illusion et misère
Alvarez Clara - Préface de Maria Eugenia Cosio Zavala
À travers une série d'entretiens, de récits de vie, de portraits, l'auteur «retrace l'histoire de la production de drogues en Colombie, l'organisation de cette filière et ses conséquences sur les conditions de vie des populations impliquées dans la culture de coca et de pavot. [...] La lecture de cet ouvrage permettra de comprendre bien des blocages, en Colombie et dans d'autres régions du monde dont les situations sont comparables, entre drogue, violence et souffrances à tous les niveaux.» M.E. Cosio
(Coll. Documents Amériques latines, 17.00 euros, 174 p.)
ISBN : 978-2-343-04986-1, ISBN EBOOK : 978-2-336-36358-5

JEUNESSE ET PAUVRETÉ EN ARGENTINE
Identités et trajectoires subjectives des jeunes des classes populaires
Kossoy Alicia
Cet ouvrage analyse la construction de l'identité sociale au début du XXIe siècle des jeunes urbains issus des classes populaires de la grande banlieue de Buenos Aires. A partir de la déconstruction de la notion de «jeune pauvre», cette étude explore les enjeux existants entre trois éléments : les conditionnements sociaux (capital culturel, social et économique des familles d'origine), l'identité attribuée au sein des institutions et les identités visées par ces jeunes.
(Coll. Recherches Amériques latines, 26.00 euros, 256 p.)
ISBN : 978-2-343-04327-2, ISBN EBOOK : 978-2-336-35969-4

MEXIQUE (LE) CARDÉNISTE DANS LA PRESSE RÉGIONALE FRANÇAISE : *LE PETIT MARSEILLAIS* (1934-1940)
Falconi Alejandro Luis – Préface de Gérard Gomez
À travers le prisme journalistique, ce livre nous emmène au coeur du Mexique de Lazaro Cardenas dont le mandat est marqué par une série de réformes et de moments forts que l'on retrouve dans

les colonnes du *Petit Marseillais*. La politique mise en œuvre par le nouveau président mexicain ne manquera pas d'entraîner des répercussions pour les intérêts économiques de la France, générant des tensions dont la presse, une des sources privilégiées d'information de l'époque, se fait l'écho.
(20.00 euros, 206 p.)
ISBN : 978-2-343-04122-3, ISBN EBOOK : 978-2-336-35727-0

HABITER UNE ANCIENNE USINE À RIO DE JANEIRO
Les invasoes de l'avenida Brasil
Machado-Martins Maira – Préface d'Alain Bourdin
Depuis 2000, une nouvelle forme d'habitat populaire et spontané surgit aux abords d'une ancienne autoroute industrielle de Rio de Janeiro. Il s'agit de l'occupation par des habitants des favelas d'anciens terrains d'usines abandonnées. À partir d'une recherche ethnographique, l'auteur dégage des aspects importants qui définissent ce type d'habitat : les formes d'appropriation et de régulation de l'espace, les caractéristiques de *leadership*, les conflits et pratiques des habitants.
(Coll. Habitat et Sociétés, 16.50 euros, 162 p.)
ISBN : 978-2-343-04079-0, ISBN EBOOK : 978-2-336-35725-6

CULTURE DU GENRE ET DE LA SEXUALITÉ EN AMÉRIQUE LATINE
Cultura del género y de la sexualidad en América latina
Sous la direction de Milagros Palma
Cet ouvrage est composé de 22 communications présentées au Colloque international «Amérique latine : construction, déconstruction et perspectives du genre féminin/masculin». Ce colloque, résolument transdisciplinaire, se voulait un lieu de rencontre et d'échange entre des chercheurs venus de différentes universités françaises, espagnoles et latino-américaines. La question du genre a été traitée sous les angles les plus variés : l'art et la littérature, l'histoire, la sociologie et l'anthropologie. (Articles en français et en espagnol.)
(Coll. Sexualité et genre : fiction et réalité, 28.00 euros, 288 p.)
ISBN : 978-2-343-03651-9, ISBN EBOOK : 978-2-336-35363-0

PENSER LES PÉRIPHÉRIES UNE EXPÉRIENCE BRÉSILIENNE
Pour un nouveau type de politique publique de construction du commun
Ozorio Lucia – Préface de Benyounès Bellagnech
«Les favelas dont tout le monde se fait une idée, synonyme de pauvreté, de mal logement et de misère généralisée, ont dans cet ouvrage une traduction réelle, concrète et positive, représentée par la Communauté du Parque Royal. Le lecteur se familiarise avec les habitants de cette favela, avec leur mode de vie, leur histoire, leur rêve, leur peine et leur joie et surtout leur mode d'action, social et politique, sur le plan de l'éducation, de la santé et de l'habitat». (Benyounès Bellagnech)
(Coll. Recherches Amériques latines, 17.00 euros, 172 p.)
ISBN : 978-2-343-04017-2, ISBN EBOOK : 978-2-336-35336-4

ARGENTINE (L'), UNE RÉPUBLIQUE DÉSOLÉE
Bouleversements politiques (2001-2009)
Quiroga Hugo - Traduit de l'espagnol par Coline Chevrin
En décembre 2001, le système politique argentin était au bord de l'abîme. Presque neuf ans plus tard, on a tourné la page de cette crise pour en affronter une autre, d'une singulière complexité. Bien que règne la liberté, l'équilibre des pouvoirs subit une forte pression. L'auteur analyse ici le processus de reconstruction politique de l'Argentine tout en soulignant ses dangers.
(Coll. La philosophie en commun, 20.00 euros, 196 p.)
ISBN : 978-2-343-00872-1, ISBN EBOOK : 978-2-336-35591-7

CONVERSION (LA) À L'ÉVANGÉLISME
Le cas du Pérou
Lecaros Véronique - Préface de Fidel Tubino
En quelques décennies, l'Église catholique qui exerçait un quasi-monopole sur la vie religieuse en Amérique latine est devenue une Église majoritaire en décroissance. Les fidèles ont migré vers les groupes évangéliques (les chrétiens non catholiques). La clé du succès des évangéliques s'éclaire

en ce qu'ils offrent un processus de reconnaissance permettant à des exclus, des marginalisés, de devenir des missionnaires valorisés au service d'un Dieu tout puissant.
(Coll. Recherches Amériques latines, 19.00 euros, 178 p.)
ISBN : 978-2-336-29895-5, ISBN EBOOK : 978-2-296-53761-3

ROUTES (LES) INCAS DE MACHU PICCHU ET VILCABAMBA
Pouvoir et mémoire dans les Andes péruviennes
Duffait Erwan - Préface de Thérèse Bouysse-Cassagne
Un voile de légendes et d'inexactitudes recouvre encore aujourd'hui la cordillère de Vilcabamba, située sur le piémont oriental des Andes péruviennes à l'ouest de Cusco : trésors cachés par les derniers Incas, cités perdues oubliées ou inconnues des Espagnols... Les fonctions des établissements incas de la région suscitent aussi des débats : étaient-ce des forteresses destinées à protéger Cusco d'incursions des populations amazoniennes, des centres de pouvoir régionaux ou des sites cérémoniels ?
(Coll. Recherches Amériques latines, 20.00 euros, 206 p.)
ISBN : 978-2-336-29894-8, ISBN EBOOK : 978-2-296-53958-7

PAYSANS DU BRÉSIL
Paysans sans terre, esclaves de la terre
Farrugia Julien
Paysans sans terre (2006, 52 minutes). Au Brésil, des paysans occupent des terres immenses délaissées par leurs propriétaires. Ils luttent afin d'obtenir du gouvernement le droit de les cultiver et sortir ainsi d'une extrême pauvreté. *Esclaves de la terre* (2006, 53 minutes). Brésil, portes de l'Amazonie. Des travailleurs sont maintenus en esclavage dans des propriétés rurales éloignées de toute civilisation. Le ministère du Travail lutte contre cette forme moderne d'esclavage.
(20.00 euros)
ISBN : 978-2-336-29426-1

QUAND LA SCÈNE ARTISTIQUE CONTEMPORAINE ROMPT LES TABOUS HISTORIQUES
Le cas du Guatemala post-conflit (1996-2011)
Chirouze M. Christina
L'art contemporain peut-il se faire l'écho d'une histoire collective, non vécue directement par les créateurs et passée sous silence ? Les jeunes artistes peuvent-ils contribuer au processus de démocratisation ? A travers une étude de cas sur le Guatemala actuel, à quinze ans des «Accords de Paix Ferme et Durable» qui ont mis un point final à la guerre civile, cet ouvrage se penche sur la question de la mémoire de l'Autre intégrée par la nouvelle génération d'artistes.
(Coll. Logiques sociales, 17.50 euros, 176 p.)
ISBN : 978-2-336-29120-8, ISBN EBOOK : 978-2-296-53623-4

VILLE (LA) COMME PAYSAGE DU SENTIMENT
Le sentiment urbain à Buenos Aires aux XIXe et XXe siècles
Bidinost Marcelo - Préface de Martin Steinmann
Sur la base de souvenirs d'enfance et des représentations de l'espace urbain de Buenos Aires, la ville est ici analysée en tant qu'espace vécu. Elle est lue à travers de nombreuses sources artistiques dans un contexte historique. Le sentiment que ces représentations produisent permet de saisir non seulement la manière dont la ville est perçue, mais aussi l'effet qu'elle produit, sous trois angles. Voici intégrés les aspects sensibles de la forme dans la conception architecturale et paysagère.
(Coll. Questions contemporaines, 24.00 euros, 246 p.)
ISBN : 978-2-336-29143-7, ISBN EBOOK : 978-2-296-53355-4

L'HARMATTAN ITALIA
Via Degli Artisti 15; 10124 Torino
harmattan.italia@gmail.com

L'HARMATTAN HONGRIE
Könyvesbolt ; Kossuth L. u. 14-16
1053 Budapest

L'HARMATTAN KINSHASA
185, avenue Nyangwe
Commune de Lingwala
Kinshasa, R.D. Congo
(00243) 998697603 ou (00243) 999229662

L'HARMATTAN CONGO
67, av. E. P. Lumumba
Bât. – Congo Pharmacie (Bib. Nat.)
BP2874 Brazzaville
harmattan.congo@yahoo.fr

L'HARMATTAN GUINÉE
Almamya Rue KA 028, en face
du restaurant Le Cèdre
OKB agency BP 3470 Conakry
(00224) 657 20 85 08 / 664 28 91 96
harmattanguinee@yahoo.fr

L'HARMATTAN MALI
Rue 73, Porte 536, Niamakoro,
Cité Unicef, Bamako
Tél. 00 (223) 20205724 / +(223) 76378082
poudiougopaul@yahoo.fr
pp.harmattan@gmail.com

L'HARMATTAN CAMEROUN
BP 11486
Face à la SNI, immeuble Don Bosco
Yaoundé
(00237) 99 76 61 66
harmattancam@yahoo.fr

L'HARMATTAN CÔTE D'IVOIRE
Résidence Karl / cité des arts
Abidjan-Cocody 03 BP 1588 Abidjan 03
(00225) 05 77 87 31
etien_nda@yahoo.fr

L'HARMATTAN BURKINA
Penou Achille Some
Ouagadougou
(+226) 70 26 88 27

L'HARMATTAN SÉNÉGAL
10 VDN en face Mermoz, après le pont de Fann
BP 45034 Dakar Fann
33 825 98 58 / 33 860 9858
senharmattan@gmail.com / senlibraire@gmail.com
www.harmattansenegal.com

L'HARMATTAN BÉNIN
ISOR-BENIN
01 BP 359 COTONOU-RP
Quartier Gbèdjromèdé,
Rue Agbélenco, Lot 1247 I
Tél : 00 229 21 32 53 79
christian_dablaka123@yahoo.fr

Achevé d'imprimer par Corlet Numérique - 14110 Condé-sur-Noireau
N° d'Imprimeur : 126379 - Dépôt légal : février 2016 - *Imprimé en France*

www.ingramcontent.com/pod-product-compliance
Lightning Source LLC
LaVergne TN
LVHW011450061026
849535LV00004BA/1033
* 9 7 8 2 3 4 3 0 7 0 9 4 0 *